微课、翻转课堂与慕课实操教程
Design of Micro-lesson, Flipped Classroom & MOOCs

赵国栋 赵兴祥 主　编
王冰一 王天骄 张煜雪 副主编

北京大学出版社
PEKING UNIVERSITY PRESS

图书在版编目（CIP）数据

微课、翻转课堂与慕课实操教程／赵国栋主编. —北京：北京大学出版社，2015.9
（21世纪教师教育系列教材·专业养成系列）
ISBN 978-7-301-26155-2

Ⅰ.①微… Ⅱ.①赵… Ⅲ.①多媒体课件—制作—软件工具—教材 Ⅳ.①G434

中国版本图书馆CIP数据核字（2015）第180965号

书　　名	微课、翻转课堂与慕课实操教程
著作责任者	赵国栋　主编
策划编辑	李淑方
责任编辑	李淑方
标准书号	ISBN 978-7-301-26155-2
出版发行	北京大学出版社
地　　址	海淀区成府路205号　100871
网　　址	http：//www.pup.cn　新浪官方微博：@北京大学出版社
电子信箱	zyl@pup.pku.edu.cn
电　　话	邮购部62752015　发行部62750672　编辑部62753374
印刷者	北京虎彩文化传播有限公司
经销者	新华书店
	787毫米×1020毫米　16开本　36.25印张　810千字
	2015年9月第1版　2020年12月第3次印刷
定　　价	188.00元

未经许可，不得以任何方式复制或抄袭本书之部分或全部内容。
版权所有，侵权必究
举报电话：010-62752024　电子信箱：fd@pup.pku.edu.cn
图书如有印装质量问题，请与出版部联系，电话：010-62756370

内容摘要

本书围绕微课、翻转课堂和慕课三个主题而展开，目标是为各学科教师的微课制作、翻转课堂应用和慕课发布提供一个完整解决方案。该方案由"目标、策略与团队""硬件设施""软件程序"和"资源模板"组成，是当前一个较为完整的微课整体解决技术方案。

本书为普通学科教师制作微课、应用翻转课堂和慕课提供了一个整体技术解决方案，内容涉及硬件、软件、资源与素材等多个方面。以快课技术为基础，强调实用性和操作性，是本书之突出特色。以网络教学提升学术影响力，以教学比赛拓展事业发展空间，则是本书之核心宗旨。

首先，第一章和第二章为本书之理论基础，重点阐明信息技术教学定位之重要性，并突出强调其在实现教师职业发展中所扮演之角色。所阐述核心观点是：教学信息化的逻辑起点应是教师发展，而非学习效果，突出信息技术对"促教"之重要性。进一步，在界定微课相关概念（微视频、微讲座、微教课与微课程）、类型（单播式与交互式）和样式基础之上，此章提出了基于快课的微课、翻转课堂和慕课（MOOCs）相互关系模型与实施方案，即"四课一体式"教学设计模型，这是整本书的逻辑框架。基于此，第二章则详细阐述微课设计与制作的整体技术解决方案包含的四个模块，并指明具体内容与操作步骤。此外，还重点介绍一套实用性备课、教学与微课制作三合一的"自助式多功能微课设计系统"（SMMS）。首次提出绿色、健康与自助制作微课的理念，强调教学技术应用与日常教学工作融合，具有一定创新性。

第三章至第七章是本书之核心，分别从智能语音合成、动漫助教设计和微视频拍摄与编辑等方面，详细介绍了微课素材制作软件的操作及设计案例。包括：中文语音合成软件（iFly Interphonic）和BIN多语种语音合成方案（Balabolka、NeoSpeech、iVona）；动漫助教设备软件（Character Builder、CrazyTalk、CrazyTalk Animator）；微视频虚拟场景设计软件（Adobe Ultra、iClone）。此外，还包括各种微视频类型（录屏式、翻拍式和演播式）拍摄方法及综合设计方案（SMMS套件）。整体上，这五章内容的共同特点，是充分贯彻快课式技术理念，强调利用模板来设计素材，突出方法的易用性与可操作性。只要具备基本信息技能，各个学科的教师，如外语、美术、体育和文理工等，都可从中找到适用案例，并在较短时间内掌握设计方法。它充分体现本书所强调的，教师自己动手设计和制作微课，并提升教学专业技能水平的理念。

第八章和第九章是微课素材之整合与交互设计。目标是将各种形式素材（PPT演示文档、语音、动画和视频等）相互组合，构成具有特定学习环节、知识路径及交互反馈功能的交互式微课。这两章将介绍两款功能强大且适用于普通教师的通用性微课设计软件——Adobe Presenter 和 Captivate。前者属于微课的入门级设计软件，能够使学科教师快速地将各种教学素材组合为 Flash 格式交互式微课；后者则属于高级设计软件，能够使教师设计和制作出多种类型的跨平台性交互式微课。这两款软件的共同特点，一是强大兼容性——能够导入包括 PPT 在内的多种格式教学素材，能显著地提高设计效率；二是功能强大的模板库——使教师在设计中将精力置于教学设计而非素材制作，有效地降低了技术难度。这再次突出本书技术方案之特色——快课设计理念。

在对象上，本书适用于各类院校的教师发展类技能培训项目，可作为实操性教材之用。同时，也适用于那些动手能力强、技术基础较好的学科教师自学。在面授实操培训资源包中，包含相关微课设计软件的试用版并配有详细安装说明，也提供大量设计用素材资源，如绿屏视频、语音文档、图片和 PPT 演示文档等，方便学员快速上手和操作。

最后，对于那些有志于未来跨入教师行列的师范生来说，本书也是一本适用参考书。师范生从书中所汲取的，将不仅是各种软件操作技能和微课设计方法，更重要的，是关于网络时代教师职业发展的新观点和新思想，这将有助于他们重新认识教师职业专业技能与素养的新需求，使之为网络时代从教之路做好准备，打好基础。

序 论

在信息时代，教育界盛行一种说法——计算机和互联网正在重塑教师职业！此言不虚。今天的教学，无疑正在逐步超越文化知识传递性活动的范畴——不再单纯是一项学术性工作，也不再是一个经验性积累活动，而是日益演变为一种集经验、学术、艺术和技术之大成的综合性高深专业技能，弥显出其职业之专业性与复杂性。

纵观人类教育发展史，或许都从未出现过这样一个时代：对教师职业专业性提出如此复杂之要求——扎实的学术功底、丰富的教学经验、艺术表演技巧与技术操作能力；同时，似乎也从未为教师这个职业的发展提供如此宽阔之空间——在传统校园基础之上所构建的数字校园，为教师学术影响力、专业思想及社会声誉的扩散提供了史无前例之空间，善用者，名师之至。实际上，当前越来越多的先行者教师开始逐渐摆脱传统狭隘的体制内职业发展路径，走出教室、走向互联网，走下讲台，走向演播室，依靠互联网成名成家，利用视频公开课、微课、慕课而声名鹊起，最终迈向职业生涯之巅峰，充分体现出网络时代教师职业的耀眼风采。可以说，互联网在促使知识传播跨越教室与围墙限制，超越时空禁锢，将知识传播至无远弗届的同时，教师自身的职业精神、专业技能与素养及学术影响力，实际上亦在同步扩散，与日俱增，为他们实现网络时代职业的新追求提供了前所未有的机遇。简言之，教师职业发展的春天已经来临！

利用信息技术提升教师之教学技能水平，借助互联网来拓展教师之学术影响力，最终实现教师职业生涯之跨越式发展，乃是本书之基本宗旨。基于此，本书之适用对象，乃是普通学科教师，而非电教或教育技术人员；本书突出强调的是快捷实用性，而非单纯技术技能。本书主要内容，是帮助教师快速地设计和制作微课，并以此为基础来实施翻转课堂，进而建成自己的慕课。本书所宣扬之核心理念是：若策略得当且方法适宜，信息技术之应用，不仅不会给教师的教学带来额外负担，相反它能极大地拓宽教师职业的发展空间，为实现事业的跨越式发展提供一个坚实支撑点。

从内容体系上，本书是《微课与慕课设计教程》（初级与高级）之升级版。这套教材于 2014 年 9 月在北京大学出版社出版之后，在半年内重印三次，印销总量超过 2.5 万册，并成为多个师资培训机构的指定教材：教育部教育管理信息中心、教育部高等学校师资培训交流北京中心、中国高等教育教师发展研究会和中国专家学者协会等。参加面授培训的教师总数已超过五千余名，获得诸多肯定。许多参训教师提出，希望后续再编写一本综合性更强、内容更全面和突出整体技术解决方案的教材。响应此需求，在北京大学出版社大力支持下，该书获得立项并启动编写工作。在撰写过程中，本书得到了多个教育机构的大力支持，为顺利出版提供了重要保证。教育部教育管理信息中心和全国多媒体课件和微课大赛组委会，为本书编写提供了获奖作品案例；北京文华在线，提供了翻转课堂和慕课平台的技术支持；台湾首羿和北京超视界则提供了设计软件比赛专用版。当然，北京大学出版社在本书编写过程中之核心角色，自不待言。责任编辑李淑方女士在编写出版过程中周密筹划、细致安排，从内容彩色印刷到书稿精心校对。她的工作事无巨细，一丝不苟，于本书之出版无疑功莫大焉。

与已出版两部教材类似，本书整体结构，是围绕着微课制作、翻转课堂实施和慕课设计而展开，力图为各学科教师提供一个整体技术解决方案，使之能快捷方便地在教学过程中运用信息技术，推进课堂教学改革。该方案的指导思想是：教学技术应用之逻辑起点，首先应是促进教师职业发展，而非学习效果。只有当教师真正意识到并切身体会到新技术对个人职业生涯的重大促进作用时，才会产生后续连锁效应：从教学理念到教学方法，再到教学组织形式之相应变革。简言之，本书将微课视为一种旨在实现翻转课堂、慕课教学应用模式的数字化学习资源组织形式。其特点在于，以混合式学习为指导思想，以快课为技术设计方案，目标是为学科教师们提供一种实用的、可操作性的教学资源设计与制作思路。

在技术层面，本书将微课划分两种类型八类具体形式。将微课定义为一种基于多种软件开发的具有明确学习目标和相应教学环节的微型化视频教学资源包。在设计策略上，交互式微课采取"零件装配式"设计理念——先以不同工具制作出音频、视频、动画等形式的素材，然后以通用课件工具为平台来进行组装，以预测分支、自动计分测验等路径跳转方式，来实现学习者与课件之间的反馈与互动。基于此思路，最终形成微课的整体技术解决方案。

值得一提的是，书中提出了一个旨在推动学科教师在教学中自主设计和制作微课的计划，将各种设备组合起来而形成一套通用性、多功能微课设计与制作集成系统——"自助式多功能微课设计系统"（SMMS）。它的目标，是在绿色、健康地使用计算机和互联网的理念之下，使各种微课设计所用的硬件设备，逐渐融于学科教师们日常的办公备课、课堂教学和教研诸过程之中，实现技术与教学之间无缝融合。

在微课设计软件方面，以交互式微课五要素模块化设计为指导思想，加上通用性设计软件 Adobe Presenter 和 Captivate，再辅之以相关语音、动画和视频类素材设计软件，形成一个交互式微课设计软件整体方案。其中，以通用性课件设计软件为整合各种素材并形成结合化学习路径的工具，形成一个具有交互反馈功能的结构化电子资源包，以便学习者在终端设备（PC、平板电脑或智能手机等）上使用。而课程管理系统（CMS）或学习管理系统（LMS）则用于所生成微课的网络发布，最终组织和实施翻转课堂或慕课。这样，从技术角度将微课、翻转课堂和慕课三者有机地联系在一起。

总之，本书所提供的微课、翻转课堂和慕课整体解决方案具有较强实用性，无论是职业技术院校类的专业教师，还是研究型大学的教师，都可经过短时间培训之后掌握。此前每年数千名受训教师的培训效果证明，在短短两天面授培训中，90% 以上的教师都掌握了交互式微课的设计方法。作者衷心希望，这本升级版教材的出版，能为那些愿意花时间去制作自己的微课、翻转课堂和慕课，并积极参与教学技术比赛的教师实现跨越式发展助一臂之力。

本书是北京大学教育学院快课技术实验室多年积累而成的研究成果，厚积薄发，前后共有 10 余位硕士生和博士生参与相关实验问题研究过程，为此书的撰写倾注了诸多时间和精力。他们包括：北京大学的林莉老师、原帅博士、金善国博士、刘京鲁博士，香港大学李秀晗博士，上海师范大学赵兴祥博士，石河子大学王冰一博士，以及我的硕士研究生冯晨、黄超、王天骄和张煜雪等。此书的顺利出版，与他们的共同努力密不可分。

本书综合性强、技术操作多、内容涉及面广，且包含诸多技术细节，内容繁杂。虽几经校订，然时间仓促，恐难免挂一漏万，会有诸多疏漏之处。故请各位同仁与读者不吝赐教，电子邮件：gdzhao@pku.edu.cn，以便在后续版本中修订，更好地为教师之职业发展尽菲薄之力。

赵国栋

二零一九年十一月于燕园

目 录

第一章 微课、翻转课堂与慕课概述 ··· 1
  1.1 新技术能给教师职业发展带来什么 ·· 5
    1.1.1 技术之促学与促教 ·· 6
    1.1.2 教育技术之逻辑起点 ·· 7
    1.1.3 新技术应用与教师职业发展 ·· 10
  1.2 从翻转课堂到微课、慕课和快课 ·· 13
    1.2.1 近年教学技术发展概述 ·· 16
    1.2.2 从开放课件（OCW）至开放教育资源（OERs）··············· 16
    1.2.3 从混合式学习（Blended learning）到翻转课堂
        （Flipped classroom）·· 18
    1.2.4 从微视频（Micro-video）到微课（Micro-lesson）·············· 20
    1.2.5 从微课程（Micro-course）到慕课（MOOCs）··················· 34
    1.2.6 从数字化学习（E-learning）至快课（Rapid E-learning）
        设计技术 ·· 39
  1.3 微课、翻转课堂、慕课与快课相互关系总结 ··························· 40

第二章 微课、慕课与翻转课堂的技术解决方案 ······························· 43
  2.1 微课的整体技术解决方案 ·· 43
    2.1.1 指导思想 ·· 44
    2.1.2 模块化设计思路 ··· 45
    2.1.3 整体技术解决方案 ·· 48
  2.2 模块1——目标、策略与团队 ·· 51
    2.2.1 目标与策略 ··· 51
    2.2.2 项目团队建设 ··· 51
  2.3 模块2——硬件设备 ·· 52

	2.3.1 视频拍摄类设备	53
	2.3.2 自助式多功能微课设计系统（SMMS）	63
2.4	模块3——软件程序	73
	2.4.1 通用课件设计软件	75
	2.4.2 素材类设计软件	87
	2.4.3 设计软件整体方案	90
2.5	模块4——资源模板	92
	2.5.1 通用类资源	92
	2.5.2 专用类模板	94
2.6	微课开发经费预算	95

第三章 微课的授课语音合成软件 97
- 3.1 语音合成技术与微课设计 98
- 3.2 中文语音合成软件——iFly Tech InterPhonic 99
  - 3.2.1 单机版程序安装方法 100
  - 3.2.2 文本转语音操作方法 101
  - 3.2.3 语音文件格式的转换 106
- 3.3 TTS朗读软件——Balabolka及SAPI语音库 107
  - 3.3.1 语音合成方案安装方法 108
  - 3.3.2 通用性TTS语音朗读软件——Balabolka 109
- 3.4 常用TTS合成效果测试 111

第四章 微课的动漫助教设计软件 115
- 4.1 动漫文化与微课设计 115
- 4.2 用模板生成动漫助教——Character Builder 117
  - 4.2.1 软件安装 119
  - 4.2.2 操作方法 119
  - 4.2.3 设计案例 132
- 4.3 用照片快速生成动漫头像——CrazyTalk 134
  - 4.3.1 功能概述 136
  - 4.3.2 操作方法 139
  - 4.3.3 设计案例 147
- 4.4 用照片快速生成动漫助教——CrazyTalk Animator 163
  - 4.4.1 功能概述 163
  - 4.4.2 操作方法 166

		4.4.3 保存输出	177

第五章　微课视频的拍摄与初步编辑 … 181
5.1　微课与视觉文化 … 183
5.2　微课视频拍摄与制作 … 187
　　5.2.1　用智能笔制作微课视频 … 188
　　5.2.2　录屏式视频拍摄方法 … 190
　　5.2.3　翻拍式视频拍摄方法 … 197
　　5.2.4　演播式视频拍摄方法 … 199
5.3　制作透明背景的视频和动画 … 211
　　5.3.1　制作透明背景 FLV 视频——Premiere … 212
　　5.3.2　制作透明背景 SWF 动画——After Effects … 219
　　5.3.3　苹果的透明视频抠像软件——Final Cut Pro … 222

第六章　微课视频的虚拟场景设计软件——Adobe Ultra … 229
6.1　软件概述 … 231
　　6.1.1　功能与技术特色 … 231
　　6.1.2　软件安装及注意事项 … 234
　　6.1.3　支持的视频与图片格式 … 235
　　6.1.4　基本操作步骤 … 236
6.2　用户界面概述 … 237
　　6.2.1　视频输入区 … 238
　　6.2.2　视频预览区 … 243
　　6.2.3　视频编辑区 … 243
6.3　重点功能操作演示 … 255
　　6.3.1　对复杂绿背视频抠像处理 … 255
　　6.3.2　调整光亮不足的绿背视频 … 259
　　6.3.3　用抑制溢出调整视频边缘 … 260
6.4　设计案例 … 261
　　6.4.1　制作虚拟场景微视频 … 262
　　6.4.2　制作透明背景视频 … 267

第七章　微课视频的 3D 动画场景设计软件——iClone … 272
7.1　3D 成像技术与微课设计 … 273
7.2　iClone 概述 … 278

		7.2.1 软件安装	279
		7.2.2 功能简介	279
		7.2.3 用户界面简介	280
	7.3	操作流程	282
		7.3.1 撰写脚本	282
		7.3.2 准备素材	283
	7.4	初级案例——太极拳教学	284
		7.4.1 脚本设计	284
		7.4.2 舞台布置	285
		7.4.3 动画内容设计	286
	7.5	高级案例——火山公园现场教学	290
		7.5.1 脚本	290
		7.5.2 舞台布置	291
		7.5.3 演员设定	296
		7.5.4 动画制作	300
		7.5.5 导出影片	314
第八章	微课的初级交互设计软件——Adobe Presenter		316
	8.1	PPT 制作技巧与微课设计	318
		8.1.1 字体的选择与使用	319
		8.1.2 微课的设计与构思	323
		8.1.3 撰写脚本和故事板	325
		8.1.4 多媒体素材的重要性	326
	8.2	Presenter 概述	327
		8.2.1 Pn 与微课设计	328
		8.2.2 软件下载与安装	329
		8.2.3 基本功能概述	330
	8.3	详细操作方法	332
		8.3.1 图片插入	333
		8.3.2 音频制作	335
		8.3.3 视频录制	340
		8.3.4 交互设计	345
		8.3.5 测验编制	348
	8.4	微课设计案例	354

	8.4.1 设计思路 …………………………………… 354
	8.4.2 脚本编写 …………………………………… 354
	8.4.3 制作步骤 …………………………………… 356
	8.4.4 案例总结 …………………………………… 362

第九章 微课的高级交互设计软件——Adobe Captivate ………………… 363
  9.1 国内教育界应用状况分析 ……………………………………… 364
  9.2 软件功能概述 ………………………………………………… 367
    9.2.1 核心功能简介 …………………………………… 370
    9.2.2 用户界面概览 …………………………………… 374
  9.3 初级功能与操作方法 ………………………………………… 384
    9.3.1 创建新微课项目 …………………………………… 384
    9.3.2 制作录屏式微课 …………………………………… 391
    9.3.3 模板、对象与交互设计 …………………………… 398
    9.3.4 微课导航设计 …………………………………… 410
  9.4 高级功能与操作方法 ………………………………………… 413
    9.4.1 自适应反馈式项目设计 …………………………… 413
    9.4.2 添加讲课音频 …………………………………… 423
    9.4.3 添加授课视频 …………………………………… 429
    9.4.4 编制即时反馈式测验 ……………………………… 441
  9.5 微课预览与发布 ……………………………………………… 451
    9.5.1 微课预览 ………………………………………… 451
    9.5.2 微课发布 ………………………………………… 451

参考文献 ……………………………………………………………………… 455

第一章 微课、翻转课堂与慕课概述

近年在教育信息化领域内讨论最多的话题，恐怕莫过于微课、翻转课堂与慕课（MOOCs）。[①]尤其在高等教育领域，这些新概念被热论之火热程度，用"烈火烹油，盛极难复"来形容，恐怕一点儿都不为过。在国内，这些话题被关注的程度之高，某种程度上，甚至可以说已超出教育信息化自身的范围，而被提升至推动和冲击整体教育改革的范畴。这种情形似乎再次证明了国内教育决策者和研究者喜欢引用的"信息技术对教育发展具有革命性影响"[②]这类既是口号同时又带有隐喻意味的论断。不难想象，在中国教育独特的制度环境下和政策空间之中，诸如"信息技术革命论"之类话语，在某种程序上经常性地表达了管理层和决策层的工作思路与行动理念，并会真切地影响着整个教育改革的思路与方向。

实际上，新技术引发学校或教学变革之类的论断，公众恐怕早已司空见惯，屡闻不鲜。在论及科技进步给学校所带来的革命性影响时，历史上类似的一幕曾多次重演：1895年，当爱迪生发明活动电影放映机（Kinetoscope）时就曾说"不久将在学校中废弃书本……有可能利用电影来教授人类知识的每一个分支。在未来10年里，我们的学校机构将会得到彻底的改造"；1925年，基于行为主义心理学思想，普莱西和斯金纳发明的教学机器（Teaching machine）和程序教学（Programmed teaching），也曾在当时的学校领域引起一片轰动，影响深远，成为后期计算机辅助教学（CAI）的先驱。实际上，直到现在，"微课"和"慕课"的设计仍然是在沿用其基本原理；1941年之后，基于电影、投影等技术的视听教学为美国快速和有效地训练出数量庞大的高质量作战人员，为战争的胜

[①] 慕课即"大规模开放式网络课程"（Massive Open Online Courses，简称MOOCs）。

[②] 《国家中长期教育改革和发展规划纲要（2010—2020年）》第十九章加快教育信息化进程。（http://www.gov.cn/jrzg/2010-07/29/content_1667143.htm）

利打下了坚实的基础。随后在20世纪后半期内,从无线广播、录音机、电视机,到计算机、国际互联网和智能移动终端设备,被一次又一次地宣称即将引爆学校教育的"革命"。当然,有目共睹的是,此类预言的最终结果基本都是不了了之。

这种情形,恰好验证了Gartner"技术成熟度曲线"模型[①](见图1-1)所揭示的技术应用发展路径。

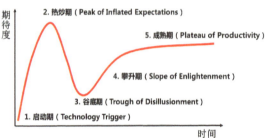

图1-1 技术成熟度曲线

如图1-1所示,该模型有两个坐标轴:横轴代表"时间",表示该技术随着时间的发展而演变的"成熟程度"(Maturity);纵轴为"期待度"(Expectation),表示该技术被大众媒体关注和报道的程度。其中时间轴上又分成五个阶段,分别是:

1. 启动期(Technology Trigger)。新技术的概念开始出现,并引起广泛注意。
2. 热炒期(Peak of Inflated Expectations)。市场对新技术表现乐观,投资纷纷而至。
3. 谷底期(Trough of Disillusionment)。新技术效益因为无法满足行业或部门预期,受到质疑而落入低潮。
4. 攀升期(Slope of Enlightenment)。经过尝试和探索,开始认识到新技术或适用的范围,并逐渐获得应用成效。
5. 成熟期(Plateau of Productivity)。新技术的价值已被普遍接受,逐渐发展为成熟产品。

该模型形象地描述一种新技术从产生到普及应用的一般发展过程:当一种新技术被创造出来之后,如果确有其前瞻性与新颖性,各种大众媒体便会开始连篇累牍地宣传和报道,此时该技术便开始从"启动期"进入"热炒期"。此时表现在模型图上可以看出,曲线迅速从低处向谷峰急剧上升,很快便达到"期待度"之高峰。但紧接着便如波浪一般进入低潮,即"谷底期"。不过,低潮过后,该技术可能又会进入一个新的发展阶段,对于那些有发展前途的技术来说,伴随着越来越多用户的试用与验证,就会进入"攀升期"。在这个阶段中,人们以理性的态度和

---

① 技术成熟度曲线(Hyper Cycle):美国著名IT咨询机构Gartner于1995年提出的理论,认为一项新技术从产生到成熟应用通常经过5个阶段,每个阶段技术的表现形态各不相同。

谨慎的方式尝试使用新技术工具，并在应用效果良好的情况下则开始逐渐扩大其应用范围。当大量用户都采用时，那就进入"成熟期"，该技术也就到了被普及应用的阶段。

需要指出，有些技术发展得很快，大众的接受度和需求也很高，因此很快就可以普及。不过有些技术虽然有潜力，但发展过程却很漫长，到普及阶段所花的时间也相应很长，这就导致有些技术可能会中途"夭折"。为了在模型中也能够表达这种情况，Gartner 后来还在 Hype Cycle 的下方设置了一个关键指标："普及所需之年限"（Years to mainstream adoption）。例如，技术项目都伴随一个不同形状或颜色的小图标，说明该技术如要被普遍应用所需花的时间：2 年之内、2 到 5 年、5 到 10 年、10 年以上以及中途夭折。图 1-2 显示的是 Gartner 在 2014 年最新发布的新技术成熟度曲线图。

图 1-2　2014 年新技术成熟度曲线

高等教育领域内新技术的推广与应用问题，也是近年来 Gartner 研究的一个重点内容。因此，自 2000 年开始，该机构每年都会定期发布一份关于高等教育领域的新技术应用与发展情况（见图 1-3）。例如，从 2008 年[①]的曲线图中可以清晰地看出，近两年来，有许多新技术出现在高校数字化校园建设中，如"开源的高校财务管理系统""社交学习平台""教学录制系统""虚拟环境""全球数字图书馆"等。同时，也有一些技术开始进入普及应用阶段，如"开源数字化学习软件""电子学档""数字化学习网络视频""课程管理系统"等。当然，也有一些技术逐渐被淘汰，如"电化教室""Podcast 学习内容直播"和"点对点学生娱乐设备"等。

---

① Hype Cycle for Higher Education，2008［R］，Publication Date：27 June 2008/ID Number：G00158592.

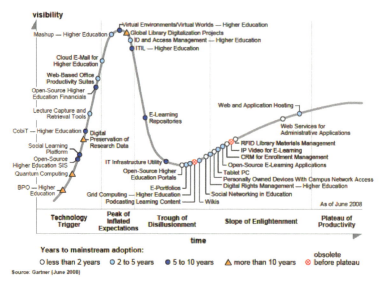

图 1-3　2008 年高等教育领域新技术成熟度曲线

到 2014 年，Gartner 又发布了信息技术在教育领域的最新应用报告，情况又有新变化. 除当前很热炒的"手机移动学习"（Mobile Learning Smartphones）之外，MOOCs 赫然名列其中（见图 1-4），更引人注目的是，其在成熟度曲线上的位置，正好处于热炒期和谷底期之间的某个点上——似乎预示着它正在走向下坡路。这令人不禁要问：MOOCs 未来将走向何处呢？

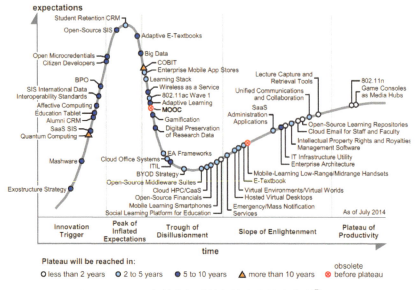

图 1-4　2014 年教育领域的新技术成熟度曲线[①]

---

① Jan-Martin Lowendahl. Hype Cycle for Education［M］. Published in 23 July 2014.

不过，在国内，与曲线图展示情况截然不同的是，自 2012 年以来，翻转课堂、微课与慕课来势之迅猛，势头之强劲，波及范围之广泛，确实令整个高等教育界闻之一振。伴随着慕课的盛行，又一轮"新技术带来高等教育变革"之类的说法风起云涌，波澜再起，诸如"如果有一天大学里开设的多数的课程内容都可以在网络上找到最顶尖学者的教授版本，那么大学存在的意义在于什么"之说法充斥着各种媒体，大有风雨欲来风满楼之势。慕课未来真的能对当前的高等教育制度产生革命性影响吗？

尤其令人注目的是，发出此类言论者不乏高校之中的高层管理者和核心决策者，如诸多国内一流大学的校长等。从这一点看，确实与以往主要由教育技术研究者所主导的"信息技术引发教育革命热潮"有着明显区别——在中国这种大学体制下，校长所说的话，显然要比教育技术学者的话有分量得多。也正缘于此，慕课热潮尤其值得每一位教育从业者认真思考和探究，因为这可能影响每一位教师，特别是年轻教师的职业发展方向与前途。正所谓，善假于物者，才能闻者彰，进而致千里。慕课，运用得当，或许真能为先行者教师带来难得的发展机遇，实现教师职业的跨越式发展，践行名师梦想。笔者的观点是，若能如此，无论未来慕课走向何方，对于普通教师来说，都是好事——新技术对教师职业发展的影响，是带来整个教育信息化向前发展的动力之源。

1.1 新技术能给教师职业发展带来什么

此前，笔者曾提出过一个"信息技术教育革命群体差异论"[①]，其核心内容是探讨教育领域对信息技术所引发的革命的常见认识误区——信息技术究竟要"革"谁的"命"？

笔者认为，在信息技术对学校产生革命性影响的过程中，至少可能涉及四个利益攸关的群体：行政管理者、教育者（教师）、受教育者（学生）和学生家长，信息技术对这四个群体的意义和价值是有差异的，甚至是相互冲突的。其核心观点是，出于自身职业特点、利益诉求和兴趣等方面的不同，信息技术所构建的数字校园，对于这四个群体的影响是各不相同的，分别表现为：受害者，受益者，受益或受害者，怀疑者。反之亦然，这四个群体在认识和看待数字校园的作用和价值时，其态度和反应同样具有差异性，有时甚至是带有强烈的冲突

---

① 赵国栋. 微课与慕课设计高级教程［M］. 北京：北京大学出版社，2014.11.

色彩。

若将视角进一步聚焦的话，我们会发现，信息技术影响的核心群体实际上主要集中于教师和学生身上。对于这两个群体来说，新技术所能做之事也大致无外乎两点：一是促进教师的"教"，二是提升学生的"学"。对这个问题的不同回答和认识，实际上也是导致当今教育技术学派产生分野的重要原因之一。譬如，那种强调"新技术主要用于提高教师之教学"的观点，可称之为"促教派"；而那种认为"新技术主要有利于提高学生之学"的看法，则可称之为"促学派"。

1.1.1 技术之促学与促教

对于那种新技术能够促进学生之学习效果的说法，笔者向来不以为然，认为此观点似是而非，缺乏足够的说服力。且不说从实证研究角度来看，目前无论国外还是国内都缺乏真正令人信服的长期科学研究数据来表明，学生用电视、电脑或互联网，或任何一种新技术工具来学习时，其学业成绩能够显著高于用传统教学模式。充其量，现有研究恐怕只能证明，使用新技术学习之后，学生的学业成绩只能做到不比传统教学效果更差而已。

实际上，若是从现有教育学和心理学研究成果来看，我们都可以符合逻辑地推理出，学生学业成绩之影响变量纷繁复杂，其中既含天生之生理遗传因素，也有后天社会影响因素，更有学习者自身的主观影响，诸如此类，不一而足。而其中在教与学过程中所用之工具或手段，无论是用传统之印刷教材，还是基于互联网的计算机，或是易于移动的触摸屏平板电脑，也无论这种技术多么先进，也只能算是如此众多影响变量中的一个因子而已。若是以如此众多影响变量之中的一个学习工具因子的变化，就得出新技术能够促进学生的学习效果这种结论，那么，我们对于学习过程复杂性的估计或认识，恐怕都有点偏低，很难说服人。

笔者不赞同"促学派"说法，并非意味着就会认同"促教派"观点。实际上，本书所持之理念，虽然倾向于"促教派"，但同时也对其有所保留。原因也很简单，因为从当前国内外教育信息化的整体发展现状和趋势来看，似乎同样也无足够的依据来证明，新技术的应用对教师的教学产生了实质性影响，能够真正帮助教师提高教学的效率或效果。这一点，无论校园内外，大家都有目共睹，自不待多言。实际上众所周知的是，当前教育信息化的一个关键问题，就是教师在教学中使用新技术的积极性问题一直未得到有效解决，令人扼腕不已，国内国外，概莫能外。在这种大背景之下，侈谈"技术促进教学"，恐怕更是不合时宜的。

闻言之下，或许有人会拍案而起：依你的论点，似乎是说，教育技术是既不能帮助教师的教，也无法促进学生的学，那它岂不一无用途？

非也，自然不能武断下此结论。但回顾国内教育信息化数十年的发展之后，笔者不得不承认，教育技术在这个过程中所扮演的角色，与其应该发挥之功效或作用，相去甚远，有时甚至南辕北辙。何出此言呢？在教育信息化的实践过程中，教育技术界虽然主观上一直在努力地推进新技术在学校中的应用，但许多调研结果都表明，在客观上却经常被教师认为是在"折腾"他们，对之啧有烦言。因为每当国外一个新技术、新概念或新方法出现之后，教育技术界都会欣欣鼓舞地一拥而上，热心地向教师推广和培训各种新教学方法和教学理念，迫不及待地教给他们各种新软件、新设备的使用方法。全然不顾学科教师本来就已被各种改革措施弄得穷于应付，疲于奔命。要知道，对于学科教师来说，近年来教育行政管理部门所推行的各种基于学科的新课标等改革措施，就早已让其疲惫不堪，再加上这么一个新花样层出不穷的教育技术培训，各种令人眼花缭乱的新教学技术，学科教师的感受自然可想而知——折腾！

让学科教师对教育技术产生如此感受，显然是一个令人遗憾和尴尬之事，然而现实确实如此。不过，从中我们也发现了教育技术学科的一个很值得深思的现象——我们对于教师职业特点的前提性假设，或称之为"逻辑起点"[①]，似乎存在着一定误区，或者说缺陷，进而导致对研究问题和方向产生诸多偏差。简言之，教育技术学科的基本逻辑起点，或理论假设存在着重大问题。

1.1.2 教育技术之逻辑起点

众所周知，不同学科对其所面对的主要研究对象的基本假设都各有特色，某种程度上决定着一个学科的基本内容与发展方向。例如，西方经济学的基本假设是，人都是"经济的"或"理性的"人（Rational）[②]。简言之，在经济学研究中，人的行为是可以通过某种方式进行预知的，每一个从事经济活动的人所采取的经济行为，都是力图以自己的最小经济代价去获得自己的最大经济利益。而在多数人文艺

---

① 逻辑起点是指研究对象（任何一种思想、理论、学说、流派）中最简单、最一般的本质规定，构成研究对象最直接和最基本的单位。通常是一个理论的起始范畴，往往以起始概念的形式来表现。

② "理性人"假设（hypothesis of rational man），是指作为经济决策的主体都是充满理智的，既不会感情用事，也不会盲从，而是精于判断和计算，其行为是理性的。在经济活动中，主体所追求的唯一目标是自身经济利益的最大化。如消费者追求的是满足程度最大化，生产者追求的是利润最大化。"理性人"假设实际是对亚当·斯密"经济人"假设的延续。

术类学科中，则倾向于从另一维度将"人本主义"①视为人的本质特征。其基本假设通常是：肯定人性中对真、善、美的追求，强调音乐、美术等高雅艺术的欣赏，要求人的个性解放和自由平等，推崇人的感性经验和艺术性欣赏等。说简单点，这些学科更愿意把人视为"艺术的"（humanistic）而非"理性的"的人。认为人人都具有对艺术的天生感受性，教育就是将其激发出来，使之成为"文艺青年"。在人文学科看来，艺术性毫无疑问是对人本质的一个基本假设，也是学科研究的一个基本出发点，它指引着整个学科的发展方向。

那么，我们再看一看，教育技术学对于其主要研究对象——教师与学生，本质特点的假设是什么呢？

不难看出，作为工业时代和现代技术革命的直接产物，教育技术学科对于研究对象的基本假设通常无疑是带有明显的时代特征——教师和学生都是"技术的"（Technical）。换言之，即在教与学过程中应该，同时也能够主动地接受和使用新技术工具的人。因为我们先入为主、或者说毋庸置疑地认为，科技的力量如此独具魅力，人类天生无疑对新技术会产生深厚的兴趣。之所以有这样的假设，原因也是不证自明：新技术和新工具能够给教师和学生带来各种独特而新奇的心理感受和应用体验。对于多数人来说，这种感受和体验都是非常值得追求、向往和难以拒绝的。这种假设，真的如同伽达默尔②所言，"我们生活的时代，物理性的文明改变创造了现代性，这个时代的人更喜欢以这些器物来标志自己，就如同并不确切的诸多神器时代。"

显然，这种观点无疑是有一定道理的，也符合多数人的常识和直觉。然而，这种观点忽视的一个关键点是：新技术具有"工具性"和"消费性"两种基本属性。前者是指新技术能够满足或解决工作中特定工具性需要的属性，如计算机被发明之初，其核心属性就在于"高性能计算"这种工具性属性，能够帮助我们完成庞大而复杂的数据计算与处理；后者则指新技术能够满足人们某种情感、心理需求、时尚追求或感官娱乐的属性，如移动电话除了能够满足用户信息通讯功能之外，同时也会体现出使用者的追求新奇、时尚的需要，能在一定程度上满足某些群体在工具性之外的审美或艺术类的复杂需求。当然，伴随着科技的发展，这两种属性之间的界限日益变得模糊，逐渐相互融合。如苹果（Apple）公司的产品（iPhone，iPad等）就代表技术的这两种属性的完美融合——既能满足用户的工具性需求，操作简便、

---

① 人本主义（humanism）是指社会价值取向倾向于对人的个性的关怀，注重强调维护人性尊严，提倡宽容，反对暴力，主张自由平等和自我价值体现的一种哲学思潮与世界观。

② 伽达默尔.科学时代的理性［M］.薛华等译.北京：国际文化出版社，1988，4.

功能强大；同时也具有突出的消费性特色：外观精致而炫耀，抓人眼球，引无数"果粉"兴奋不已。

不难想象，喜欢或追求新技术的"消费性"功能，或许是多数人都感兴趣之事，即所谓不可阻挡之技术之魅力，进而助长了"技术乐观主义"之风。然而对于新技术"工具性"功能的态度，则可能受到诸多因素的影响，如用户的职业、年龄、受教育程度、阅历、习惯甚至个性特点等，有些人会持欢迎态度，而有些则在工作过程中将之拒之门外，以各种理由来拒绝采用。因此，这种情况，就在一定程度上解释了，当将新技术视为一种日常消费性用品时，多数人都会体现出较为随意或宽容的态度；而一旦新技术进入自己的工作范围，其态度则大相迥异，反应不一。

在教育技术领域，我们似乎混淆了新技术的上述两种属性：以为教师会以对待新技术消费性属性的态度来对待工具性属性。但显然教师和学生这两个群体对待新技术这两个属性的态度具有显著差异。

可以预见，对于学生来说，上述这种"技术乐观主义"的假设或许还有一定市场，至于其对学生学习的实际影响效果，此处姑且不谈。但对于多数学科教师来说，恐怕就未必认可这种想当然的假设了。为什么这样说呢？归根结底，当今的社会已经从外部给教师这个职业赋予了太多的隐喻式假设色彩：从以往道德主义的"师表"，到理想主义的"园丁"，再到技术主义的"表率"。但实际上，除个别情况之外，绝大多数的教师实际上都是现实主义的"理性人"。也就是说，作为多数"理性的"教育从业者来说，他们虽然也会追求"艺术性"，同样也不会拒绝"技术性"。然而，真正决定其外显行为的关键因素，还是"经济的"和"理性的"标准。换言之，教师或许不会拒绝新技术的消费属性，但这未必意味着他们会自然而然地接受和欢迎新技术的工具属性——尤其对于教师这种具有较强自主性特点的职业来说，更是如此。

笔者认为，只有当教师清晰地判断出，新技术、新工具对其职业发展有明确的积极作用时，他们才有可能接受它并在教学中使用中它。从这个角度来说，我们不得不承认，西方经济学对人本质的假设是完全符合当今经济社会的基本规则的，这恐怕也在某种程度上解释了为何它能成为当代社会科学中的"显学"，而教育技术则远远不是。

综合以上分析，在本书中，笔者所言之"促教派"，其含意一言蔽之，就是"促进教师自身的发展"，而不仅仅是简单的"促进教师的教学"。具体地说，本书所阐述的一个基本理念，就是突出强调新技术对教师自身整体职业发展的深远影响，将之视为整个教学信息化的逻辑起点。笔者认为，教师作为整个教学信息化改革的"守门人"，若不能获得他们的支持，不管技术多么先进，也无论设备多么高端，其都不可能真正融入教学之中并发挥出相应之功效，因为缺少一个关键的"中介变量"，就无法引起后续的相应反应。相应地，自然也就谈不上技术对学生学习产生真正有意义的作用和影响。简单地说，信息技术，必须首先对教师有利，才谈得上对学生有用。

1.1.3 新技术应用与教师职业发展

要想让新技术对学生的学习产生影响，首先必须让教师接受新技术。怎么才能做到这一点呢？细究起来实际也很简单——那就是让教师切身和真正地感受新技术能对他们的职业发展是有益的，能在某种程度上帮助他们实现个人事业的目标与追求。笔者认为，若能如此，自然不愁教师不接受新技术。

谈到"教师发展"（Faulty development，简称 FD），受国外教育机构的影响，近年来，国内许多院校都在陆续成立教学促进中心或教师发展中心。据我们观察，虽然许多院校都成立了这样的中心，但对于究竟什么是"教师发展"，理解和认识各不相同。有的认为，FD 的主要含义就是帮助教师提高教学技能，做好教学工作；更有甚者，认为 FD 的核心工作，就是培训教师如何上好课，让他们掌握各种教学技能和方法。

笔者认为，这些对 FD 的认识虽然不能说错，但至少是不全面的。根据我们的理解，教师发展，更多的是指教师整个职业生涯的发展，而非仅指教学或科研某一方面的发展。它更强调：①通过各种有效措施来促进教育从业者对教师这个职业的认同感，并利用各种途径和方法来提升他们对教师职业专业性的认识和理解。②通过制订各种政策和激励政策来有效降低"职业倦怠感"①，使从业多年的教师能够保持对本职业的新鲜感，保持持续的工作积极性。③通过各种专业化的培训活动，加强教师职业的专业化水平，包括专业素养、教学技能和科研水平等。④关键之处，就是从整体上提升从业者对教师职业的自我成就感，使之能够在不同的年龄阶段都能清晰地感受到和看到个人事业的持续上升空间，而不是在某个阶段出现明显的发展"高原期"。

若从上述维度来理解教师发展这个概念，那么，我们或许会发现，若应用得当，新技术，尤其是各种基于互联网的信息技术，将有可能对教师发展带来意想不

---

① 最早由 F reudenberger 于 1974 年提出，他认为职业倦怠是一种最容易在助人行业中出现的情绪性耗竭的症状。情绪方面的倦怠是指情感资源的耗竭，继而怠慢由此发源；怠慢表现为对工作的冷漠和距离感，而降低的专业效能指对过去的/现在的期望的满足感的缺乏。

到之巨大收益，当前的教育界已有越来越多的案例说明了这一点。

伴随着互联网时代的来临，在学校中，一部分先行者已意识到信息技术对自己教职生涯发展的重要性。因为他们敏锐地发现，借助于各种新技术工具，可使自己的教学与学术成果快捷地跨越校园围墙，向社会各界迅速扩散和传播，其效能远远超出传统媒介。更为重要的是，这些教师高兴地发现，基于这种认识，这些教学技术的"先行者"展开了形式多样的教学改革与创新活动，期待以此来推动自己教学生涯的快速发展。实际上，从十多年前的"开放课件"，到当前的"微课""慕课"和"翻转课堂"，都属于此类（见图1-1-1）。不难看出，凭借着互联网技术无与伦比的传播力，使得这些走在时代前列的教学探索者获得巨大的回报与收益——这些教学技术的创新者都已一举成名，名扬四海，扬名立万。

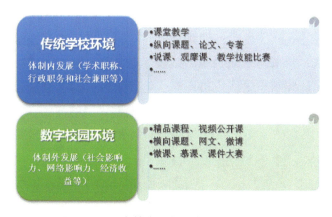

图1-1-1　信息技术为教师发展带来新机遇

实际上，在国内教育领域也是如此。在数字校园建设过程中，那些较早意识到新教学技术重要性的教师，同样亦获益匪浅——近年来国内一波又一波的校园信息化建设热潮培养了人数众多的教育技术名师，借助信息技术之力，实现了他们职业生涯的跨越性发展。在这种强烈的示范效应指引下，越来越多的教师，尤其是那些年富力强的中青年教师，开始投身到这场轰轰烈烈的教学改革之中。对于他们来说，当真正意识到互联网技术应用对自身职业发展的关键推动作用之后，他们就会义无反顾地投入更多的时间和精力，去不断探索教学课件设计与开发的技术方案与各种新工具。这样，技术的进步和教师的探索，共同推动着教学课件设计的理念、方案和技术持续进步。

应该承认，在这个互联网时代，善于利用新技术来改革和扩展自己的学术影响力，是一个很明智的选择：因为当今时代的网络影响力，在某种程度上就是等同于实力。当今各行各业，几乎没有人能够忽视互联网对自己职业发展的强大影响力。但令人遗憾的是，当今国内网络行业的现状是，那些正当的职业并没有多少从业者从中获益，相反，倒是有些行业的诸多宵小之徒早就开始想方设法、不择手段地希望通过互联网来博取名声，进而获得社会影响力，最终博得经济收益。近年来，国内类似例子数不胜数，郭美美之类随处可见。

笔者的观点是，正是由于互联网存在上述各种不正之风，作为百业之师的教师行业，才更应该勇于在互联网上去更多地传播正能量，开网络社会之先，正虚拟空间之名，以各种正面形象来提升网络空间之中的风气。实际上，令人欣慰的是，当前已经有越来越多的先行教师开始意识到，那些善于利用各种新技术来宣传自己的教师，或者说，善于在网络上利用文字（微博、微信等）、视频课件（慕课、微课等）等形式来展示自己教学与学术成果，结果真的会逐渐从虚拟的网络空间中的影响力，发展成为现实世界中的真正实力。在这个过程中，这些先行者的教师已经逐渐开始摆脱教师群体低调含蓄的传统特征，开始走下讲台，走出教室，其教学行为呈现出越来越强烈的表演性色彩：如舞台表演者一样在摄像机镜头前从容自如、长袖善舞、侃侃而谈，越来越多地表现出诸多令人耳目一新的群体特征。

实践中，在设计和制作微课或慕课时，笔者发现，那些在演播室的摄像机镜头前仍然能够如同在教室内学生面前那样满怀激情地讲课的教师，将可能会是当今互联网时代最具有潜质的名师：因为他们在具备专业知识的基础之上，同时还有极其重要的吸引学习者的能力，就类似影视界偶像对年轻人的吸引力一样。教师正在从教室走向互联网，网络影响力成为其学术影响力的重要组成部分。在教师的职业发展过程中，互联网可助其一臂之力。在这个新的时代里，教师所应具备的技能结构已经出现了重大变化（见图1-1-2）。

图 1-1-2　网络时代教师所应具备的基本技能

具体从技术层面看，在过去数十年里，互联网技术的迅猛发展，为教学课件的设计和开发提供了越来越广阔的技术空间。尤其是近年来伴随着互联网带宽的不断增加和视频摄制技术的普及，视频成为网络资源传播的重要形式之一。相应地，反映在教学课件的设计技术上，其设计理念、开发技术和表现形式等，都发生了重大变化。"移动学习"（Mobile learning）、"微课"（Micro-lesson）、"快课"（Rapid e-learning）、"翻转课堂"（Flipped Classroom）和"慕课"（MOOCs）等新理念和新形式层出不穷，不断引发教学课件设计和开发领域的诸多重大变革，为教育从业者提供了越来越广阔的发展契机和职业空间。

以互联网为核心的信息技术，实际上为普通教师提供了一个具有广阔和自由空间的职业舞台。此舞台之上，在传统学校情境下可能会影响或制约教师职业发展的那些因素，诸如家庭出身、社会资本、受教育层次、讲课经验、科研水平、年龄资历或学科专业背景等，都有可能变弱、淡化，或至少退居其次。相反，教师所具备的另外一些特质，如追求个人事业发展的主动性、新技术的敏感性、对互联网的深刻理解、教学表演能力、对教学的新思路、教学热情、突破传统束缚的授课风格等因素，开始喧宾夺主，扮演越来越重要的角色。尤其是对于年轻教师来说，若运用得当，他们会发现，基于互联网的各种新教学模式，实际上为之提供了一个全新的、平等的、民主的发展起点，善用者，或许一鸣惊人，不善用者，则一筹莫展。互联网不认资历，更不相信眼泪，只认眼球。对于那些有追求和有想法的年轻教师来说，传统课堂之中，他们可能会被认为是"新手"，写不好教案，不会教学设计，抓不住重点和难点，其教学水平自然很难进入那些有经验的老教师或教学专家们的"法眼"。而在互联网的虚拟讲台上，这些新手的教学则可能备受学习者的欢迎，受到影视明星般的欢迎。其中的原因，不是因为这些年轻教师的教学水平，而在于他们以一种全新和独特的教学模式和讲授场景，激发了学习者全新的学习体验。

总之，当今时代，互联网世界之潮流，浩浩荡荡，顺之力者则昌，逆之流者则衰。在这样的大背景之下，对于学科教师来说，如何抓住这个机遇来实现个人职业的飞跃性发展，应该是每一位有抱负、不甘平庸的教师认真思考的问题。尤其是对那些中青教师，若想在学校这种典型的论资排辈大环境下脱颖而出，就必须尝试一些职业发展的新途径，大可不必都一窝蜂去挤那条布满陈规陋习和诸多不可控因素的"独木桥"。实际上，当放开眼界，超越校园围墙之外，教学技术的这些最新应用：微课、慕课、快课、翻转课堂……教师就会发现，基于互联网的信息技术已经为我们准备好了诸多极佳机会，善用者，则可能获得最大的发展空间。

1.2 从翻转课堂到微课、慕课和快课

若罗列出近10年以来信息技术在教学领域所引发的教学模式新变化，这可能会是一串很长的名单（见图1-2-1）：以2002年麻省理工"开放课件计划"（Open Courseware Project）所引发的全球性的开放教育资源（Open Educational Resources）运动为肇始，随后以互联网为核心的各种新教学模式便层出不穷，接踵而至：先是课堂面授与在线学习相互结合所形成的"混合式学习"（Blended Learning）的流行，再到引发课堂教学流程与顺序变化的"翻转课堂"（Flipped Classroom）之出现；后续则又出现以新颖课件设计理念和教学组织形式而著称的"微课"（Micro-lesson）；最近，又是席卷全球被认为有可能引发大学教学革命的"大规模在线开放

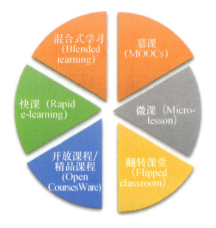

图 1-2-1　近年来兴起的各种教学技术模式

课件"（Massive Online Open Courses，简称MOOCs）等。如果再进一步细究的话，这份名单还可以进一步延伸，例如，近年伴随着微课的发展而兴起的一种新型教学课件设计技术方案："快课"（Rapid e-learning），及基于"开放课件计划"而陆续出现的"精品课程""视频公开课"和"精品资源共享课"等，不一而足。

这些中西结合的令人眼花缭乱的新概念、新术语，不仅让多数学科教师感觉目不暇接，不知所措，恐怕即使对于一些教育技术研究者来说，也是喜忧参半，兴奋之余也不由产生一种"受宠若惊"之感——正如一位研究者所言，以往通常少有问津，甚至有些不太"招人待见"的教育技术，现如今却变得如此被万众瞩目，在这个学科的发展历史恐怕是不多见的，这可真有一种"摊上大事"之感。

若细究起来，上述这一切可能都源于MOOCs——这个被国内翻译"慕课""梦课""磨课"甚至"蒙课"的新概念，不仅它的名称令人浮想翩翩，遐思不已，其巨大影响力同样也令人印象深刻——在过去两年里，不仅各领域的专家学者众口一词地对MOOCs大加推广和赞扬，甚至以往对具体技术问题向来不甚关注的大学校长们也罕见地纷纷表态，显示出对MOOCs难以掩饰的关注之情，接连发表各种观点。有些国内外著名大学的校长甚至将之提升到有可能改变大学的高度，誓言要推进MOOCs在本校中的应用。这确实是教育信息化发展历史上少见的现象，但兴奋之余，也会让教育技术研究者们不由难免有些担忧：从公众到决策者，当前如此之热，关注度如此之高，期待值居高不下，但愿以后不要因期待过高而极度失望。这种大起大落，对于学科发展本身来说将是极其不利的。实际上，目前已有研究者[①]认为，当前MOOCs已经开始呈现出走下坡路的趋势（见图1-2-2）。

图 1-2-2　MOOCs将走向何处

---

① Yang，Dennis.Are We MOOCs'd Out?.Huffington Post.Retrieved 5 April 2013.

笔者认为，这种担心恐怕不无道理。如上述"技术成熟度曲线"（Hype Cycle）所揭示的那样，以往的经验一再证明，新教学技术的未来前途虽然向来是光明的，但现实路径却从来都是曲折的。教育技术研究者有责任去做好充分准备，来促使这些新教学技术尽快平稳地进入课堂教学，并发挥出其应有效能。

笔者认为，尽量清晰地厘清上述各种令人困惑的概念和术语，客观地分析它们的发展渊源，从技术维度阐明其实际解决方案，而非跟风添油式地一味炒作，是教育技术研究者在当前这种烈火烹油式热潮面前所应持有的态度。我们应充分意识到，在教育这种相对比较封闭且保守的行业之中，当教师群体对新技术的潜在影响无法预知和确认时，他们内心则难免产生一种对这种新技术的畏惧和不可预知感，无疑会影响到对新技术的认识与接受性。在学校教育领域，当决策者和教育者仅仅被各种新术语和新概念的新奇性所吸引时，他们的决策经常会表现出显著的跟风炒作性，通常很难持久保持下去。以往的教学技术改革实践一再表明，各种疾风暴雨式的新教学技术改革运动，经常呈现出跟风热炒之后便是热度迅速消退，仅留下学科教师面对遗留设备的失望之情，继而是对新技术的极度失落感。毫无疑问，若这种场景一而再，再而三地上演，无论对于教学一线的教师，还是行业之外的公众，都会严重打击他们对教学技术改革运动的信心和态度。

那么，要想避免旧剧重演、故态重萌，教育技术者需要做哪些预防性工作呢？

笔者认为，首先，无论对教育技术学科来说，还是对教育信息化的发展，当前整体形势都很好。教育技术者应因势利导，充分利用这种大好形势来推动和提升本学科在教育信息化中的作用和地位。但是，为避免重蹈以往学科发展史上屡次落空的"教育技术革命论"之覆辙，应坚持以下指导思想：

- 不要人云亦云，切勿因领导或决策者重视新生事物就将之捧上了天，应从专业角度客观地引导发展方向，要加油但不炒作。
- 不要跟风式宣扬各种新概念、新术语，应厘清当前术语的真实内涵及其内在关系，要提出专业性分析和建议，要冷静分析而非"忽悠"。
- 不要只谈思想和理论，着眼点应该是教学实践，应脚踏实地为学科教师做实事，要帮忙但不添乱。
- 不要只空谈新技术之先进性，要因地制宜地提出切实可行的教学解决方案，将理论和概念落实到实践操作层面，要动手而非仅动口。

笔者认为，以上述指导思想为基础，或许，即使未来无法实现所谓"教育技术革命"，但至少可以期待此次技术浪潮能够给教学带来一些实实在在的变化，为学科教师提供一些职业发展的机会，使学校的教学朝着信息时代迈进一步。

1.2.1 近年教学技术发展概述

对于许多教育管理者或学科教师来说，当前教育技术领域所流行的各种新概念、新术语或新应用模式，看似突如其来出现，就像各种流行风潮一般。但实际上，无论混合式学习和快课，还是翻转课堂、微课和MOOCs，都有各自的理论基础、技术渊源与发展路径，是逐渐演变而来。因此，当前它们的看似突然的盛行，实际上有其内在原因和发展逻辑，冰冻三尺非一日之寒。了解其来龙去脉，是理解其真正内涵及相互之间关系的必要基础。

笔者认为，整体来讲，上述混合式学习、翻转课堂、微课、快课和MOOCs诸概念，其发展历史可大致划分为三个发展阶段（见图1-2-3）：第一阶段以"数字化学习"（E-learning）"开放课件"（Open Courseware）为代表；第二阶段以"翻转课堂"（Flipped Classroom）和"微课"（Micro-lesson）为标志；第三阶段则以"大规模在线开放课程"（MOOCs）为核心表现。它们之间相互存在着密切联系，互为基础，相互支持，共同构成近年来教学信息化的发展框架图示。

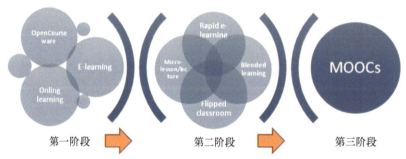

图 1-2-3 教学信息化热点的发展路径图

1.2.2 从开放课件（OCW）至开放教育资源（OERs）

从渊源上看，我们可将21世纪初出现的"开放教育资源"（Open Educational Resources，简称OERs）[①]视为当今教学信息化运动的一个阶段性起点，其标志性事件是2001年4月美国著名高校麻省理工学院（MIT）正式启动"开放课件项目"

---

① 开放教育资源：根据联合国教科文组织（UNESCO）的界定，OERs是"指那些基于非商业性目的，通过信息与通信技术向有关对象提供的，可被自由查阅、参考或应用的各种开放性教育类资源。通常，它可通过互联网来免费获得，主要用于教育机构中教师的教学，也可用于学生的学习。其类型主要包括：讲义、参考文献、阅读材料、练习、实验和演示，另外也包括教学大纲、课程内容和教师手册等。"

（Open Courseware Project，简称OCW）。该计划的主要内容是，通过互联网向全球免费开放MIT的教学资源，包括教学讲义、实验报告、课后作业、参考书目、实验手册、考试题目等。世界上任何国家的上网者都可以通过互联网免费地访问上述资源。由此揭开了"开放教育资源"国际运动的序幕。

此后，联合国教科文组织又多次召开了关于开放式教育资源的国际会议，从多个层面促进了开放式教育资源运动的发展。随后数年中，OERs随着互联网超越国界而进入其他国家，开放和自由的理念开始逐步占据各国高校教育资源建设的主流。据不完全统计，目前世界上已有21个国家和地区超过250所高等教育机构开始实施开放课件项目，包括美国、英国、法国、澳大利亚、南非、日本、韩国、中国台湾等，范围遍及五大洲，所使用的语言至少有6种。2003年，中国也启动了"精品课程建设工程"，计划将精品课程上网并免费开放，实现优质教学资源共享。

可以看出，"开放教育资源"运动的产生与发展，对于高等教育资源的建设与发展产生了深远影响。教育资源的建设开始从以往各高校自建自用的状态，向校际的开放与共享发展，从传统形式的印刷资源向基于互联网的数字化资源扩展。这不仅提高了教学资源的应用范围和效率，同时也恰如其分地体现出了知识共享的大学理念。

以OCW为基础，带动了各种新教学技术的应用与普及。"数字化学习"（E-learning）和"网络教学"（Online learning）等新教学模式开始逐步进入教育领域，并为教育者所了解和采用。受这一国际教育改革潮流影响，这一时期国内高校中则相应兴起了创建"网络教育学院"之风。在当时高等教育扩招的社会背景之下，网络教育似乎也被当时的决策者视为是一种解决方案，可能减缓或解决高校学生数量剧增而出现的各种问题，如师资不足、教学设施不够等。因此，在教育部各种鼓励政策的推动之下，国内大量著名高校独立或与商业公司合作，竞相创建以"网络教学"为特色的新型教学组织形式。结果在短时间内，国内网络教育学院如雨后春笋般纷纷出现，为此后这类学院的教学质量、文凭管理和社会影响留下了难以消除的隐患。更重要的是，当时的这种政策使中国网络教育在一启动就沾染上了浓烈的商业气息，严重影响到了它的后续发展之路，在公众眼中留下了相当负面的印象。此是后话暂且不提。同时，国内的广播电视大学受此影响也开始"转型"：从原来的以广播电视为主的单向传播媒介向交互式的互联网转变。

这一时期，可以说是新教学技术模式进入中国教育领域的"启蒙期"，无论是教育管理部门，还是各级各类学校，都处于探索过程之中，试图找到适合自己应用的发展之路。

1.2.3 从混合式学习（Blended learning）到翻转课堂（Flipped classroom）

受上述这股"网络教学"教学信息化改革风潮的影响，甚至高校内普通全日制学生的教学组织形式也开始出现了某些变化：在传统课堂演讲式教学方式基础之上，各种形式的网络教学开始成为一种辅助性教学方法，进而导致出现一种新型的教学组织形式——"混合式学习"（Blended learning）。

混合式学习，就是"一种将面授教学与基于技术媒介的教学相互结合而构成的学习环境"[①]。其特点在于，借助这两种学习模式之优势来重新组织和实施学习活动，以达到提高教学效率的目标。有学者提出，混合式学习是"在'适当的'时间，通过应用'适当的'学习技术与'适当的'学习风格相契合，对'适当的'学习者传递'适当的'能力，从而取得最优化学习效果的学习方式。"[②] 在国内教育技术界，何克抗教授认为，混合式学习"就是要把传统学习方式的优势和 E-learning 的优势结合起来"[③]。其核心思想是根据不同的问题和要求，采用不同的方式解决，教学上就是要采用不同的媒体与信息传递方式进行学习，最终达到效果最优化。

简单地说，笔者认为，混合式学习，实际上就是不同学习方式和教学要素的相互结合，它借助面授与网络这两种学习模式的优势来重新组织教学资源、实施学习活动，以达到提高教学效率的目标。需要注意的是，混合式学习不是信息技术的简单应用和教学形式的简单改变，而是教学理念、教学模式和教学组织方式的综合性变化。

技术在进步，教学技术也随之发展。相应地，混合式教学所涉及的技术实际上也在日新月异地不断变化。在这个信息化和互联网的时代，基于互联网的各种新教学技术，自然是混合式教学最理想的"撮合"对象，成为与传统教学"混合"的首要之选。

从当前国内外的混合式教学实践来看，各级各类学校的具体实施思路和方式各具特色，不尽相同。但概括来说，我们仍然可以归纳出混合式教学的基本技术方案或应用模式，一言蔽之，那就是整个教学过程所涉及因素在各个方面和层面的相互"混合"。例如，常规工具与新技术手段，课内与课外，线下与线上，班级与个别化，集体与小组，自评与他评，等等。同时，表现在应用模式上，则主要以课堂教

---

① Graham, C.R.（2006）.Blended learning systems：definition, current trends, and future directions.In Handbook of Blended Learning：Global Perspectives, Local Design [M], edited by C.J.Bonk and C.R.Graham, pp.3—21.San Francisco, CA：Pfeiffer Publishing.

② 吴青青.现代教育理念下的混合式学习 [J].贵州社会主义学院学报.2009（2）.

③ 何克抗.从Blending Learning看教育技术理论的新发展 [J].电化教育研究, 2004（7）.

学与虚拟学习环境（或课程管理系统）的结合，印刷教材阅读与交互式电子课件学习的结合。

考虑到当前学校的现实情况，在混合式教学的应用中，课堂面授的时间和内容比重肯定要高于网上自学。或许，以后随着各方面条件和环境的改善，在线学习的时间有可能会逐步增加。不过，就今后可以预见的发展趋势来说，对于全日制教育机构，无论如何，在线学习模块的比重都不可能占据优势比例，只能充当辅助的角色。

总之，混合式学习可被视为一种利用各种新技术手段来重组和构建教与学过程的指导思想和组织策略，它为我们在教学过程使用各种各样的具体教学技术工具提供了一个基本思路。回顾过去十多年的教学信息化发展历程，笔者认为，混合式学习可算得上是一种将传统教学与新教学技术之优势结合得较为成功的一种教学改革思想和应用模式，不仅考虑到了学校这种特殊行业中传统与改革之间的协调与中和，而且也在具体实施方式上照顾到了学科教师在技能方面的准备因素。也正是这个原因，以混合式学习为指导理念，后续出现了多种与新教学技术相关的教学组织形式，并获得较广泛的支持。

正是在上述背景之下，翻转课堂应运而生。

实际上，"翻转课堂"（Flipped Classroom，Converted Classroom），正是在混合式学习思想的具体表现形式。概念上，它是指以课堂面授教学为基础，再利用多种教学技术工具来实现教学流程重组的一种较为独特的教学组织形式。具体来说，就是重新调整课堂内外的教学组织结构和教学分配时间，将学习的主动权从教师转移给学生，并相应引发师生教与学活动顺序与方式的变化。在这种教学模式下，在课堂有限时间里，学生能够更专注于主动的基于项目的学习，更多地与教师之间进行提问答疑，讨论交流，共同研究和解决学习中的重点和难点问题，从而获得对教学内容更深层次的理解。

概括说，翻转课堂的一个突出特点，是教师不再占用课堂的时间来讲授信息，这些信息需要学生在课前自主学习。实现的主要方式是，在课前通过观看以某种技术形式制作的教学课件，来了解教师以往在课堂上所讲授的内容，如看视频讲座、听播客、阅读电子书等。还能在网络上与别的同学讨论，能在任何时候去查阅需要的材料（如图 1-2-4 和图 1-2-5 所示）。

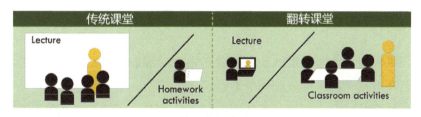

图 1-2-4　翻转课堂与传统课堂之比较

这样的安排，使得在课堂面授教学中，教师不必再把时间花在班级授课上，而是能有更多的时间与班级中每个人进行个别化的交流。进一步，在课后，学生还要自主规划学习内容、学习节奏、风格和呈现知识的方式，教师则采用答疑法和协作法来满足学生的需要和促成他们的个性化学习，其目标是为了让学生通过实践获得更真实的学习。

图 1-2-5　翻转课堂组织结构示意图

换言之，传统的教学模式是老师在课堂上讲课，布置家庭作业，让学生回家练习。然而在翻转课堂式教学模式下，学生在家完成知识的学习，而课堂变成了老师与学生之间或学生与学生之间互动的场所，包括答疑解惑、知识的运用等，从而达到更好的教育效果。互联网的普及和计算机技术在教育领域的应用，使"翻转课堂式"教学模式变得可行和现实。学生可以通过互联网去使用优质的教育资源，不再单纯地依赖授课老师去教授知识。而课堂和老师的角色则发生了变化。老师更多的责任是去理解学生的问题和引导学生去运用知识。

从中不难看出，翻转课堂与混合式学习、探究性学习、其他教学方法和工具在含义上有所重叠，都是为了让学习更加灵活、主动，让学生的参与度更高。但需要注意的一点是，在国外，翻转课堂最初主要用于对学习障碍学生的重点辅导，而并非主要针对普通学生，其所针对的学生数量较少，故教师才有可能有较多的时间进行个别化辅导。所以，在国内引入这种新型教学组织模式时，要充分考虑到国内外学校情况的实际差异，如班级规模、学生数量及生师比率等。

综上所述，混合式学习和翻转课堂，本质上说，实际上是从不同侧面在谈同一个问题——都是在原有传统课堂面授教学的基础之上，利用各种基于互联网的新教学工具来实现教学环节、教学流程或教学步骤的调整和重组，从而实现学与教，师与生，课内与课外，讲授与自学等组织形式的转变。简言之，混合式学习，实际上就是翻转课堂的指导思想；而翻转课堂，则是混合式学习的具体应用策略或实施方案。

1.2.4　从微视频（Micro-video）到微课（Micro-lesson）

显然，要想实现前面所提到的翻转课堂之中的课前和课后的学生自学与复习等环节，离不开以某种技术形式制作的教学课件的支持，否则无法实现课外预习与课堂讨论之间的无缝结合，所谓"翻转"也就无从谈起。因此，教学技术，仍然是影响翻转课堂顺利实施的一个关键因素,它需要为翻转课堂提供一种恰当的符合教学需要的新型课件设计方案。

从技术上看,教学课件的设计方法和类型很多,究竟哪一种教学课件才能适用于翻转课堂的教学需求呢?可以想象,传统的那种长达45至60分钟的课堂实录式的视频课件,恐怕很难符合当今伴随着短小网络视频成长起来的"网络一代"学生的兴趣和需求——他们多数都可能缺乏足够的耐心去观看如此冗长的单调的教学视频。国内精品课程的设计和制作经验表明,那种时间长、节奏慢的实录式课堂教学视频,很难激发起学生们的自学热情与兴趣。可以设想一下:在现实课堂之上,当一个活生生的老师站在讲台上授课时,台下的学生们都难免疲惫。那么,我们又怎能指望把这种课堂录制下来之后,要求学生们在电脑屏幕前能长时间聚精会神地观看,并期待获得好的教学效果呢?

在这种情况下,时间短、内容精简,适用于学生自学的视频教学课件,就成为翻转课堂所需课件最佳的设计理念。尤其是通过基于计算机和互联网的交互设计功能,更是能让这些习惯于网络游戏90年后一代的需求,因为这能够在某种程度上满足他们早已从小习惯的计算机操作习惯:通过键盘、鼠标等输入设备的各种操作来获得相应的反馈,进而激发他们的后续行为,并形成可持续性的学习活动。

因此,从技术角度看,在教学过程中实施翻转课堂的一个重要前提或条件是,教师事先必须为学生们准备好以某种技术形式设计和制作的教学课件,以便让学生课前观看和学习,为课堂讨论做好准备。与以往传统的课件设计理念相比,在设计这种专用于翻转课堂的教学课件时,一个突出的特点就是:课件通常以视频形式为主,同时为吸引学习者的注意力和避免认知疲劳,课件的时间一般都短小精悍,以5～8分钟为主。至此,一种新的课件设计形式——微课应运而生。

1. 微课产生的背景及内涵分析

实际上,当前微课之盛行并非偶然,而是有其深厚的社会环境和技术影响背景。

第一,微课所体现的,是当前整个社会的一种设计思想和理念的变革。正如文艺形式是伴随着社会发展而不断革新形式一样,当前艺术界"小品"和"微电影"等新形式的盛行,就是对原先各种高制作费、周期长和内容复杂的"高大上"文艺形式的一种"反动",希望以一种"小精短"的形式来反映当前各种社会现实与文化现象,引发观众的反思。这背后所隐含的理念,与当前互联网技术所倡导的"自媒体""草根文化""电子民主"等精神一脉相承,展示的是一种独具网络时代特色的发展趋势。

第二,在上述社会大背景基础之上,微课的出现,无疑也受到整个教育信息化发展大潮流的影响,包括数字校园的普及和各种课件制作技术的不断简化,尤其是视频拍摄成本的大幅降低及后期编辑技术成本的简化,如各种便携式摄录设备的普及，如数字摄像机（DV）、手机和平板电脑拍摄功能的增强，极大地鼓舞了教师对教学信息化的参与热情。值得一提的是，这种技术普及化应用时代的来临，同其他职业所受到的影响或冲击一样，教师职业同样也产生了或多或少的变化，尽管这种变化相对于其他行业不那么显著，但毕竟发生了——互联网时代的来临，使得教师的职业发展有了更多的选择路径，部分先行的教师开始"以计算机作讲台，用互联网为教室"，开始了一种全新的教学尝试，并以此开拓出自身职业发展的新路径和更为广泛的空间。例如，在实际教学中，即使没有以往必不可少的电教人员及设备的支持，学科教师也能通过各种自助方式来自己开发和制作各种短小简易的数字化教学资源，如以自助录屏等方式来制作课件。这就极大地提升了学科教师自己动手的积极性。简言之，技术门槛的降低，促进了小型课件设计的出现与大规模流行。

第三，移动互联网的出现与普及，同样也是推动微课出现的一个重要技术因素。这种发展趋势反映在教育信息化领域内，则是移动学习的兴起。从网络终端设备的角度来看，无论笔记本电脑具有多么好的便携性，但都无法与平板电脑、智能手机这类新型移动终端相比。因为移动互联网和移动终端设备的逐渐普及，使得人们的信息获取方式产生了相应的变化，表现在教育信息化领域同样也是如此。例如，一是移动终端所具备的视频摄制技术及其应用成本不断降低，使得教育者能够随时随地可方便地制作教学视频；二是由于各种智能化移动终端设备的不断出现和普及，使得学习者的时间经常被这些设备"切割"或"分离"为越来越小的时间段，并随之出现了所谓"碎片化学习"，即一种每次持续时间短但发生频率高的新学习方式。相应地，碎片化学习方式进一步使得教学资源也被相应划分为更小的"片断"，以适应学习者的新行为模式。微课，实际上就是对教学课件这种发展趋势的一种回应。

综上所述，微课，不可避免地成为当前教学信息化中最受关注的应用形式。

从字面上看，微课与当今互联网时代最流行的"微博""微信""微电影"等新技术形式一脉相承，甚至可以说是它们在教学改革上的直接反映。简单地说，微课，就是"微型的授课""微型的讲座"或"微型的课程"之意。也有人认为，微课即"微视频"，言下之意，即用视频形式录制的短小的讲课片断。

笔者认为，若想全面认识"微课"这个概念，应当从以下三个层面来理解。

（1）从背后所隐含的指导思想上看

微课，首先是指一种新型的教学课件设计理念，即一种用来支持"微型化学习"（Micro-learning）课件的设计思路或设计理念。与传统课件设计思想比，其独特之处在于：一是在某种程度上否定了以往课件设计中所刻板遵循的"课堂复制原则"[①]，转而注重强调教学课件的设计应摆脱面授课堂的限制，试图为学习者提供一种尽可能不同的学习体验、交互环境或学习方式。因此，无论从技术形式、时间和内容上，这种设计理念都表现出与众不同之处，使所设计出的课件能够适应互联网技术条件下的新型教与学环境，而非传统学校情境下的课堂教学。这一点，是理解"微课"这个概念的基础。

（2）正确把握和理解"微"字的含义，这是解析"微课"概念的核心

笔者认为，大家所说的"微课"，某种程度上也是指"微课件"（Microcourseware），就是一种基于微型化学习而设计和制作出的新型电子课件。在这种微课件之中，当然，小段视频确实是其最显著的外在表现形式，例如这些教学视频的时间长度主要是以5～8分钟为主，最多不超过10～15分钟。但这并不等于说，只要是小段的教学视频，就可以称之为"微课"。如果这样的话，那么，微课就实在没有多大新意了。若如此，只需要把原来50分钟课堂录像简单地切割为若干段5～8分钟的视频，不就很容易变成微课了吗？但答案显然是否定的。所以，这种理解显然失之偏颇，经不起推敲。

所以，笔者认为，某种程度上，"微课"的"微"，更多是强调教学主题、教学内容及教学组织结构与形式的"微型化"，而非仅指授课时间、授课视频本身的长或短，更不能因"微"而随意减少教学的必要环节——若缺少某些必要的环节，此课则不再是真正意义上的"课"。笔者认为，即使在当今基于计算机和互联网的教学情境之中，传统教学论中所强调的一些基本教学原则仍然是不可更换的，其中最重要的一条就是：无互动与反馈的教学，必然是无效的教学！也就是说，在"微"的基础之上，同样还是要强调对学习内容的即时反馈和学习过程的交互性。不能为"微"而"微"，将教学课件设计省略或简化成为一种仅包括单向性的教学内容传递过程，既无互动，也无反馈，更无交流。这种做法，正如许多人批评教育技术时常说的：只不过是将传统课堂教学中的"人灌"变为"机灌"。这向来被教育技术界视为教学课件设计之大忌，应竭力避免。所以，仅仅从"微"的角度来理解"微课"概念，是片面和不全面的，我们更多的，是要从教学组织形式、教学设计和课件设计的角度来认识它。

（3）"微课"更应该被视为一种独具特色的教学课件设计技术解决方案

这也是最重要的一点。与以往相比，其突出之处在于，因"微"而带来的课件

[①] 课堂复制原则：是指在教学课件设计中，力图尽量使之模仿传统课堂的形式，或符合课堂教学的基本要求，以此作为保证教学质量的基本标准。以这种理念所设计出来的课件，其表现形式就是教育者常说的"课堂搬家""课本搬家"。例如，精品课程网站中的"课堂实录视频"就是这样一种典型代表，其实际应用效果一直备受质疑。

设计难度和技术门槛的相应降低，使得普通学科教师也能有机会动手来设计和制作自己的课件。笔者认为，这一点才是微课的真正独特与强大之处。通过一系列创新设计技术方案的应用，微课可能为各专业的学科教师加入教学信息化应用的行列提供前所未有的契机——因为即使在缺乏专业电教或教育技术人员的支持之下，学科教师也可能有自己的微课设计与制作工作。

简言之，将微课视为一种新式的教学课件设计理念，一个完整的微型化教学情境，一种促进教师自主动手设计课件的技术方案，这些是全面理解微课的必要基础。

2. 微课概念内涵及其发展

从概念上说，本书将"微课"定义为，基于学科的核心知识点设计而成的，以短小性教学视频为核心的、具有明确教学环节的结构化和微型化在线教学课件。其基本特点是：视频化、简洁化与交互性。

根据以上分析，再辅之以"微课发展三阶段理论"[①]，笔者提出一个"微课演化四段论"（见图1-2-6），用来描述微课内涵的多样性与应用形式的动态发展性。该模型的核心内容是：若从概念分析角度来看，当前大家所说的"微课"实际上至少包括以下四种基本术语："微视频"（Micro-video）、"微讲座"（Micro-lecture）、"微讲课"（Micro-lesson）和"微课程"（Micro-course）。它们的含义既相互关联又有一定区别。更重要的是，这四个微课用的术语，在某种程度上也分别代表着微课概念的变化与演变历程。

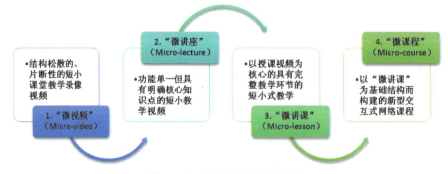

图1-2-6　微课演化四段论模型

微视频（Micro-video），是微课应用的第一阶段，也可认为是常见的表现形式。其核心组成内容是课堂教学视频（课堂教学片段），其结构和内容都较松散，表现为一个非结构化的教学资源单元。举例来说，就是将以往常见的课堂录像（如精品

[①] 微课发展三阶段理论：将微课概念的认识划分为"微资源构成""微教学过程"和"微网络课程"三个阶段。每个阶段的微课概念内涵各有所侧重，表现形式不尽相同，其功能特点和应用范围也不同。具体内容请参阅：胡铁生等.我国微课发展的三个阶段及其启示[J].远程教育杂志，2013-08-01.

课程的教学视频）简单地切割为若干段内容相对独立的视频片断后编辑而成。其镜头表现形式主要以教师在课堂上的现场讲课录像片断为主，由于教室现场缺乏背景幕布、灯光等配合，再加之教师的教学行为也缺乏明确的计划性和设计性，因而这种微视频的画面质量和效果通常较差，结构松散、内容随意性强。因而在实际教学应用中对学习者缺乏足够的吸引力，难以激发其学习兴趣与动机。此外，那种在课堂授课过程中利用电脑的某些录屏工具，将教师的讲义幻灯片内容与语音同步录制下来的短小教学视频，也可归入此类型。

微讲座（Micro-lecture），是微课应用的第二阶段，这是一种形式与结构单一但具有明确核心知识点的短小式教学视频。明确的设计性，是微讲座与第一阶段微视频的主要差别，因此在内容结构上、视频画面效果及教师的教学行为（讲义内容、语言表达、板书等）上都较前者有了一定幅度的提升。但是微讲座的一个突出缺陷，表现为教学过程某些环节的缺失，仅表现了某个知识点的内容，但同时既无练习、测验与反馈，也缺乏师生交流与互动——简言之，微讲座只是一种单向的教学信息传递过程，故可称其为"讲座"，而非真正的"教学"。

微讲课（Micro-lesson），则是微课应用的第三阶段。在某种程度上，只有当发展到这一阶段之后，它才演变为一种真正意义的微课。具体地说，微讲课已发展为一种基于某个知识点、具有明确教学环节的，并带有一定反馈与交互的结构化与微型化的教学活动。与前一阶段相比，在明确教学目标指引下，微讲课增加了多种形式的互动、评论反馈等活动环节。此时，这种微讲课的过程已不再是单向和静态的活动，而发展成为一种动态的、交互的过程。

微课程（Micro-course），实际上就是以微讲课为基本单位而构成的微型化网络课程，它是目前微课的最高表现形式。确切地说，到此阶段，微课已演变为一种"微型的网络课程"。它是一种以微视频为核心资源和呈现载体的交互式在线课程。与一般的视频公开课不同的是，它具有明确的互动与交流环节，为学习者提供了一种"活的"和"动态的"在线学习环境。微课程可以认为是通过网络表现的对某个知识点（或教学环节）的教学内容及实施的教学活动的总和。它是以"微型视频"为主要内容和呈现方式的一种新型微型网络课程，即"微型视频网络课程"，其特点有：主题突出，指向明确；资源多样，情境真实；短小精悍，应用面广；半结构化，易于扩充；交互性强，使用便捷。

这样，从微视频到微讲座，再从微讲课到微课程，微课体现出其演变与发展之路。

伴随着技术的发展，微课的概念及其形式并非固定不变的，以后仍然会不断改善和变化以适应教学的实际需求。因此，我们可以把微课视为一种具有独特功能的新教学课件设计理念和表现形式，它是以混合式学习为指导思想，以翻转课堂为基本应用模式的设计方案。利用这种方案所设计出来的课件，其特点包括：内容上短小精悍，重点突出；表现形式上以视频为主；应用模式上强调学习的即时反馈；在设计技术上则强调网络化和交互性。

简言之，微课就是翻转课堂的具体技术设计方案，或者说，微课就是实现翻转课堂教学组织形式的一种常用的课件设计方案。这样，就形成了混合式学习、翻转课堂和微课三者之间的基本关系：混合式学习是翻转课堂的指导思想，翻转课堂则是混合式学习的具体实施方案；微课就是翻转课堂的具体技术设计方案。

3. 微课的类型

在本书中，以所采用的设计技术为分类标准，笔者将微课概括地划分为两大类：单播式微课与交互式微课。从技术设计角度，单播式微课是一种以流媒体视频作为单一技术表现形式而设计出的播放型微型化教学课件；而交互式微课，则是以流媒体视频技术为基础设计的，同时还具有互动、反馈等功能的结构化和微型化教学课件。这两种微课特点的比较见表1-2-1。

表1-2-1　单播式微课与交互式微课之比较

项　　目	单播式微课	交互式微课
所属类型	微视频，微讲座	微讲课，微课程
技术形式	单一的流媒体视频，如FLV	网页、动画和视频等多种格式，如SWF
视频拍摄	课堂现场实地录像、演播室绿幕布摄像、计算机屏幕录制、电子板书等	演播室绿幕布拍摄、计算机屏幕录制和电子板书等
编辑技术	绿背抠像（Key）[①]视频+讲义内容叠加+字幕	PPT导入+绿背抠像（Key）[①]视频+同步字幕+交互设计
代表软件	屏幕录制软件和视频编辑软件（如Adobe Premiere）	PowerPoint和"快课"式设计软件（如Adobe Captivate）
教学环节	知识点导入、知识点讲授	概念导入、知识点讲授、测验练习、反馈答疑
使用方式	视频播放器，可播放、暂停和重播，单一学习路径	网页浏览器、动画与视频播放器，可点击、拖曳、选择、填写、反馈，多个可选路径
设计团队	以技术工程师为主，学科教师为辅	以学科教师为主，技术工程师为辅

① 详见本书第二章p.47页页下注。

可以看出，交互式微课强调的是在学习过程中，学习过程的交互性、学习路径的多样性及学习素材的动态性。相比于单播式微课来说，交互式微课能够为学习者提供更加个性化和兴趣化的在线学习体验，因而学习效果通常也会更好。

从设计角度看，交互式微课实际上是单播式微课的延伸和扩展（见图1-2-7）。在结构上，若在设计时仅包括前两个环节（教学导入和授课视频），就形成单播式微课。而交互式微课通常由四个环节组成：一是"先行组织者"，向学习展示学习

图 1-2-7　单播式与交互式微课的结构与关系

内容和目标；二是以 5～10 分钟的"授课视频"来表达核心教学内容；三是"反馈测验"，以自动计分测验来检查学习者的知识理解和掌握程度；四是"练习评价"，通常以作业练习或协作项目学习等方式来让学生将所学内容进行应用性操作，通常以在线方式实施。

上述这个交互式微课的技术结构，实际上是将微课更多地视为一个"微讲课"或"微课程"，而不是目前流行的"微视频"或"微讲座"。笔者认为，这种技术结构更能反映微课这种新课件形式的发展趋势。

单播式和交互式微课只是根据技术表现形式而概括性划分的类型。实际上，根据当前学校领域的实际应用情况，我们还可以对当前常见的各种微课设计形式进行详细分类。笔者认为，根据当前流行的各种具体微课设计方式，从简单到复杂，可进一步将微课划分为以下 8 种基本样式。

1. 幻灯片演示式微课。直接利用 MS PowerPoint 的"录制幻灯片演示"功能来录制教师讲课过程所形成的视频。
2. 电子板书式微课。利用计算机屏幕录制软件，再配之以手写绘图板来记录教师的手写板书笔迹所形成的教学视频。
3. 智能笔式微课。利用具有某些特殊功能的智能笔（如 Equil 和 Livescribe Smartpen 等），可在普通纸张上书写时同步自动记录和保存书写笔迹所形成的视频。
4. 翻拍式手写微课。利用高架式视频录制设备（如高拍仪、手机、平板电脑或 DV 等）来拍摄教师手部书写动作过程所形成的视频。
5. 自动录播式微课。利用专门的教学自动录播系统在演播室拍摄而成的教师讲课视频。
6. 演播室式微课。以绿背抠像视频形式拍摄的教师讲课视频，经后期编辑后实现教师形象与讲义内容同步显示的教学视频。

7. 初级交互式微课。以绿背抠像视频和虚拟场景来编辑教师的讲课视频，再辅之以各种常规式动画和学习交互环节（路径选择和自动计分式测验等）所形成的微课。

8. 高级交互式微课。以绿背抠像视频和3D虚拟场景来编辑教师的讲课视频，再辅之以教师形象而定制的头像动画或全身动画和各种学习交互环节（路径选择和自动计分式测验）组合而成的微课。

上述8种常见微课设计与制作时的技术方案及特点，见表1-2-2。

表1-2-2 微课样式及其制作方案

类型	名 称	制作方案		难易程度
		软件工具	硬件设备	
单播式	1. 幻灯片演示式微课	MS PowerPoint	麦克风，笔式鼠标	简单易行，教师可自助完成，适用于不需过多书写的学科教学
单播式	2. 电子板书式微课	CamtasiaRecorder SmoothDraw	麦克风，数位绘图板	可汗学院所用的微课，教师需要适应绘图板的书写方式
	3. 智能笔式微课	EquilNote, EquilSketch	Equil Smartpen2 或 Livescribe3 智能笔	智能笔的书写方式与普通笔完全一样，易适应
	4. 实拍手写式微课	视频播放器	高拍仪，有摄像功能的手机、平板电脑及相应固定装置	教师可自助完成，操作简便
	5. 自动录播式微课	专用程序软件	专用硬件设备	需专用演播室，价格昂贵，功能复杂维护成本高
	6. 演播室式微课	视频编辑软件，如Adobe Premiere 等	配有绿背视频拍摄设备的演播室	常需要电教人员来拍摄，后期制作成本高
交互式	7. 初级交互式微课	需要多种设计软件	自助式绿背视频拍摄套件	经初级培训后，教师可自助设计和制作
	8. 高级交互式微课	需要多种设计软件	自助式绿背视频拍摄套件	经高级培训后，教师可自助设计和制作

在上述8种微课之中，最具有代表性的微课设计形式，莫过于可汗学院的电子板书式微课。它经常被视为微课设计的"鼻祖"，至少可以算得上是最早出现的微课形式之一。从形式上看，可汗学院所设计的电子板书式微课，其时间长度通常都控制在10分钟左右。在教学内容上从最基础开始，以由易到难的进阶方式互相衔接。同时，操作简便，就是利用压感笔在绘图板上书写，同时利用录屏软件将之

录制下来。在板书时，教师可用压感笔点选不一样颜色的彩笔，一边画，一边录音，软件会将他所画的东西全部录为微课视频。这种视频没有精良的画面，也看不到主讲教师，与后面所提及的国内流行的演播室式微课有着显著区别。根据可汗的看法，他这种只有板书和声音而无教师形象的教学视频，可降低对学习者的认知压力，有助于学习者在更加宽松的情境中学习，有利于激发学生自己去思考。

若从设计理论上分析，笔者认为，可汗式微课可以说是美国实用主义教育[①]理念在教育技术应用方面的典型代表形式，强调以学生为中心的教学理念，强调掌握式学习。

从设计技术角度看，实际上，可汗这种电子板书式微课的设计方法和所用设备并不复杂，教师只需要准备好以下设备（见图1-2-8）：硬件包括一个麦克风和一个Wacom数位绘图板，软件则包括录屏软件CamtasiaRecorder和绘图软件SmoothDraw[②]。可汗学院微课的独特之处，主要在于其教学思想与设计理念。

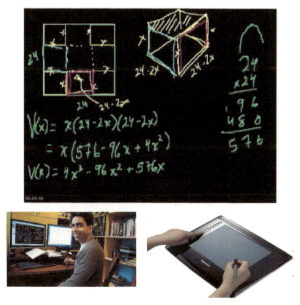

图1-2-8 可汗学院设计微课的工具

---

① 实用主义教育学（Pragmatism）是19世纪末20世纪初在美国兴起的一股教育思潮，代表人物有美国哲学家、教育学家杜威和克伯屈（W.H.Kilpatrick，1871—1965）等人。代表著作有杜威的《民主主义与教育》和《经验与教育》，克伯屈的《设计教学法》等。实用主义教育学的基本观点包括：教育即生活；教育即个人经验的增长；教育即成长。因此，学校的课程是以学生的经验为中心的，打破了原来以学科为中心的课程体系。教学中不再以教师为中心，学生才是教育教学的中心。要注重儿童的创造性的发挥，提倡让儿童在学习的过程中独立探讨、发现。

② 有关SmoothDraw的详细操作方法和案例，请参阅本书第五章5.2.2节的内容。

在可汗学院的网站上，还提供了一种学生练习系统，能够记录学习者对每一个问题的完整练习过程。教师可参考该记录，从中发现学习者哪些观念不懂。在这个练习系统之中，只有当学习者能够答对一套十道题后，系统才会进一步提供程度更高一级的题目。这保证了孩子们可以循序渐进地学习，而不是学校里一刀切式的大跃进教学。

此外，值得一提的是，目前可汗学院式微课经常被用于配合翻转课堂教学模式来使用。例如，在美国某些学校已经采用回家不做功课，看可汗学院影片代替上课，上学时则是做练习，再由老师或已经懂得的同学去教导其他同学不懂的地方这样的教学模式。在这种教学模式中，要求让学生搞懂每一个未来还要用到的基础观念之后，再继续往下教学，进度类似的学生可以重编在一班。

智能笔式微课，则是近期内伴随着智能笔技术（SmartPen，见图1-2-9）不断发展而出现的一种新型微课设计方案。与上述可汗所采用的在数位绘图板上书写不同的是，它的设计方案更加接近于传统的纸笔书写方式，这有利于教师以一种完全无差异的书写体验方式来制作个性化的微课视频。

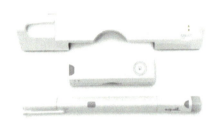

图 1-2-9　智能笔 Equil Smartpen

以最近刚上市的 Equil Smartpen 2 为例（见图 1-2-10），借助于这种新型智能笔，能使那些习惯于传统书写或绘画方式的教师们，也很方便地拥有跨越真实和数字的工具。在使用时，利用这种实际使用手感与传统签字笔无任何差异的电子智能笔，教师可以在任何普通纸张上书写或描绘任何与教学相关的文字、图表甚至图画等内容。在书写的同时，这只智能笔将自动完整地捕捉和记录下其在纸面上所书写、描绘的任何笔迹，并将之转化和还原为完全一致的数字化文档。

此外，还有一种效果很好但成本较高的电子板书式微视频录制方案：直接利用带有手写触摸屏功能的笔记本电脑来录制。目前市场上 IBM、HP 和 DELL 等品牌都能生产带有手写触摸屏功能的笔记本电脑，如图 1-2-11 所示的一款 HP EliteBook

图 1-2-10　制作智能笔式微课

图 1-2-11　用手写屏笔记本电脑录制微课

Revolve 810 G2 笔记本电脑，就能够直接用专用的手写笔来进行屏幕书写，也可以用来录制微课。

很有意思的是，可能是由于微课热潮的影响，当前教育技术设备市场上甚至出现了一些专门用于制作微课的教学设备。例如，2014年日本东芝公司就曾发布一款专用于设计和制作微课的笔记本电脑（见图1-2-12）。设计上很有特点的是，作为一个机电软一体化的集成系统，该笔记本电脑内置了一个可收放折叠的高清晰拍摄仪，可多角度全幅拍摄视频。在教师使用时，可实现双路、三路同步录制教学视频。同时电脑内置了一款专用软件，既能实现傻瓜式录制，也方便学生查询、观看课程。不过，考虑到这个专用微课制作系统的市场售价，似乎并不具备太多的实用性和竞争力。

图1-2-12 微课专用型笔记本电脑

笔者认为，这类微课设计系统，正如前几年为迎合各高校参评精品课程的需求而出现的诸多所谓"精品课自动录像系统"一样，这类设备大多都属于功能单一的专用类教学设备，不仅结构复杂、价格昂贵，而且通用性差、后期的维护费用高。一旦与之相联系的教学应用模式流行过去之后，它们很快就会失去应用价值，因此导致此类教育技术设备的保值率极低。就以前几年流行的"精品课自动录像系统"来说，当时各院校的电教部门几乎都是标配类设备，花费大量经费购置。再加之有关管理部门也推波助澜地制订了一些所谓精品课堂制作标准，有意无意地鼓励学校去购置类似的设备。因此当时来看，若没有就会显得落伍，不得不购买。但现在精品课程项目停止之后，这类设备很快就被淘汰，因为其通用性和适用性水平很差。

所以，从这个角度来说，笔者建议，在当前微课流行之际，各院校在采购相关设备时应充分考虑到技术设备的通用性，将有限的教学信息化经费用于最恰当之处，追求成本效率之最大化。

上述所介绍的这三种微课设计案例，包括电子板书式微课、智能笔式微课和高拍手写式微课，是当前学校领域比较流行的方案。不过，需要注意的是，上述这三种微课类型，通常只包括教师的板书和讲课语音，但不包括教师的授课形象视频。这一点似乎不太符合国内教学课件的设计习惯，以往在课件设计过程中，教师授课视频通常都是必不可少的。实际上，在目前的微课类型之中，同样也带有教师讲课形象的主持人式微课设计方案（见图1-2-13），可供教师

图 1-2-13 主持人式微课

选用。

不过，需要强调的是，与以往精品课的那种经常在教室现场所拍摄的课堂教学录像不同的是，目前比较流行的微课中教师授课视频，通常都是在专用的演播室环境[①]而非课堂现场拍摄而成。因此，相对于上述板书式录制方式，这种方案录制的授课视频质量更高，视觉效果更好，更能吸引学习者的注意力。当然，技术成本也会相应增加。

从设计特点上看，以上所介绍的案例都属于单播式微课，是以流媒体视频作为单一技术表现形式而设计出的播放型微型化教学课件。在学习过程中，学生通常主要以浏览和观看方式来进行学习，基本无法与学习内容进行互动或选择。

要想实现学习者与内容之间的互动、反馈与交流，显然单播式微课是无法满足这种要求的。这时，就需要另外一种类型的微课——交互式微课。

从设计方案来看，这是一种以绿背抠像视频和虚拟场景来编辑教师的讲课视频，再辅之以各种常规式动画和学习交互环节（路径选择和自动计分式测验等）所形成的微课。在表现形式上，交互式微课的显著特点包括如下几方面：

- 具备比较完整的教学环节，如概念导入、知识点讲授、测验练习、反馈答疑。
- 为学习者提供了多种学习内容或路径的选择，可实现自主适应性学习。
- 学习者可自主控制学习的速度和进度，在操作方法上可点击、拖曳、选择、填写、反馈，并且以网页浏览器、动画与视频播放器为主持工具。

交互式微课的案例见图 1-2-14、1-2-15 和 1-2-16。

4. 客观地评价微课

在过去几年中，微课经过不断发展和完善，在教学信息化建设中担负着越来越重要的角色。从教学组织形式的层面，微课有助于形成一种自主学习模式，让学生们自己检索并自定步调地学习。同时，因为微课主要关注一个知识点，这种形

[①] 有关微课设计的绿背视频拍摄方案，请参阅本书第二章第2.3节的相关内容。

图 1-2-14　交互式微课案例之一

图 1-2-15　交互式微课案例之二

式也鼓励教师在教学时语言简洁和突出重点。在具体运用中，微课也可以结合多种教学方法，灵活组合。例如，如果用微课来解释基本概念，让学生课前学习，就能解放课堂的一部分时间用于问题解决和应用，为前面所说的"翻转课堂"模式提供了有力支持。在这种模式中，学生在课堂之外观看在线的课程，在课堂上进行讨论和提问等课堂活动。

图 1-2-16　交互式微课案例之三

这种情况下，设计恰当的微课能为学习者提供一定的学习临场感（如电子板书式微课），犹如师生相互讲话——这一点是大规模班级授课、拥挤的教室以及常规在线课程所无法体验到的。

此外，微课对于移动学习来说，显然也是一个富有吸引力的应用模式和设计方案，这也正是它能在教育领域中被广为关注的一个重要原因。例如，在教学中，老师可以尝试将微课作为课程任务发布，学生可以利用任何移动设备来完成作业并提交。这些独立的或者协作的学生项目作业可以解答课堂上出现的一些问题。有研究者[①]认为，随着使用者尝试将卡通式的视觉效果加入微课，动画可能成为一种微课中很普遍的组成元素。或者，微课也可能成为一些在线项目中的标准组成元素，如慕课等。

值得一提的是，国内教育管理部门近年来纷纷组织各种形式的微课比赛，对于微课的推广和普及也起到了重要促进作用。例如，由教育部教育管理信息中心组织

---

① Educause，7 things you should know about Microlectures，2012，http://www.educause.edu/library/resources/7-things-you-should-know-about-microlectures.

的多媒体课件大赛，自2013年起就增加了微课类比赛。随后中央电教馆和高等教育出版社自2014年也启动了相应赛事。由于得到了高校决策者的重视，目前国内外一些高校都开始尝试将微课的设计理念整合于正式课程之中，例如，在目前备受关注的MOOCs之中，微课就成为在线课程的典型设计形式。

然而，尽管微课在指导思想和设计理念上具有诸多独特之处，在教学实践上也具有许多优势，但需要承认的是，与以往的许多教学技术应用模式一样，微课同样也存在着一些缺陷和不足之处。

第一，需要指出的是，微课并不是一种适合所有教师的教学课件设计和表现形式，与以往的各种课件设计方案一样，它也有其固有局限性。例如，微课所要求的这种注重以授课视频来展示的授课方式，对许多教师来说都是一个挑战，因为像播音员或主持人一样在摄像机镜头前面如在教室里一样挥洒自如、滔滔不绝地讲课，或者按照提前编好的脚本在电脑屏幕上边讲边录音，这些都要求授课教师具有相当的表演才能方可胜任。

第二，尽管上述单播式微课的制作并不需要很多准备，也不需要很复杂的设备，通常教师自己基本就能应付。然而，对于交互式微课来说，其中所涉及的复杂的视觉效果或动画可能需要准备时间长，或者需要额外的技术资源。这时仅依靠学科教师恐怕很难胜任。

第三，也是最重要的一点，目前国内教育技术界对微课的研究仍然仅限于概念和形式层面，对于其设计思想和技术解决方案，研究尚不深入，无法为学科教师提供功能完整、切实可行的设计方案。现有的一些设计软件和方法，如用录屏程序或录像等方式，过于简单，无法设计出令人眼前一亮的微课；或者需要专用设备或工具，价格昂贵，学科教师难以承受或掌握。因此，笔者认为，对于教育技术研究来说，当务之急是探索出一整套适用性强的微课技术解决方案，不仅包括软件和硬件，同时也应包括相应的培训方案，以便为学科教师提供可操作性强的整体解决方案。虽然目前国内也有一些微课的设计教程和培训方案，[①]但尚属一家之言，教学适用性仍有待于验证。今后期待更多的研究者加入进来，为各个学科的教师提供更多个性化的技术思路和整体解决方案。

1.2.5　从微课程（Micro-course）到慕课（MOOCs）

2012年以来，忽如一夜春风来，"大规模开放式网络课程"（Massive Open

---

① 赵国栋.微课与慕课设计初级教程［M］.北京：北京大学出版社，2014，9.

Online Courses，简称 MOOCs）异军突起，遍地开花，在世界各国大学中引发了一场网络教育的新潮流，被称为"MOOCs 元年"。同时，国内外相关统计数据①也验证了 MOOCs 在世界范围内被追捧的速度和热度（见图 1-2-17、图 1-2-18）。然而，貌似预料之外，实际有其必然来由。与上述微课的产生与发展类似，当前发展得热火朝天的 MOOCs 同样也非无源之水，而是与上述的开放课件计划（OCW）、翻转课堂和微课有着天然的密切关联。

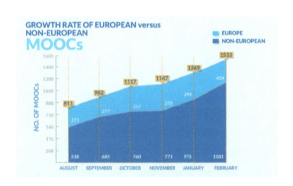

图 1-2-17　2014 年欧洲与其他地区 MOOCs 数量发展状况

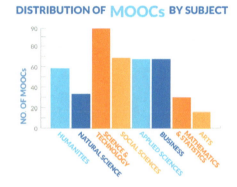

图 1-2-18　2014 年 MOOCs 学科分类统计状况

在这一年里，美国的多所顶尖大学，如斯坦福大学、麻省理工学院、哈佛大学、普林斯顿大学等，陆续设立一种新型的网络学习平台，通过互联网向全世界的学习者提供多种形式的免费网上课程，其中最著名的平台包括：Coursera②、Udacity③、edX④。这三个大平台的课程全部针对大学层次的学习者，并且像真正的大学一样，都有一套自己的学习和管理系统。当然，最重要的也是最吸引公众目光的一点，它们的课程都是免费的，或者说，至少从表现看是免费的。其后不久，国内诸多知名大学便闻风而动，加入 MOOCs 行列。2013 年 3 月，在校长的亲自动员之下，北京大学在国内高校中率先启动了"网络开放课件"建设项目，标志着

---

① OEE Editorial.Understanding the MOOC Scoreboard：Methodology and Misconceptions，19 February，2014.http：//openeducationeuropa.eu/en/blogs/understanding-mooc-scoreboard-methodology-and-misconceptions.

② Cousera 由加州斯坦福大学的计算机科学教师 Ng 和 Daphne Koller 创立于 2012 年 4 月。

③ Udacity 是由前斯坦福大学教授、Google X 实验室研究人员 Sebastian Thrun 于 2012 年 4 月创建。

④ EdX 是由麻省理工学院、哈佛大学、加州州立大学柏克莱分校创建的非营利组织，免费提供涵盖多个领域的大学课程给全世界的人使用。两个大学分别提供 3000 万美元资源。EdX 建立在 MITx 之上。学员在完成规定课程的学习基础之上，只需交少量的费用即可得到一个结业证书，但是没有学分，也不能作为麻省理工学院或者哈佛大学学生的学分课程。

图 1-2-19　MOOCs 的不同译名

国内一流研究型大学也开始关注网络时代的大学教学模式改革问题。随后、清华大学、上海交通大学等高校也不甘落后，纷纷出台各自的 MOOCs 计划。

对于 MOOCs 这个术语，目前国内有多种翻译方式（见图 1-2-19），从所用字眼之中似乎能窥得一丝言外之意，其中有抑有扬，褒贬不一。

- 慕课——令人心生仰慕之课
- 梦课——使人实现梦想之课
- 磨课——让人磨磨蹭蹭学的课
- 蒙课——让人蒙蒙沌沌学的课
- ……

MOOCs 究竟何种魅力，能让世界各国的顶尖大学都如此趋之若鹜呢？

1. MOOCs 概述

首先，从发展渊源上看，笔者认为，MOOCs 实际上与十多年前的"开放教育资源运动"（OER）一脉相承，为这个国际化教育思潮在新互联网技术环境下提供一个更吸引人的形式。换言之，如图 1-2-20 所示，"免费"和"开放"等诸多特点，实际上是 MOOCs 从 OER 继承下来的重要思想遗产和外在表现形式。①

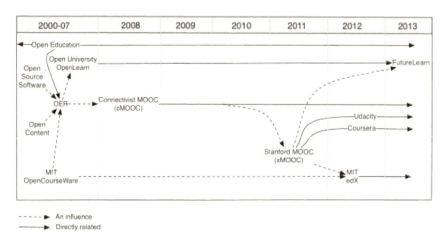

图 1-2-20　从 OER 到 MOOCs 的发展历程

---

① Yuan，Li，and Stephen Powell.MOOCs and Open Education：Implications for Higher Education White Paper.University of Bolton：CETIS，2013.p.6.

其次，与十年前OERs显著不同的是，MOOCs带有明显的互联网经济特征和色彩。自其启动之初，便带有诸多吸引人眼球的特色：借助世界顶尖大学之鼎鼎大名，互联网风险投资的接踵进入，各国著名大学校长的高度评价，随后在世界各国遍地开花……或许正是这个深厚商业因素，联合国教科文组织并未如十多年对待OERs那样积极主动地向各国教育界推广——十年前互联网经济尚不发达之时，或许需要联合国教科文组织助力，但如今，互联网经济模式已日趋成熟，商业资本进入在线教育的方式也随之而变。

此外，最重要的一点，MOOCs之所以吸引诸多大学的目光，还在于它能够为各国大学提供一个全球化时代的国际性展示、发布和交流平台，对于大学的国际化影响力和"软实力"建设都有较大的帮助作用。

笔者认为，MOOC之所以在如此短时间内吸引了数量众多世界一流大学的目光，近年来蓬勃发展的高等教育国际化，院校之间国际影响力和竞争力之剧烈变化，是其中的重要原因之一。无论是OCW、OER，还是MOOCs，它们都为大学之间的国际化交流、共享、竞争和发展提供了一个影响深远的平台，通过信息技术的力量，可以让一所大学的影响力轻易地跨越时空的限制而遍及全球各地。显而易见，在这个平台上占有一席之地，展示自己的身影，发出自己的声音，不仅是大学"软实力"的一个重要表现形式，同时也是跻身世界一流大学行列的一个很好机遇。正如北大前校长周其凤院士在退休讲演中所言："希望大家都关心这件事情（MOOCs），都去了解和研究这件事情。不要落伍，北京大学不能落伍。这个事情既能提高我们的教育质量，也能提高北京大学的国际影响力。"

或许正是这个原因，MOOCs这种新的教学组织形式更像是一个融教育、娱乐与社交网络为一体的教学模式。通过一些先进的技术工具和手段，它的课件和课堂视频在一定程度上能让学生产生一种犹如亲临教学现场旁听一样的感觉，能够给学习者带来较好的学习体验。

从设计方案来看，MOOCs的主要形式仍然以短小的课堂演讲录屏视频为主，类似著名的可汗学院所设计的免费、简短的教学视频，即前面所说的"微课"。因为有了这个成功先例，MOOCs制作者目前已放弃了原先传统的以课时为时长单位的教学课件设计思路，转而将教学视频的长度剪辑为8～15分钟，体现出碎片化学习的设计理念。如图1-2-21，在教学环节上，微课

图 1-2-21　MOOCs课程的结构示意图

视频可能会中途暂停数次，具有一定的交互功能，以测试学生对知识的掌握程度，如弹出一个小测试，或者让学生写一段程序代码，然后系统自动给出反馈。同时，课程的助教可能会查看、管理在线论坛。另外，有些课程也会有作业和考试。显然，这种课件的表现形式类似上述"交互式微课"：以视频为主，再辅之以各种交互性的测验和讨论等，以提高学生的学习兴趣。

2. 恰当地评价 MOOCs

综上所述，笔者认为，至少从技术设计形态上来说，MOOCs 并非是一种新生事物，实际上是一种基于微课的新型网络教学组织形式，是开放教育资源在新的教学设计思想指导下的一种新表现形式，免费、在线和开放仍然是基本特点。当然，我们也要承认，它同时也出现了一些新的特点，如大规模（Massive）、学习支持（Support）、交互性（Interaction）和颁发证书（Cerfication）等。但无论如何，与原来的开放课件或精品课程相比，MOOCs 虽然有了一些新的内涵及表现形式，如颁发学习证书，但本质上，它仍然属于开放教育资源（OER）的范畴。有研究者[①]指出，MOOCs 也与前面所提到的微课、混合式学习、在线学习同样也有着千丝万缕的联系，是一种既面向全球，同时又兼顾本土的教育形式，后者实际上是前者的技术实现形式（见图1-2-22）。换言之，微课为 MOOCs 提供了更加符合学习者心理需求的技术解决方案，更加能够吸引公众和学习者的眼球，使 MOOCs 展示出与以往开放教育资源与众不同的特征。

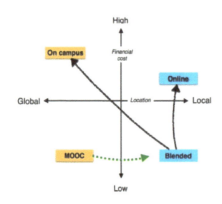

图 1-2-22　MOOCs 面对的全球本土化教育

因此，了解 MOOCs 上述特点之后，恐怕就不会对于当前这种被大加追捧的新网络教育形式期待太高了，因为其新颖之处，更多的是体现组织形式上，而不是技术实现上；更多的是为决策者所重视，而不是被教师所认可。或者更具体地说，与原来的 OCW 和 OER 相比，MOOCs 强大之处，在于其带有强烈的互联网经济色彩，背后有强大商业资本的介入。这些新特点使得 MOOCs 更容易引起公众的注意，但是，如果说期待它能给当前高等教育带来制度层面的冲击，恐怕未免有所夸张。这

---

① Li yuan.MOOCs and technology-enhanced learning：next steps and challenges Posted on October 27，2014.http：//blogs.cetis.ac.uk/cetisli/.

时，回顾一下本书开始处所介绍的"技术成熟度曲线"模型（Hyper Cycle），可能会对我们冷静、客观地评价 MOOCs 有所帮助。

1.2.6 从数字化学习（E-learning）至快课（Rapid E-learning）设计技术

在介绍完翻转课堂、微课和 MOOCs 之后，最后还需要探讨一个与之相关的重要概念"快课"（Rapid e-learning）[①]。回顾以往教学技术曲折的发展与应用历程，我们习得的一个关键经验就是，无论这项新教学技术多么超前，也无论其背后所蕴含的教育理念多么先进，最终决定其命运的不外乎两点：一是它最终能否得到广大一线学科教师的认可；二是学科教师能否以最简便快捷的方式掌握其操作或使用方法。或许还可以再增加一条标准，这种新教学技术的应用，能否促进教师个人职业的发展。

笔者认为，若具备以上三条标准，这个新教学技术应用模式，就会如 Hyper cycle 曲线第四阶段——攀升期，进入快速发展期，行云流水般发展和应用。

快课，就是这样一种有可能推动翻转课堂、微课、MOOCs 进入实际教学应用的教学课件设计方案。具体地说，快课，也被称为"快捷式数字化学习"技术，是一种利用模板套件来设计教学课件的一种快速化技术（见图 1-2-23）。如同教师现在已习惯于用 PPT 模板来设计教学讲义一样，快课，实际上就是为教师提供了功

图 1-2-23 快课技术的应用示意图

---

① 根据 Bersin 的报告指出快课（Rapid E-learning）有几个特点，分别是：内容开发时间短于3周；SME 为主要的内容来源；内容产出通常是运用便捷的工具或模板产生；内容会设计简单的评价、回馈及追踪功能；内容包含简易的媒体元素，而非复杂媒体；内容的学习单元通常不超过一小时的长度，大多是30分钟为主，可以利用同步或异步传递。其中最重要的两个关键点就是"开发时间短"和"开发容易"，这是快课的核心特色。

能多样、形式各异的模板套件，来帮助教师高效省力地设计出符合自己学科特点的教学课件。可以说，这种新型设计理念，使得教学课件的设计进入了一个新阶段——自助设计。概括来说，快课的突出特点主要包括：

- 开发简便、时间短，快速生成。
- 网络发布，便捷推送。
- 技术要求低，成本适宜。
- 适于学科教师自主开发。

若总结快课与上述混合式学习、翻转课堂、微课与MOOCs之间的关系，可以这样理解（见图1-2-24）：

图1-2-24　快课是微课自助式技术的实现方案

- 混合式学习是当前教学技术应用的基本指导思想。
- 翻转课堂是在混合式学习指导之下产生的新型教学模式。
- 微课是服务于翻转课堂教学模式的新型课件设计方案。
- MOOCs是基于微课设计而成的新型网络课程。
- 快课是为学科教师设计微课、发布MOOCs和运用翻转课堂的自助式技术方案。

这样，就最终实现了新技术从指导思想、教学模式、设计方案、网络课程组织形式和技术实现方案的一整套完整流程。

1.3　微课、翻转课堂、慕课与快课相互关系总结

通过上述分析，不难看出上述这些概念或术语之间存着密切的关联。在某种程度上，其中一些用语是同一种教学思想或教学模式在不同的技术环境下，或发展阶

段中的不同表现形式。换言之，虽然所用术语不同，但其中所蕴涵的教学理念、指导思想、或基本技术实现方案，却彼此关联，你中有我，我中有他，相互交织着形成了一个复杂的教学技术概念图谱（见图 1-3-1 和图 1-3-2）。

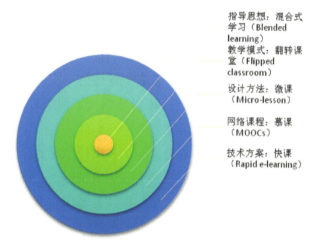

图 1-3-1　混合式学习、慕课、微课与翻转课堂之间的关系

图 1-3-2　微课、翻转课堂、慕课与快课相互关系示意图

具体地说，当前被热捧的慕课，就是信息技术在网络教育中的最新形式，是开放课程（OCW）的后续表现形式。慕课之所以能够在国内外高等教育领域备受重视，是因为伴随着新技术的不断出现和互联网带宽的不断增加，网络教学课件的表现和实现形式也在相应变化，利用各种新技术，慕课给高校带来了一种全新的在线学习形式，使得教育者，尤其是领导决策者们惊讶不已：以往主要以文字、图片、语音等形式来呈现的教学内容，现在能够以一种更加逼真和更加吸引人的视频形式呈现，教学视频的呈现形式越来越像电视专题片一样吸引学习者的眼球。或者，通过某种技术方案来使得原来的教学视频更加吸引学生的眼光和兴趣，如绿屏背景抠像视频、碎片化视频（微课）、交互式路径选择等。同时，互联网带宽的快速拓展，

甚至使得高清视频也能够通畅地通过互联网来传递。这些技术环境的变化，不仅使互联网产业变得更加前景广阔，而且也使网络教学的课件形式、技术解决方案和工具也都相应变革。在这种情况下，慕课这种新型网络教学课件的表现形式，正在越来越多地模拟或仿真面授教学的过程，甚至在某些方面超出了面授教学的处理方式或效果。

上述新特点，确实为大学长期沉闷单调的教学组织形式带来了一丝新意，在一定程度上吸引了教育者们，尤其是大学决策者们的眼光。实际上，慕课这种带有诸多新形式的教学形式，更多的是使教育决策者意识到了网络教育的重大发展潜力。这恐怕是当前慕课备受关注的重要原因之一。

就目前教学技术的整体发展水平来看，至少在可以预见的未来数十年中，恐怕很难指望基于网络的学习完全替代面授教学。在这种情况下，毫无疑问，混合式学习仍然是网络教学设计的一个基本指导思想，即使是慕课也无法例外。譬如，要想获得某个大学的慕课学分，虽然学习者的主要学习过程都可以通过互联网来完成，但线下的讨论和交流仍然是存在的。同时，最终他仍然必须到所指定的考试点去交费参加考试，通过之后方可获得学分证书。

如图 1-3-2 所示，在混合式学习的思想指导之下，翻转课堂则是网络教学的实施策略和方案，或者说，为教育者提供了一个切实可行和可操作的网络教学设计思路，使教师能够在设计教学过程时有章可循。也可以说，可以将翻转课堂视为联系理论（混合式学习）与技术实现（微课）之间的中介物。微课则是实现翻转课堂的一种重要技术设计方案，强调学习资源的碎片化分割，学习路径的交互选择性，教学视频的短小化和知识点学习的即时反馈性等。

此外，还有一点：如何将上述这些新教学技术形式具体贯彻在教学过程之中呢？或者说，对于专业学科教师来说，他们如何实现在自己的教学过程中以混合式学习为指导思想，以翻转课堂为设计策略，以微课为技术方案，来安排自己的教学活动呢？

笔者的观点，"快课"则是当前最佳的自助式解决方案。它实际上是一种基于模板套件来快速设计和制作数字化教学资源的技术方案。操作入门快，多类型模板包，技术成本低和操作简便，是它的基本特征。也可以说，快课是一种适用于普通学科教师使用的课件开发技术或策略，这就为微课的普及性应用打下了坚实的技术基础。这种基于快课的技术实现策略，也是本书是着重强调的核心指导思想。

第二章　微课、慕课与翻转课堂的技术解决方案

在了解当前各种流行教学技术相关概念与术语背后所蕴含的丰富内涵与意义之后，紧随其后，对于一名在职业发展上有所追求的教师来说，所面临的现实问题，就是如何将之贯彻于教学实践之中——如何将翻转课堂与学科教学相结合，怎样具体设计和制作微课，再到如何利用慕课来实现教师个人职业发展的跨越式发展。

依笔者的观点，此刻正是教育技术发挥学科特点和大显身手之时，可为教学技术与学科教师之间提供一个最佳的沟通桥梁。或具体地说，为学科教师在教学中运用新技术提供切实可行的可操作性解决方案，正是教育技术者义不容辞之职责。传播基于技术的教育思想和理论，当然很重要，但对于一线的学科教师来说，如何做，才是他们更关心的事情。因此，为教师提供一整套关于微课、慕课和翻转课堂的整体解决方案，正是本章核心内容，同时也是构成本书全部内容的框架。

2.1　微课的整体技术解决方案

根据上一章所阐明的，微课乃是实施翻转课堂和慕课之基础的指导思想，笔者认为，这套设计方案应以微课的设计和制作为设计起始点，以快课为技术实现方案，以翻转课堂和慕课为基本教学应用模式所形成的应用方案（见图2-1-1）。

图 2-1-1　微课、翻转课堂与慕课关系图

此方案背后所蕴含的基本思路是：微课的设计与制作，是当前教学信息化应用的核心支撑点。这个问题解决之后，无论慕课还是翻转课堂，实际上都是基于微课的具体教学模式，区别主要在于指导思想和教学对象的差异。

2.1.1 指导思想

以上述思路为基础，笔者强调，微课的整体技术解决方案应遵循以下指导思想。

第一，将微课视为一种旨在实现翻转课堂和慕课教学应用模式的数字化学习资源组织形式。它不仅是一种新型教学课件类型，还表现为一种新的课件设计理念和策略。其特点在于以混合式学习为指导思想，以快课为技术方案，目标是为学科教师提供一种实用的、可操作性的教学资源设计与制作思路。

第二，把微课划分为"单播式"和"交互式"两大类 8 种基本形式。前者主要表现为基于单个知识点的微型授课视频形式，结构简单，注重设计的便捷性和表现形式的多样性，侧重于学科教师设计自用型微课。后者则强调设计中的交互性、视频化和拓展性，以微视频为核心，注重利用各种技术工具来实现教学信息传递和展示形式的多样化，使学习者能在一个多样化信息呈现空间中进行探究性学习。它更侧重于学科教师未来的竞赛性应用，故更突出教学的环节性、结构的完整性和形式的美观性。

第三，快课，是制订整个技术解决方案的基本出发点，强调各种设计工具的简捷性、快速化和模板化。本方案所选用的开发工具都具有功能独特、操作简单和适用于具有基础计算机素养的学科教师使用。通常，教师只需要经过数天培训就可基本掌握这些开发软件的操作方法。这样，使教师将更多时间和精力置于教学设计上，而非技术细节。

第四，强调学科教师应尽量采用自助设计或合作开发的模式，替代以往那种让电教人员包办整个技术设计和开发的工作模式。学科教师动手独立设计或合作参与设计的突出优势，是可将学科知识、教学设计与课件开发密切结合起来，最大限度地实现课堂教学与技术之间的相互融合。因此，在本方案中，尤其注重学科教师和电教人员之间的相互协作，主张成立跨学科的开发小组，如文、理、信息技术或美音等学科的合作，充分发挥不同学科和年龄教师在知识、技能方面的特点，提高微课设计的综合技术和艺术水平。这一点，尤其对于后期参加各种课件和微课比赛，将大有裨益。

第五，着重强调微课设计与开发的综合性与教学应用性。笔者认为，微课的设计与开发，并非是一个单纯技术解决方案，而是一种与混合式学习理念密切结合的产物。具体地说，本方案所倡导的是一种基于微课的混合式教学组织模式，强调以微课开发为切入点，以技术操作方案为抓手，从设计、开发到发布、应用，都将会充分体现出传统教学与新教学技术之间的多层次结合，体现出技术环境下学科教师自己的教学理念和方法。

笔者认为，只有落后的技术，没有落后的教学。教学基于经验，既是一门技术，同时也是一门艺术。教学方法运用之妙，存乎一心。教学技术的运用，不在多，而在于巧；不在于复杂，而在于恰当。当掌握了新技术工具的教师来主导设计自己的教学过程时，实际效果通常要远远优于技术工程师所设计的方案。简言之，微课设计与混合式教学的恰当结合，将为教师设计出自己个性化和具有创新特点的教学提供一个强有力支持。

最后一点，不仅要将微课的设计与开发与翻转课堂和慕课应用结合，更要与教师自身的职业发展直接关联，实现以技术促进职业发展的最高目标。换言之，就是要实现"一个微课两个目标"之效果。因此，在微课的设计阶段，就要充分考虑到以后的用微课来参赛的相关要求。设计出的微课，应努力追求的最高目标是比赛获奖。若要想实现这一目标，设计者就需要意识到，与平常教学用的微课相比，能在比赛中脱颖而出并获奖的微课，有诸多不同之处，如技术的独特性、界面设计的美观性、操作的交互性、结构的紧凑性等。这些都需要教师在微课设计之初就应考虑，并将之贯彻于整个微课的设计与开发始终。唯有如此，才有可能最终设计出不仅能用于平常教学，吸引学生眼球，提升其兴趣，同时也能在各种竞赛中令评委眼前一亮之获奖作品。若到如此，那自是两全其美。

2.1.2 模块化设计思路

在本书提出的设计方案中，交互式微课，是以通用性课件开发软件为基本平台，以绿屏背景抠像微视频摄制与虚拟场景变换为基础，以模板式动画人物及 TTS 智能语音旁白为支持，强调多学习路径和互动式学习，再辅之以各种模块化素材构建而成。

交互式微课通常采用模块化的技术组织方案，整体框架是基本固定的，但可以根据主题、任务和对象需求的不同而有所调整，据此而实现用途的多样化。换言之，在规划好整个微课整体结构的基础之上，利用不同的软件来实现不同模块的功能，以达到不同模块功能的最优化表现。这一点，与以往基于单一软件的课件设计技术方案有明显区别。

与传统开发模式相比，交互式微课在功能上和表现形式上都有显著变化，能以较低的技术成本实现多样化的内容呈现方式。同时，尽管不同模块采用了不同软件工具，但对于教师来说，并没有过多增加他们的设计和开发成本，因为这些软件都基于快课技术，操作简单易学。教师只要具备基本的计算机操作技能，就可以在较短时间内掌握使用方法，并根据自己学科内容来设计出形式多样的微课。

具体从流程和模块上看，交互式微课主要由 5 个要素组成（见图 2-1-2）：智能语音解说、动漫式助教、多形式授课视频、反馈式测验和课程管理系统。

图 2-1-2　交互式微课的模块化设计流程

（1）智能语音解说

是指对微课中知识点文字内容的语音讲解和朗读，通常以旁白或画外音①形式出现。正如在面授教学中老师的讲课声音是教学必不可少的组成因素一样，交互式微课同样也强调对文字教学内容的语音讲解，尽可能为学习者提供一个模拟课堂的虚拟学习环境。与传统课件中用人工配音方式来实现此功能不同的是，为提高效率和降低成本，交互式微课采用的是智能化文本转语音的合成技术（TTS）②，教师可利用文本内容来快速生成相应的标准阅读语音文档，为微课提供配音。与人工配音相比，TTS 无论从成本还是效果上来看，都已达到相当完善程度，是一种极有发展前景的技术。它一方面可快速、有效地解决教师讲课时方言味浓、普通话不标准的老大难问题。另一方面，对于外语类学科教师来说，TTS 技术能够为其提供无可替代的语音资源，使外语教师能以极低的技术成本实现各个语种③文本转语音的生成，丰富微课设计的语音资源。

（2）动漫式助教

其主要功能是以动画人物形式为学习者提供各种补充、提示类教学信息，在微

---

①　画外音，也称之为"旁白"，原指戏剧角色背着台上其他剧中人对观众说的话，也指影视片中的解说词。说话者不出现在画面上，但直接以语言来介绍影片内容、交代剧情或发表议论。在课件设计技术中，旁白通常被用于课件开始时的知识导入语音说明，对知识点的背景、定义和内容等由画面外的人声发出。通过旁白，可以传递更丰富的信息，表达特定的情感，启发学习者的思考，激发其学习动机。

②　语音合成技术，又称"文语转换"（Text to Speech，TTS）技术，能将任意文字信息实时转化为标准流畅的语音朗读出来，相当于给计算机装上了人工嘴巴。它涉及声学、语言学、数字信号处理、计算机科学等多个学科技术，是中文信息处理领域的一项前沿技术，解决的主要问题就是如何将文字信息转化为可听的声音信息，也即让电脑像人一样开口说话。

③　以本书第三章3.3节中所介绍的iVONA语音引擎为例，目前它能够提供17种语言的36种不同的声音语音库。

课不同环节中随机出现，活跃学习气氛，指引学习路径。电子助教，一方面适应了如今"90后"一代学习者喜爱"动漫"的视觉倾向习惯，另一方面也可使知识学习过程变得更加有趣和富有吸引力，抓住学习者的眼球。通过动画人物制作软件的帮助，在交互式视频课件的制作中，可以轻松地实现这一功能。

技术上，快课式的动画人物设计程序也为学科教师的设计提供了强大技术基础。目前已有多款动画人物形象制作软件，能以照片、图片为基础来实现动画人物的形象在性别、外貌、衣饰等方面定制设计。进一步再通过语音合成技术，为动画人物增加语音功能，使动画人物能够用中文和各语种语言讲课。而且软件也能够自动实现语音与动画人物口型的一一对应，惟妙惟肖地展示授课过程。更为方便的是，动画人物的背景和情景也是可以定制的，只需要更换不同的模板就可以方便实现，无须设计者花费太多时间去费力设计。

（3）多形式授课视频

这是微课的核心构成要素，以各种形式的板书、讲演等视频形式来传递知识点内容。对授课视频的后期编辑和处理，是决定微课设计水平的核心指标。处理得当，将对学习者产生巨大吸引力。在设计方案中，视频形式通常可分为三种基本类型：录屏式视频、翻拍式视频、演播式视频。当前微课中最常采用的形式，也被称为"绿幕抠像视频"①，是用来实现"演播室式微课"或交互式微课的主要视频编辑与处理方法。与传统在课堂现场录制不同的，这是一种在特定演播室环境下拍摄下来教师的授课视频，其背景为单一蓝或绿色幕布。这种视频通过抠像编辑之后，能够更换虚拟动态背景，实现教师授课视频的虚拟化，使之更加独特和吸引学生注意力，有效提高视频的艺术感染力和表现力。以此为基础，也可以利用其他软件工具为虚拟视频添加各种动画效果，如图片、文字和板书等，使得教师的讲课视频更加形象生动，富有表现力。

（4）反馈式测验

也称为"即时测验"。正如在实际课堂教学中测验与考试是教学的重要环节一样，在交互式微课的设计中也需要具备在线测验功能，用来随时检查学生对所学知识的掌握情况，随时发现问题，随时解决。与传统基于印刷试卷不同的是，目前反馈式电子测验可以方便快捷地实现客观试题的自动评分，具有多种题型，包括正误题、单选题、多选题、填空题、匹配题、排序题、数字题和热区点击题等。学生完

---

① 抠像（Key），是指吸取视频画面中的某一种颜色作为透明色，将它从画面中抠去，从而使背景透出来，形成二层画面的叠加合成。这样在室内拍摄的人物经过抠像后与各种景物叠加在一起，形成独特艺术效果。

成测验之后，微课可以自动统计和生成成绩，并根据成绩将学习者自动引导至相应的知识点或位置。该功能通常可用于检查学生的知识点学习情况，随时发现问题让学生及时补习。

是否具备反馈式测验环节，是区别单播式微课和交互式微课的重要特征之一。

（5）课程管理系统发布

上传和发布于课程管理系统，同样也是交互式微课设计流程中的重要环节。当微课发布于课程管理系统之后，借助平台的丰富互动功能，就会进一步具备更加多样化的师生交流、互动功能，如提问答疑、作业布置与提交等。更为重要的是，为实施后续基于微课的翻转课堂和慕课，提供了更加多样化的选择。

从目前世界各国教育领域网络教育的发展趋势来看，课程管理系统通常被当做整个学校的教学信息化和混合式教学的基础应用平台。无论是课程网站，教学视频和各种教学资源都会统一发布在课程管理系统之上，这样做不仅可以有效降低数字化学习的技术成本，同时也可有效地降低教师的使用成本，便于教师快速创建课程网站和组织实施混合式教学，并进行教学资源上传和下载，在线讨论，作业布置和作业提交。在本书中，选用 U-MOOC（文华在线）[①]来实现此功能模块。这是一个适用于普通教学型院校的网络教学平台，操作简单，适用性好，可作为交互式微课的发布和展示平台。

此外，还需强调：上述介绍的交互式微课技术结构的 5 个组成要素，仅是基本构成要素，提供一个参照框架。在实际设计中，交互式微课的结构是开放的，教师在规划、设计时可根据学科的实际情况灵活对待，视需要而增加或删减。

2.1.3　整体技术解决方案

在笔者所提出的这套整体技术解决方案之中，从微课的两种类型 8 个形式出发，在技术层面，将微课界定为，一种基于多种软件工具开发出来的综合性、模块化和结构化的微型化、多用途电子教学资源包。它采取"流水线装配式"制作理念——先以不同工具制作出音频、视频、动画等形式的素材，然后以通用课件工具为平台来进行组装，以预测分支、自动计分测验等路径跳转方式，来实现学习者与微课之间的反馈与互动。

如图 2-1-3 所示，微课的整体技术解决方案包括四个基本组成模块：目标、团队与策略，硬件设备，软件程序和资源模板。

---

① 有关 U-MOOC（文华在线）相关内容，请参阅本书第十一章。

图 2-1-3 微课的整体技术解决方案

（1）目标、团队与策略

微课、慕课的核心目标，首先是促进教师职业发展，以此来创建一支志同道合的开发团队。在发展策略上，强调所开发的微课不仅要用于翻转课堂和慕课，同时还应通过参加各种教学技术比赛的形式来推广经验，提升团队成员的学术影响力和社会声誉。例如，在初创之时，可以申请学校正式立项的教学改革项目为基础，微课开发应该是由一个团队共同承担的合作性工作。诸多教学信息化比赛的经验表明，以个人的单枪匹马方式来设计和制作，很难开发出将来能在竞赛中获奖的高质量作品。

（2）硬件设备

指微课设计要用到的各种硬件设施。用于视频、音频和图像的录制和采集，包括以下三大类：

- **授课视频录制设备**。用于拍摄主讲教师的授课视频素材。常用的包括三类设备：高清摄像头（单独或笔记本电脑附带）；具有高清视频拍摄功能的手机和平板电脑；高清 DV 摄像机。
- **电子板书录制设备**。用于录制教师的电子板书笔迹或手写动作视频。录制电子板书的常用设备有：笔式鼠标、数字绘画板和智能笔；上述用于录制授课视频的设备，通常都可用于录制手写板书视频。
- **各类辅助制作设备**。包括背景幕布（绿或蓝）及其支架，LED 灯光照明设备和各种固定拍摄设备用的万向支架等。
- **自助式多功能微课设计系统（SMMS）**。上述设备的整合体，是一个多功能、可移动和可灵活扩展的教学多功能系统。一方面，它能利用随时变换坐式和站态两种工作姿势，来实现当前流行的健康办公的理念，能保护脊椎和腰椎骨骼，减缓背部、肩部和腕部的肌肉紧张状态，有利于教师身体健康；另一方面，同时还通过移动和组合而具备日常办公桌、教学讲台和课件摄制等多项功能。

（3）软件程序

指微课设计时需要用到的各种软件。用于各种音、视频素材的编辑、设计与制作，并将各种资源整合为结构化和交互性电子资源包，包括以下六大类：

- 整合交互设计类程序。用于微课结构创建、交互设计和内容整合，如 Adobe presenter 和 Cpativate。
- 语音生成类程序。主要指各种 TTS 语音引擎，用来为微课配制语音。常用的有讯飞、Balabolka、NeoSpeech 和 iVona 等。
- 动漫形象设计类程序。主要用来设计动漫助教人物，常用的有 Character builder、CrazyTalk、CrazyTalk Animator 等。
- 视频场景编辑类。主要用来编辑绿背视频，为之添加各种形式的虚拟场景。常用的有 Adobe Ultra 和 iClone。
- 格式转换类程序。主要用于音视频格式转换和透明背景视频抠像，如格式工厂，PopVideo Converter、Adobe Media Encoder 等。
- 网络教学平台类。主要指课程管理系统，如U-MOOC，用于微课网络发布及随后慕课、翻转课堂实施。

（4）资源模板

指微课设计时所需的各种常用格式设计素材与具有特定功能和技术格式的模板。主要包括图标、图片、音频、动画、视频等，包括以下两类：

- 通用类资源。主要用于微课设计中的背景性资料展示或界面美工设计，如可通过互联网（搜索引擎）免费获得的各种图标、图片、音乐和视频等。此外，还有通过一些专用型设计资源网站来获得的特殊设计资源，如人物图片库、特殊字体（标题用毛笔字）等。
- 专用类模板。快课设计技术的表现形式，主要指具有特定外观、功能和技术特点和格式的数字资源包，通常用于各种设计软件，如 Presenter 模板、Captivate 模板、Ultra 模板、iClone 模板。利用这些专用模板，可有效提高微课设计效率和效果。

2.2 模块1——目标、策略与团队

正如本书开篇所强调的一个基本理念：教学信息化从来不是一个单纯技术活儿，也不可能仅依靠工程师或电教人员来建设。它必须充分调动学科教师的使用积极性，并使之与学科教师的职业发展紧密结合，才有可能真正落实。从这个角度来说，微课或慕课项目的启动与开发，首当其冲就是项目目标、策略与团队建设问题，这是微课、翻转课堂与慕课整体技术解决方案的核心构成要素之一。

2.2.1 目标与策略

本书所强调的基本指导思想，是教学信息化的逻辑起点，应是教师发展而非学习效果。所以，微课与慕课项目的起始目标，首先应是促进与提升教师职业发展，而非单纯提高教学质量或效果——实际上，这两者本身就是相辅相成之关系：教师自身若无发展，教学质量从何谈起？因此，在这个整体解决方案之中，首当其冲，便是目标定位与发展策略问题。当确定目标是以教师发展为核心之后，如图2-2-1所示，相应的项目发展策略就是：以微课为

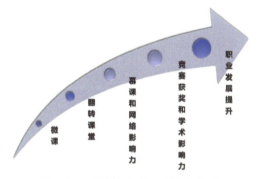

图 2-2-1 项目的目标、团队与策略

起点，结合翻转课堂推进教学组织模式改革。再进一步推动慕课建设与发布。最终以上述教学改革经验综合提炼，参加各种比赛评奖。这样，既总结和推广教学改革经验，同时又提升项目团队成员的专业水平和学术影响力，共同发展。

2.2.2 项目团队建设

根据以往经验，笔者认为，开发团队的建设，应以申请学校正式立项的教学改革项目为基础，微课开发应该是由一个团队共同承担的合作性工作，如表2-2-1所示。这个开发团队应具备以下特点：

- 微课团队应以校方批准的教学改革项目为基础，这样可获得各种官方支持。在理想状态下，开发团队的领导者最好由学校教学或信息化建设的主管领导来担任，以获得校方各部门的资源支持。

- 团队的理想结构——以资深富有教学经验教师为主持者,由各学科的青年教师为主持组成。这样可发挥不同学科、年龄段教师的特长,相互取长补短。
- 电教人员或技术工程师可作为项目成员参与,主要提供技术咨询和支持服务。
- 项目团队的最高目标,不仅在于促进教学改革,更在于以获奖促进青年教师发展,调动团队成员的积极性,进而实现项目的可持续发展。

表 2-2-1　微课开发团队的基本构成

角色分工	人员构成	承担任务
团队领导者	教学或信息化主管领导	经费申请、软硬件资源使用、团队组建和组员协调,参赛支持
项目主持者	德高望重的教学名师	微课选题、教学设计、主讲授课,团队成员的具体分工、协调;以微课为基础的翻转课堂和慕课教学活动实施。后续参加教学竞赛的具体组织等
团队的成员	各学科的中青年教师	具备一定实际学科教学经验,同时应经过微课设计的基础培训,掌握本章上述软、硬件的使用
技术支持者	电教或信息技术教师	提供微课设计和制作相关技术的咨询与操作支持,包括相关硬件设备的提供与准备

2.3　模块 2——硬件设备

工欲善其事,必先利其器。在设计和开发微课之前,设计团队首先应准备好一系列相关硬件设备。在必要情况下,可能还需要购置部分设备。根据以往经验,在购置微课设计用的各种硬件设备时,笔者认为,应遵循以下基本原则:

- 通用性原则。在能使用通用性设备情况下,最好不要购买专用性设备,以提高设备的使用效率。
- 便携性原则。尽量选择和使用易于移动和携带的设备,以避免过多占用场地。
- 自助性原则。尽可能选择或购置易于被学科教师自己就能掌握和使用的设备,避免选择那些操作复杂或需要由专人使用的设备。
- 整合性原则。为方便普通学科教师自主使用,应尽量考虑为其提供整套的多功能性设备,最好能与日常办公与教学密切结合,以便于其随时取用。

第二章 微课、慕课与翻转课堂的技术解决方案

显然，根据所要设计微课类型的不同，教师需要事先准备的硬件设备差异性很大，这主要取决于微课设计的目标、类型和最终用途。例如，若计划制作幻灯片演示式微课的话，教师实际上无须专门准备设备，只要利用现有带麦克风、摄像头的普通笔记本电脑，再辅之以 PowerPoint，教师自己就可以在办公室完成。当然，如果想要在形式上更美观，或转化为网上易传播的文件格式，可能还需要一些格式转换软件的帮助，如 iSpring 等，这类一键生成式工具，属于典型快课式软件，可帮助学科教师迅速将讲义转化为 Flash 动画，并上网发布。

然而另一方面，如果所设计的微课，未来将是翻转课堂和慕课的组成部分，甚至将来还计划参加高水平的全国性课件和微课大赛，那么，这种目标定位的微课，事先准备的相关设备就要相对复杂，需要教师事先统筹规划，认真考量。

2.3.1 视频拍摄类设备

通常，无论制作何种类型微课，视频拍摄与制作设备是最常用的硬件设备。在以前电教工作中，摄像类设备都属于是价格昂贵且操作复杂的工具，需要由专业人员来使用。不过近年来伴随着各种智能化拍摄设备的普及，尤其是手机、平板电脑和笔记本电脑附属摄录设备性能的迅速提升，拍摄视频已逐渐成为人们日常工作和生活的组成部分，操作专业化要求日益降低。在这种技术环境下，对于学科教师来说，只要方法得当，光线适宜，即使没有专业人员和专业的摄像机类设备，自己利用各种常见设备，同样也能拍摄出效果很好的高清教学视频。这就为自助式微课制作提供了前所未有的条件。

根据制作难易程度不同，笔者认为，可将微课视频划分为三大类：录屏式视频、翻拍式视频和演播式视频。它们的用途不同，所需要的制作设备各异，例如，录屏类视频通常可利用学校现有的各种硬件设备就能制作，而演播类视频则需要专用设备方可完成。表 2-3-1 列出了三类视频制作时常用设备及制作难度与成本。

表 2-3-1 微课视频制作所用设备列表

视频种类	微课类型	所需设备	成本与难度
录屏式	幻灯片演示式微课	计算机	低，简单
	电子板书式微课	数位绘图板	中等，一般
	智能笔式微课	智能笔	中等，一般
翻拍式	翻拍式手写微课	实物展台、高拍仪、手机、平板电脑和DV等	低，较低
演播式	自动录播式微课	精品课录播教室及相关设备	高，复杂
	演播室式微课	演播室及相关设备	高，复杂
	交互式微课	演播室及相关设备	高，复杂

1. 录屏式视频制作设备

录屏式视频，是指通过某些书写输入设备及辅助软件来录制教师的板书笔迹及动作过程的视频。它通常可用于幻灯片演示式微课、电子板书式微课和智能笔式微课。摄制录屏式视频时，通常涉及以下常用硬件设备，如笔形鼠标、绘图板和智能笔。

（1）笔形鼠标

笔形鼠标（pen mouse），也被称为"无线鼠标笔"（wireless pen mouse），是一种采用2.4GHz无线技术和光学传感器特殊类鼠标。从外形上看，整个鼠标的造型类似一支钢笔，能够以握笔的姿势来使用鼠标（见图2-3-1）。在使用条件复杂或特殊情况下可以给用户带来很多方便，如在狭小空间。同时，据实验研究表明，这种独特的鼠标操作形式，也有助于保护用户的手腕肌肉，防止出现当前常见的因过度使用鼠标而导致的"鼠标手"[①]。

图2-3-1　无线笔形鼠标在PPT中书写

笔形鼠标通常拥有相应的快捷按键，所具备的功能与普通鼠标基本相同。其光学灵敏度在400～800dpi之间可调。笔形鼠标支持触摸滚动，能在任意表面工作，比如衣服、手掌、桌面。鼠标还拥有智能节电功能，当不使用时会自动进入睡眠模式，按下任意按键即可唤醒。

在微课设计时，这种笔形鼠标的独特之处在于，当利用PowerPoint来录制幻灯片演示式微课时，可利用PPT右键选项之中"指针选项"的"笔"或"荧光笔"功能，以这种笔形鼠标为书写工具，用它来实现在电脑屏幕上简单的文字书写或符号标注笔画等功能。相对于普通形状鼠标来说，这种笔形鼠标更容易用来进行文字书写式操作动作，便于在讲课过程中随时输入一些简单的文字、标志或符号，可在一定程度上实现手写板的功能。从成本上看，这种笔形鼠标的价格要远远低于手绘板，是一种很经济的设备选择。

需要提醒的是，虽然其形状很像一支笔，但这种笔形鼠标本身并不具备手写输

---

① 鼠标手，一种因过度使用电脑鼠标而导致腕部肌肉损伤的常见症状。其正式名称是"腕管综合征"，是指人体的正中神经，以及进入手部的血管，在腕管处受到压迫所产生的症状，主要会导致食指和中指僵硬疼痛、麻木与拇指肌肉无力感。现代越来越多的人每天长时间接触、使用电脑，这些上网族多数每天重复着在键盘上打字和移动鼠标，手腕关节因长期密集、反复和过度的活动，导致腕部肌肉或关节麻痹、肿胀、疼痛、痉挛，使这种病症迅速成为一种日渐普遍的现代文明病。

入的功能，其本质上仍然是一种鼠标，只不过因外形像笔而易于进行书写式移动而已。因此，通常仅适用于在幻灯片演示时在屏幕上书写和标记简单字符，不适于大量的文字或演变公式书写，更无法替代下面提到的绘图板等输入设备。同时由于其独特的手握方式，也会使初用者感觉操作不便，需要逐渐适应。

（2）数位绘图板或绘图屏

若计划要制作目前流行的可汗学院式电子板书式微课，上述笔形鼠标显然是不敷使用的。教师通常应事先准备好相应的专用电子板书录入设备——数位绘图板（如图2-3-2）。这种设备的价格要远远高于上述笔形鼠标，因为它原来是一种专业艺术设计人员的绘制图画工具。在制作微课时，我们用来制作板书视频，在某种程度上确实是"大材小用"。

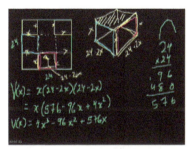

图 2-3-2　制作电子板书式微课的数位绘图板

绘图板与相应的绘图和录屏软件配合使用，就能方便地将教师的板书内容和语音等内容都自动录制为视频，制作成可汗学院式微课。这种原先用于制作图画或动画用的绘图板，通常是各院校电教部门基本都配备的常见设备，不一定需要专门购买。

当教师利用绘图板来进行文字、公式或符号书写时，其流畅和方便程度要远远高于上述笔形鼠标。使用时手感基本上与传统笔无异——教师唯一需要适应的是，由于用绘图笔在绘图板上书写时，在板上并不会相应显示出相应的笔迹或符号，而是显示于电脑显示屏之上，这样会产生所谓"书写动作与笔迹显示之间"的空间体感差。这对于初用者来说，可能会在初期使用时相应引起一种不适应感。不过随着操作的熟练程度加深，这种异样感通常会自动消失。

进一步，教师若要想在录制微课视频时追求那种类似直接用笔在纸张上书写的感觉，即笔做出书写动作之后，随即自动显示相应的笔迹——甚至具有逼真的压感效果，如笔锋的变化，那么，就需要一种更加高级的设备：数字绘图屏或手写屏（见图2-3-3）。前者是一种绘图板与显示屏二者合而为一的设备，原用于绘画创作，通常价格较高，动辄上万元。后者是配置手写屏幕的笔记本电脑，如微软的

图 2-3-3 数字绘图屏和手写屏电脑

Surface，惠普的 Revolve G2 等。这两种板书录入设备的书写体验，要比上述设备好得多——代价就是要付出更昂贵的价格。

（3）智能笔

智能笔式微课，是近期内伴随着智能笔技术（SmartPen）不断发展而出现的一种新型微课设计方案，它需要相应的智能笔作为硬件来制作。与上述可汗所采用的在数位绘图板上书写不同的是，它的设计方案和使用方法，基本上与传统纸笔书写方式完全一样——实际上，这种智能笔通常都带有与普通签字笔一样的笔芯，用它来在普通或特制的纸张上书写。在书写同时，智能笔会自动记录笔迹动作并保存为相应格式的文档。显然，这有利于教师以一种完全无差异的书写体验方式来制作个性化微课视频。从目前市场上常见的智能笔价格来看，大多在千元左右，比上述绘画板便宜，同时手感会更方便些。

以最近刚上市的韩国产品伊贵（Equil Smartpen 2）为例（见图 2-3-4），借助于这种新型智能笔，能使那些习惯于传统书写或绘画方式的教师，方便地拥有跨越真实和数字教学的工具。在使用时，利用这种实际使用手感与传统签字笔无任何差异的电子智能笔，教师可以在任何普通纸张上书写或描绘任何与教学相关的文字、图表甚至图画等内容。在书写同时，这只智能笔将自动完整地捕捉和记录下其在纸面上所书写、描绘的任何笔迹，并将之转化和还原为完全一致的数字化文档。

图 2-3-4 用于制作智能笔式微课的 Equil Smartpen 2

从笔者的体验来说，与其外形一样，这个 Equil Smartpen 2 用起来确实就如同一支传统圆珠笔一样，见图 2-3-5。教师可以像使用在书桌上笔筒中抽出的任何笔一样，随时随地拿起它们，在任何现有的纸张上书写和绘画。甚至，随手用笔来画一幅速写图，程序也会忠实地记录下来，与原来笔迹完全一样。最后，智能笔在电

第二章 微课、慕课与翻转课堂的技术解决方案

脑（手机或平板电脑）上的附属程序将自动将书写的笔迹和结果记录下来，保存为电子文档。

这真的是一只普通的签字笔吗？当然这只是表面现象。实际上，这支智能笔与放在书桌上的那些普通圆珠笔有着本质差异。首先，它配有一个蓝牙接收器，使用之前要将之固定放置在所用纸张顶端的中间位置。当教师用智能笔在这张纸上开始书写时，接收器内部的超声波和红外线就开始自动精准定位 Equil Smartpen 在纸张上的位置变化情况。这时，如果旁边还摆放了一台事先安装好配套软件（Equil Note 和 Equil Sketch）的笔记

图 2-3-5　与传统书写相同的操作方法和手感

本电脑、平板电脑或手机，那么与此同时，教师使用智能笔在纸张上所做的任何笔迹，都将会自动在这些设备的屏幕上原封不动地相应显示出来，同步重现真实笔记和绘图动作。同时，它的笔尖还支持压力感应，即根据书写时手用力之不同会相应显示出笔迹的粗细、笔锋变化，以确保数字笔记和绘图可以包含实体版本的所有细节。这样，与相应的录屏软件配合使用，就可以很方便地制作出与上述可汗微课类似的智能笔式手写笔迹微课——对于普通学科教师来说，这种方案可能更容易习惯和适应。

图 2-3-6　Equil Smartpen 可兼容计算机、平板电脑和手机

这种智能笔可以通过蓝牙与 IOS、Mac、Android 以及 Windows 设备进行联网通信（见图 2-3-6），可以将文字和绘画作品分享到 iCloud、Dropbox、Evernote、Facebook、Twitter 或者 email。对于需要的用户，还可以将其导出为 PSD 层文件，以便后期进一步编辑。

目前，Equil Smartpen 2 配套有两款配套的 App 程序：Equil Note（针对手写），可以兼容 IOS、Mac OS、Android 和 Windows；Equil Sketch（针对绘图），兼容 IOS 和 Android。

2. 翻拍式视频拍摄设备

此处，之所以称之为"翻拍式视频"，源于这种微课视频的拍摄方式，与以往传统的照片或文档翻拍方法类似（见图2-3-7）。

相应地，翻拍式视频基本摄制方法是：在一个支架上固定某种拍摄设备（摄像头、相机或DV），然后教师握笔的手在其下台面纸张上板书，随写随录。以这种视频为基础而形成的微课，就是所谓"翻拍式手写微课"。拍摄翻拍式视频通常所用的设备包括：实物展台、高拍仪或相关的通用性录像设备（见图2-3-8、图2-3-9、图2-3-10）。

图 2-3-7　用于翻拍印刷文档的翻拍台

图 2-3-8　用实物展台拍摄

图 2-3-9　用高拍仪拍摄

图 2-3-10　用带支架平板电脑和手机拍摄

3. 演播式视频拍摄设备

以上述设备两种录制的微课视频，通常只包括教师的板书动作及相应讲课语音，但无教师的授课形象视频。如果要想实现当前MOOCs中常见的带有教师讲课形象的微课，即所谓"演播室式微课"（见图2-3-11）或交互式微课，那么，就需要拍摄教师的讲课视频。与以往精品课那种在教室现场拍摄方式不同的是，这种演播式视频通常都是在演播室环境拍摄完成的，故视觉效果更好，后期可编辑、制作空间更

图 2-3-11 演播室式微课

大，能够实现多种吸引人的视频呈现效果。因此，需要其他一些相关设备，如幕布、灯光和各种辅助设备等。相对于上述板书式录制方式，这种方案录制的授课视频质量更高，效果更好，当然，前期的拍摄技术成本和后期编辑制作成本也会相应增加。

（1）蓝/绿屏幕抠像技术概述

在微课制作中，演播式视频的摄制与"蓝/绿屏幕抠像技术"直接相联系，通常都以之为基础来实现后期的视频抠像，并生成各种形式的透明背景视频。在技术上，"蓝/绿屏幕技术"（Blue/Green Screen），也被称为"色度键"（Chroma Keying），或者"抠像"（Key）。这是一种用来提取所拍摄视频中某个通道的主要技术手段。它是在拍摄人物或其他前景内容，然后利用色度的区别，把单色背景抠掉，使视频背景在视觉上呈现出"透明"效果，以便与其他背景或场景进行叠加，最终实现独特的视觉效果（见图2-3-12和图2-3-13）。

由于抠像的背景常常选择蓝色和绿色，故称为蓝/绿屏抠像。随着数字技术的进步，"通道提取"（Matte Extraction）成为数字合成的重要功能。很多影视作品都

图 2-3-12 蓝/绿屏幕视频抠像技术

图 2-3-13　蓝/绿屏幕视频的拍摄与编辑

通过把摄影棚中拍摄的内容与外景拍摄的内容以通道提取的方式叠加，创建出更加精彩的画面效果。

在拍摄这种视频时，要求前景物体上不能包含所选用的背景颜色。从技术原理上讲，只要背景所用的颜色在前景画面中不存在，用任何颜色做背景都可以，但在实际拍摄中，最常用的是蓝背景和绿背景两种。原因在于人身体的自然颜色中通常都不包含这两种色彩，用它们做背景基本不会和人物混在一起。同时，这两种颜色也是 RGB 系统中的原色，方便处理。欧美国家绿屏幕和蓝屏幕都经常使用，尤其在拍摄人物时常用绿屏幕，据称是因为很多欧美人眼睛是蓝色的。

为便于后期制作时提取通道，进行蓝绿屏幕拍摄之前，应准备相应的拍摄设备（见图 2-3-14），并充分考虑相关问题：首先是前景物体上不能包含所选用的背景颜色，必要时可以选择其他背景颜色；其次，背景颜色必须一致，光照均匀，要尽可能避免背景或光照深浅不一，有时当背景尺寸很大时，需要用很多块布或板拼接而成，要蓝色反光。总之，前期拍摄时考虑得越周密，后期制作越方便，效果也越好。

图 2-3-14　拍摄蓝绿幕布视频常用设备

在本书提出的微课技术方案中，常用的蓝屏抠像软件有：Adobe Ultra[1]、After Effect[2]、Premiere[3]、Final Cut[4]和Pop Video Converter[5]。

（2）简易蓝/绿背幕布演播套件

顾名思义，演播式视频的拍摄，通常需要在演播室之中进行。如果学校事先已建有标准演播室，那当然最好不过。但现实情况是并非所有院校都具备这样的条件。如果没有演播室，而且经费有限的情况下，准备一套简易、可移动式绿背幕布演播套件，对多数学校来说是一个经济可行的方案，见图2-3-15。它

图 2-3-15　简易绿背幕布演播套件

通常包括辅助照明灯光、可拆卸式幕布支架与蓝色或绿色背景幕布。

目前，这个演播套件[6]价格低廉，通常在数千元左右，适合用于微课中演播式视频素材的拍摄。设备清单列于表2-3-2中。

表 2-3-2　简易蓝/绿背幕布演播套件的组成

设备名称	数量	功能和使用
4*55W 三基色柔光灯	2套	背景光：用来把人物身后的背景打亮，消除人物的阴影
6*55W 三基色柔光灯	2套	轮廓光：分别置于人物的侧后方，提供自高向下方向的光源，使人物头发及肩膀衣服边缘产生亮边，便于后期抠像时实现人物与背景之间的脱离，产生立体感，避免过于平面化
轮廓光500W 聚光灯	2套	面光：分别置于人物前方45°角位置，使人物面部能够均匀受光
铝合金背景架	1套	3米×3米可调节支架，用于固定抠像幕布
绿屏抠像布	1套	3米×6米蓝色或绿色背景幕布

对于某些学科（如体育）来说，在拍摄微课视频时，可能需要另外一种三维结构式的幕布系统（见图2-3-16），以便从更多角度来拍摄运动技能的示范或变化。通常，这种三维结构幕布同样也是可拆卸和组织结构，并配有相应的LED辅助灯光照明，安装和使用也很方便。

---

[1]　有关Adobe Ultra操作方法，请参阅本书第六章。
[2]　有关After Effect操作方法，请参阅本书第五章5.3.2节。
[3]　有关Premiere操作方法，请参阅本书第五章5.3.1节。
[4]　有关Final Cut操作方法，请参阅本书第五章5.3.3节。
[5]　有关Pop Video Converter操作方法，请参阅本书第七章。
[6]　这套演播设备适用于10～25平方米空间的小型演播室。

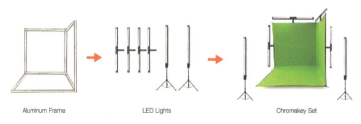

图 2-3-16　拍摄运动类视频的三维幕布结构

从实践角度说，这套可移动式设备的优势是，在某种程度上能够替代传统造价昂贵且占地的演播室的功能，具有可移动性，可利用简单的硬件来制作出具有专业水平的视频素材。这对于那些目前缺乏演播室等设施的普通院校来说，是一种经济替代方案。设计者可以利用这套设备在短时间内就在普通办公室或教室中搭建出一套符合抠像视频拍摄要求的简易演播室，并投入使用，拍摄工作结束后则可以快速拆除并移动至其他位置。

（3）LED 背景屏式演播室

如果学校经费充足的话，采用目前专业电视台演播室设计中流行的大屏幕高亮度全彩 LED 显示屏[①]，也是一个微课视频的可选拍摄方案。该方案形式是：如图 2-3-17 所示，在室内安装一定面积（小者数平方米，大者可布满一整面墙壁）全彩 LED 显示屏，用于显示授课讲义内容。同时，教师站于显示屏前讲课。通过调整显示屏与教师两者相互适宜的亮度，可将教师讲课动作与背景讲义同时录制为视频。

图 2-3-17　全彩 LED 背景墙

此方案优势在于，可同步录制教师讲课和 PPT 讲义内容，后期不必再进行抠像编辑和处理，添加字幕之后即可发布完成。摄制流程简单，可有效降低后期制作成本。但劣势是，前期投入成本高，动辄数十万元，且占据固定空间，无法移动。以这种方式拍摄的视频，后期无法实现教师授课形象视频与背景的分离，因此也就无法后期再添加各种虚拟背景或动态视

---

① 全彩LED显示屏（Full color LED display screen）：LED就是light emitting diode即发光二极管。它是一种通过控制RGB半导体发光二极管的显示方式，由多个RGB三色的发光二极管组成，每个像素组合均有RGB二极管，靠每组像素灯的亮灭来显示不同颜色的全彩画面。用来显示文字、图形、图像、动画、行情、视频、录像信号等各种信息的显示屏幕。它通常以计算机为处理控制中心，电子屏幕与电脑显示器窗口某一区域逐点对应，显示内容实时同步，屏幕映射位置可调，可方便随意地选择显示画面的大小。

频效果，更无法再用于其他教学课件的制作，可扩展性较差。此外，以这种方式拍摄的视频清晰度和亮度等视觉效果，通常也无法与上述绿背幕布视频相比，这是由其背景屏幕物理性质决定，难以改变。

（4）便携式简易绿背幕布

在某些情况下，由于时间、经费等因素的限制，教师可能无法在演播室环境下拍摄视频，而是需要在教室现场来录制演播式视频。这时的解决方案有两种：一是采用后面将要介绍的"自助式多功能微课设计系统"，二是利用便携式简易绿背幕布来拍摄视频，在教室讲台上用支架固定一面小型绿背幕布作为拍摄背景。拍摄时，教师站于背景布前讲课。如图2-3-18，在光线适宜的自然照明条件下，甚至可省去辅助照亮灯光。

图 2-3-18　便携式简易绿背幕布

当然，这种小型简易拍摄方案的局限性很多：一是要求教师讲课过程不能随意走动，不可超出背后幕布的范围；二是现场音源较多，录制的讲课声容易产生各种噪声，后期需要进行相应处理；三是由于教室现场无法布置相应的照明灯光，可能会影响视频效果。此外，学生的现场配合有时也可能会是一个问题。

不过，若应用恰当，这种拍摄方案的最大益处在于，相比于演播室内的无学生听课情景，教师通常在教室现场教学环境下的讲课，其教学动作、表情和语言表达，更加自然和流畅。

2.3.2　自助式多功能微课设计系统（SMMS）[①]

面对上述如此形式多样、种类繁多和功能各异的微课摄制设备，恐怕不仅学科教师会感觉操作和使用它们会有一定难度，实际上即使对于专业电教人员来说，未必也能在短时间内准备妥当，运用自如。以笔者多年从事教育技术和电教工作的经验来看，以何种方式为学科教师提供制作设备，是影响到设备使用效率和教学技术实际效果的关键因素之一，不可小视。

很多情况下，学科教师之所以不愿在教学中使用教学技术，实际上并非如教育

---

① 有关自助式多功能微课设计系统的详细配置表，请参阅本书最后的附录4。

技术研究者所认为的那样是因为他们不想、不会操作或不愿使用这些设备,而更多是因使用教学技术设备所涉及的复杂过程或手续不胜其烦而弃用。

例如,通常,学校的各种教学技术设备都会设有专人管理,或安置于专门场所。并且,一般会制订所谓"使用管理条例",专人管理、严格执行,以防止设备损坏或丢失。在这种情况下,教师若计划在自己教学中使用这类硬件设备,通常都需要事先提前申请借用,事后归还,且课前要去现场测试设备,花费诸多额外时间和精力。所以,若非专为准备重要的公开观摩课或课件比赛,或真心有兴趣钻研各种教学技术应用,估计多数学科教师都不会有这个耐心去使用这些费时耗力的设备。

当然,在以前那个经费紧张、设备稀缺昂贵的时代里,这种"电教设备集中专人管理模式"尚情有可原,毕竟那个年代,连进计算机机房还规定必须穿白大褂和换拖鞋呢。然而,如今伴随着各种信息技术设备的普及,这种管理模式,实际上早已成为推广和应用教学技术的障碍,直接影响着教学信息化的发展。因此,笔者认为,除非少数一些价格极高昂、操作方法需专业培训的设备之外,多数教学技术设备都应遵循"分布自主管理模式",尤其是对于经费较宽裕的高校来说,更应如此。这实际上能够直接推动校园信息化的应用水平。

基于以上认识,同时借鉴国外同行的设计思路,笔者倡导一个旨在推动学科教师在教学中自主设计和制作微课的计划,将前面所介绍的各种设备组合起来,形成一套通用性、多功能微课设计与制作集成系统——"自助式多功能微课设计系统"(Self-designed Multi-functioned Micro-lesson System,简称 SMMS)。

设计 SMMS 的核心目标在于,使各种微课设计所用的硬件设备逐渐融于学科教师日常办公备课、课堂教学和教研诸过程之中,实现技术与教学之间无缝融合——笔者的观点是:只有当教师已不再有意识地专门做各种烦琐准备之时,方才是这种技术真正普及之日。

1. 设计理念

整体来看,首先从设计理念上,构成 SMMS 全部配件都属于通用性设备,尽可能避免和摆脱以往那种专用类电教设备的思路,强调设备通用性和可扩展性,尤其是与学科教师日常教学工作的融合性。

(1) 强调设备通用性与可扩展性

众所周知,前几年在精品课程流行之时,几乎所有院校都采购了诸多硬件厂商所设计的所谓"精品课自动录播系统",专门用来制作精品课程所需要的教学录像。当时,此类设备基本都是专门安装于多媒体机房之内,专人管理,专人操作,普通教师很少有机会使用,主要为那些被评为"精品课"的名师们提供专门服务。此外,在当时很有意思的一点是,相关评审机构竟然还制定了有关精品课视频的详细技术规范,要求参评课程都应遵守。与此相对应地,设备制造厂商也很聪明地据此规范来设计和制造了此类精品课录制设备,诱使院校采购。

然而,如今当精品课程结束之后,又兴起"视频公开课""精品资源共享课""微课""慕课"之时,许多院校的电教机构则很尴尬地发现,几年前所购置的此类专用于精品课录像系统的设备几乎都属于是"封闭型"设备:无论从整体技术参数、规范,还是所用配件,基本都属于专用型,许多都已无法再适应当前新一代教学技术模式的制作要求,既无法升级,也很难改造。在这种情况下,结果只能是整体报废,然后又重新开始新一轮采购新设备。今天,在这一场微课与慕课的新一轮教学信息化浪潮中,我们希望能吸取原来的教训,在设备采购和使用中尽量避免上述问题。

(2)突出健康绿色技术应用方式

"技术以人为本"和"绿色健康地使用科技"是当前人人耳熟能详之口号,大家也都愿意追求以技术来实现健康工作、生活或学习方式。然而令人遗憾的是,现实之中,技术发展与身体健康经常却是相互矛盾,甚至背道而驰。同样更令人遗憾的是,与其他领域一样,即使在教育技术研究领域,体现和贯彻上述理念的教学技术研究,同样也是凤毛麟角——实际上,专家们似乎更多地将关注点放在如何让更多的师生花费更多的时间去使用新技术,而非绿色、健康和可持久地在教与学过程中使用技术。

笔者认为,在推进数字校园和教育信息化过程中,我们应大力推广、强调以健康方式来使用教学技术的理念,否则,无论教学技术如何显著地提高了教学效率或效果,但若是以师生的健康为代价,那么,这种发展最终恐怕都是难以可持续发展的,也是得不偿失的。实际上,当前青少年学生之中普遍存在的小如"鼠标手""近视眼",大到"颈椎病""游戏成瘾"和"网络成瘾"等问题,教学技术恐怕都脱不开干系——在很多情况下,我们只教会了学生用信息技术,却没有教给他们如何健康地使用。

健康和绿色地使用信息技术,不仅是只针对学生而言,对教师同样亦是如此。与其他行业类似,经过20余年的教育信息化建设,计算机和互联网已成为教师工作的基本工具。越来越多的教师已经习惯于在电脑前面保持长时间端坐的状态来进行工作。然而,久坐成疾,此言确实不虚。据世界卫生组织(WHO)的调查报告(见图2-3-19),每年有200多万人因长时间坐着不动而死亡;预计到2020年,全球将有70%的疾病是由坐得太久、缺乏运动引起的。

《美国流行病学杂志》发表的一项为期14年内对12.3万名成人进行跟踪调查的研究结果(见图2-3-20),美国人目前平均每天坐的时间为7.7小时。而研究表

图 2-3-19 WHO 关于日常行为的调查数据

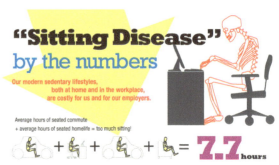
图 2-3-20 久坐病正在成为信息社会的大问题

明,那些一天静坐超过 6 个小时人的死亡率,要比那些静坐时间少于 3 小时的人,高出至少 18%。越来越多的研究发现,久坐与心血管疾病、癌症、糖尿病、肥胖症及更多疾病有着密切联系,医学专家将这种坐式生活中的疾病及其不良后果统称"坐病"(Sitting disease)。一位美国运动生理学研究者马克·汉密尔顿指出,在互联网普及的时代里,久坐是"一个像吸烟一样有害的新杀手"。美国明尼苏达大学的亨利·布莱克本教授说:"坐着工作,是文明史上对人类新陈代谢影响最深刻的变化,这是造成新陈代谢失调的原因。"

在文化传统上向来提倡"坐得住冷板凳"精神的中国教育界,教师如何才能避免在计算机和互联网面前"久坐成疾"呢?

当前国外流行的"多站一些"(Just stand)和"站着工作"(Stand work)理念,或许对于我们教育技术研究和教育信息化的未来发展方向会有所启发。研究和实践表明,选择符合人体工程学设计原理的电脑相关工作设备,通过日常工作中增加身体的移动来有效减缓背部和颈部的肌肉酸痛,可促进教育者更加健康和舒适地使用计算机。例如,可选择各种可调节坐姿或者站姿的工作台(见图 2-3-21),在工作过程中通过轻松调节键盘和屏幕到适当高度以达到最佳舒适度,或者按照个人需求调节成坐式或者站式工作状态,工作期间也可交替更换。

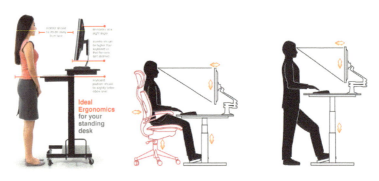

图 2-3-21 可调节站与坐两种姿态的升降工作台

下面所设计的SMMS，就是试图防止上述问题的一种新尝试。整体来看，在构建这个系统时，SMMS主要优势体现在四个方面：通用性和可扩展性，自助式设计与制作，整合式和多功能性与技术应用健康性。

2. 结构与模块

如图2-3-22所示，SMMS由以下六个基本模块[①]组成，分别是：基础构件、办公备课、自助拍摄、辅助灯光、背景幕布和扩展教学（见表2-3-3）。

图2-3-22　多功能自助式微课设计系统（SMMS）效果图

表2-3-3　自助式多功能微课设计系统硬件构成（SMMS）

模块名称	设备组成	主要功能
基础构件	轮式可升降办公桌/讲台	方便推行和移动，坐姿和站姿可调节，利于健康
办公备课	标准台式或便携式计算机系统	用于前期辅助拍摄和后期的微课编辑与制作；在拍摄演播式视频时可将显示器用作提词器，显示教学讲义内容
自助拍摄	绘图板、智能笔及笔形鼠标	置于桌面，用于自助录屏式视频的摄制
	实物展台、通用万向支架及手机、平板	固定于桌面，用于自助翻拍式视频的摄制
	DV、摄像头、电容式麦克风、无线蓝牙麦克风	DV固定于显示器上方，用于演播式视频的自助摄制；幕布及其支架均为折叠可拆卸式；在显示器上方和背景幕布四边各固定一个LED灯具，用于实现面光、轮廓光和背光的照明
辅助灯光	充电式LED便携灯（6盏）及固定装置	
背景幕布	可折叠式蓝绿背景幕布及支架	
扩展教学	笔记本电脑固定装置	将各种设备固定于桌面，以便于推到教室用作讲台
	显示器固定装置	
	投影仪固定装置	
	物品存储箱	用于放置各种小型设备，如灯具

---

① 实际上SMMS还有一个计算机软件模块，用于对所拍摄的视频进行编辑和处理。这一部分内容将在本书第五章5.1.3中专门介绍。

3. 设备组合

在 SMMS 之中，各个模块在具有特定功能并相互组合以实现特定设计目标的基础之上，同时仍有很好的开放性和组合性，能够根据当前和将来各种不同的需要来灵活、快捷地调整模块之间的组合，进而实现功能的升级与设计目标的变化。

（1）多功能一体的基础构件

为贯彻上述健康绿色使用技术的理念，在设计和选择 SMMS 基础构件时，以人体工程学（Ergonomics）①研究成果为基础，充分考虑和体现了将微课设计与教师的日常工作相互结合以促进信息技术与教学融合原则。目前国外关于健康使用电脑方式已有许多人体工程学的研究成果，其中目前被认为最有效的一种解决方案，就是在使用电脑时采用坐姿和站姿可调节式工作台（见图 2-3-23），即利用工作姿势变换的方式来减缓长时间使用电脑所导致的"久坐病"（Sitting disease）。

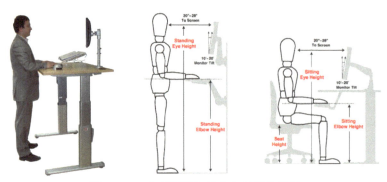

图 2-3-23　坐站两用工作台工效学示意图

因此，在选用整个系统的基础构件时，选用了一种国外知名品牌的可移动式站坐两用工作台（Mobile Desk Work，简称 MDW，见图 2-3-24），作为整个微课系统的基础性设施。与微课相关其他设计工具和设备，将围绕着这个工作台来组合、安装和使用。

如图所示，MDW 台实际上是一个微型技术平台。其基本功能是一个可升降高度和带有万向移动轮的办公桌根据不同教学需要（见图 2-3-24 中 A），通过将不同功能的配件安装在 MDW 上，则可实现不同的教学功能，能将笔记本电脑（或台式

---

① 人体工程学（Ergonomics），也称"工效学"。是根据人的心理、生理和身体结构等因素，研究人、机械、环境相互间的合理关系，以保证人们安全、健康、舒适地工作，并取得满意的工作效果的机械工程分支学科，其目的有三个：使人工作得更有效、使人工作得更安全、使人工作得更舒适。

电脑)、键盘和鼠标、实物展台和投影仪及更多装置整合到一个稳固平台上(见图中 B、C、D)。这样，一个 MDW 就具备了三项功能：办公备课、课堂教学和微课设计，从硬件上实现了办公、教学与技术应用的无缝融合。

如图 2-3-25 所示，在使用时，一方面，贯彻绿色健康理念，利用恒力升降技术提供流畅的键盘和笔记本电脑位置调节，满足教师个性化的电脑操作或视角，可站着或坐着备课工作；另一方面，办公桌、讲台和设计台三位一体，教师不再被束缚在讲桌、讲台或同一个位置，而是可以自由走动，进行协作式授课。在移动时，MDW 可轻松通过狭窄的通道和教室门口，四个万向滑轮可平稳地移动。根据教学需要，可锁定前轮以将整个装置固定不动。最后，MDW 同样也是教师用来拍摄视频和设计微课的工作台。

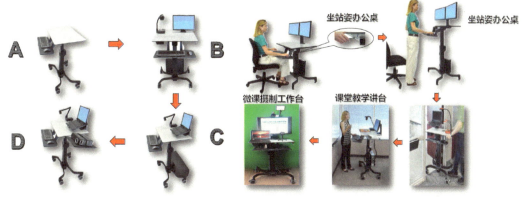

图 2-3-24　可移动式站坐两用工作台（MDW）组合示意图　　图 2-3-25　MDW 实现三位一体功能

需要指出的是，整个 MDW 是一个开放式架构平台，可根据日后设备改进和升级要求进行调整。充分利用教学空间，减少整体基础设施投资。这样，就实现了硬件设备的可持续性使用，避免了技术应用模式的变化而导致硬件设备的淘汰。

（2）拍摄录屏式视频的设备

在 MDW 基础之上，当用作微课设计工作台时，依据不同的设计目标，教师可根据本学科的具体教学需要来配置相应硬件设备。例如，若目标是制作录屏式视频，那么，就需要为 MDW 配备笔形鼠标、绘图板或智能笔（见图 2-3-26）。

具体从不同学科需求来看，笔者的经验是，笔形鼠标适用于 PPT 演示过程中少量文字和简单

图 2-3-26　笔鼠、绘图板与智能笔

符号的书写，适用于文科类教学；绘图板适用于理工科类复杂公式符号推导、图表绘制，或美术类教学。智能笔适用面较广，各学科教师基本都能使用。

（3）翻拍式视频的摄制设备

以 MDW 为基础，若教师的设计目标是制作翻拍式视频，其可选方案则更加多样化。首先，MDW 本身就提供了多个用于翻拍式视频的相关配件（见图 2-3-27）。例如，在 MDW 桌面左上角处，就有设计用来专门固定实物展台的相应位置，可用来安装实物展台或高拍仪（图中方案 A）。同时，它提供了一个专用于 iPad 类平板电脑的夹式固定支架，可将平板电脑多角度旋转用于拍摄教师在桌面上的书写动作（图中方案 B）。

若教师想用自己的手机或平板电脑来拍摄翻转式视频[①]，那么，如图 2-3-28 所示，就可以动手利用摄影常用的万向支架（图中 A）来制作个性化的平板电脑（图中 B）或手机（图中 C）固定支架，配上耳机插孔式微型 LED 补光灯（图中 D）。最后，再用夹钳固定于 MDW 桌面上，同样也可以拍摄出微课视频。

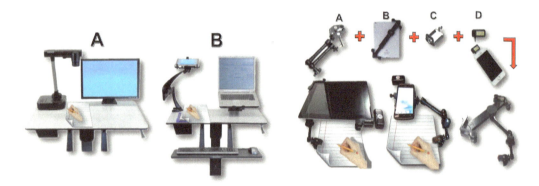

图 2-3-27　MDW 翻拍式视频制作方案　　　图 2-3-28　个性化翻拍式视频制作方案

（4）演播式视频的摄制设备

如前所述，演播式视频拍摄，是在微课设计中比较复杂的操作之一，用它可制作出具有专业演播室式微课和交互式微课。根据笔者的使用经验，当拍摄演播式视频时，则正是充分发挥出 MDW 强大而独特功能之时，同样能够为教师提供一种组合式的、操作方便且倍感轻松自如的整体拍摄环境。

演播式视频的摄制设备包括以下三个基本组成部分：幕布、灯光和摄像模块。

① 幕布模块。如图 2-3-29 所示，包括可拆卸式支架（图中 A）和折叠蓝绿幕布（图中 B）。图中 A 与 B 组合在一起，构成整个抠像背景幕布（图中 C）。

---

① 有关具体操作方法，见本书第五章 5.2.3 节内容。

② 灯光和摄像模块。如图 2-3-30 所示，包括便携充电式 LED 照明灯 5 盏，其中轮廓灯 3 盏（普通 LED 摄像灯，图中 A）面光灯（LED 平板摄像灯，图中 B）和背光灯（图中 C）各 1 盏。在拍摄使用时，轮廓灯通过强力夹来固定于幕布左右侧和下部；背光灯通过万向支架固定于幕布上方；面光灯，则通过夹钳万向支架固定于 MDW 显示器上方（见图 2-3-30 中 A）。

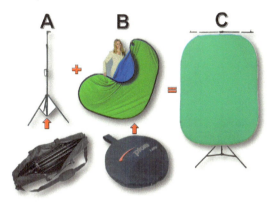

图 2-3-29　组合式绿背抠像幕布套件

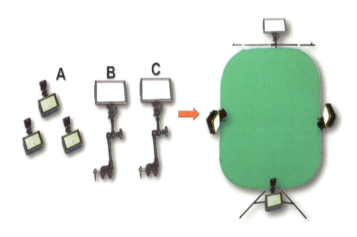

图 2-3-30　充电 LED 灯与幕布组合示意图

本方案中所使用的灯光均为便携充电式 LED 灯具，通常充电一次可连续照明 1～2 小时。其中作为背光灯和面光灯的 LED 平板摄像灯，可通过旋钮来调节灯光色温（3200～5200K）和亮度；作为轮廓灯的普通 LED 灯，则可通过更换附带的透明灯罩来改变色温，并同时具备旋钮式亮度调节功能。在使用时，教师可通过调节以获得最佳的照明效果。

最后，将上述幕布和灯光结合在一起，再加上基于 MDW 的摄像模块，则最终形成如图 2-3-31 SMMS 整体组合。

在拍摄演播式视频时，如图 2-3-32 所示，这套 SMMS 系统，可用于教师在办公室内自助式拍摄演播式视频。拍摄时，授课教师站或坐于 MDW 与背景幕布之间。首先将全部 5 盏灯打开，用于面光、轮廓光和背光的照明，并调整各灯光的方向，注意使幕布上的灯光亮度均匀，使教师在背后的幕布上尽量不要形成阴影。同时，还应注意利用背光灯使教师与背景幕布之间形成层次分明的反差。这样拍摄出

微课、翻转课堂与慕课实操教程

图 2-3-31　SMMS 整体组合效果图

来的视频，将有利于后期的抠像处理和编辑。

然后，教师可通过调节 MDW 的高度，可随时采取坐姿或站姿讲课方式来拍

图 2-3-32　SMMS 自助拍摄演播式视频示意图

摄。调整高度时应事先将摄像机的显示屏翻转面向自己①，这样在开始摄像之前随时可监控并调整镜头大小与位置。在自助拍摄的情况下，若摄像机会配备有无线遥控器，教师则可更加方便地利用它来进行远程调整镜头焦距和角度。

在拍摄启动之后，教师可手持 PPT 遥控器在电脑显示器中播放教学讲义，将之作为提词器②来使用。由于摄像机正好位于显示器上端，所以即使教师眼睛看着显示器内容来讲课，最终拍摄出来的视频中，教师的目光视角仍然会始终正对着摄像机，不会出现目光"斜视现象"。

---

①　如果摄像机带有视频输出接口，如HDMI，则可将摄像机与MDW上的显示器连接。这样，在拍摄之前，摄像机镜头的影像将通过HDMI连接线输出至电脑显示器，教师则可清楚地看到摄像机镜头所拍摄的自己形象，据此来调节位置、灯光和距离等。不过，通常当开始摄像之后，显示器中的视频输入会自动关闭。

②　提词器：是一种用于摄像时用于向讲话者提供相关文字提示信息的专用设备，通常用于给播音员或演讲者提示新闻台词，使之避免出现低头读稿状态，随时保持面向观众，实现在屏幕上与观众之间的目光交流，提高节目或演讲质量。从设备上看，提词器通常是通过一个专用的显示器件显示文稿内容，并将之反射到摄像机镜头前一块呈45°角的专用镀膜玻璃上，供播音者查看。从而实现演讲者、提词器、摄像机和三脚架支撑在同一轴线上，所拍摄出的视频中演讲者会始终面向观众。

此外，为提高摄像的语音效果，建议利用无线麦克风或 USB 电容式麦克风。

最后，演播式视频拍摄完毕之后，可将各种设备拆卸、折叠之后，分门别类装入相应的整理箱中（见图 2-3-33），以节省空间。其中，图中的 A 为 MDW 所配置的专用收纳箱，可固定于其底端专用位置，方便整理各类小型设备，并随设备移动。

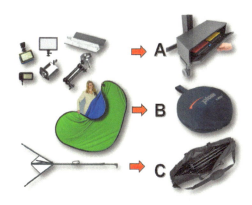

图 2-3-33　拍摄结束后的设备整理

综上所述，笔者认为，利用这个自助式多功能微课设计系统（SMMS）之优势，体现于以下四个方面：

- 真正实现了将微课的设计与备课、课堂教学三者的相互融合。
- 真正体现了绿色使用教学技术的理念，有利于教师的身体健康。
- 具备强大的综合性功能，能够拍摄和制作目前各种类型的微课。
- 学科教师的自助式视频拍摄，有利于教师避免在专用演播室中拍摄时经常出现的紧张情绪，可提高讲课质量。

此外，SMMS 所具备的通用性、开放性、可扩展性和经济性等功能，也是值得肯定的重要方面。

2.4　模块 3——软件程序

除硬件设备之外，软件同样也是微课设计时必要的组成部分，扮演着与硬件设备同样重要的角色。这些软件程序，用于各种与微课相关的音、视频素材的编辑、设计与制作，并将各种资源整合为结构化的资源包，形成学习者能够交互、选择和控制的各种形式在线资源。

实际上，十多年之前，与当时的视频拍摄设备通常被视为只能由专业技术人员来操作一样，那个年代的视频编辑工具，当时被称为"线性编辑系统"[①]，是由一大堆软、硬件设备组合起来的复杂系统，同样也是属于少数专用人员方有机会操作

---

① 传统线性视频编辑（linear Edit）。指按照视频信息记录的顺序，从磁带中重放视频数据来进行编辑，需要较多的外部设备，如放像机、录像机、特技发生器、字幕机，工作流程十分复杂。通常仅有专业人员方能操作。

的工具，普通教师基本无缘使用。然而伴随着数字摄像设备的普及，非线性编辑[①]逐渐成为主流的视频编辑工具。如今，只需要借助一台高性能电脑，再加上各种编辑软件，即使是普通学科教师也能编辑自己的教学视频。

然而，即使如此，当前学科教师在设计和开发微课时，仍然面临着的一个现实问题：功能类似的开发工具实在太多，令人无所适从，难定取舍。尤其是受传统课件开发观念的影响，以往针对学科教师的培训活动或课件设计类教材，基本都是选择以某一种软件来进行培训，倡导教师用单一的课件制作工具来设计和开发课件。这种模式看似减轻了教师负担，但实际上却导致了一个严重后果：当前教学课件设计和表现形式的严重单一化和同质化。

可想而知，由于设计软件本身功能的局限性，采用同一个制作软件设计出的课件，无论是何种类型学校、哪个学科的教师，所设计出的课件皆千篇一律，缺乏个性化，看后感觉乏味。莫说学生看了毫无吸引力，连教师自己也有食之无味之感。或许正是此原因，当教师学会某个课件制作工具并使用一段时间后，当最初"技术新鲜感"阶段过后，容易产生一种难以深入之感，开始怀疑技术对教学之功效，最终可能因"技术倦怠"和"审美疲劳"而逐渐对课件设计失去兴趣。若以这种思路来设计和开发微课，估计又要重蹈覆辙。

因此，笔者提出，在设计微课时，应该改革原来以单一制作软件为主的模式，充分挖掘当今软件技术的新发展，代之以综合性的设计模式，采用"快课"模块化的新设计理念，根据实际需要来采用各种设计软件。这样就不仅可避免课件设计同质化的弊病，同时还可以充分发挥学科教师的创造力，让他们根据各自学科的需求来设计出形式丰富多彩的课件。当然要强调的是，在选用诸微课设计软件时，应遵守快课设计的理念，尽量选择那些模板化、操作简便和兼容性强的程序。这样就不会增加教师的技术学习负担，更容易被他们掌握。

基于以上指导思想，通过对当前国内外各种课件设计软件的测试、比较和试用，最终提出以下微课设计常用的四类设计软件：

- 通用设计类程序。用于微课的整体结构创建、交互设计、内容整合及最终技术发布格式。这是微课设计的基础，决定着它的技术类型、形式与结构框架。

[①] 非线性编辑（Nonlinear Edit），是相对于传统上以时间顺序进行线性编辑而言。非线性编辑借助计算机来进行数字化制作，几乎所有的工作都在计算机里完成，不再需要那么多的外部设备，不用反复在磁带上寻找，突破单一的时间顺序编辑限制，可以按各种顺序排列，具有快捷简便、随机的特性。非线性编辑只要上传一次就可以多次编辑，信号质量始终不会变低，所以节省了设备、人力，提高了效率。

- 素材制作类程序。用于动画设计、语音生成和视频编辑，是微课设计中的核心要素，决定着微课内容表现的技术水平、样式，以及资源的个性化程度。
- 辅助转换类程序。主要用于音视频的格式转换和透明背景视频抠像，为上述两类程序提供辅助服务。
- 网络教学平台类。指课程管理系统，用于微课的网络发布及随后慕课、翻转课堂的组织与实施，它是最终连接微课与学习者之间的桥梁。通常，网络教学平台是数字校园的核心组成系统之一。

2.4.1 通用课件设计软件

从技术属性上说，微课设计时所涉及的各种教育类软件，实际上都属于是一类特殊计算机程序——"课件设计工具"（Courseware Authoring Tools），或"课程设计工具"（Course Authoring Tools）。它们通常都是指用于设计和制作数字化学习（E-learning）资源时所用到的各种编辑和处理程序。

这类程序，可概括地划分为广义和狭义两种类型。广义上说，凡是能够帮助教育者设计、制作和创建数字化教学资源的软件和硬件类设备，都可以称之为课件设计工具，包括用于编制各种电子文档资源的计算机软件程序，和上述所介绍的用于录制及播放电子影像的电子硬件设备。狭义上说，课件设计工具，一般是指那些能够将印刷内容转换为数字化格式，并能通过各种数字传播媒介来传播给学习者的专用计算机应用程序。显然，本书所谈的微课设计所用的软件程序，属于狭义层面，主要指各种用于设计和生成数字化教学资源的工具类软件。

根据适用对象、学科或技术特点，课件设计软件可划分为不同的类型，详细内容如图 2-4-1 所示。首先从技术特点上，可分为平台类、桌面类、插件类和云端类四种课件设计软件。

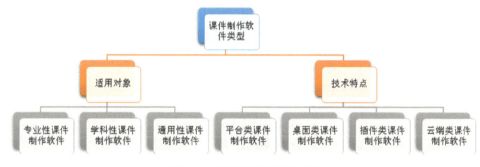

图 2-4-1 课件设计软件的类型

其次从适用对象上看，课件设计软件可划分为专业性、学科性和通用性三大类：

- 专业性课件设计软件。专业性强，功能强大，操作最为复杂，主要用户是专业工程师、电教和教育技术人员。
- 学科性课件设计软件。功能较单一，服务于学科教学，主要用户是特定专业的学科教师，常用的如美术、音乐和数理化等学科专用软件。
- 通用性课件设计软件。以模板为基础，操作简便，通用性强，适用面广，适用于各个专业的普通学科教师。

在上述三大类工具中，通用性课件设计软件是本书所强调之重点所在。

在本书中，笔者将"通用性课件设计软件"定义为，一种基于"快课"技术，以模板为基本形式，适用于各学科教师的设计和制作电子教学资源包的教育类程序。它的基本特点是：通常性强，技术门槛低，上手容易，快速生成和便捷发布，适用于学科教师自主设计教学课件。

笔者认为，选择一款功能强大，操作难易适中、符合快课技术理念，并且适用于多数学科教师需求的通用性课件设计软件，是选择微课设计用程序时的核心要素。

1. 通用课件设计软件的比较与选择

根据研究者在国外多个著名数字化学习网站[①]的调研结果，当前国际上占据主流地位的通用性课件设计软件实际上并不多见，国外应用较广泛的主要集中于三个软件，分别是 Captivate、Articulate 和 Lectura。

在国外诸多数字化学习网站上，尽管所推荐的通用性课件设计软件名单和排名顺序各有一定差异性，但总体来看，这三个软件几乎都名列其中，且通常都名列前茅。进一步，以这三个软件为关键词在各个网络搜索引擎中检索，可检索出许多篇以这三个通用课件设计软件功能比较和选择为主题的文章、评估指标[②]（见图 2-4-2 和表 2-4-1）和评测数据[③]（见表 2-4-2）。

---

① 笔者调研的国外著名数字化学习网站包括：E-learning Uncovered（http：//elearninguncovered.com/）、eLearning Learning（http：//www.elearninglearning.com/）、Electron Media（http：//www.electronmedia.in/）、Upsidelearning（http：//www.upsidelearning.com/）、LearningSolutions Magazine（http：//www.learningsolutionsmag.com/）

② 资源来源：http：//www.upsidelearning.com/blog/index.php/2013/12/03/how-to-choose-an-authoring-tool-for-your-html-elearning-development/

③ 数据来源：http：//elearninguncovered.com/2014/06/updated-e-leaning-authoring-tools-comparison/

其中销售量较大的，是被称为"数字化学习揭秘丛书"（E-Learning Uncovered Books）的一套系列教材（见图2-4-3），从2009年至2014年，共计出版30种。这个系列教材同样也无一遗漏地包括上述三家公司的课件设计软件：Articulate Storyline、Articulate Studio、Adobe Captivate 8 和 Lectora 11 等。尤其值得注意的是，Adobe Captivate 8.0 于2014年6月刚发布，随后不到一个月时间里，亚马逊书店上就出现了3种有关这个最新版本软件的操作教程。从中可以看出该软件的重要性和应用普及性。

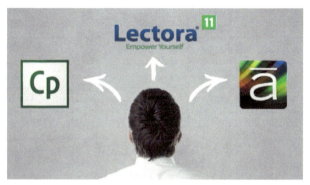

图 2-4-2　Adobe、Articulate 和 Lectura 比较研究

表 2-4-1　Adobe、Articulate 和 Lectura 评估数据

Feature	Captivate	Lectora	Studio	Storyline
Price	1	4	2	2
Ease of use	4	3	1	2
Graphics capability	3	4	1	2
Animations	2	4	1	3
Interactivity	3	2	4	1
Quizzing	3	1	4	2
Power/flexibility	2	1	4	3
ADA/Accessibility	2	1	4	3
Mobile	1	3	2	2
Software simulations	1	3	4	1

注：1 表示最佳，4 表示最差

表 2-4-2 七个常用课件设计软件比较结果[①]

	Adobe Captivate	Articulate Presenter	Articulate Engage	Adobe Connect	TechSmith Camtasia	Adobe Preseriter	Harbinger Raptivity
BEST USE:							
Software Simulations							
Soft Skills Simulations							
Inter actions							
Quizzes							
Synchronous							
Asynchronous							
Linear Video							
Simple Branching							
Complex Branching							
INTERFACE:							
PovverPoint							
Stage							
Timeline							
Wizsard / Form							
Online							
CAN INSERT:							
Images							
Auclio							
Video							
Flash							
Animations							
FovverPoint							
Web Pages							
PLATFORMS:							
Windows							
Macintosh							
Online							
PUBLISH TO:							
HTML / Flash							
Mobile Devices							
MP4 / AVI							
Online							
Word / PDF							
Windows EXE							
Mac App							
COST:							
Starndard	$799	$699	$399	$45-$55	$299	$500	$399-$3999
Upgrade	$149	$149	$199	n/a	$150	n/a	See details

注：表中方格颜色越深，表示该功能越强

表 2-4-3 亚马逊书店 Adobe、Articulate 和 Lectura 教材数量比较[②]

检索关键词	数量 / 种	最新出版年份	最新版本号
Adobe Captivate	164	2014 年 7 月	8.0
Articulate Storyline	31	2013 年 8 月	11.0
Articulate Studio	54	2014 年 2 月	13.0
Lectora	17	2013 年 10 月	11.0

数据来源：笔者根据在线数据检索和统计获得

---

① 数据来源：http：//www.learningsolutionsmag.com/articles/768/seven-top-authoring-tools
② 数据来源：http：//www.amazon.com/

综上所述，可初步得出结论：在当前国际数字化学习技术领域中，Adobe Captivate、Articulate Storyline、Studio 和 Lectura，可算得上是当前占据主流地位的通用性课件设计软件，其中尤其以 Adobe Captivate 最具有代表性。

那么，相对应的国内通用性课件设计软件的情况如何呢？

一言蔽之：迥然不同。

采取同样方式，笔者在国内最大的当当网上书店用 Adobe Captivate、Articulate Storyline、Studio 和 Lectura 为关键词来检索，结果如表 2-4-4 所示。也就是说，国内目前尚未出版过有关上述三种软件的单行本教材[①]。

图 2-4-3 "数字化学习揭密"出版丛书

表 2-4-4 Captivate、Articulate Storyline、Studio 和 Lectura 检索结果

检索关键词	数量/种	最新出版年份	最新版本号
Adobe Captivate	0	N/A	N/A
Articulate Storyline	0	N/A	N/A
Articulate Studio	0	N/A	N/A
Lectora	0	N/A	N/A

数据来源：以当当书店的检索数据为基础统计。表中 N/A 表示"无法获得"。

进一步，笔者以上述同样关键词在中国知网上检索，结果如表 2-4-5 所示。

表 2-4-5 Captivate、Articulate Storyline、Studio 和 Lectura 检索结果

检索关键词	论文数	最新发表年份
Adobe Captivate	17	2013 年 7 月
Articulate Storyline	1	2014 年 6 月
Articulate Studio	3	2014 年 8 月
Lectora	19	2014 年 2 月

数据来源：以中国知网的检索数据为基础统计

---

① 检索结果显示，在国内已出版教材中，以下3本中曾设单章介绍过 Adobe Captivate，分别是：李玉顺等.eLearning教学应用与资源制作［M］.北京：北京希望电子出版，2010，第4章；赵国栋等.混合式教学与交互式视频课件设计教程［M］.北京：高等教育出版社，2013（4），第6章；赵国栋等.微课与慕课设计初级教程［M］.北京：北京大学出版社，2014（9），第6章。

综合上述数据不难看出，与国外数字化学习领域重视上述4个软件不同的是，国内教育者似乎并不认同它们，即很少有人使用它们，更鲜有相关教材或研究资料。

考虑到当前中国计算机软件市场的实际发展水平，恐怕很难设想，国内教师都是在使用某些国产通用性课件设计程序来做课件。既然如此，那么，国内教师在使用哪些通用性课件设计软件呢？以下检索数据可能会给我们提供一些启示。

笔者分别在当当网上书店和中国知网上，分别以PowerPoint、Authorware、Photoshop、Flash、Premiere、Dreamweaver等，检索结果如图2-4-4所示。

图 2-4-4　当当书店和中国知网的检索结果

数据显示，在通用性课件设计软件方面，国内教育者似乎更愿意使用PowerPoint、Authorware、Photoshop和Flash等软件，而不是国外同行们常用的Adobe Captivate、Articulate和Lectora。这种情况与笔者的实际感受基本类似。

2. Adobe通用性课件设计软件发展概述

若对国际软件产业整体发展水平略有了解的话，上述关于Adobe Captivate是当前国际主流通用性课件设计软件的结论，对于多数人来说，相信都属于意料之中或可以接受的。众所周知，以Adobe公司在全球应用类软件领域的技术盛誉和影响力，再加之其产品在国内的广泛性和普及性，从PS到Flash，在数字设计领域几乎无所不包。因此，若要说它的教育课件设计软件同样也在国际上占据领先位置，估计多数国内用户都能够想象和理解。

要说有争议的话，在许多国内教师心目中最具有代表性的通用性课件设计软件，可能是Adobe另一个软件——Authorware，而非上述Captivate。上述数据清晰地验证了这一点：在国内教育领域，Authorware是仅次于PowerPoint居第二的常用课件软件。

为何会出现这种状况呢？这恐怕得从Adobe教育类软件的整个发展历程谈起。

（1）从Authorware到Captivate

在21世纪最初10余年的中国教育信息化发展过程中，除了Microsoft Office中的PowerPoint之外，恐怕很少有软件能够像Authorware那样被广大教师所熟悉和使用。据不完全统计①,在过去 10 年(2003—2014)期间,国内众多出版社共计编写和出版了近 500 本有关 Authorware 的教材和专著,使之成为国内教师信息技术能力培训的重要内容之一,甚至许多师范类院校都将之列为师范专业学生必学的专业类课程内容。同时,在教学课件设计和制作领域中,Authorware 同样也被当做是最重要的设计软件,备受推崇。以中国知网的文献为例,在过去 20 年(1994—2014)期间,共发表了 2670 篇与 Authorware 相关论文。从这些统计数据中,可以清楚地看出 Authorware 在中国教育信息化中所扮演的重要角色和作用。某种程度上,能否掌握 Authorware,似乎已成为教师课件开发能力的一个重要标志。

然而,早在 7 年之前,就在国内对 Authorware 多年来持续不退的学习热潮背后,却意外地出现了一个令国内众多教育用户吃惊的情况:2007 年 8 月 3 日,Adobe 官方网站忽然宣布停止在 Authorware 的开发计划(见图 2-4-5)。对此,Adobe 官方解释是:由于科技日新月异,数字化学习与传统学习模式的界线变得愈来愈模糊。所以,当前学习管理系统已不再适用,未来应该着眼于推广其他可以

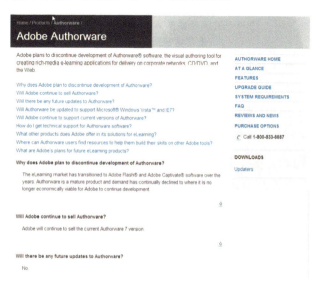

图 2-4-5　Adobe 宣布停止开发 Authorware 的通告②

让教学人员可以作快速学习的工具(Rapid E-learning,即快课),例如:Acrobat、Acrobat Connect、Captivate 等软件。至此,Authorware 7.0 成为最后一个版本,此后 Authorware 再也没有发布过新版本。也就是说,至少从技术上来说,Authorware 的生命力已经完全终结。

不过,尽管 Adobe 官方正式终结了 Authorware 开发和升级,但由于在国内拥有数量庞大的教育用户,这个著名通用性课件设计软件仍然在学校领域中保持着持续影响力,继续散发着它的技术余晖。当然,一个不可回避的现实就是,随着时间的推移,从发表的相关论文数量上看,Authorware 在教育领域中的影响力在相应消退(见图 2-4-6),尽管这个过程相对比较缓慢。直到 2014 年,研究者仍然能在当

---

①　数据来源:http://search.dangdang.com/
②　资料来源:http://www.adobe.com/products/authorware/productinfo/faq/eod/

当书店中检索到 459 本与 Authorware 相关的教材，其中最近出版的时间是 2014 年 8 月。这也在一定程度上表明了 Authorware 在国内教育领域的深远影响力。

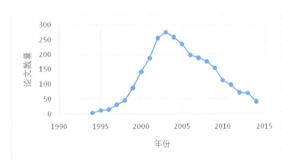

图 2-4-6　1994—2014 年期间 Authorware 相关论文数量变化曲线[①]

当然，对于 Adobe 公司来说，虽然终止了 Authorware，但显然它并没有、也不可能放弃课件设计软件的开发工作——因为对于任何软件公司来说，教育行业都是一个发展空间巨大的潜在市场。实际上，就在放弃 Authorware 前不久，即 2007 年 7 月，Adobe 发布了另外一个里程碑式的通用性课件设计软件——Captivate 2.0，从而实现了在数字化学习产品线路的重大战略转移（见图 2-4-7）。

从技术渊源，Captivate 最初源自于一个名为 RoboDemo 录屏工具（见图 2-4-8）。RoboDemo 最初只是一个能够以 Flash 格式来录屏的影像捕捉工具，它能把屏幕的操作行动录为一页页单独的可编辑式幻灯片，并在幻灯片中插入标题文字、录制旁白声音和自定义鼠标轨迹，也可以删除其中不符合要求的幻灯片。最后能将捕捉的幻灯片单独帧连贯起来成为一个 SWF 格式文件，发布为网页或视频文档。

图 2-4-7　Adobe 发布第二代通用性课件设计软件 Captivate

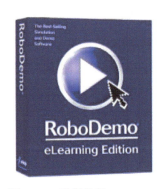

图 2-4-8　录屏软件 RoboDemo

在 2004 年被 Macromedia 公司收购之前，RoboDemo 共发布了 5 个版本。其后便改名为 Macromedia Captivate，并于当年 10 月发布了 Captivate 1.0。在 2006 年 Adobe 收购 Macromedia 之后，又改名为 Adobe Captivate，并随后发布 2.0。自此之后，Captivate 便成为 Adobe 公司中最具有代表性的通用性课件设计软件，每年都会发布一个新版本。这种情况一直持续至 2014 年 Captivate 8.0 发布。按照惯例，

---

① 数据来源：http：//epub.cnki.net/.

Captivate 9.0 应该即将发布。

从上述发展历程中，不难看出，Adobe 停止开发和升级 Authorware，实际上就是在为 Captivate 让路，以便为这个新软件拓展更大的发展市场。因为从技术角度说，Captivate 所生成的课件格式为 Flash，这是 Adobe 公司最核心的技术标准之一，符合其公司产品的长远发展需求。因此，推进 Captivate 的同时而停止开发 Authorware，自然顺理成章。

（2）Adobe e-Learning Suite

Adobe 对于教育市场的重视程度，还可以从另外一个产品上充分表现出来。就在 Captivate 2.0 发布后不到 2 年，2009 年 1 月，Adobe 又在教育领域发布了另外一个独特产品——Adobe 数字化学习套件（Adobe e-Learning Suite，见图 2-4-9）。至 2014 年，这个套件共发布了 6 个版本，当前版本号已升级至 6.1。

根据 Adobe 官方说法，这个数字化学习套件是一个专为专业设计人员、教学设计师、培训管理人员、内容开发者和教育工作者使用的多个数字化应用软件

图 2-4-9　Adobe 数字化学习套件

集合。主要功能是让用户能够创作、管理和发布等与教学、培训相关的数字化学习课件，包括截屏演示、模拟和其他互动内容。

从课件设计角度来看，这个数字化学习套件是一个比较完整的教学资源设计与开发整体解决方案，可以让教育技术人员、学科教师和培训人员创建能够在互联网、计算机、移动设备和学习管理系统上发布的多种教学课件。这个套件包括以下内容：

- Adobe Captivate，套件中最核心的课件设计与制作工具。能够将各种数字化学习资源整合为结构化的具有各种学习路径的课件资源包。
- Adobe Flash，动画设计和开发软件。
- Adobe Dreamweaver，网页设计与开发软件。
- Adobe Photoshop，图片设计与开发软件。
- Adobe Acrobat，多媒体文档设计与开发软件。
- Adobe Presenter，Microsoft PowerPoint 插件。其生成基于 PPT 多媒体课件。
- Adobe Audition，语音录制和编辑软件。
- Adobe Bridge，类似于 Windows 资源管理器。用它来组织、浏览和寻找所需资源。

对于这个数字化学习套件的定位，Adobe官方说法，这是一套高度整合多种不同工具的解决方案，有助于专业人员在单一环境下编写、检阅及出版丰富的电子学习内容。教育专业人员利用不同的应用程序和精简的工作流程，可真正实现随时随地经由任何媒体建构创意内容，并以崭新方式传递给学习者。

图 2-4-10　Adobe AIR

2010年，伴随着移动终端设备的不断发展和普及，为适应对移动课件开发的需求，Adobe又发布了另一个重要工具——Adobe Integrated Runtime（简称AIR，见图2-4-10）。技术上，AIR能够允许用户利用现有Web开发技术，包括Flash、Flex、HTML、JavaScript和Ajax，建立和配置跨平台的桌面应用格式，从而真正实现教学课件的跨平台传播和浏览。

为实现Flash跨平台移动终端播放，自2010年开始，Adobe公司开始将AIR技术引入移动平台，打开了通往移动领域的大门。而对于Flash开发者来说，该技术的出现为他们转向移动应用开发提供了便利条件。目前，AIR已实现对Android、BlackBerry Tablet OS和IOS三个移动操作系统的全面支持。这样，对于教育者来说，AIR实现了跨平台应用，使其不再受限于不同的操作系统，在桌面上即可体验丰富的互联网应用，这在课件设计与开发中具有重要的价值和意义。因为利用这个技术，能够以比以往更低的资源占用、更快的运行速度和顺畅的动画表现，使得教学课件播放实现跨平台运行。

至此，Adobe目前已基本完成它在教育软件市场上的战略布局，形成了系列化从通用性课件设计软件到各种素材制作软件，再到移动学习领域的完整产品线（见图2-4-11）。

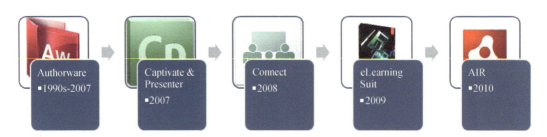

图 2-4-11　Adobe通用性教育软件的发展历程

（3）Adobe课件设计解决方案

虽然从纯粹技术角度来看，Adobe所提供的上述各种软件为教师课件开发提供了一个相当完整和完善的设计和开发环境，但是从针对性、适用性和实用性来说，实践证明，这一系列的数字化学习套件，实际上并不适用于国内教育环境。这一点从近年来 Adobe 教育类软件产品在国内的普及性就可以清楚地看出——迄今为止，除了 Flash、Dreamweaver、Photoshop 这类相对较专业性的设计类软件以外，其他那些主要针对教育行业的软件产品，如 Adobe Captivate、Presenter、Connect 等，在教师行业普及率都乏善可陈，甚至可以说进展甚微。

一个显著的例证就是，迄今国内仅出版过 1 本有关数字化学习套件（Adobe e-Learning Suit）的教材（2010 年）。而有关 Adobe Captivate 和 Presenter 则连一本中文版单行本教材都未出版。与 Adobe 预期恰好相反的是，那个早在 2007 年就被宣布停止开发的 Authorware，反而在国内仍然具有相当的生命力，延续至今仍被采用。

从这一点上来看，确如大家所常说的，Adobe 是一家典型的技术型公司，对新技术的敏锐性是 Adobe 的突出特点，故其产品在技术层面毋庸置疑地总是领先的，甚至是超前的。但同时，其对用户，尤其是国内教育用户市场的了解和反应却常常是滞后和不全面的，甚至可以说是错误的。某种程度上，这恐怕也是 2014 年 Adobe 正式宣布撤销其中国分公司的一个重要原因——虽然对于欧美教育市场的影响力很大，但他们对中国教师行业里的用户（如普通学科教师）的技术能力和教学技术需求缺乏深入把握和了解。当然，不得不承认的是，中国软件市场的诸多特殊性，也使作为这个以技术见长的美国公司表现出强烈不适应性，可能也是不可避免的。

简言之，技术上，Adobe 确实为教师提供了很好的课件设计工具，但从实际应用来说，这些软件无法适应国内教师复杂且多变的需求和教学实际使用习惯。因此，笔者的观点是，对于教育技术研究者来说，需要根据国内教师，尤其是学科教师的教学技术实际需求，来重新调整 Adobe 教育类产品的应用策略和方式。

笔者认为，这实际上也是国内教育技术研究者一个核心任务——实现信息技术与教学融合的一个最为可行的教学信息化路线之一，值得充分重视并认真研究。因为这是对于能否顺利实现从宏观数字校园层面，到微观课堂教学层面最关键的一个环节。

综上所述，以多年使用 Adobe 教育类软件经验为基础，笔者通过对国内一线教师教学技术需求的调研和了解，经过数年的调研与培训实践，提出了一个分层的、针对不同技术背景和发展需求的学科教师的课件设计软件推广与培训策略，简称"分层式教育软件应用方案"（见图 2-4-12）。

这个方案的基本指导思想是：

一是要充分肯定 Adobe 教育软件的技术领先性和功能体系完整性，再加之其产品开发的可持续性，这些都是目前其他软件类品牌难以比拟的一个核心优势。同时，考虑到用户在软件类产品普遍存在的"习惯成自然"依赖状态，即一旦习惯于某种软件的界面和操作方法则很难更改，故在选择通用性课件设计软件时应持非常

图 2-4-12　Adobe 分层式教育类软件应用方案

慎重态度。因为，如果教师在付出诸多学习成本掌握某个课件设计软件之后，这个软件若出现不再开发后续新版本的情况——这对于任何用户来说都是一种无可挽回的损失。因此，事先谨慎评价和判断某个通用性课件设计软件的可持续性，是学科教师面临的重要选择。

很遗憾的是，从通用性课件设计软件的技术领先性与升级可持续性这两项标准来看，国内教育类软件几乎都很难达到要求。就以数年前教育类软件行业小有名气的"方正奥斯"课件制作软件来说，其在学校内培养了一定数量用户群体之后，忽然整个软件消失不再开发，令那些花费许多时间和精力学习它的用户后悔不已。因此，从这个角度来说，就如计算机的操作系统一样，在选择适用的通用性课件设计软件时，应该首选那些不仅技术强大，而且是实力雄厚和具有长远可持续发展前景的产品，这样才能有效保护教师在时间和技术上"投资效益"。

二是强调 Adobe 各种教育软件在用户群体上应有显著层级性，不可一概而论，更不可眉毛胡子一把抓，不分类型地要求学科教师学习和掌握那些仅某些专业设计者才适用的软件——这一点是过去教育技术领域常见的误区。例如，在许多教育技术培训活动之中，经常会要求普通学科教师掌握 Photoshop、Flash、Dreamweaver 这类通常是特定专业设计人员才要求的软件。笔者认为，这种培训目标和要求是不可思议的，也是难以真正实现的，同时更是不合理的——试想一下，若是学科教师要求教育技术人员去学习和掌握他们学科的专业技能，恐怕教育技术人员也会很不情愿吧。

因此，笔者的观点是：在信任 Adobe 技术实力和发展前景的基础之上，教师如果愿意选择它的产品，那么，在上述为教育者提供的诸多教育类软件之中，应该根据自己学科特点、技术技能和职业发展需求与规划，分门别类地选择学习和使用。

如上述图 2-4-12 所示，对于绝大多数普通学科教师来说，在选择和学习课件制作软件技能时，主要集中于"通用性课件设计软件"类别，如 Ultra、Presenter 和 Captivate 等，是一种比较合理的选择。除非教师自己有特殊兴趣或较强技术能力，否则，不建议一般学科教师去选择"专业性设计类软件"，因为这通常都是特定专业学科方能发挥出效能的软件，从学习时投入的时间、精力与成本效益角度来看，并不适合一般学科教师使用。

综上所述，笔者得出结论，应将 Ultra、Presenter 和 Captivate 作为本书微课设计软件的重要组成部分。其中，Presenter 作为入门级通用性设计软件，Captivate 作为高级通用性设计软件。这两个软件主要承担着微课设计中基础结构构建角色。而 Ultra 则是一款模板化的虚拟演播室软件，主要用于微课视频素材的快速编辑与设计，是一个典型快课式工具。

2.4.2 素材类设计软件

在本章前面所提出的交互式微课模块化设计思路中，提出了智能语音解说、动漫式助教、多形式授课视频、反馈式测验和课程管理系统发布这五个设计模块。与之相对应地，则涉及相关的素材类设计软件，分别是语音生成软件、动画设计软件、视频编辑软件和测验编制软件四大类。[①]

- 语音生成。用于微课的配音或旁白，用来实现课件中模拟教师语音授课和语音合成，为学习者创建一个尽量接近现实教学环境的虚拟情景。所用技术为"文本合成语音"技术（TTS）[②]，采用的软件包括 iFly Tech InterPhonic、NeoSpeech 和 iVona。
- 动画设计。以各种形式的动画助教来向学习者提供各种学习辅导与指导，实现教学内容呈现方式的多样性。所采用的软件有：Character Builder、CrazyTalk、CrazyTalk Animator 等。
- 视频编辑。主要用来实现教师授课视频的编辑与处理，通常采用抠像和虚拟背景技术来实现，为学习者展示各种具有独特艺术效果的视频短片。所用软件包括：Adobe Ultra 和 iClone。
- 测验编制。交互式微课的核心组成要素之一，通常用于微视频之后向学习者呈现，对所学内容进行巩固和练习，以加强学习效果。此功能可利用 Adobe Captivate 中的 Quiz 功能来实现。

---

① 至于课程管理系统是学校层面统一提供的网络平台，此处暂且不提。
② TTS技术：Text to Speech，文本转语音。它是语音合成应用的一种，它将储存于电脑中的文件转换成自然语音输出。TTS可以帮助有视觉障碍的人阅读计算机上的信息，或者用来增加文本文档的可读性。TTS经常与声音识别程序一起使用。目前著名的TTS系统有：IBM、Microsoft、NeoSpeech、iVONA、科大讯飞和捷通华声等。

综合上述内容，表 2-4-6 展示了微课设计时常用的素材类设计软件。

表 2-4-6　微课常用的素材类设计软件

类型	软件名称	功能简介
语音生成	Balabolka	文本转语音（TTS）的免费应用程序，它可以调用计算机系统安装的符合 SAPI 规范的所有语音库来生成相应的语音，并保存为 WAV，MP3，OGG 或者 WMA 文件。支持 SAPI[①]4.0 和 5.0 各种版本，可改变语音的参数，包括语速和语调
	iFly InterPhonic	被认为是最好的中文语音转换程序，可将中文内容转换为 Wave 格式的诵读语音文件。具有 6 个可选语音模板库，包括标准普通话和若干方言库（粤语和台语）。在输出语音时，可变换语音、语调和语速。但不支持 SAPI
	NeoSpeech	被认为是当前最好的外国多语种合成语音之一，发声效果自然而生动，所生成的语音逼真度较高。目前支持的语言有中、英、日、韩等，语音库共计 12 种。支持 SAPI 5.0
	iVona	iVona 被认为世界一流的合成语音软件制作公司，在清晰度、准确度、流畅度、自然度四大方面都处于领先地位，在著名的国际暴雪挑战赛中多次获奖。iVona 现在提供 36 种不同的语音库，说 17 种语言（不包括中文）。支持 SAPI 5.0
动漫式助教	Character Builder	智能人物动画生成工具，提供了丰富多样的人物和肢体动作模板库，可快速定制和生成 Flash 格式的动画人物，并可对人物的表情、动作、语音进行个性化定制开发。支持 HTML5 视频
	CrazyTalk	Character Builder 的升级工具，可利用头像图片或照片来快捷生成动态人物头像，具有丰富的眼睛、牙齿、嘴巴和面部表情的模板库，方便地赋予头像各种面部表情动作。可以通过语音文件导入，或自带语音转换引擎来为头像导入语音，并自动匹配唇形
	CrazyTalk Animator	CrazyTalk 的升级工具，可利用人物的全身图片或照片来快捷生成动态全身动画人物，并具有各种面部和身体各部位动作模板库，方便地为人物生成各种动作，同时也可配音并自动匹配唇形。此外，还可快速搭配各种虚拟场景

---

① SAPI（The Microsoft Speech API）：即微软的语音应用程序编程接口，目前最新版本是SAPI 5.0。它包括两方面内容：语音识别（Speech recognition）和语音合成（Speech synthesis）。这两个技术都需要语音引擎的支持。目前，这个由微软公司推出的语音应用编程接口API，虽然不是整个TTS业界标准，但是应用比较广泛。相关的SR和SS引擎位于Speech SDK开发包中。这个语音引擎支持多种语言的识别和朗读，包括英文、中文、日文等。

续表

类型	软件名称	功能简介
视频编辑	Adobe Ultra	模板化虚拟演播室软件，以绿屏抠像背景视频为基础，可快速实现授课视频人物的抠像与虚拟场景的叠加，构建多样化场景的微课视频。该软件提供47种类型900余种虚拟场景，从教室、机房、讲堂厅到校园外景，可方便调用。最终可方便地将授课视频编辑和切割成小段的具有丰富多样虚拟场景的微视频来发布
	iClone	CTA升级产品，模板式动画视频设计工具，具有多达数十G人物、景物、道具和物件模板库，可方便地搭建各种虚拟动画场景与人物动作情节。同时配有多种插件，可实现模板导入、人物动作捕捉、地貌景色设计、各种物理现象模拟等。尤其是利用其抠像视频插件，可实现真实视频与虚拟景物的融合，构建丰富的微课场景。该软件可生成3D动画视频，包括红蓝3D视频和偏光3D视频

需要说明的是，考虑到教学视频在微课设计中的重要性，上述方案中专门为其提供了两种类型的快课式设计软件，以便于学科教师快速便捷地设计出符合教学需要的微视频。前者选用Adobe Ultra[1]来实现此功能，它能够帮助教师在绿屏背景视频的基础上，实现一键式抠像并替换为其他模板化虚拟场景。后者则选择Reallusion的iClone+Popvideo Converter视频插件[2]来完成，可实现动态虚拟背景与真实教师授课视频的叠加，视频效果更加出色。从技术实现方式上，它分为两种方案：一是"虚拟场境视频"，二是3D动画视频。

第一种方案是虚拟场境视频，就是利用虚拟演播室软件Adobe Ultra把拍摄的授课视频先进行抠像编辑，然后导入所提供的数百种虚拟场境模板中，更换为各种虚拟的动态场境，形成"真人视频+虚拟场境"的特殊效果，以有效提高教师授课视频的艺术感染力和表现力。

第二种方案是3D动画视频，就是利用快速模板化3D动画制作软件iClone来设计和制作教师授课视频，最终生成3D版动画视频。利用iClone来设计授课视频的技术方案有两种：

● "仿真教师法"。就是直接调用和选择iClone中的3D动画人物模板

---

[1] 有关Adobe Ultra相关内容，请参阅本书第六章。
[2] 关于iClone相关内容，请参阅本书第七章。
[3] 照片生成3D头像，即所谓"换头"功能。是iClone的一个独特功能，只需要导入一张符合要求的真实人物的头像照片，软件就可以据此自动生成基于该照片的3D头像模型，略加修改后，可将之替换为人物库中的已有角色头部，实现"换头"效果。

库，然后通过"照片生成3D头像"（换头）功能[③]，生成一个带有授课教师逼真形象的3D动画人物（仿真教师）。接着可给这个仿真教师定义相关教学动作[①]、授课语音和虚拟场景等元素，导出为3D动画视频。

- "抠像视频法"。即先在绿屏背景布下拍摄教师的授课视频，然后通过 iClone 配套抠像视频工具 PopVideo converter，导出为透明背景视频。接着导入 iClone 虚拟场景中，添加各种道具和效果，最终形成"真人视频+3D动态虚拟场境+3D动态道具"的独特效果。这两种方式最终都可以导出并生成普通3D动画视频、红蓝格式3D动画视频[②]和偏光格式（左右/上下布局）3D动画视频[③]。

除上述两种视频制作方案之外，还可以将视频导入其他软件中进一步编辑。例如，利用 Adobe Captivate 7.0[④]或 8.0[⑤]为虚拟视频添加各种动画效果，例如图片、文字和板书等，使得教师的讲课视频更加形象生动，富有表现力。

2.4.3 设计软件整体方案

概括上述内容，最终形成了关于微课设计常用软件的整体方案。具体地说，以交互式微课5要素模块化设计思路为指导思路，加之上述 Adobe 通用性设计软件 Presenter 和 Captivate，再辅之以相关语音、动画和视频类素材设计软件，最终形成如图 2-4-13 所示的交互式微课设计软件整体方案。

其中，以通用性课件设计软件为基础，作为整合各种素材并形成结合化学习路径的工具，最终形成一个具有交互、反馈功能的结构化电子资源包，以便学习者在各类终端设备（PC、平板电脑或智能手机等）上学习。最后，课程管理系统（CMS）或学习管理系统（LMS），则主要用于微课的网络发布，并组织和实施相应的翻转课堂或慕课。它通常具有各种在线互动功能，如视频点播观看、师生提问

---

① 编辑仿真教师的动作时，可采用iClone所提供的连接Kinect（体感摄像机）后实时采集教师授课动作的方案。这种方案更加快速和逼真，技术成本也更低。

② 红蓝格式3D动画视频，可以通过戴上红蓝眼镜来观看视频的方式获得3D立体视觉效果，播放时直接用普通投影机即可，不需要通过专门的3D显示器。但通常视频图像颜色有失真的现象。

③ 偏光格式3D动画视频，需要相应的硬件设备支持才能显示3D立体视频效果，包括偏光3D眼镜和偏光式3D显示器（电视机）。这种方案3D效果明显，通常包括2种格式：左右或上下布局的3D视频。

④ 有关Adobe Cpativate 7.0，请参阅赵国栋.微课与慕课设计初级教程[M].北京：北京大学出版社，2014.

⑤ Adobe Cpativate 8.0相关内容，请参阅本书第九章。

第二章 微课、慕课与翻转课堂的技术解决方案

图 2-4-13　交互式微课的设计软件整体方案

答疑、作业布置与提交。同时，这类系统通常还具备对学习者的学习过程记录功能，以便于教师对学生的学习过程进行监控和问题分析。其通常分为两大类：国际产品以 Blackboard 和 Moodle 为代表，国内则以 U-MOOC（文华在线）[①]和 THEOL（清华教育在线）等为代表。

上述这些软件或平台，从在微课开发与设计过程中所起的功能来看，相互之间具有密切联系，每一个软件所设计出来的素材都在格式、功能和形式等方面具有互补性和支持性。利用一个整合的技术结构，将各种素材有条不紊地相互结合在一起，最终实现整个微课或慕课的诸多功能，向学习者呈现一个形式多样的综合性学习资源包。

具体举例来说，若结合前面 2.3 节中所提及的微课制作硬件设备，与本节所选出的各种设计软件相互结合来开发一个交互式微课，那么，就形成开发步骤和教学应用模式（见图 2-4-14）。

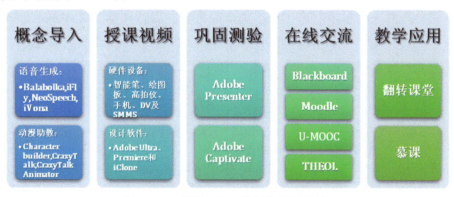

图 2-4-14　软硬件结合的交互式微课结构

---

① U-MOOC相关内容，请参阅本书第十一章。

2.5　模块 4——资源模板

快课制作技术的设计效率之所以高，就在于微课设计时所需要的素材资源，主要源自于资源库和模板。因此，除软、硬件之外，资源模板同样也是微课设计中必不可少的重要组成部分。它主要包括设计时所需的各种常用格式设计素材与具有特定功能、技术结构的模板，主要表现形式有：图标、图片、音频、动画、视频及其综合体等，实际上就是微课设计用的设计资源库，分为通用类资源与专用类资源。

2.5.1　通用类资源

微课设计中，最常用到的是各种通用类资源。它主要用于微课的一般背景性资料展示或界面美工可装饰性设计，表现为那些可通过互联网（搜索引擎）免费获得的各种图标、图片、音乐和视频等。此外，还有通过一些专用型设计资源网站来获得的特殊设计资源，如人物图片库、特殊字体（标题用的毛笔字）或艺术印章等。

这里，笔者推荐一种微课设计中常用思路：充分利用版权法中的"合理使用"原则[①]来直接使用互联网的海量网上资源，尽量利用网上现有素材来满足课件开发需求，而不是过分强调所谓"原创性"。

在微课设计之中，可以将教学视为一门艺术，也可以突出微课设计的艺术表现力。然而教师毕竟不是艺术家或设计师。从教学效率角度，教师在课件设计过程中可以追求资源的艺术表现性，但不必处处强调原创性和艺术性——教学实际上就是一个将前人所积累的文化遗产加以改造，并以各种学生能理解的形式传播的过程。既然如此，在根据微课设计脚本来收集和整理各种素材时，建议"合理使用"网上现有素材。

---

①　合理使用原则（Fair Use）：通常是指为了学习、引用、评论、注释、新闻报道、教学、科学研究、执行公务、陈列、保存版本、免费表演等目的，可以不向版权人支付报酬而使用其作品。这是为了在保护版权人利益，加强对版权限制的同时，又不至于减慢信息传播速度和增加社会成本。美国在1976年修订的版权法对"合理使用"有如下定义：使用任何方法复制各种材料，将这些材料用于批评、评论、消息报道、教学（包括用于在教室内使用的多本复印件）、学术及科学研究不违背版权法。它允许教师、学生、学者及艺术家们使用持有版权法的各种资料，不必取得作者和出版商的许可，也不必付任何使用费，这对促进知识的进步和提高教育质量是至关重要的。

当需要各种课件素材时，首先考虑通过以下两种基本方式来获得：

- 通过网络搜索引擎来检索所需要的各种素材，包括 google、百度、Bin 等，尤其是充分利用这些搜索引擎的图片和视频检索功能来收集各种图片和视频素材。不过，需要强调的是，在收集这些网络素材时，应认真记录素材下载的原作者、网址和时间，并在以后正式发布微课时注明这些素材的来源。换言之，在学校教育环境下，作为教师有权利免费下载和使用这些素材，但必须注明素材来源，以尊重原作者。

- 通过与国内外同行的交流来获得各种课件素材，并引用在自己的微课中。由于互联网的支持，即使是普通学科教师，也有可能看到或下载到国内外学科同行的电子资源。在标明原作者信息的前提下，应该鼓励相同学科的教师通过互联网来发布和共享课件成果，这样其他同一学科的教师就不必再重复制作相同课件素材，直接引用，互利互惠，充分体现当今国际上"开放教育资源"（OER）理念。

其次，充分利用互联网上的一些专用类设计资源网站，同样也能帮助教师提高微课设计效率。例如，各种格式的图片和图标，是微课设计中最常用的通用性素材，教师可直接去相关图片素材类网站检索和免费下载，例如国内比较有名的"大图网"①（见图2-5-1）"天堂图片网"②和"图行天下"③等。从教学课件设计的需要来看，这些网站上的各种图片已完全能够满足。

再次，当设计需要一些特殊形式的素材时，如某种字体的毛笔书法图片或篆刻印章等特殊素材，可利用一些书法或特殊字体网站④来直接在线生成所需要的图片素材（见

图 2-5-1　通用资源网站大图网首页

---

① 大图网的网址是：http：//www.daimg.com/
② 天堂图片网的网址是：http：//www.ivsky.com/
③ 图行天下的网址是：http：//www.photophoto.cn/
④ 第一字体转换器的网址是：http：//www.diyiziti.com/

图 2-5-2 和图 2-5-3）。这种方法快捷方便，而且免费。教师若能充分利用，可设计出个性化的微课作品。

图 2-5-2　毛笔书法类生成网站

图 2-5-3　印章类图片生成网站

2.5.2　专用类模板

从技术上说，前面重点强调的快课设计技术，其技术路径，本质上就是通过将各种素材资源组合形成具有特定功能的专用类模板来实现的。这样，教师在在设计时可直接调用，能有效提高制作效率。因此，专用类模板是快课设计技术的一种重要表现形式，主要指那些具有特定外观、功能和技术特点和布局格式的数字资源包，通常附属于各种快课设计软件，具有专门的特定技术格式。

因此，用于不同软件的专用模板，其文件格式、安装和使用方法一般都具有一定差异性。例如，本书前面所提到的微课设计软件中，各拥有其不同特色的专用类模板：Presenter 模板，Captivate 模板，Ultra 模板和 iClone 模板等。利用这些专用模板，可有效提高微课的设计效率和效果。

目前，专用类模板的来源主要有两种：一是由特定软件开发公司专门设计，作为该软件的附属资源，如 Adobe Ultra 和 iClone 都属于此类；二是由特定软件开发公司之外的某些商业机构开发，如 Adobe Captivate 和 Presenter 模板，则属于后者。比较著名的开发机构有 e-Learning Brother[1]（见图 2-5-4）和 e-Learning Art[2]（见图 2-5-5）。除小部分案例模板之外，都需要付费后使用，购买价格通常都在每月 5 美元至数十美元之间。

---

[1] 网址是：http：//elearningtemplates.com/
[2] 网址是：http：//www.elearningart.com/

第二章　微课、慕课与翻转课堂的技术解决方案

图 2-5-4　E-learning Brother 模板

图 2-5-5　E-learning Art 模板

2.6　微课开发经费预算

综合以上微课设计与开发相关要求，笔者认为，在学校中创建一个"微课设计与制作中心"（见表 2-6-1），是推进学校微课、翻转课堂和慕课发展的重要举措。通常情况下，这个中心经费投入包括五个方面：硬件设备、软件程序、资源模板、技能培训和参加竞赛等。根据软、硬件配置和型号不同，所需要的经费总额大约在 15 万～ 25 万元人民币。

表 2-6-1　微课设计中心建设经费预算

类　　别	名　　　称		经费数额 / 万元
硬件设备	简易绿屏演播室套件①		0.5 ～ 1
	自助式多功能微课设计系统（SMMS）②		4 ～ 7③
	辅助设备（智能笔、绘图板等）		0.7
软　　件	整合交互设计类	Adobe presenter	0.9
		Cpativate	
	语音生成类	Balabolka	2.5
		NeoSpeech	
		iVona	
	动画形象设计类	Character builder	1.5
		CrazyTalk	
		CrazyTalk Animator	

---

① 有关简易绿屏演播室套件的详细内容，请参阅本章 2.3.1 相关内容。
② 有关自助式多功能微课设计系统（SMMS）的详细配置表，请参阅本书最后的附录 4。
③ 根据 SMMS 型号和功能的差异，价格各不相同，从数万元至十余万元人民币。

95

续表

类　　别	名　　称		经费数额/万元
软　　件	视频场景编辑类程序	Adobe Ultra	0.4
		iClone	
	格式转换类	格式工厂、PopVideo Converter①、Adobe Media Encoder 等	免费
	网络教学平台类	U-MOOC	免费②
资源模板	订购国内外专业设计机构提供的模板		1.5～2③
技能培训	学科教师和技术人员参加初级和高级培训班费用		3～6④
参加竞赛	参加全国多媒体课件和微课大赛		1～3
总计数额	153 万～253 万		

---

① PopVideo Converter是iClone的一个视频抠像插件。
② 使用U-MOOC时1～100名学生账号免费，100名以上每学期每人16元。教师账号免费。
③ 模板价格取决于订购方式，通常有年支付、季度支付等，价格各不相同，可去其官方网站查看。
④ 按照一个学校派出10名项目教师去参加培训班费用。

第三章　微课的授课语音合成软件

在观赏影视节目时，吸引观众视线的，除了色彩搭配适宜、画面清新动人的视频之外，轻缓适中、发音标准、抑扬顿挫和富有感染力的语音旁白解说，同样也是吸引受众注意力的重要渠道。在传统课堂教学之中，与教师板书这类视觉信息一样，讲课声音，向来是学生知识获取的核心来源之一。实际上，在以往传统课件设计之中，加入语音旁白也是一种常用的技术方案，通过娓娓动听的内容讲解声音，可有效地提高学习者的兴趣和学习动机，拓展信息传递和接收的渠道，提高学习或培训的效果。不过，在传统课件设计中，旁白通常都是利用真人朗读配音方式来实现的。这种技术方案的效果虽然很好，但耗时费力，人力成本高，尤其是对朗读配音人员的普通话水平要求高，稍有方言口音朗读配音后的效果都不理想，听起来缺乏专业性。所以，以往课件在旁白配音时，通常仅用于内容的最关键之处，在一定程度上制约了课件整体设计水平的提高。

近年来，随着"文本生成语音"技术（TTS，见图3-1）的快速发展，利用它可生成课件的语音旁白，并将与可定制的动画人物相互结合，最后生成一种模拟课堂授课环境的"电子助教"形象，是课件常用技术之一。从对国内外各种TTS软件的测试效果来看，各个语种的语音合成技术

图 3-1　iVonaTTS 语音生成引擎

水平目前已达到相当成熟程度。例如，从当前评价电脑语音合成所用的标准（清晰度、准确度、流畅度和自然度）来看。一般语音引擎程序都已经基本达到"清晰度"和"准确度"的要求，或者说，基本符合正常人的发音水平。不过，在后两项标准"流畅度"和"自然度"上来看，不同TTS语音引擎差异较大，有的效果非常好，有的则较差。但总体来看，满足教学的基本需求——用来清晰、标准地传递

语音信息，目前已基本达到。

笔者认为，在微课设计中，应该充分利用 TTS 语音生成技术来配音，这是提高微课设计水平和质量的一个重要方式，值得应用和推广。

3.1 语音合成技术与微课设计

在整个交互式微课软件设计方案中，"语音合成"扮演着重要基础性功能（见图 3-1-1）。语音合成技术的应用，为微课中教学信息的语音传播途径，提供了更为多样化的选择。众所周知，教学类课件设计的经费数额通常有限，作为学科教师来说，通常也很难找到，或聘请得起专业播音人员来为自己的微课配音。在这种情况下，各种基于 TTS 的先进智能化语音技术，就能为学科教师提供强大而便捷的语音技术支持。尤其对那些对语言类发音要求较高的学科来说，更是值得教师去尝试和应用，因为这种技术可有效地解决在以往外语教学中看似无法解决的难题——随时随地向学生展示地道的外语发音，完全超越授课教师自身发音的局限性。

图 3-1-1　交互式微课设计软件方案中"语音生成"软件

譬如，TTS 用于微课设计的典型例子，是在某些专业课程中，用语音合成软件来生成发音标准的讲课声音，来替代主讲教师浓厚的方言或不标准外语读音。这样，会使学习者所获得的信息更加清晰、准确。尤其在语言类课程（语文、外语等）的学习中，有助于避免在文字发音上产生对学生的误导。这种技术方案操作简单，快速生成，属于典型的快课技术之一。

本章将介绍两类 4 种微课设计中常用 TTS 语音合成软件：

- iFly Tech InterPhonic。中文语音合成软件，具有 6 个语音库（1 个男声和 5 个女声），可生成 4 种标准普通话发音和 2 种方言（粤语和台湾语）发音。但不支持 SAPI。

- Balabolka。通用性文本转语音合成程序，它本身不带有语音库，但可以调用计算机系统上所安装的符合 SAPI 的语音库来生成相应语音。可兼容 SAPI 4.0 和 5.0。
- 语音库 NeoSpeech。中英日韩多语种真人发音语音库，发声效果自然而生动，语音逼真度较高。目前支持的语言有中、英、日、韩等，共有语音库 12 种。支持 SAPI 5.0，与 Balabolka 配套使用。
- 语音库 iVona。多语种真人发声语音库，清晰度、准确度、流畅度和自然度都处于领先地位，提供的语种和语音库数量最多。据统计，目前可提供 17 种语言 43 种不同语音库。支持 SAPI 5.0，与 Balabolka 配套使用。

3.2 中文语音合成软件——iFly Tech InterPhonic

在设计时，教师若想为微课配备标准普通话发言的中文旁白，朗读短篇的课文，或提供语音反馈或说明，讯飞语音合成软件（iFly Tech InterPhonic），是最佳的设计工具之一。

这是一款由国内科大讯飞公司开发的真人语音朗读软件。据称在中文 TTS 领域，这个软件被认为是代表着目前国内的最高水平，最初源于"863"科研项目。2002 年，它曾获得中文语音研究领域最高荣誉"国家科技进步二等奖"；2004 年，经国家 863 专家组评测，科大讯飞中文语音合成效果已接近自然人说话水平——这应该是针对标准普通话的发音准确性程度而言。目前，该软件能够提供不同风格的男、女声，以及童声、老年音色等，可灵活选择所需的音色，并支持实时音色切换。

技术上，讯飞语音合成软件具有以下特点：

- 高质量的语音输出。输入文本可实时转换为流畅、清晰、自然和具有表现力的语音数据。
- 高精度文本分析技术。保证了对文本中未登录词（如地名）、多音字、特殊符号（如标点、数字）、韵律短语等智能分析和处理。
- 多字符集支持。支持输入 GB2312、GBK、Big5、Unicode 和 UTF-8 等多种字符集，普通文本和带有 CSSML 标注等多种格式的文本信息。

- 多种数据输出格式。支持输出多种采用率的线性 Wav，A/U 率 Wav 和 Vox 等格式的语音数据。
- 语音调整功能。开发接口提供了音量、语速、音高等多种合成参数的动态调整功能。
- 背景音和预录音。提供了背景音和预录音的功能，满足用户个性化需求。

图 3-2-1　迅飞在线语音合成测试

目前，讯飞语音合成软件分为单机版和网络版，最新版本为 6.0。科大讯飞公司的官方网站上提供了一个在线语音合成试用平台①（见图 3-2-1），可实际体验其语音合成效果。

3.2.1　单机版程序安装方法

除网络版之外，讯飞语音合成软件还有单机版，可安装于计算机上以便随时使用，其最新版本是 6.0。目前在互联网上可检索到两种类型的单机版讯飞语音合成软件：

第一种是 5.0 普通安装版（目前只有 32 位版本），当购买之后，根据其安装手册，先安装程序再安装语音库，最后在程序中找到其快捷启动图标，单击启动后就可以使用。

第二种是网友自己动手制作的 5.0 绿色免安装版，将所有相关的程序文件和各个语音包集中于一个文件夹之中，采用程序虚拟化技术封装成绿色版，无须安装就能使用。

在安装之前，请确认计算机所使用的操作系统是 Windows 7.0、Windows 8.0 或 8.1，64 位和 32 位系统均可，但不推荐使用 Windows XP。同时，计算机应具备相应的声卡输出设备。该绿色版程序的文件大小超过 7G，因此，在所安装的硬盘上应至少具备 8G 的容量空间：

具体安装方法如下所示。

- 首先直接将"科大讯飞语音合成系统 V5.0"整个文件夹内容复制至

---

① 测试平台的网址是：http://open.voicecloud.cn/index.php/default/online_demo

硬盘的非系统盘符[①]的某个硬盘分区目录之中，如 D 盘、E 盘等。

- 复制完成之后，直接进入 D 盘或 E 盘中的"科大讯飞语音合成系统 V5.0"文件夹之中，找到名为"科大讯飞语音合成系统 V5.0"的可执行文件，鼠标双击它启动程序。稍等待就可启动该程序。
- 如果需要，也可将该绿色版程序完整地复制至 U 盘或移动硬盘之中使用。当将之插入计算机之后，找到其启动程序，双击之后同样也可正常使用。
- 在启动文件上点击鼠标右键，在弹出的菜单中选择"发送到"——"桌面快捷方式"。这样可在桌面上生成一个快捷启动图标，以备随时使用。
- 正常情况下，该绿色版程序集成了 6 个最高 16K 音质的真人语音库，分别是：小燕、小美、小宇、Sherri、小倩和小琳，其特点如表 3-2-1 所示。

表 3-2-1　讯飞语音库发音特点

语音库名称	发音人	发音风格	支持采样率[②]	支持语种
小燕	青年女声	音质清脆，风格轻松活泼	6K/8K/11K/16K	中文及中英混读
小美	青年女声	音质清脆，风格亲切宜人	6K/8K/11K/16K	粤语及粤英混读
小宇	中年男声	音质淳厚，风格沉稳柔和	6K/8K/11K/16K	中英混读及纯英文
Sherri	青年女声	音质平和，风格轻柔平稳	6K/8K/11K/16K	英文
小倩	青年女声	音质甜美，风格轻快活泼	6K/8K/11K/16K	中文及中英混读
小琳	青年女声	音质清脆，风格亲切宜人	6K/8K/11K/16K	台湾话中英混读

3.2.2　文本转语音操作方法

在常规运行环境下，iFly Tech InterPhonic 的语音合成效率和速度很高，通常数千字的文稿仅需数分钟就可以生成并导出为语音文件。通常，为保证语音效果，建议大家在使用时，首先输入一小段测试文字内容，通过调整音库、语速、音高、音量、标点读法、数字读法等参数来测试生成语音文件，并仔细听其实际播放效果，

[①] 非系统盘符，是指没有安装 Windows 操作系统的硬盘分区，通常是指 C 盘之外分区，如 D 盘、E 盘等。若复制于操作系统所在的 C 盘中，则无法正常使用。

[②] 采样率，即采样频率，表示符号是 fs，单位是赫兹（Hz）。通常指计算机每秒钟采集多少个声音样本，是描述声音文件的音质、音调，衡量声卡、声音文件的质量标准。采样频率越高，即采样的间隔时间越短，则在单位时间内计算机得到的声音样本数据就越多，对声音波形的表示也越精确。例如，8000Hz 是电话所用的采样率，对于人的说话已足够。

反复调试，以其达到最佳输出效果。

1. 用户界面

双击讯飞语音合成软件的启动图标之后，就会显示如图3-2-2所示的用户界面。它的用户界面由菜单栏、工具栏、格式栏、控制面板、文本编辑区、信息输出栏和状态栏组成。

各栏目的功能如下所示：

- 菜单栏，包含合成演示程序所有的命令控制。
- 工具栏，工具栏提供各种常用操作的快捷方式。
- 格式栏，用于设置文本编辑区内的文字格式。
- 控制面板，用于控制与语音合成有关的操作。
- 文本编辑区，用于编辑合成文本。合成演示程序合成的就是文本编辑区内的文字。
- 信息输出面板，显示程序运行时的各种信息的类型及内容。
- 状态栏，显示菜单和快捷方式的简要说明。

其中，工具栏是文本合成语音时最常用到的区域，其常用图标的含义如图3-2-3所示。

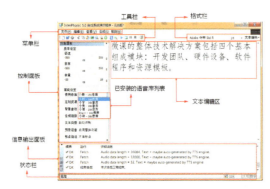

图3-2-2 讯飞语音合成软件5.0用户界面

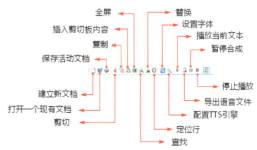

图3-2-3 工具栏中各图标的含义

2. 文本合成语音的操作流程

在选择好特定语音库之后，利用文本来合成语音的操作方法很简单，可分为三个基本步骤：

- 第一步。在文本编辑区内输入或导入需要合成的文字，即提供合成语音所需要的文本。

- 第二步。点击工具栏中的"播放当前文本"按钮，开始合成语音。所合成的语音将通过计算机的声卡播放出来。
- 第三步。点击工具栏中的"导出语音文件"按钮，可将合成后的语音文件保存在本地机上，进行导出文本的操作。

以下，将详细介绍每一步骤的操作方法。

（1）输入或导入文本内容

这一步的功能，是为合成语音提供文字素材，并将其合成为语音。合成文本的提供有三种操作方式（见图 3-2-3 中相应按钮）：

- 新建文本：单击"文件"菜单中"新建"命令，或单击工具栏中的按钮，然后在文本编辑区内输入文字。
- 打开文本：单击"文件"菜单中的"打开"命令，或单击工具栏中的按钮，选择文件，然后单击"打开"。
- 复制粘贴：从其他文档中复制某一段文字内容，然后粘贴至文本编辑区。

（2）合成并播放语音

在将文本合成语音时，可根据需要来选择合成其中的某一段文字，或合成全部文字。

- 合成一段文字。用鼠标在文本编辑区内选中要合成的文字，然后单击"合成"菜单中的"开始播放"命令，或单击工具栏中的按钮。
- 合成全部文字。直接用鼠标单击"合成"菜单中的"开始播放"命令，或单击工具栏中的按钮。
- 暂停合成。单击"合成"菜单中的"暂停播放"命令，或单击工具栏中的按钮。
- 停止合成。单击"合成"菜单中的"停止播放"命令，或单击工具栏中的按钮。

（3）导出并保存语音文件

合成后的语音可以作为一个文件储存在计算机中，以便作为微课设计的素材。保存的类型是 wav 或 vox，可利用音频播放软件打开并播放。

导出并保存语音文件的操作步骤如下：

①单击"合成"菜单中的"导出到"命令，或单击工具栏中的按钮。

②在"文件名"框中键入文件名，建议使用英文或拼音，但不要使用中文命名。

③ 在"保存类型"框中单击保存类型。

④ 在"语音格式"框中单击语音格式①。

⑤ 单击"导出"按钮。

以上介绍了利用讯飞来实现文本转语音的基本操作步骤。在实际应用过程中,根据不同的设计需求,教师可能需要进行相应参数和设置的变化,如选择不同语音库,调整语速、音高和音量。甚至在某些特定情况下,或许也需要为所生成的语音添加背景音乐。这时就要使用讯飞合成参数设置功能。

3. 合成参数设置

在文本合成语音过程中,通过合成参数的变化,教师可以控制所生成语音的输出效果。通常情况下,讯飞语音合成软件 5.0 中可调整的参数包括:读音参数(合成语速、音高、音量)、高级参数(音库、文本类型、文本内码、合成风格等),如图 3-2-4。

调整读音的基本参数之后,可在随后语音合成中立刻生效,因此可在收听语音效果的同时调整参数。但是,高级参数调整后的影响不能立刻生效,需要重新启动程序后方起作用。

(1) 语音合成基本参数的设置

① 调整语速,就是输出语音速度的快慢。在程序中,语速值越大,合成语音播放的速度越快。合成语速可调节的范围在 -500 ～ + 500 之间。数值越小,语速越慢,系统默认的语速值是 0。调整时,用鼠标左键左右拖动滑块来完成。在拖动滑块时,右边变动的数值,就是滑块当前所处位置的语速值。

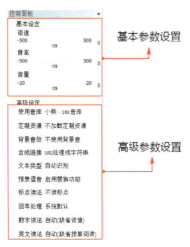

图 3-2-4 控制面板的合成参数设置

② 调整音高,即声音的频率。频率越高,发出的声音越尖锐;反之发出的声音则越低沉。合成音高可调节的范围在 -500 ～ + 500 之间。数值越小,声音越低沉,系统默认的音高值是 0。调整时,用鼠标左键左右拖动滑块来完成。在拖动滑块时,右边变动的数值,就是滑块当前所处位置的音高值。

---

① 注意可选的语音格式取决于当前电脑所安装音库的采样率,如果仅安装了8K音库,那么导出的音频格式只能是8K采样率的各种格式。

③ 调整音量，即声音的能量。音量可调节的范围在 -20～+20 之间。数值越小，声音越小，系统默认的音量值是 0。调整时，用鼠标左键左右拖动滑块来完成。在拖动滑块时，右边变动的数值，就是滑块当前所处位置的音量值。

（2）高级参数的设置

高级参数设置的内容包括：语音库选择、定制资源等 10 个项目（见图 3-2-4）。

① 选择语音库。合成系统将拼音信息转换成声音数据时使用的基本资源，称为语音库。选择或变化语音库的方法很简单，单击"使用音库"旁的按钮，在下拉菜单中单击相应的音库名称。需要注意的是，不同音库使用的采样率不同，合成的音质效果也不相同。如果在安装运行库时，只安装了一种音库，那么合成时，只会正确输出该音库下的声音数据。

② 定制资源。对于某些特殊行业，语音合成时会经常性地出现行业术语，为保证合成后这些术语的发音正确，有时需要定制一些行业专用的资源包。在合成演示程序中，可以选择是否加载这种自定义的资源包。例如，只有选择"自定义资源包"选项之后，下面的"背景音效"方可使用，否则无法加载背景音乐。

③ 设置背景音效。单击"背景音效"旁的按钮，在下拉菜单中单击选项。"不使用背景音"，表示合成的语音文件中不出现背景音乐，这是默认形式。"背景音演示"就是在合成的语音文件中应用当前所选的背景音乐。注意在启用背景音乐时，默认情况下，合成以后的语音文件中通篇都将应用同一段背景音乐。

④ 合成链接。单击"合成链接"旁的按钮，在下拉菜单中单击文本中 URI 的处理方式：选项之一是"URI 处理成字符串"，表示被合成文本中的 URL 部分将以字符串形式读出，这是默认形式；选项之二是"URI 替换成目标文本"，表示合成系统将把被合成文本中的 URL 替换成所指向的目标文本，并将该目标文本合成为语音输出。

目前，讯飞 5.0 能够支持三种类型 URI 语音合成发音方式：

- 本地文件。格式为 file：///drive：/file.txt，例如 file：///c：/text.txt。
- http 方式的 URI。格式为 http：//xxx.xxx/xx/x.txt，例如 http：//www.iflytek.com/demo.txt。
- FTP 文件。格式为 ftp：//user：passwd@xxx.xxx/path/file，例如 ftp：//ftp.iflytek.com/pub/demo.txt。

⑤ 文本类型，是指合成语音所用文本的类型。通常选择由系统自动识别文本，或将文本类型指定为一般文本、CSSML 文本、SSML 文本或者 EMail 文本。注意在进行 Email 语音合成时，必须将文本类型设定为"Email 文本"。载入的 Email 文

件必须完整，否则合成可能出错。

⑥ 设置预录音。单击"预录语音"旁的按钮，在下拉菜单中单击处理方法：选项之一是"禁用替换功能"，表示合成的语音文件中不出现预录语音，这是默认形式；选项之二是"启用替换功能"，表示在合成的语音文件中应用预录音。在语音合成过程中，系统将自动比较被合成文本与预录音资源，并将被合成文本中与预录音文本完全相同的内容替换成该预录语音。

⑦ 选择标点读法。单击"标点读法"旁的按钮，在下拉菜单中单击相应选项："不读标点"或"。"读出标点。在缺省情况下，除符号" # \>=</*- +"以外，一般标点符号都不会发音。系统未知的标点符号在任何情况下都不会发音。

⑧ 回车符处理。单击"回车处理"旁的按钮，在下拉菜单中单击处理方法：选项之一是"系统默认"，表示程序根据回车符前后的语流环境，自动决定处理的方法；选项之二是"分句"，表示将回车符作为分句符，代表句子或段落的结束；选项之三是"忽略"表示自动忽略回车符，不加处理；选项之四是"作为空格"，表示将回车符当做空格符处理。

⑨ 设置数字的读法。单击"数字读法"旁的按钮，在下拉菜单中单击处理方法。"自动（缺省读值）"，是指合成演示程序根据数字串前后的语流环境，自动决定处理的方法。当该数字串无法按系统规则处理时，将按数值发音；"一律按数值读"，指所有数字串皆按数值发音，如"98"读成"九十八"；"一律按数字串读"，所有数字串按数字发音，如"98"读成"九""八"；"自动（缺省读串）"，合成演示程序根据数字串前后的语流环境，自动决定处理的方法。当该数字串无法按系统规则处理时，将按数字串发音。

⑩ 设置英文的读法。单击"英文读法"旁的按钮，在下拉菜单中单击处理方法。"自动（缺省按单词读）"，合成演示程序根据英文单词前后的语流环境，自动决定处理的方法。当英文单词不是英文词库中收录的单词时，系统将按照一定的规则读成单词；"一律按字母读"，所有英文单词皆按字母发音，如"book"读成"b""o""o""k"；"自动（缺省按字母读）"，合成演示程序根据英文单词前后的语流环境，自动决定处理的方法。当该英文单词不是英文词库中收录的单词时，系统将按照字母发音。

3.2.3 语音文件格式的转换

缺省状态下，iFly Tech InterPhonic 所生成的合成语音文件格式为 .wav，可以直接在 Windows 环境下直接播放。但考虑到以后该语音文件在微课设计中的通用性和兼容性，笔者建议利用格式转换工具将之转为 .mp3 格式，这样不仅文件容量小，而且通用性也较好。

在格式转换时，这里研究者推荐使用免费软件"格式工厂"。这个软件可以容易地实现音频、视频和图片等文档的各种常用格式的相互转换，如 .wav → mp3，.avi → FLV，png → jpg 等（见图 3-2-5）。实际上，视频文件的格式转换方式也完全一样。

在微课设计中，所制作出来的语音素材有两种基本使用方式：一是将音频

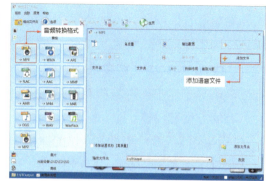

图 3-2-5　格式工厂操作界面

文件插入动画人物之中，通过动画人物的形象来播放语音，这实际上类似动画片中的人物配音。二是将音频文件直接插入课件内容的相应位置，如 Adobe Captivate 幻灯片之中，利用"分层插入语音"功能来为图片、语音、幻灯片或整个课件插入不同的语音内容。当学习者浏览相应位置时，可自动播放。

此外，考虑到语音旁白在课件的不同位置或条件下使用，建议教师不要一次性将数千次或上万字的文本转为语音文件，而应该事先根据设计对文本内容进行分割和编号，并据此生成多个语音文件在课件中使用。这样，就可以避免语音旁白时间过长而导致学习者听觉疲惫的现象。

3.3　TTS 朗读软件——Balabolka 及 SAPI 语音库

除上述讯飞之外，目前还有一些其他常用的国外 TTS 语音合成软件，用于微课设计时的效果也很理想。例如，对于外语教师来说，讯飞的英文语音合成功能就很难达到预期的效果。这时，就可以使用考虑国外的 TTS 语音软件，如 NeoSpeech 和 iVona 等（见表 3-3-1）。这些国外软件的主要优势，在于功能强大和发音地道的多语种外文语音库，能够合成非常纯正地道、发音逼真和语调流畅的各类外语发音（也包括中文）。

表 3-3-1　NeoSpeech 和 iVona 语种和音库

名　　称	语种数量	音库数量（男女声）	中文音库数量
NeoSpeech	4	9	4
iVona	17	43	0
总　　计	21	52	4

例如，iVona 目前能够提供除中文之外的 17 种语言的 43 种音库。其中不仅包括每个语种的男、女声音库，甚至还提供了某些语种带有不同国家发音特点的音库，如英语音库就分为英国英语、美国英语、澳大利亚英语和威尔士英语；法语音库划分为本土法语、加拿大法语；西班牙音库分为本土西班牙语和美国西班牙语。此外，iVona 还提供了许多很少见的小语种音库，如波兰语、丹麦语、罗马尼亚语和冰岛语等。这些独特的功能为国内外语相关专业的学科教师设计微课，提供了前所未有的方便和快捷。

以 NeoSpeech 为例，它不仅能够提供英、日、韩三种语种的男、女声音库，同时还提供了 4 种男、女声的中文音库。更令人高兴的是，从其中文音库的输出效果来看，甚至在某种程度上已经超过上述讯飞合成的发音效果，尤其是在语音、语调和语气等方面，具有独具一格的发音特色，给人留下深刻印象。据说，全身瘫痪的英国著名物理学家霍金也是采用这款语音合成引擎来与他人交流。

基于前文中多次强调的快课设计理念，为便于各学科教师快捷地使用上述两个语音库，经过多方测试，利用微软的 SAPI 标准，笔者实现了在一个语音合成软件 Balabolka 中同时使用 iVona 和 NeoSpeech 两个音库的"BiN 多语种语音合成方案"[①]（见图 3-3-1）。这样，不仅操作简便，而且可以同时使用两种音库，在选择各个语种的音库时也一目了然，便于随时选用。

图 3-3-1　BiN 多语种语音合成方案

3.3.1 语音合成方案安装方法

该方案的安装方法很简单，基本流程是：首先安装通用性 TTS 朗读软件 Balabolka，然后再分别安装 iVona 和 NeoSpeech 的语音库。完成安装之后，打开 Balabolka 之后，就可以在 SAPI5 菜单中看到所安装的全部音库列表，随时调用其中之一来通过文本生成相应的语音，并输出保存为文件。

在安装之前，应确认所使用的计算机操作系统为 Windows 7.0、Windows 8.0 或

---

① 使用BiN多语音合成方案对计算机操作系统有要求：推荐使用Windows 7/8/8.1专业版，不要使用旗舰版或家庭版，否则可能无法正常使用。

8.1 专业版。

第一步,安装通用语音生成软件。Balabolka 有专门便携版,不需要按照传统方法安装,可直接将 Balabolka 整个文件夹复制至硬盘某个目录之下,然后进入名为 Balabolka 文件夹,找到名为 balabolka 的可执行文件,双击即可启动该软件。

第二步,安装各个语种的语音库。进入 iVona 和 NeoSpeech 语音库所在的文件夹,找到 setup 安装文件,双击开始安装,按照提示完成整个安装过程。教师可根据学科需要选择安装相应语音库。

第三步,安装完语音库之后,打开 Balabolka,点击"SAPI5"标签,在下拉菜单中将列出目前已经安装的语音库名称。选择其中之一,然后再输入文字内容,就可以生成相应的语音。

3.3.2 通用性 TTS 语音朗读软件——Balabolka

Balabolka 是一个俄语单词,意为"说个不停"。它是一款免费实用的文本转语音应用程序,界面简洁,功能实用,操作简单。目前的最新版本是 2.1,支持中文界面,有便携版和安装版两种。前者不需要安装,可以在 USB 设备上运行。

实际上,Balabolka 本身并没有配备语音库,但可以直接调用安装在系统上的符合 SAPI 4 和 SAPI 5 规范的语音库,包括 Windows 系统自身携带的语音库等。这个功能就极大地拓展了这个软件的应用性,使之能够使用目前任何一个符合 SAPI 的语音库来合成语音。从这一点上来看,讯飞则缺乏足够的灵活性和开发性,其仅能通过自身专用的程序来合成语音,局限性很大。

1. 功能概述

从功能上看,Balabolka 不仅可以读取剪贴板的内容,而且可以查看多种格式的文档,如 AZW,AZW3,CHM,DjVu,DOC,EPUB,FB2,LIT,MOBI,ODT,PDF,PRC,RTF 和 HTML。在合成语音时,可以调整和改变语音的多种参数。语音合成之后,可保存为多种格式的语音文档,如 WAV,MP3,OGG 或者 WMA 文件。

此外,Balabolka 还可自定义字体和背景颜色,控制从系统托盘阅读或者使用热键。值得一提的是,用户可以应用特殊的替代清单,以提高语音的清晰度质量。例如,当想改变单词拼写时这个功能就很有用。

Balabolka 的用户界面如图 3-3-2 所示,由工具栏、音库选择栏、参数设置栏和文本编辑栏四个基本部分组成。

Balabolka 工具栏按钮看起来很多,但在操作中常用的实际上并不很多。为减少工具栏上的按钮,可以通过定制方式来取消那些不常用按钮。操作方法如下。

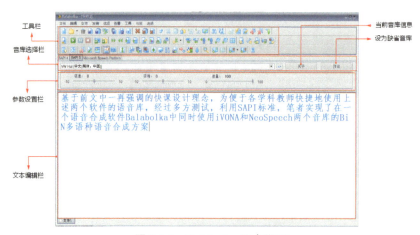

图 3-3-2　Balabolka 用户界面

点击"查看"菜单,再选择"按钮"选项,会弹出如图 3-3-3 的窗口。通过取消某个按钮前勾号的方式,来关闭该按钮在工具栏中的显示。通常情况下,只需要保留"新建""保存音档""朗读""停止"等几个常用按钮(如图 3-3-4)。

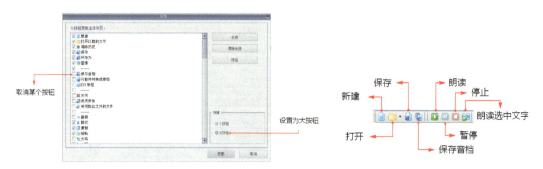

图 3-3-3　定制 Balabolka 工具栏中的按钮　　　图 3-3-4　定制后的工具栏常用按钮

2. 语音合成操作

利用 Balabolka 来实现文本合成语音的操作过程简单,只需以下四个步骤操作:

第一步。新建、打开一个文档,或直接将文字内容复制粘贴至文本编辑区。

第二步。点击 SAPI 5 标签,打开计算机已安装的 iVona 和 NeoSpeech 音库列表(见图 3-3-5),选择其中之一。

第三步。将光标移到文本首字之前[①],点击"朗读"按钮,程序将开始朗读文本内容。在朗读过程中,程序将自动逐字高亮显示相应的文字,以便于用户跟踪查看(如图 3-3-6)。试听完朗读效果之后,可根据需要对语音合成的参数进行调整,例如语速、语调和音量。

---

① 缺省设置状态下,Balabolka将自动从光标处开始朗读文本。用户也可在"选项"菜单中的"设置"中修改为从"文本档开始"或"段落"开始。

图 3-3-5　打开 SAPI 5 音库

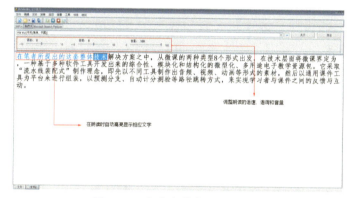

图 3-3-6　文本合成为语音并朗读

第四步，保存语音文件。点击"保存音档"按钮，可将所合成语音保存为各种格式的文档（见图 3-3-7）。考虑到后续的兼容性，建议保存为 MP3 格式，且定义英文文件名，以便于上网使用。

图 3-3-7　保存音档

3.4　常用 TTS 合成效果测试

以下根据清晰度、准确度、流畅度和自然度这四个被经常用来评价 TTS 软件的指标，笔者将介绍一些使用 TTS 语音合成来设计微课时的一些体会和建议。

首先，从技术上看，以是否支持 SAPI，可以将 TTS 语音合成软件分为通用型和专用型两大类。3.2 节中所介绍的讯飞 InterPhonic 是典型的专用型 TTS，不支持 SAPI 接口。换言之，从技术上说，讯飞的音库是专用的，其他语音合成程序无法调用，只能由讯飞公司专门为它设计的应用程序来调用。从这一点上来看，其应用的开放和可拓展性自然大打折扣。

而另外两个，即 iVona 和 NeoSpeech，则支持 SAPI 5 接口标准。这就意味着，它的全部音库，不仅能够由它们专用应用程序来调用，而且也可由其他符合同样标准的程序所使用，例如前面所介绍的 Balabolka。再进一步说，这也就意味着，用户可以根据自己的需要，选择和安装任何一个 SAPI5 标准的音库，并合成语音。这样，对于用户来说，音库可选择的范围就获得了极大扩展。要知道，通常，各种 TTS 各具特色，用户的需求也千变万化，不同的音库能提供最大限度的灵活性和选择性。因此，对于学科教师来说，在可能情况下，通用性 TTS 应该是一个更加有效的选择。

其次，从中文音库的合成效果来看，由于 iVona 目前尚无中文音库，此处暂且不提。整体来说，不管是 NeoSpeech 还是科大讯飞，其纯中文的朗读发音效果都差不多，清晰度、准确度和流畅度都相当好。但是若从自然度标准看，NeoSpeech 的发音音质比较好，配音人的嗓音更有吸引力，语音具有明显磁性，语调抑扬顿挫，几乎让人无法辨认出是计算机生成的语音，已非常接近于真人说话。而讯飞的配音明显要弱一些，只能达到听清而已，缺乏嗓音本质的吸引力。笔者推测，可能是在录制音库素材时，NeoSpeech 选用的是专业配音演员来录制，本身的音质就优美华丽，语音语调富有层次感和变化。而科大讯飞可能只是选择标准普通话发音准确的播音员来录制，同时在嗓音音质方面并无过多考虑。同时，两个软件的男声和女声合成效果也有一定差异性。

例如，从讯飞和 NeoSpeech 的中文普通话音库的合成实际效果看，前者只提供了一个名为"小宇"的男声音库，后者则提供了"Liang"和"Wang"两个男声音库。从这三个男声合成的整体效果来看，小宇居首，Liang 其次，Wang 效果较差。

同时两个软件都提供了较为丰富的女声普通话音库：讯飞提供了小燕、小倩和小琳[①]三个音库；NeoSpeech 则提供了"Hui"和"Lily"两个音库。测试效果表明，在讯飞中，小倩的发音效果最佳，其次小燕是和小琳。在 NeoSpeech 中，Hui 和 Lily 的朗读效果都非常好，各具特色，Hui 的嗓音和语调层次性更好，富有感情色

---

① 小琳说的是台湾流行的国语，实际上与标准普通话基本相同。

彩，而 Lily 则相对比较平缓而舒展。相比较而言，NeoSpeech 的女声朗读效果要明显优于讯飞。①

从这一点上就可以明显看出，国内外 TTS 开发团队在商业和商场经验方面的差异：国内似乎更强调纯粹技术本身，发音更多强调清晰性和准确性，而在情感、艺术等方面缺乏眼光和修养。因此在制作语音素材时，可能更倾向于注意播音员声音的准确性和清晰性，但在嗓音的特色、语调和情感上，考虑得比较少。相反，国外这些公司制作团队在强调技术的同时，也会对产品有美的眼光和要求，音库的语音效果清脆悦耳，富有情感色彩，容易激发听众的情感共鸣。

第三，从英文音库的合成效果来比较，显然，很难指望讯飞能在外语语音合成方面占据优势，毕竟英文不是开发者的母语。所以，讯飞 5.0 中唯一的英文音库 Sherri 读英文比 Neo Speech 及 IVona 的语音库没有任何优势，只能说发音准确性、连贯性是差不多的。但总体来说，迅飞 5.0 在朗读英文时，缺乏感情色彩，听起来比较沉闷。而 NeoSpeech 中不同的读音中感情差一点的，但也可听，倒不至于使人产生情绪低沉的感觉。

在英语音库数量上，NeoSpeech 和 iVona 分别提供了 4 个和 15 个（见表 3-4-1）。非常突出的是，iVona 提供了英语和美语之外的澳大利亚英语②和威尔士英语③，这是两种比较少见的英语口音。

表 3-4-1　NeoSpeech 和 iVNOA 英语音库比较

音库类型	NeoSpeech 音库	IVona 音库
英国英语	3	3
美国英语	1	8
澳大利亚英语	0	2
威尔士英语	0	2
总　　计	4	15

---

① 本书使用和测试的是讯飞 InterPhonic 5.0，版本较低，据说 InterPhonic 6.0 在合成效果上已有长足进步。例如，在它的官方网站每一段新闻都有 InterPhonic 6.0 的朗读演示，已很接近真人朗读效果。

② 澳大利亚英语：在18世纪新南威尔士殖民地（the colony of New South Wales）建立之后开始与英国英语（British English）产生在语言方面的差异，并于19世纪被公众所认同。这种差异产生于早期来自不列颠群岛（British Isles）相互可以理解的各个方言区的殖民者融合在一起，并很快发展成为一种主要的英语类别。

③ 资料显示，威尔士的官方语言是英语和本地的威尔士语。其中英语为绝大部分威尔士人所使用，也是实际上的主要语言。只有很少的威尔士人只使用威尔士语。通常，威尔士英语受到了威尔士语很强的语法影响，并且包括了不少借用自威尔士语的单词。除了词汇和语法十分特别之外，威尔士英语的发音也非常多样。一些典型的威尔士英语词汇包括 bach（在标准英语中是 little 或 wee，意为"小"），nain 和 taid（祖母和祖父的尊称）等。威尔士英语文学则是英国的英语文学中最为年轻的派系。

总体来看，NeoSpeech 和 iVNOA 所合成的英语朗读效果都已经达到足以乱真的程度。例如，测试发现，Neospeech 的 Paul（美语男声）发音很连贯，很接近真人，在金山词霸中使用时其对单词发音或词组发音与金山词霸的本身发音已经很接近。NeoSpeech 的 Kate（美语女声）发音很连贯，但是在声音的感情表达上似乎略逊于 Paul。iVona 之中，Brian（英语男声）说的是一口地道的英国味，语调抑扬顿挫的，感情色彩明显，值得推荐。Amy(英语女声)，语气不如 Brian 那么夸张，属于平淡型，比起 Neospeech 的 Kate 来说，似乎更适用于教学之用。

最后，在除英语之外的其他语种的音库效果，由于笔者对其他语种了解不多，所以很难评价。但是很明显的一点是，NeoSpeech 和 iVona 两者之间在小语种上互补性很强：如表 3-4-2 所示，前者注重亚洲语言（中文、日语、韩语），后者注重欧洲语言（法、德等欧洲各国的语言）。显然，这与两家开发机构所处的位置有直接的相关性：NeoSpeech 是一家美国公司，而 iVona 是一家欧洲公司[①]。

表 3-4-2　NeoSpeech 和 iVona 非英语音库比较

项　　目	NeoSpeech	IVona
音库的语种	中文、日语、韩语	法语（本土和加拿大[②]）、德语、俄语、意大利语、波兰语、丹麦语、罗马尼亚语、荷兰语、冰岛语、西班牙语（本土和美国[③]）、葡萄牙语
音库的数量	8	24

综上所述，不难看出，对于语言类学科的教师来说，上述由讯飞、NeoSpeech 和 iVona 三个 TTS 语音合成软件所构成的语音素材设计软件，为微课设计的配音提供了前所未有的快捷与方便。若运用得当，信息技术能够帮助教师解决以往看似根本"无法完成的任务"。正如一位参加微课培训的外语学院院长所感叹的，"有了发音如此地道、语种如此齐全，而且使用又如此简单方便的语音合成工具之后，我们外语教师在设计试卷、教材编写时，完全可以摆脱以往必须专门聘请外教来朗读的方式……"

---

①　据报道，2013年1月24日，亚马逊宣布收购语音技术公司Ivona Software，所以，实际上，它现在也变成了一家美国公司。

②　法语在加拿大拥有特殊地位，加拿大政府鼓励新移民学习法语，支持法语学习和扶植法语文化。加拿大人使用的法语方言主要分三种，统称为加拿大法语。由于种种原因，如地理上的隔阂、法加两国政治上的疏离、英国的侵占、几个世纪以来语言上的演变等，都使得加拿大的法语和欧洲的法语存在着不少区别。

③　在美国南部的几个州有数量众多的西班牙语使用者。

第四章 微课的动漫助教设计软件

在当今社会学研究中，常将出生于20世纪80年代的一代人称之为"卡通一代"（Cartoon Generation），同时将90年代出生的称之为"网络一代"（Internet Generation）。实际上，还有一个可能更有代表性意义的称呼，可能也适合新一代的年轻人——"动漫一代"。按照一位学者的观点，"动漫"这个概念实际上是经过"动画泛化"而形成的："在计算机技术飞速发展的背景下，信息数字化和网络化深入人们生活，人类文明全面进入信息时代。传统影视动画开始迅速向广告、传媒、游戏等领域扩展，其内涵和外延发生了明显的变化，动画一词在人们口中不经意间也变成了动漫"[1]。

4.1 动漫文化与微课设计

动漫，深刻地影响着当代新生一代的思想方式和生活方式，形成一种所谓"动漫文化"[2]和"动漫美学"[3]。确实，在如今学生群体之中，动漫不仅是一种娱乐工具，也是一种交流的方式，更是一种文化符号（见图4-1-1），渗透在儿童、青少年、甚至部分成年人的精神世界里，闪烁着不可磨灭的印迹和光辉，显著地影响着他们人生成长的方向和道路。

---

[1] 徐大鹏，傅立新.从动画到动漫文化[J].电影文学，2008（24）.
[2] 动漫文化：被认为是视觉文化（Visual culture）的重要组成部分，视觉文化以20世纪初影像技术的诞生作为标志。随着影像的发展，传统文化的语言传播方式在很广泛的范围内被视觉形象化传播媒介取代，视觉文化的出现意味着影像时代的到来，传统的以语言为中心的文化正向以形象为中心的文化转变。其中，动漫卡通视觉形象充当着相当程度的主力作用。
[3] 动漫美学：英文为Animamix（Animation+Comics），指的是受到动漫文化影响后所产生的审美倾向、品味，而不是指动画、漫画的本身。追求理想化的青春美，不仅是动画、卡通、漫画里虚拟角色塑造的问题，这种对青春的崇拜，成为当今人们追求实现人工理想美的主要心理因素。动漫美学如20世纪的抽象美学一样，会被应用在各种设计、建筑、工艺品、艺术创作等各方面，包括服饰与妆容，整体影响到生活美学的诸多方面。

实际上，从技术角度来说，动画（Animation）是一种利用逐帧绘制对象并连续播放而形成运动的影像技术。表现在微课设计和制作中，以Flash动画来表现教学也是目前一种常见技术方案，在交互式微课中更是如此。对于那些伴随着动漫成长起来的"网络一代"学习者来说，活泼有趣的动漫风格的视频与动画，是最能吸引他们眼球的表现形式。

图 4-1-1　动漫已成为年轻一代的文化符号

然而对于普通学科教师来说，掌握或精通Flash技术并设计出符合学科需求的动画素材，显然绝非易事，学习难度很大，制作起来费时耗力。在这种情况下，如何用尽量低的技术成本来制作出符合学科教师需求的动画素材呢？笔者的答案是：选择基于快课技术的设计软件，以模板化工具来实现定制化的动画设计，为微课添加学生喜闻乐见的表现形式，进而激发其学习动机。

在初级教程中，笔者曾介绍过一个模板化的动画快速生成工具Raptivity[①]。同样，本章所介绍的动画软件，仍然都是基于模板化理念，向教师提供了大量形式多样且操作简便的模板库，鼠标点击之间便可以自动生成能够充分展示出教师个人风采的动画素材，使所设计的微课显示出浓厚的个性化色彩。从交互式微课的软件解决方案来说，本章内容是针对"动漫助教"[②]而专设（见图4-1-2）。

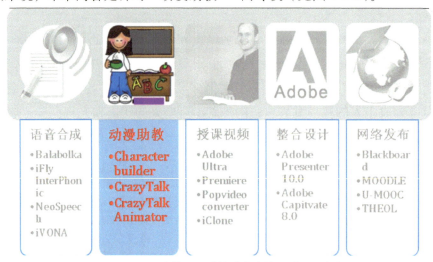

图 4-1-2　互式微课设计软件方案的"动漫助教"

---

① 请参阅赵国栋.微课与慕课设计初级教程［M］.北京：北京大学出版社，2014.

② 动漫助教：它的主要功能是以动画人物形式为学习者提供各种补充、提示类的教学信息，在微课的不同环节中随机出现，活跃学习气氛，提示重要信息。

第四章 微课的动漫助教设计软件

具体地说，本章将介绍以下三个动画人物设计软件：

- Character Builder（简称 CB）。一个专门制作动漫人物的软件。其中包含各种动漫人物形象模板和动作模板，教师可利用这些模板来快速生成动漫式助教。与 TTS 结合使用，则可生成能以各种语言表达教学信息化的助教。
- CrazyTalk（简称 CT）。以图片或照片为基础来快速设计头像动画（脸偶）的软件。其中包含了各类眼睛、嘴巴和面部表情的模板，并且直接支持 TTS 语音生成，自动精确匹配唇形动作。利用这个软件，教师可以快速生成个性化特色的动漫式助教。
- CrazyTalk Animator（简称 CTA）。CT 的高级版，可利用全身照片或图片来快速生成动漫式人物（人偶），它提供了大量人物、动作和表情模板，也支持 TTS 功能。教师可快速设计出带有自己个性化形象的动漫式人物。

4.2 用模板生成动漫助教——Character Builder

Character Builder（简称 CB），是一个 2D 动画人物的设计软件，突出特点在于模板化的设计理念，操作简单，生成快速，可以生成 Flash、HTML5 和视频格式的素材，是学科教师设计交互式微课的理想工具。它能够便捷地与其他多媒体课件结合使用，如 TTS 合成软件和 Adobe Captivate 等，使微课中的教学内容更加生动形象。更值得一提的是，Character Builder 拥有多种卡通或者仿真模板，还可以制作多人互动的场景和模板。这将有效地降低教师设计和制作动画人物的时间和技术成本。

CB 操作比较简单，教师首选挑选模板中的人物和场景模型作为基本造型，然后根据自己需求进行细致修改，这样既节省了时间，又有自我发挥的空间。它可以实现的功能有以下几点：

- 利用所提供的各种模板，可以制作声情并茂的虚拟动画人物。
- 自动实现人物眼神、口形、肢体动作和声音的同步。
- 导出生成 Flash 格式文件，可嵌入其他软件中，如 Adobe Captivate。

CB 是 Media Semantics 公司[①]（见图 4-2-1）的产品，当前最新版本号是 5.4.2，

---

① Character Builder 公司的官方网址是：http://www.mediasemantics.com/Index.htm

在网站上不仅提供了这款软件不限时间的全功能试用版[①]，同时还提供许多动漫和仿真人物模板的下载服务[②]（见图4-2-2）。该公司还不定期发布新的动漫人物的模板，包括各个国家和民族的肖像人物。这些动漫人物模板之中，有些免费，有些则收费，价格从每个模板1美元至20美元不等；同时也提供更加优惠的打包购买方式，如Realistic Character Pack 和 Realistic Addon Pack 等，其中各包括一定数量的人物模板，价格通常是100美元（见图4-2-3）。

图4-2-1　Media Semantics 官方网站　　　　　图4-2-2　CB 人物模板

图4-2-3　CB 收费人物模板的价格

---

① Character Builder主程序试用版的下载网址是：http：//www.mediasemantics.com/Download.htm，试用版可以不限时间长期试用，但所生成的肖像人物会带有该公司名称的水印。购买正式版重新对动画源文件渲染后则可以取消水印。

② Character Builder的免费人物模板下载网址是：http：//www.mediasemantics.com/Characters.htm

4.2.1 软件安装

在使用软件之前，首先应确认所使用的计算机符合CB的安装要求：

- 计算机操作系统要求是Windows 7.0，Windows 8.0或8.1。
- 若要使用它的PowerPoint幻灯片导入功能，要求事先应安装PowerPoint 2013（只支持32位）以上版本，并且还要安装Microsoft.Net 4.0，方可正常使用。
- 若要使用它的语音合成功能（TTS），则要求计算机中事先安装符合SAPI5的音库（如第三章中的NeoSpeech或iVona），并带有相应的声卡硬件设备。
- 要求用户电脑事先安装有Adobe Flash Player 9.0以上播放器插件。

从Media Semantics网站下载CB的程序安装包之后，安装包括两个步骤：一是安装主体程序，二是安装人物模板。

第一步，安装主体程序。在微课的培训资源包中，双击程序文件则开始安装。安装过程很简单，根据其安装提示和说明操作就能完成整个软件的安装。安装完毕之后，在操作系统中根据以下路径可找它的启动快捷方式："所有程序" → Media Semantics → Character Builder，点击可启动该程序。

第二步，安装人物模板。它有两种安装方式：在微课的培训资源包中进入"人物模板"文件夹，可以看到共33个模板文件，点击文件进行安装，系统会默认将文件安装至Builder安装目录下，逐一完成安装。只有安装好这些模板之后，方可在程序中选用。

需要注意的是，CB为测试版，具备软件的全部功能，无试用时间限制，但试用版软件所生成的动画人物背景中带有水印。此外测验版在使用过程中可免费升级程序，以便获得最新功能。生成动画人物之后，若无法正常播放所生成的动画人物，请在动画文件上点击右键，选择"打开方式"，然后选中Internet Explorer。这样，就可以使用IE来打开动画人物。

4.2.2 操作方法

整体来看，CB功能非常强大，所设计的动漫人物能够与多种场景结合而形成复杂多变的多类型教学课件。例如，除空白定制化项目之外，它还能创建五种类型的项目：信息型（Message）、幻灯片演示型（Slideshow）、交互型（Interaction）、讲述型（Narration）和网页程序型（Web App）。在每一种类型之中，还可以通过设置不同的参数来生成不同的模板,具体见表 4-2-1。

表 4-2-1 CB 创建的动漫人物类型与初始设置模板

项目类型(Project Type)	初始设置模板(Initial Configuration)
1. 空白项目(Empty)	创建一个空白项目,用户可利用大纲(Outline)、设计(Design)和脚本(Script)视图来完全自主地创建项目内容。通常用于高级用户
2. 信息型(Message) 利用一个动漫人物来传递一段语音信息,适用于初学者	(1)简单信息(Simple Message)。一个动漫人物呈现一段语音信息,然后自动停止 (2)带 API 的信息(Message with API)。利用 javascript API 来启动信息,适用于高级用户 (3)透明背景(Transparant Background)。形式为一个动漫人物"悬浮"在网站页面之上来呈现相关语言信息 (4)Flash 动画(Flash Animation)。创建一个带有线性框架和无动作脚本的 Flash 动画文件(SWF),适用于嵌入其他课件软件之中,如 Adobe Captivate 和 Articulate Presenter (5)视频信息(Video Message)。创建一段视频格式的动漫人物讲话内容,适用于上传至视频网站,或插入其他视频编辑工具之中 (6)动态讲话(Dynamic Speech)。需要与服务器端程序配合使用,显示一个动漫人物朗读动态的文本内容
3. 幻灯片演示型(Slideshow) 让一个动漫人物在幻灯片演示前讲授内容,适用于与 PPT 文档结合使用	(1)基本(Basic)。幻灯片覆盖整个项目区域,角色站在幻灯片的前面,导航条在整个屏幕下方 (2)窗口(Window)。幻灯片覆盖整个项目区域,角色和导航条以小窗口的形式浮现在幻灯片上方 (3)侧栏(Sidebar)。幻灯片与角色窗口分屏,导航条在整个屏幕下方 (4)演讲厅(Lecture Hall)。演讲模式,有虚拟场景,幻灯片出现在"演讲厅"的屏幕上 (5)座位(Seated)。幻灯片覆盖整个项目区域,角色坐在幻灯片的前面,导航条在整个屏幕下方 (6)双主持者(Dural Presenter)。幻灯片覆盖整个项目区域,有两个人物角色 (7)新闻演播室视频(Newsroom Video)。模拟新闻演播间,幻灯片在一个特定屏幕上,以视频形式输出

续表

项目类型（Project Type）	初始设置模板（Initial Configuration）
4. 交互型（Interaction） 将一个或多个动漫人物与交互结合在一起，让学习者来操作	（1）基本测试（Basic Quiz）。可为幻灯片演示添加多张测验幻灯片，该模板能创建一个首页为多选题的幻灯片演示 （2）软技能培训（Soft Skill Training）。该模板设置了两个动漫人物，第一个是交互对象，另外一个是能够提供反馈和评论的"教练"
5. 讲述型（Narration） 在预先已经准备好一段 Flash 录屏或动画的情况下，可以为其添加一个动漫人物来扮演讲解人或主持者。该类型只能输出为 Flash 格式	（1）基本（Basic）。动漫人物站在影片的前面诵读内容 （2）窗口（Window）。动漫人物位于视频前面的一个窗口中 （3）侧栏（Slidebar）。动漫人物位于视频的侧面
6. 网页程序型（Web App） 若想给网站添加一个动漫人物，这是一个适用的类型，例如让人物讲解 FAQ、RSS 和智能聊天等	（1）FAQ 答疑（FAQ Host-Spinner）。使用动漫人物来控制解答常见问题 （2）FAQ 超链接答疑（FAQ Host-HTML Links）。使用超链接的形式解答常见问题 （3）RSS 新闻（RSS News）。利用动漫人物报告 RSS 订阅信息 （4）智能聊天（AI Chat）。让动漫人物利用服务器端的相关智能程序来回答所输入的问题

这里需要强调的是，在本书提出的交互式微课的设计软件方案之中，CB 所扮演的主要角色，是为微课来设计各种"动漫助教"，并利用语音合成软件（iFly、NeoSpeech 和 iVona）使之具备语言表达能力。然后再与授课视频等素材一起，最后通过整合设计软件（AdobePresenter[①]和 Captivate[②]）来生成一个结构化的交互式微课。也就是说，作为学科教师来说，在 CB 所提供的诸多功能之中，首先应该掌握的，是如何设计出能够与 AdobePresenter 和 Captivate 整合应用的"动漫助教"。

因此，"信息型"（Message）项目之中的 Flash 动画（Flash Animation），是最符合当前需求的一种设计模板——它可以快速地设计出适用于 Adobe Captivate 的 Flash 动漫助教。所以，以下将以这种动漫人物设计模板为例，来演示 CB 操作方法。

具体地说，创建 Flash 动画型动漫人物的基本操作步骤如图 4-2-4 所示。

---

① AdobePresenter 的操作方法见本书第八章。
② Adobe Captivate 的操作方法见本书第九章。

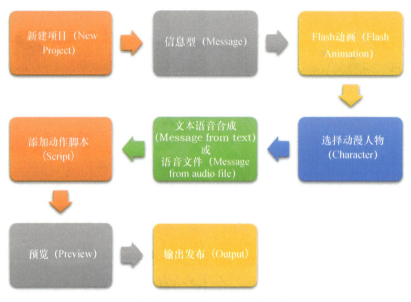

图 4-2-4　创建 Flash 动画型人物操作步骤

1. 创建信息型 Flash 动画人物

点击 CB 图标启动软件。其工作界面中分别包括如下菜单：文件（File）、编辑（Edit）、项目（Project）、视图（View）、工具（Tools）和帮助（Help）六项。

第一步，直接点击"文件"菜单→"新建项目"（New Project）（图 4-2-5）。

第二步，在随后弹出如图 4-2-6 的窗口之中，先为项目命名，注意不要使用中文，最好用英文或拼音。然后选择项目保存的文件位置。下一步是选择"信息型"项目（Message），点击"下一步"继续。

图 4-2-5　通过文件菜单来新建项目

第三步，如图 4-2-7 所示，在初始化设置之中，选择其中的 Flash 动画（Flash Animation），因为这个模板是专门为 Adobe Captivate 准备的，可插入其中作为动画素材。然后点击"下一步"继续。

第四步，选择动漫人物模板。如图 4-2-8 所示，这时，教师可根据喜好或兴趣选择一个动漫人物模板，作为微课中助教的形象，如全身像、半身像、男性、女性等①。点击"下一步"之后，软件会提示已经完成项目参数设置，点击"完成"继续。

---

① 请注意，如果模板名称前标有星号（*），则说明该模板尚未安装，无法使用。必须下载安装之后方可选择使用。

图 4-2-6 选择创建一个信息型项目

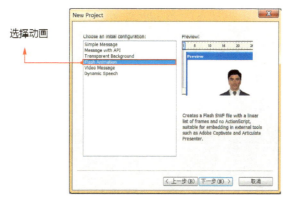

图 4-2-7 为项目选择 Flash 动画作为初始设置

图 4-2-8 为选项选择动漫人物模板

第五步，为动漫人物配音。在弹出如图 4-2-9 所示窗口之中，教师可选择两种方式来为动漫助教配音：一是利用 TTS 输入文本自动生成语音（Message from text）；二是导入一个事先准备好的语音文件（Message from audio file）。

如果选择的是第一项，那么，点击"下一步"之后，则弹出如图 4-2-10 所示窗口，提示教师去输入想让自己的动漫助教在微课中所说的话语。在这个 TTS 文本编辑栏之中，教师即可输入英文，也可输入中文。但是需要注意的是，要想让自

123

图 4-2-9　为动漫人物生成语音信息

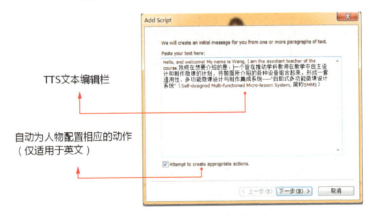

图 4-2-10　输入要合成为语音的文本

己的动漫助教中英文都能朗读，一个前提是后面所选用的 TTS 音库必须具备中英文混读功能。文本输入完毕之后，点击"下一步"按钮继续。随后软件会提示已经完成设置，点击"完成"结束。

随后，软件将自动返回 CB 用户界面，并进入"设计"（Design）环节，如图 4-2-11 所示。这时设计者需要做的是：先用鼠标点击选中动漫人物图片，然后在窗口下方的"属性"（Properties）标签中点击"TTS 音库"（TTS Voice）。在弹出的下拉菜单之中选择相应的音库。这里需要说明的是，这个下拉菜单显示的是当前计算机中所安装的全部 SAPI 5 标准的 TTS 音库[①]。缺省状态下，若计算机操作系统为 Windows 7.0 专业版，那么可供选择的音库应该有一个系统自带的名称为 Microsoft Anna 的音库。在本书中，设计者则可根据需要选用前一章中安装的 NeoSpeech 或 iVona 音库，例如 VW Hui，来使动漫助教具备朗读文本的功能。

---

① 如果计算机中已经安装培训资源包中的NeoSpeech和iVONA音库，那么，都会在这个下拉菜单中显示出来，供设计者选用。

图 4-2-11　选择 TTS 音库和预览动漫人物

完成 TTS 音库设置之后，再回头看让动漫助教说话的第二种方法：用语音文件传递信息（message from audio file）。要使用这个方法，要求设计者事先必须准备好相应的语音文件（最好是 MP3 格式）。

生成 MP3 格式语音文件的方法通常有两种：一是教师自己的录音文档，制作方法很简单，不必多言；另一种常用的方法则是利用第三章中所介绍的 TTS 语音合成[①]。

选择用语音文件传递信息之后，点击下一步，软件会弹出如图 4-2-12 的窗口。要求设计者选择一个本地计算机上的语音文件（建议 MP3 格式）。在微课培训资源包中，可在培训练习素材文件夹中找一个"音频"文件夹，提供了一些语音素材供练习时使用。语音文件选择完成之后，点击下一步继续。

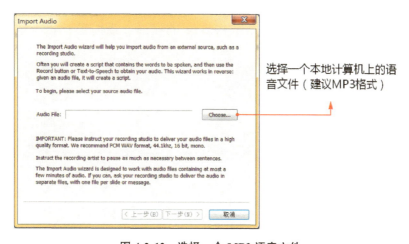

图 4-2-12　选择一个 MP3 语音文件

---

①　请参阅本书第三章内容。

随后，软件将弹出如图 4-2-13 所示的窗口。这一步是由 CB 自动完成，无需设计者插手。软件根据所导入语音内容，自动将语音文件切分为带有编号的若干段语音片断，如 A0001、A0002、A0003 等，并伴随着相应的音轨图。每一段语音编号片断的下方都会自动加入一小段自动生成的外语文字，表示与语音相对应的文字内容。

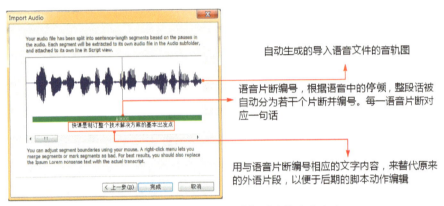

图 4-2-13　加入与语音文件相对应的文字内容

这时，需要设计者做的工作是，将与语音文件相对应的中文文字内容，一段一段地复制至相应编号下方的文字框之中。这样做的好处是，在下一"动作脚本"环节时，可使动漫助教的体态动作与所说的语音内容一一对应起来，设计起来会更加方便。例如，当助教说"大家好，我是助教小王"这句话时，可配套相应的点头和挥手等动作。

点击完成之后，则自动进入如图 4-2-14 的界面。当前窗口将上述两种使动

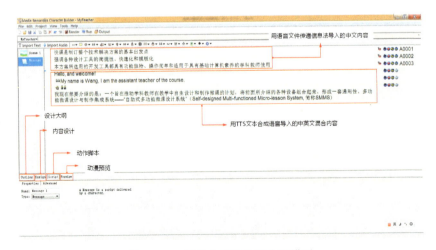

图 4-2-14　两种方式使动漫人物讲话

漫人物讲话的导入方式（语音文件传递和 TTS 语音合成）的最终设计结果都呈现出来。

需要注意的是，在窗口的左下角可看到 CB 的四个设计阶段：设计大纲（Outline）、内容设计（Design）、动作脚本（Script）和动漫预览。

这时，就可以看到上述设计的动漫助教的初步实际效果了。点击窗口下方的"预览"（Preview）按钮，软件将自动弹出一个预览准备运行窗口（如图 4-2-15）。等待一会儿之后，将出现又说又动的动漫助教浏览形象（见图 4-2-16）。

图 4-2-15　预览准备窗口

图 4-2-16　动作预览效果界面

至此为止，一个既会说话又会活动的动漫助教已现雏形。但是，请注意，这只是设计的第一阶段，仅完成了动漫助教的语音信息传递设计工作，而与之相配套的体态动作尚未开始，所以在预览时看到人物仅能表现出简单的体态动作。若想使动漫助教表现出形象生动、灵活多样的肢体和面部表情，还需要在后面的"动作脚本"阶段进行深入的设计。

2. 用模板赋予人物表情和动作

完成上述信息型 Flash 动画项目的基本设置参数之后，就进入动漫人物的"动作脚本"设计阶段。如图 4-2-17 所示，CB 编辑界面由菜单栏、工具栏、属性栏、编辑窗口和动作模板栏组成。其中，左下方显示的是四个编辑窗口，分别是"设计大纲"（Outline）、"内容设计"（Design）、"动作脚本"（Script）和"动漫预览"（Preview）。

图 4-2-17　CB 动作脚本编辑窗口

- 设计大纲窗口。是以树形呈现课件结构,这种视图的优点在于可以整体把握动漫人物的内部结构,方便设计者去随时添加、删除相应部分。
- 内容设计窗口。与 PowerPoint 编辑界面相似,教师可以在中央窗口看到幻灯片中包含的元素,也可以在"library"中选择相应元素添加到图层中。
- 动作脚本窗口。设计更为便捷,在工具栏中可以看到各种图表,每一个图表就是一个动作模板,设计者只要将所需要的动作拖曳到脚本设计区,就可为人物赋予相应的面部表情或体态动作。
- 动漫预览窗口。用于设计过程中随时查看动漫人物的形象变化,并相应调整。

在操作时,设计者点击四个不同的编辑名称可进入不同的编辑窗口。例如,用鼠标点击"内容设计"按钮后,就会进入"内容设计窗口"。在这里,可以通过工具栏中的按钮来进行相应的设计,例如插入视频、音频、图片、动画等。

同时,进入设计窗口之后,用鼠标单击预览窗口中的动漫人物图片,就会出现图 4-2-18 的界面。

图 4-2-18　属性设置栏中定制标签

在这个界面中分别有以下 3 个标签页面:

- 属性（Properties）。其中包括动漫人物库（Animation Library）、语音合成（TTS Voice）、闲置动作（Idle Behavior）、自动化动作（Automaticles action）、缺省姿态（Default pose）。
- 定制（Customize）。可以对人物的头发颜色、衣服颜色等参数进行定制，同时也可将所定制的人物另存为新命名的人物。设计者可以通过修改这些属性，设计出符合课件要求的角色。例如，在角色库中很少有亚洲人，可自定义设计亚洲人的角色形象。亚洲人的体型特征是：黄皮肤、黑眼睛等，因此依次点击"Skin Color"等选项，在调色板中选择设定颜色。当角色设计完成后，还可以点击"另存为"并为角色命名，保存该角色形象，方便以后随时调用。
- 高级（Advanced）。定制动漫人物的动作和行为表现，例如说话语速等。可以根据这些选项设计出自定义的人物形象。

点击右边的"character"和"voice"超链接可以进入 CB 官方网站模板库下载最新的角色形象和声音。

当点击"动作脚本"标签时，就会出现如图 4-2-19 的界面。在这里，可以给动漫人物插入语音和文字内容，也可以对其动作进行精确定义，例如，添加微笑、挥手、眨眼、摇头等动作。

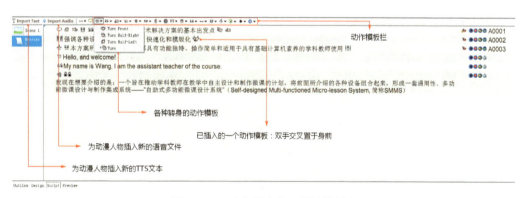

图 4-2-19　动作脚本窗口的编辑界面

这里，需要教师注意的是，应事先了解和掌握动作模板栏中各个图标的基本含义（见图 4-2-20）。

表 4-2-2 为工具栏中常用图标的含义；表 4-2-3 展示了工具栏中动作图标所附动作种类及其说明。这些图标所表示的功能，将在为动漫助教添加面部表情和体态动作时使用。

在使用上述各种动作模板时，设计者应了解以下基本操作规则：

- 所插入动作模板的位置，是当前光标所在的位置。
- 插入动作模板后，若想删除它，先用鼠标选中它，然后用"Delete"键删除。
- 若想精确地在某句话位置插入某个动作，需要事先在导入语音文件时将语音片断与相应文字一一对应。具体操作见图 4-2-11 及相关说明。
- 所插入的动作模板数量越多，动漫助教的体态表现就越丰富。但需要注意的是，不要插入前后矛盾的动作模板。
- 部分动作模板在"信息型 Flash 动画"项目中无法使用，如以某目标（At Target）为对象的动作。
- 在设计过程中，每添加数个动作模板之后，应利用"预览"（Preview）功能随时查看动作效果，以随时修改。
- 某些动作模板能否使用，取决于当前所选用的动漫人物模板类型，如头像（Head）、半身胸像（Bust）或全身（Body）。例如，若选用的是头像模板，则只能使用面部表情模板，其他模板因为看不到而无法正常使用。

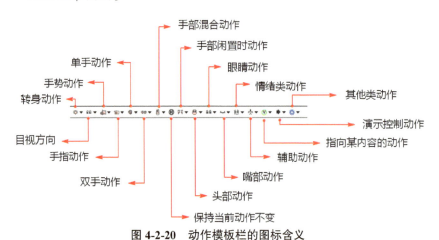

图 4-2-20 动作模板栏的图标含义

表 4-2-2 工具栏中常用图标及说明

模板图标	名　　称	详细内容说明
T Import Text	输入 TTS 文本	打开文本编辑器，用来输入语音合成的文本
Import Audio	导入语音文件	插入录制好的语音文档（MP3 格式）
⋯▼	插入暂停动作（Pause Action）	插入暂停动作（Pause）；插入 TTS 静音（TTS Silence）
💬	插入文本显示框（Bubble Action）	用于场景设计时，在每句话之前插入一个可显示文本内容的框

表 4-2-3　工具栏动作模板图标及功能说明

动作模板名称	动作模板名称	动作模板名称
1. 转身动作（Turn Action）	2. 目视动作（Look Action）	3. 手势动作（Gesture Action）
Turn Front　向前转身 Turn Half-Right　向右转 Turn Half-Left　向左转 Turn　转向某目标	Look Right　向右看 Look Up Right　向右上看 Look Down Right　向右下看 Look Left　向左看 Look Up Left　向左上看 Look Down Left　向左下看 Look Up　向上看 Look Down　向下看 Look At Target　看某一目标 Look At User　目视观众	Gesture Right　向右挥手 Gesture Left　向左挥手 Gesture At Target　向某目标挥手
4. 手指动作（Point Action）	5. 单手动作（One-Handed Action）	6. 双手动作（Two-handed Action）
Point Right　指向右方 Point Up Right　指向右上方 Point Down Right　指向右下方 Point Left　指向左方 Point Up Left　指向左上方 Point Down Left　指向左下方 Point At Target　指向某目标	Hand Up　手掌向上 Hand Right　手掌向右 Hand Left　手掌向左 Hand Emphasis　手掌强调 Hand Roll　手掌转动	Hands Up　双手向上 Hands In　双手向内 Hands Out　双手向外 Hands Emphasis　双手强调 Hands Roll　双手转动 Hands Weigh　双手掂量
7. 手混合动作（Misc Hand Action）	8. 保持当前动作状态（Hold Action）	9. 双手闲置动作（Idel Hand Action）
Finger Up　手指向上 Finger Wag　手指摇摆 Fingers Up　双手指向上 Fingers Quote　双手指环状 Palm Up　手心向上 Palm Wave　手心摇摆	用于保持当前的动作不变，继续保持原状	Hands By Side　双手置两侧 Hands Together　双手握于前 Hands In Front　双手叉于前 Hands In Back　双手背于后
10. 辅助动作（Secondary Action）	11. 眼睛动作（Eye Action）	12. 嘴唇动作（Mouth Action）
Blink　双眼眨动 Flex Hands　弯曲双手 Sway Arms　摆动手臂 Flex Chest　挺起胸膛 Shift Weight　转移重心	Eyes Wide　眼睛张大 Eyes Narrow　眼睛眯缝 Eyes Normal　眼睛正常	Mouth Smile　嘴巴微笑 Mouth Normal　嘴巴正常
13. 面部表情（Emotive Action）	14. 头部动作（Head Action）	
Angry　生气 Big Smile　大笑 Bored　无聊 Confused　疑惑 Flirty　调笑 Sad　悲伤 Suggestive　暗示 Surprise　惊讶 Wink　眨眼	Head Left　头向左转 Head Right　头向左转 Head Up　头向上抬 Head Down　头向下低 Head Tilt Left　头向左歪 Head Tilt Right　头向左歪 Head Nod　点头 Head Shake　摇头 Head Normal　头部不动	

3. 动漫人物的预览和输出

当教师设计完成动漫人物的语音、动作与表情设计之后，可以随时对人物进行渲染（Render），然后可以在"预览"（Preview）窗口下进行预览，并进一步对人物进行编辑和修改。此外，为看到最终发布之后的动漫人物形象，可以点击"运行"（Run）按钮，CB 将自动用 IE 浏览器来打开所设计的动漫人物，查看实际播放效果，如图 4-2-21 所示。

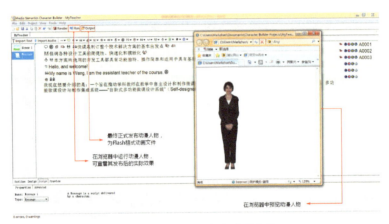

图 4-2-21　运行和发布动漫人物

最后，当设计者确定动漫助教符合教学设计需求之后，则点击菜单栏中"发布"（Output）按钮，将其发布到系统默认目录下。CB 所生成的文件格式为 SWF，可以在浏览器中查看，也可以用 Flash 播放器来查看。

还需要提醒一点是，设计者应将动漫人物的工程源文件（.mpr 格式）保存好，以备将来再修改动漫助教的某些设计内容。发布之后的 Flash 格式文件是无法再被修改的。

4.2.3　设计案例

下面介绍一个利用 CB 来制作演讲厅式（Lecture Hall）微课的案例。这是一个初中地理教学 PPT 情景讲解微课。设计方案是：通过 CB 为 PPT 配上生动形象的卡通人物形象和生动的背景声音讲解。最终将课件打包为 Flash 格式，供学生课后复习使用。

第一步。新建项目，并选择 Slideshow Project 模式；场景选择 Lectrure Hall（演讲厅式），见图 4-2-22。

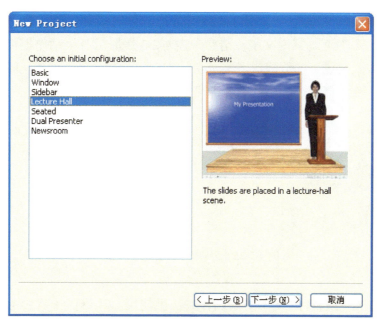

图 4-2-22　选择动漫人物的类型

第二步。当选择幻灯片项目时，教师可以新建一个空白幻灯片，也可以导入事先准备好的已有幻灯片。在这里我们已设计好幻灯片教学内容，可以点击"浏览"（Browse）直接导入（见图 4-2-23 和图 4-2-24）。

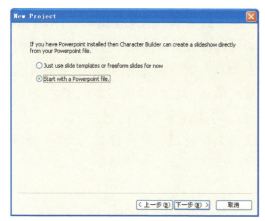 

图 4-2-23　选择一个 PowerPoint 文件　　　图 4-2-24　导入一个 PowerPoint 文件

新建动画项目完成后，则进入编辑界面。前面已提到，共有四个编辑界面，分别是设计大纲、内容设计、动作脚本和"动漫预览"。这里，我们采用动作脚本窗口进行设计。

需要注意的是，系统会自动识别刚才自行导入幻灯片中的英文说明，但是无法识别中文，因此，经常会看到一些拉丁文字，但并不影响课件制作。

下面要进行的是对每一张幻灯片进行设计。首先，来看如何为动画人物添加动作。例如，添加背景解说文字，请参考表 4-2-3 所展示各个动作模板的含义。例如，要配合背景解说一次给演讲者一个左转头、举手指屏幕、回头、眨眼、微笑的动作，只需一次选择插入相应的图标即可，如图 4-2-25 所示。

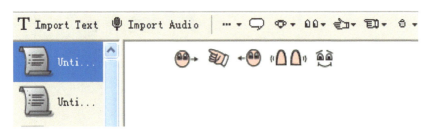

图 4-2-25　为幻灯片添加动作模板

插入解说文字或者背景声音，有两种方法供使用。具体操作请参考图 4-2-26 的相关内容。最后，预览和导出动画人物，点击"发布"可以查看该目录。

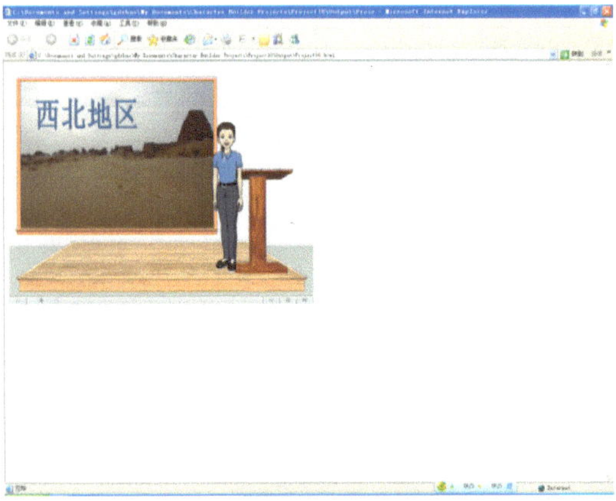

作为一个典型的快课式设计软件，Character Builder 提供了人物和动作模板供教师设计时使用，操作简便，容易上手。具备基本信息技能基础的学科教师可以在很短时间内掌握和使用，设计出动漫人物。需要强调的是，在整个交互式微课的软件解决方案之中，CB 的核心功能是利用"信息型 Flash 动画"项目来设计出"动漫助教"，再与授课视频一起，最终通过 Adobe Captivate 一起整合为具有互动功能的微课。

图 4-2-26　播放输出的动画人物

4.3　用照片快速生成动漫头像——CrazyTalk

当前教育软件的蓬勃发展为教师提供了众多设计工具，使微课设计随之步入"动漫时代"。对于那些想以自己形象为基础来设计动漫助教的教师来说，Character Builder 就无法满足这类个性化需求了。除非教师愿意付费让 Media Semantics 为其开发专用的动漫形象，该公司在网站上也宣称提供此类服务——但这种个性化服务的费用无疑会很昂贵。

那么，教师还有其他更加方便的个性化动漫助教设计方式吗？

回答是肯定的。下面，笔者将介绍两个基于模板和快课设计理念而形成的个性化动漫人物设计软件——甲尚（Reallusion）的系列教育软件。甲尚是一家台湾的教育软件开发机构，主要致力于角色动画与多媒体人机互动核心技术的应用，以其3D实时演算技术及"运动捕捉"[①]设计开发、整合3D特殊成像效果、脸部动态仿真、肢体动态仿真等技术而著称。以往该公司产品主要面向欧美市场，故其软件产品主要以英文版为主。但近年来，随着大陆市场的扩大，其产品也开始向国内扩展，逐渐开始提供繁体和简体中文版产品，这就为国内教育用户提供了更好体验。

甲尚教育软件的显著特色，在于其模板式快课技术应用，为设计者提供了种类繁多、数量庞大的模板库。这样，在操作软件时，教师的注意力主要置于设计本身，而非具体技术细节，大大节省了微课开发成本。它不仅有操作简洁的模板化2D和3D动画实时生成技术，更重要的是，还为学科教师提供了一个完整的从低到高的动漫与视频相结合的解决方案：既有适合于新手使用的基于图片与照片的2D头像式动漫生成工具（CrazyTalk），也有基于图片和照片的全身式动漫人物生成工具（CrazyTalk Animator），更有适用于技术熟练用户的3D动画生成工具iClone及其插件[②]（见图4-3-1）。这样，从简单至复杂，形成了一个系列化动漫人物设计与制作体系。

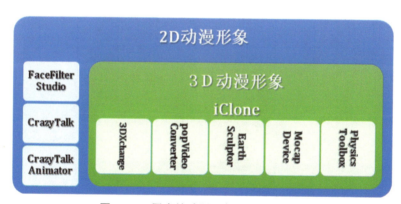

图 4-3-1　甲尚的动漫形象设计整体方案

正如本书前面所阐述的，在互联网时代，以微课、翻转课堂和慕课来扩大个人

---

①　运动捕捉（Motion capture），简称Mocap，其技术涉及尺寸测量、物理空间里物体的定位及方位测定等方面可以由计算机直接理解处理的数据。通常在运动物体的关键部位设置跟踪器，由Motion capture系统捕捉跟踪器位置，再经过计算机处理后得到三维空间坐标的数据。当数据被计算机识别后，可以应用在动画制作、步态分析、生物力学、人机工程等领域。目前在教学课件设计领域，通常主要运用于体育课教学。

②　CrazyTalk、CrazyTalk Animator和iClone试用版，请至Reallusion官方网站下载http://www.reallusion.com/download.aspx。

的学术影响力,进而实现个人教师职业的跨越式发展,对于那些学科教师来说,正在逐渐成为一项值得投入时间和精力去努力的工作。当前教育信息化发展潮流和趋势已越来越多地证明,微课虽小,但其对教师职业发展的促进却是巨大的——若运行得当,这些功能强大且操作简便的动漫设计软件,能为教师提供强有力支持,使之设计出愈来愈令人眼前一亮的微课作品。

4.3.1 功能概述

以往在设计微课时,把自己的动漫形象插入学习材料之中,恐怕是许多教师一直想做但又难以实现的工作——因为对多数教师来说,要想用 Flash 等软件设计出貌似自己的动漫形象,显然是一项难度很大且成本高昂的技术任务。不过,现在有 CrazyTalk 这个软件之后,这个梦想就能轻而易举地实现。

CrazyTalk(简称 CT)是一款模板化动画头像制作软件。通过它,只需要一张普通照片或图片就能制作出栩栩如生的头像动画(如图 4-3-2)。在生成的头像动画中,除嘴巴会跟着语音自动张合之外,眼睛、面部肌肉等也都会随之活动,表情自然,形象逼真,具有强烈视频感染力。CT 同样也支持 TTS 语音合成技术[①],只要输入文字,可自动生成语音和口形动画,配音方便而快捷。

图 4-3-2 动漫头像设计软件 CrazyTalk

目前,CT 主要功能如下:

- 可将图片转变为"发声动态头像",支持 JPEG、BMP、TGA 或 PNG 格式图片。
- 自动生成语音同步唇形动作。支持导入 WAV、MP3 格式语音文件,

---

① 有关TTS语音合成技术,请参阅本书第三章内容。

事先录制的真人声音文件,或使用 TTS 将文字转成语音[①]。
- 自动动态技术。可分析声音的音调,以便在套用不同语调模板至任何声音情境时能自动产生头脸动作,如"闲置"或"情境"功能。
- 自定义面部表情(脸偶)操控。用鼠标可操控头像显示出个性化的动作和表情。选取特定脸部肌肉进行控制时,能边录边制作出相应表情与头部动态。
- 丰富的模板库。包括项目、演员、声音脚本及声音模板,供设计者随时调用。
- 时间轴编辑与调整。可从素材库中套用特定脸部表情并在"时间轴"上叠加,或以脸偶操控产生自定义表情动态。
- 输出格式多样。可输出不同尺寸与长宽比例的视频和图片,如 QuickTime 格式,分辨率最高可达 1920×1080,或含透明带 Alpha Channel 的图片(BMP、TGA 及 PNG)。

1. 软件安装

若想试用 CT,可直接去甲尚官方网站[②]下载,安装程序约占 150MB,有英文版、繁体中文版和简体中文版三种[③]。需要注意的是,在安装之前,教师应确认所使用的计算机符合以下软硬件要求。

- 计算机硬件。双核以上中央处理器(CPU),建议 2GB RAM 和 2GB 以上的可用硬盘空间;显示器分辨率 1024×720 以上;显示适配器:Nvidia GeForce 7 系列 / ATI HD 3000 系列以上;显示适配器内存 512MB RAM 以上。
- 计算机的操作系统推荐使用 Windows 7.0、Windows 8.0 或 8.1,32 位和 64 位均可,但不建议使用 Windows XP。同时,系统必须事先安装 DirectX 9.0 以上和 WMEncoder 9.0 以上版本之后,才能输出 WMV 格式视频。若未安装,可去 Microsoft 官方网站下载和安装。
- 安装过程中,请注意其模板包的安装文件位置,以便于以后安装新的模板内容。

[①] 要想使用CT的TTS功能,应事先安装相应语种的TTS语音库,相关安装方法请参阅本书第三章3.3节内容。

[②] 甲尚公司的软件下载网址是http://www.reallusion.com/download.aspx

[③] 目前在关于微课的面授培训中,所提供的CT版本为使用期2~6个月的简体中文全功能比赛专用版。

2. 用户界面简介

安装完毕后单击桌面上 CT 图标可启动该软件。安装完成后，应在体验软件前先注册成为会员，这样可以获取 15 天免费体验时间。CT 启动之后，如图 4-3-3 所示，它的用户界面大致分为三块：上部的角色创作工具栏、左侧的工具栏和右侧的类别栏（内容管理器）。

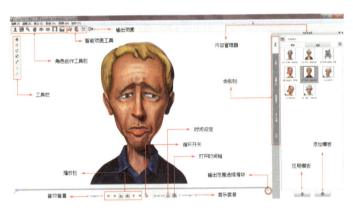

图 4-3-3　CrazyTalk 用户界面

位于菜单栏下方的角色创作工具栏，主要用于角色的设计。左侧工具栏则用于载入图像的调整，右侧的类别栏又叫做内容管理器。要预览或应用其中内容，可以用鼠标左键拖动或双击。

如图 4-3-4 所示，"角色创作工具栏"从左到右依次是：建立新演员、调整颜色、脸部辨识编辑器、侧面轮廓类型、眼睛设定、牙齿设定、背景遮罩编辑和背景设定。通过这些操作能够给角色输入各种设置参数，为下一步的动画设计做好铺垫。

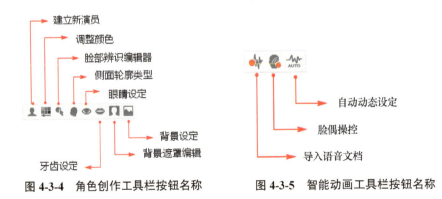

图 4-3-4　角色创作工具栏按钮名称　　图 4-3-5　智能动画工具栏按钮名称

如图 4-3-5 所示，"智能动画工具栏"从左到右依次是：导入语音文档、脸偶操控和自动动态设定，这些功能按钮赋予角色基本语音、表情和动态动画。

"类别栏"从上到下依次是：专案、演员、声音脚本、自动动态、动作片段和背景。每一类别都分为范本和自订，范本是软件安装时自带的内容，而自订则是由自己添加。

点击界面下方的"时间轴按钮"可以打开时间轴窗口（如图 4-3-6）。选中调整按钮中的关键帧可以插入帧，更改角色位置和大小，形成动画。声音、动作片段和自动动态分别来自类别中的声音范本、动作片段和自动动态，双击类别中的内容即可呈现在时间轴中。点击声音和动作片段右边的下拉箭头可以打开更详细的内容。其中唇形栏中的小方块可以删除或双击更改，动作片段中的小关键帧也可以双击添加或更改。

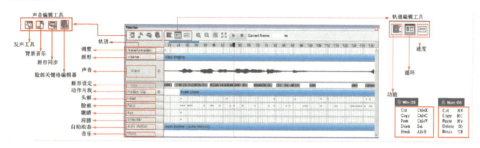

图 4-3-6　CrazyTalk 的时间轴

4.3.2　操作方法

从使用角度说，Crazytalk 的基本操作流程如图 4-3-7 所示，包括 5 个基本环节：导入图片、角色设定、插入语音与表情、时间轴调整和动画头像输出。

图 4-3-7　CrazyTalk 基本操作流程

具体地说，包括以下步骤：

- 选择输入影像，选择电脑中的一张角色图片。
- 角色设定。包括影像处理、脸部辨识、设定侧面轮廓类型、设定眼睛、牙齿、背景。
- 加入声音和动作。包括输入声音、脸部动态、自动状态设定。
- 在时间轴上做细节工作。包括编辑声音、动作片段。
- 输出。包括部分输出、整体输出、输出方式选择。

想象在课堂中，当教师在讲到某一定理或历史事件时，如果能够以这些历史人物本人的动画形象来讲述，对于学生来说显然是一件有趣的事，能给他们留下更深刻印象。下面以"设计马克思讲述《共产党宣言》"为例，介绍 CT 基本操作步骤。

1. 建立新演员

首先，单击 CT 图标启动软件。其工作界面中分别包括如下菜单：文件、编辑、创建、动画、视窗和帮助六项。菜单栏下面是角色创建工具栏，包括角色创作工具、智能动画工具和输出工具。

图 4-3-8　建立新演员

直接单击角色创作工具中的建立新演员（如图 4-3-8），菜单弹出，给出三种输入方式：输入影像、摄影机、输入角色。选择输入影像（即图片）。随后选择计算机中的马克思头像图片，将其导入 CT 之中。注意，在选择输入的头像图片时，要选择那种拍摄或绘制时表情平静的未露出牙齿的正面头像图片，分辨率越高越好。

2. 设定角色细节

选择窗口左上角的剪裁按钮，为图片选择合适的大小（如图 4-3-9）。这里截取角色的近景画面，选择"套用"之后，点击下一步。随后将进入自动脸部辨识阶段。

在自动脸部辨识阶段中，图片中将自动出现四个可拖动位置的定位控制点，对照右边的示例图，设计者应将定位点尽量精确地放在人物眼睛和嘴巴外角位置（如图 4-3-10）。然后点击"下一步"按钮。

随后，CT 将进入脸部辨识编辑器窗口之中（见图 4-3-11）。这时设计者需要做的工作，就是根据右上角的示意图，尽量将各个定位点放置于脸部的相应位置之

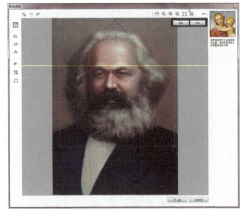

图 4-3-9　角色图片的裁剪

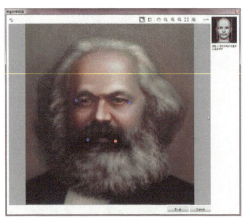

图 4-3-10　放置脸部的四个定位点

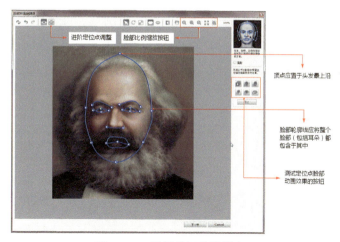

图 4-3-11 脸部辨识编辑器窗口

上,位置越精确,后期脸部的表情效果则越佳。为进一步精确调整定位点,可点击其中的"进阶定位点"按钮,脸部将会出现更多和更详细的定位点,供设计点调整。

如图 4-3-12 所示,在调整进阶定位点时,如果有必要,可利用缩放按钮来放大脸部某一区域,以便对定位点进行精确调整。这时,用鼠标单击一整条线,当其颜色变红后可以拖动,若同时选取几个点则可以同步调整。此时应注意,调整时应尽量确保眉毛与眼睛的控制线同宽,鼻子与嘴唇的中心点并齐。此外在调整时,有三个位置需要格外注意:一是外部轮廓线应置于头发的外沿,这样脸部做出动作时,头发也会随之摆动;二是眼部定位点应尽量精确地置

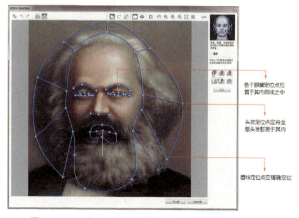

图 4-3-12 打开"进阶"按钮进行脸部精确定位

于眼睛内侧轮廓线之内,否则就会出现眼睛眨动时眼皮颜色抖动现象,感觉非常不自然;三是两片嘴唇之间的唇线定位点应尽量精确置于中间,否则说话时嘴部动作会很机械。全部调整完毕之后,为验证定位点效果,设计者可点击示意图下部的脸部动画测试按钮进行查看,反复调整和验证效果,直到满意为止。然后单击"下一步"按钮完成。

随后,CT 进入侧面轮廓类型选择窗口(见图 4-3-13)。此时可根据演员性质选择某种侧面轮廓类型,此处 CT 自动选为"真人"。设计者可根据角色头部方向旋

微课、翻转课堂与慕课实操教程

图 4-3-13 侧面轮廓类型选择窗口

转网纹,由于当前演员脸部是正面朝向,所以不需调整。若演员是动物形象,则可依据其脸部形状来选项其他轮廓类型。完成之后,点击"预览"按钮之后,鼠标位置左右上下摆动,脸部也会相应产生动作效果,以此来查看轮廓选择类型是否正确和合适。若无误,点击"OK"完成。

随后,CT 返回至编辑窗口状态(见图 4-3-14)。这时,如有必要,设计者可对演员的颜色进行调整,通常选择"自动对比调整"就能达到较好色彩效果。

下一步,则进入演员的眼睛和牙齿设定阶段,这样脸部表情和动作才会更加逼真和形象。这时,就开始用 CT 强大的眼睛和牙齿模板库功能,设计者将会充分体验到快课式工具的强大之处。不过,根据笔者经验,若演员是真人照片的情况下,通常并不一定要为演员添加眼睛模板。因为添加动画眼睛模板之后,会显得真人照片有点生硬或突兀。不过,如果演员是动画人物或绘画人物,则可以考虑为之添加眼睛动画模板,使之显得更加生动和活泼,富有生气。

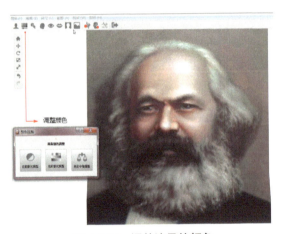

图 4-3-14 调整演员的颜色

如图 4-3-15 所示,点击"眼睛设定"按钮,将打开内容管理器中的眼睛模板库。选择"人类",可以看到眼睛细分为三类:男性、女性和带妆。双击男性的眼睛进行预览,这里可选择"Male_03"。随后,所选择的眼睛将自动进入演员的眼部,自动成为当前演员的眼睛。

通常,新插入的眼睛与演员结合在一起时会显得有些过于突兀,这时可以进行调整。再次单击"眼睛设定"按钮,在弹出的窗口中进行具体调适(见图 4-3-16)。例如,可选中"眼白"等按钮,在"颜色"中把各项系数稍稍调低,可以考虑把"化妆"前面的钩选号点掉。这样,眼睛就会与演员看上去更加匹配,效果更加逼真。

随后,开始为演员设置牙齿。单击"牙齿设定"按钮(如图 4-3-17)进行牙齿设定,选中合适的人类牙齿,我们将"改变"中的几个系数做细微调整,将牙齿调

图 4-3-15 为演员设置眼睛模板

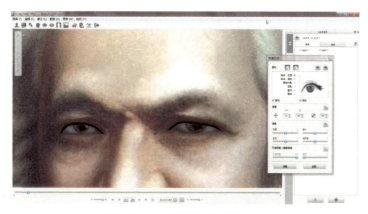

图 4-3-16 调整眼睛的显示参数

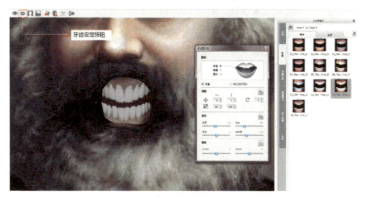

图 4-3-17 牙齿模板的选择及参数调整

到最佳位置,再对"颜色"中的系数进行微调,使牙齿更加逼真。调整完毕关闭窗口,并测试牙齿效果是否达到预期目标。

最后,单击"背景遮罩编辑"按钮(如图 4-3-18),将演员的背景抠除,使之透明(即打开 Alpha 通道)。在抠除时可使用"演员笔刷"来保留演员图形,同时也可利用"背景笔刷"来删除背景内容。最后应调整"边缘模糊"参数滑块，使背景与演员的分界线柔化。

最后，若有必要，还可为演员添加一个背景。点击背景设定，在弹出窗口中，若要以某些图片作为背景，可选择"输入影像"（图片），随后该图片将成为演员的背景；若选择"原始影像"则恢复至照片原来的背景。

图 4-3-18　背景遮罩编辑窗口

这里特别强调一点，根据微课设计的需要，如图 4-3-19，也可将当前演员的背景设置为某种纯色（如绿色或蓝色）。这样，最终所导出的视频就是一段绿屏背景视频，可用于 Adobe Ultra 绿背抠像编辑[①]，以便生成透明背景的动漫头像视频。进一步，再利用 Adobe Media Encoder CS 6 转换为打开 Alpha Channel 的 FLV 视频之后，以"多幻灯片同步视频"方式插入 Adobe Captivate 之中，最终可制作出前面所提到的演播室式微课。

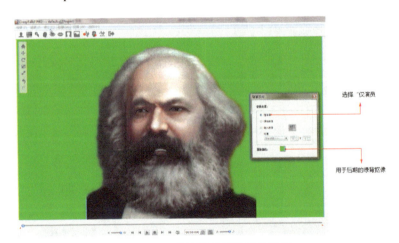

图 4-3-19　将演员背景设置为绿色

至此，就已经完成了动画演员头像的基本设计工作。点击播放栏中的"播放"按钮，可预览整个演员的动画效果（见图 4-3-20）。这时，演员将处于"闲置"状态，头部自然地摆动。

下一步，就进入演员的语音和表情设置阶段——为演员添加说话功能及相应的面部表情。

---

① 有关透明背景抠像视频的详细操作方法，请参阅本章4.4.2节中相关内容。

图 4-3-20　播放并预览演员设计效果

3. 语音设置

单击智能动画工具中的"输入声音档"按钮，弹出如图 4-3-21 所示窗口。

CT 提供了四种为演员添加说话功能的选项，分别如下：

第一，录制声音档。就是利用计算机的录音功能来为演员添加人工配音。打开录音机录制一段声音，点击确定后将被导入演员之中。随后会自动弹出一个自动动态选项窗口（如图 4-3-22），其中包括"说话模式"（带有明显的说话表情形态）"听取模式"（呈现出听他人讲的表情形态）和"仅对嘴"（主要只表现口型动作但脸部表情不多）。通常选择"仅对嘴"模式。详细的面部表情动作可以随后再设置。

图 4-3-21　为演员添加说话功能　　　图 4-3-22　选择自动动态的预设模式

第二，转音档。就是直接导入现有的语音文档，支持 MP3 和 WAV 格式语音文件。

第三，TTS 文字转语音。如图 4-3-23 所示，在弹出的窗口中选择计算机已经安装的 TTS 语音库，并测试发音效果。在本案例中将共产党宣言德语版复制至文本编辑框，并选择 iVona 中的德语音库①，点击"试听"按钮，调整音量、语调和速度滑块，最后点击确定。在弹出的自动动态选项窗口中选择"仅对嘴"。

---

①　有关 iVona 音库的相关安装和使用说明，请参阅本书第三章。

图 4-3-23　选择 TTS 功能

随后，将自动生成德语读音并导入演员之中，"马克思"开始以德语来朗读共产党宣言（见图 4-3-24）。

图 4-3-24　演员朗读 TTS 生成的语音文档

第四种，输入脚本。要求导入事先编写好的符合 CT 规范的脚本。

4. 表情设置

目前，演员虽然具备了说话能力，但其面部表情缺少变化，因此进一步应为之设计表情变化动画。

单击"脸偶操控"按钮，弹出如图 4-3-25 的窗口，可对角色脸部动作进行进一步完善。这里我们选择"男性"脸型和"一般"完整面部控制模板，点击"预览"按钮后再点击空格键，将进入表情预览状态。这时，上下左右移动鼠标时，演员将呈现出相应的面部表情。这种操作，即所谓"脸偶操控"——通过鼠标来控制整个面部表情的变化。

若效果达到预期，则可点击"录制"开始录制演员的面部表情。需要注意的是，在录制之前，应在播放栏中单击"停止"按钮，使播放头返回至播放条的初始位置（即 0 秒处）。这样，在录制的鼠标晃动所形成的脸部表情的同时，将会自动

图 4-3-25　脸偶操控的调整与设置

播放前面所插入的说话语音，两者都将分别并列于时间轴的两个不同轨道之中，同步呈现——即演员边说话边呈现出丰富的面部表情。当演员说完话时，立刻点击空格键结束。

此外，在右边示意图中，可以看到脸部各个细节部位的控制位置分布，强调之处（即黄色部分）则动作时这一部位动作大。如果需要某个部位的夸张效果，单击图中的部位使其变黄。若想更加细致地调节，则在"进阶设置"中为需要部位后的"权重"中输入 0 到 100 之内的数字。调整好后点击"预览"按钮，单击空格，移动鼠标开始预览，同时也可以点击"录像"，通过移动鼠标录制一段动态视频。

5. 输出视频

经过多次预览确认无误后，则可点击"输出"按钮，如图 4-3-26 所示，选择适当的视频格式、清晰度等，点击输出，动漫助教的设计工作完成。

图 4-3-26　视频输出参数设置

4.3.3　设计案例

为进一步熟练掌握 CT[①] 操作方法，本节提供一个更加详细的设计案例，以班杜拉社会认知理论中的自我效能为例（如图 4-3-27），制作一个动漫助教头像动画。

---

① 本案例所使用的CT为英文版，其菜单名称可能与繁体中文版翻译名称略有差异。

图 4-3-27　自我效能理论讲解的案例效果图

1. 编写脚本和准备素材

如同教师在上课前要备课,导演在拍片之前要准备剧本和寻找演员一样,在使用 CT 制作头像动画之前,首先要做好一些准备工作。

首先是准备动画脚本,它的写作一般分为两步。与传统备课类似,第一步是教师自己以文字或示意图的形式将知识点理顺、讲清楚;第二步则是结合软件的功能,考虑文字脚本在软件中以何种形式体现出来,就像传统备课时考虑以何种课堂形式来传授这些知识。在使用 CT 情形下,写出来的动画脚本类似于电影脚本,当然比电影脚本要简单许多。以下是关于自我效能教学[①]动画的脚本内容。

(1) 第一幕

出现班杜拉的大头像,讲话,并配以丰富的表情。

教师讲话内容为先行组织知识点,讲解自我效能的概念。

"Hi,大家好!我是班杜拉~。"

"你们知道,根据我的"三元交互决定论",个人、行为、环境这三个方面的因素双向作用,共同影响学习的过程和结果。而在个人层面,"自我效能"是最受关注的因素之一。"

"那么,自我效能到底指什么呢?它是指个体对自己是否具备成功所需能力的信息。自我效能感高的个体相信他们能够成功,自我效能感低的个体则不相信自己

---

① Bohlin,L.,Durwin,C.C.Reese-Weber,M.教育心理学[M].连榕等译.北京:机械工业出版社,2012.1.

有成功的能力。"

"为什么人的自我效能感会有高低之分呢？科学家们经过大量的研究发现，自我效能感的建立受到四个因素的影响。它们分别是……"

（2）第二幕

镜头拉远，显示出全幅背景图，背景图上四个节点分别标注出了四个影响因素，并且每个影响因素旁边都有一些帮助理解和记忆的相关图片。班杜拉头像在四个影响因素之间移动，移动到某个因素就对某个因素进行具体的讲解。

① 过去的行为。个体过去在某个特定领域中获得成功则很有可能拥有对此领域较高的自我效能感。例如一个学生数学学得不错，他就有可能预期日后在数学领域获得成功。相反，一个在数学上苦苦挣扎或者是有很多失败体验的学生则会预期日后在数学上再次失败（素材图片：数学考试满分的试卷）。

② 榜样作用。当个体看到与他相似的人取得成功时，他们可能拥有较高的自我效能感，相信自己也能成功（素材图片：小孩戴大红花）。

③ 言语说服。当个体被告知他们将会成功时，他们也会相信自己能成功，从而产生较高的自我效能感。被告知会失败的学生则会形成较低的自我效能感并认为自己将会失败（素材图片：奥巴马 Yes, we can！的图片）。

④ 生理状况。身体的强弱会影响到自我效能感的水平。一个身体较差的学生在运动领域的自我效能感比身体较强的学生要低，经常感觉到疲劳的学生不太相信自己能成功（素材图片：小孩运动）。

另外，不同的文化也会影响自我效能感。比如少数民族学生可利用的相似榜样很少，所以他们的自我效能感很低，当让他们预测自己的标准测验表现时，他们的预测都在平均线以下。女性也是如此，在美国传统文化里，她们拥有极少的事业成功的榜样，所以劝说她们加入某种学术领域（数学、科学）并不能鼓励她们，反而会使她们沮丧，不过随着社会的发展，这种情况正在逐步好转。

以上述动画脚本为纲，可能还需要搜集所需要的各种素材。主要包括动画角色图片、人物说话内容的文字或音频材料、各种音效声音以及舞台的背景和道具图片等。不过有时并不需要自己去找素材，因为 CT 自带了丰富的模板库，可大大节省制作动画的时间。

还需要做些说明：首先，对于教师来说，脚本不一定非要落实到文字或文档上。对于熟练用户来说，胸有成竹即可。其次，一开始准备的素材可能并不合适，在操作 CT 制作动画过程中，再临时去寻找合适的素材也很正常。

在准备好脚本和素材之后，便操作 CT 开始制作动画。

2. 定制演员

新建项目，然后点击"创建新演员"按钮（如 4-3-28），再选择"导入图片"。此外，还可以使用"摄像拍摄"（Camera）和"导入角色"（Import Model）两种方法。

图 4-3-28　创建新演员工具

接下来，根据提示一步步地完成演员的创建：

第一步。在图片中框选出任务头部所在的区域，见图 4-3-29。

第二步。定位出眼睛和嘴巴的边角界，见图 4-3-30。

图 4-3-29　创建演员步骤之一

图 4-3-30　创建演员步骤之二

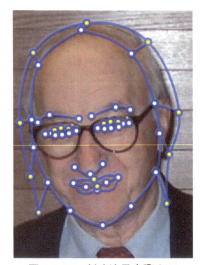

图 4-3-31　创建演员步骤之三

第三步。如图 4-3-31，精确地定位人物头部的各关键点，包括头部轮廓、脸形边界以及眉毛走势、眼睛轮廓、鼻头形状、嘴唇形状等。

第四步，有时候，所选择的照片可能并不是正面的标准照片，人物的头部会存在歪斜、偏向的情况，此时就需要告诉 CT 照片上人物头部摆放的信息，以便 CT 通过算法做出补救调整，见图 4-3-32。

如图 4-3-33 所示，一个新演员创建完成。点击播放，能看到演员已经具备一些轻微表情。

其后，还能通过工具栏上的按钮重新对以上几步中的操作进行调整。图 4-3-34 高亮圈出来的按钮分别是："颜色调整""脸偶操控""脸部旋转""眼睛设定"和"牙齿设定"。

第四章 微课的动漫助教设计软件

图 4-3-32 创建角色步骤之四　　　　图 4-3-33 演员创建初步完成

图 4-3-34 演员头部调整工具组

其中眼睛和牙齿调整很重要，通常不能略过这两步。因为如果不给角色加上活动的眼睛和牙齿的话，角色的说话和表情效果都不佳。所以，如图 4-3-35 所示，点击眼睛设置工具，在右侧资源管理器中选择合适的眼睛给演员换上。

然后点击牙齿调整工具，在资源管理器为演员换上合适的牙齿。进一步，在牙齿调整窗口中再进一步调整嘴唇和舌头的细节，详见图 4-3-36。

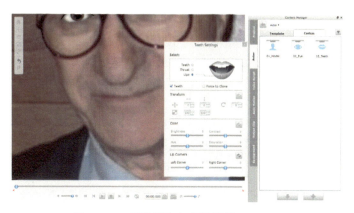

图 4-3-35 眼睛更换与参数设置　　　　图 4-3-36 牙齿插入与参数设置

换上动画眼睛和牙齿后的效果如图 4-3-37。至此，演员设定完成。

151

图 4-3-37　演员设定完成后最终效果

3. 背景设置

演员设定完成之后，看到之前所用照片的部分背景还在，所以接下来，需要将原有背景去掉，换上新背景图片。首先，如图 4-3-38 所示，点击"遮罩编辑"工具进入。

图 4-3-38　遮罩编辑编辑工具

在图 4-3-39 之中，选择"手工模式"，使用"笔刷""橡皮擦"区分出演员和不需要的背景。然后再使用"模糊"工具将分界线刷一遍，以保证从背景中抠出来的演员显得不是那么生硬。

去掉背景的演员效果如图 4-3-40。

某些情况下，得到这样的只有演员的画面就可以了。不过还可以导入所需要的背景图片。如图 4-3-41，点击"背景设置"按钮。

选择"导入图片"，选择一张本地准备好的背景图片，见图 4-3-42。最终形成如图 4-3-43 的效果。

此时，演员相对背景来说略大，可选择缩放工具来对人物大小进行调整，如选择移动和旋转工具来对人物的位置和角度进行调整。至此，舞台布置完成，最终效果如图 4-3-44。

接下来，便让演员开始讲解教学内容。根据之前撰写的脚本，此段动画主要分为两幕：第一幕显示班杜拉的大头像，班杜拉在向观众打招呼后向大家讲述"自我

第四章 微课的动漫助教设计软件

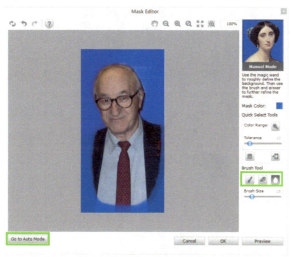

图 4-3-39 遮罩编辑窗口　　　　　图 4-3-40 演员去背景后效果

图 4-3-41 背景设置工具

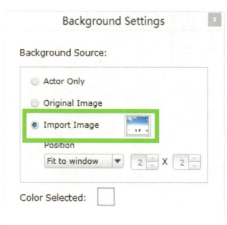

图 4-3-42 插入背景图片与设置　　　图 4-3-43 自定义背景效果图

效能"的概念；第二幕则是班杜拉在四个点之间移动，依次讲述影响自我效能的几个因素。

4. 让演员开口说话

首先，将动画的长度做一些调整：如图 4-3-45 所示，在播放工具栏的"时间设置"（Time Settings）按钮，在弹出来的窗口中将视频长度设置为 6000 帧（见图 4-3-46）。

153

图 4-3-44 舞台设置的最终效果

图 4-3-45 时间设置工具

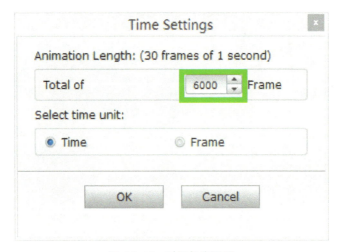

图 4-3-46 时间长度设置

然后，要依据脚本内容让"班杜拉"说话。如图 4-3-47，点击"导入音频"按钮。

图 4-3-47 导入音频工具

第四章 微课的动漫助教设计软件

如图 4-3-48，导入音频时，可以现场录一段语音——"录制声音"，或导入现有音频——音频文件。也可以使用 CT 自带"文字转语音功能"——TTS（Text to Speech）①。同时使用 CT 声音脚本文件也是可以的。设计者可以根据情况选择最方便或合适的方法，本案例选择直接导入班杜拉打招呼的语音。

图 4-3-48　导入音频

导入音频之后会跳出一个窗口（见图 4-3-49），对于舞台上的角色如何自动与音频配合做出表演动作。有三种模式可以选择："说话模式"（Talk Mode）——嘴形与语音配合，并辅以面部表情微变以及头部的轻微起伏；"听模式"（Listen Mode）——有轻微的面部表情，但嘴形不会变化，看起来就像是在专心地听别人讲话；"仅嘴部同步"（Lips-Sync only）——仅嘴形与语音配合，无面部表情和头部变化。这里可考虑选择说话模式。

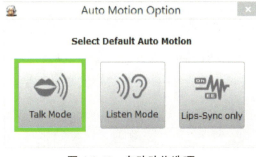

图 4-3-49　自动动作选项

音频导入成功之后，预览窗口将自动播放，能看到班杜拉很自然地打招呼。为了方便掌握演员的说话情况，可以调出时间轴面板，按快捷键 F3 或在播放工具栏上点击"时间轴"（Timeline）按钮（见图 4-3-50）。

图 4-3-50　时间轴按钮

如图 4-3-51 所示，能看到时间轴上有"变换"（Transformation）、"视位"（Viseme）、"声音"（Voice）、"动作剪辑"（Motion Clip）、"自动动作"（Auto Motion）、"音乐"（Music）这六个轨道。Voice 轨道是语音片段，在导入语音的同时，CT 除自动为演员加上了嘴部的动作外，还加上了"默认说话模式"（Default Talk Mode）"的动作表情，可以在 Auto Motion 轨道上观察到。

需要说明的是，CT 自动加上的嘴部动画，设计者也可以对其进行深度编辑：

---

① 有关TTS相关使用方法，请本书第三章内容。

图 4-3-51　加上语音后的效果

点击 Voice 轨道的小三角，会出现 Lips 轨道，将时间轴的缩放比例缩小之后，能看到嘴唇一个一个的动作细节（见图 4-3-52）。可以进一步对这些动作元素进行剪切复制，以及前后移动而改变嘴唇动作的时间等操作。

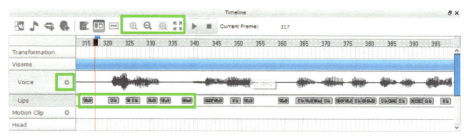

图 4-3-52　编辑嘴部动作细节

并且，也可以点击时间轴上的"嘴唇同步"（Lip Sync）按钮调出口型库，根据需要进一步调整演员的口型（见图 4-3-53）。不过通常情况下，CT 根据语音自动生成的口型已能满足基本需求。

对于导入的语音，设计者还能通过时间轴上的"声音变形"（Voice Morph）工具对其进行高级修改，比如改变音调和音效等，如图 4-3-54 所示。

然后，将播放点定位到合适的时间位置，同样的操作依次导入第二、三、四段语音文件。声音文件导入之后，可通过在音轨上拖动语音片段来改变演员说话的起止时间。

另外，如图 4-3-55，还可以通过"背景音乐"（Background Music）工具为制作的动画视频插入背景音乐，并对声音的大小和淡入淡出效果进行设置。

第四章 微课的动漫助教设计软件

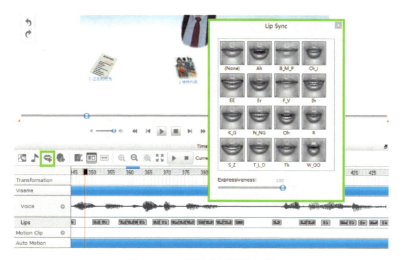

图 4-3-53　嘴部动画同步设置

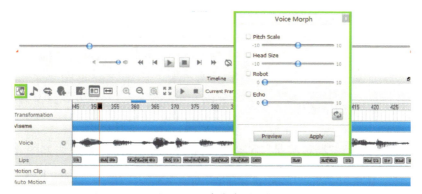

图 4-3-54　声音变形设置

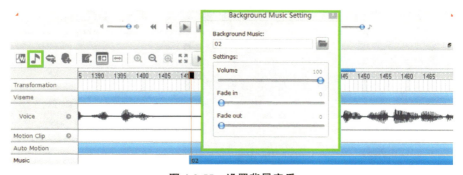

图 4-3-55　设置背景音乐

5. 为角色添加表情动作

为了使演员的表演看上去更生动真实，CT 除能自动添加的说话动作之外，演员还能有一些幅度稍微大一些的动作和表情，或者在演员不说话（空闲）时，脸上也能有适度表情。如图 4-3-56 所示，空闲时候的表情可以在模板库的"自动动作"

157

图 4-3-56 应用闲时的表情

（Auto Motion）分类下找到，双击可应用。

幅度稍大的动作有两种添加方式：一是在素材管理器中双击应用自带的"动作片段"（Motion Clip）素材，这里为班杜拉加入一个眨眼的表情（Rolling Eyes）；二是点击菜单工具栏中的"脸偶"（Face Puppet）工具按钮（见图 4-3-57），打开脸偶面板进行表情的预览和录制。

如图 4-3-58 所示，脸偶工具的录制办法，是先选定特定的脸部肌肉，然后按下"录制"（Record）按钮、通过上下左右晃动鼠标来控制所选定肌肉的运动。

加入表情之后，点击小三角图标，展开 Motion Clip 轨道，在子轨道上能看到演员的头、脸、眼睛已经被定义了许多关键帧（见图 4-3-59），通过拖动这些关键帧，可以改变演员做出某动作的时间。

另外，还可以进一步对演员的表情进行精细调整。具体的做法如图 4-3-60，把播放点放置在需要编辑的时间点上，点击"脸部关键帧编辑"（Face Key Editor）按

图 4-3-57 脸偶工具

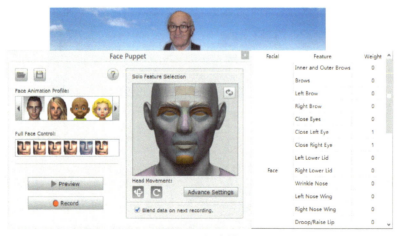

图 4-3-58 脸偶表情录制

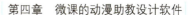

第四章 微课的动漫助教设计软件

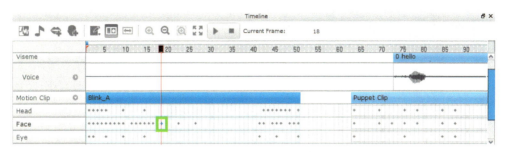

图 4-3-59　Motion Clip 子轨道

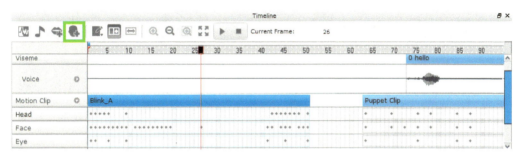

图 4-3-60　脸部关键帧编辑工具

钮调出面部表情关键帧编辑面板。

在调出的面板上可以看到，有三种具体的微调方式可选择：

① 选中面部部分肌肉之后对其进行旋转、移动、缩放（见图 4-3-61）。

② 选择某种表情模板直接应用（见图 4-3-62）。

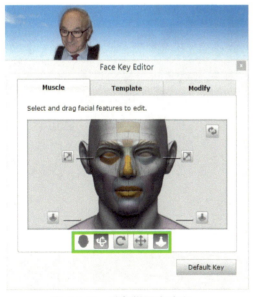

图 4-3-61　脸部微调方法之一

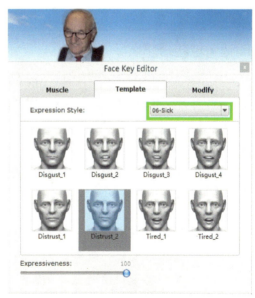

图 4-3-62　脸部微调方法之二

图 4-3-63　脸部微调方法之三

③ 针对脸上各个部位动作的幅度直接进行调节（见图4-3-63）。

如图4-3-64所示，对于制作好的表情，还可以复制粘贴对其进行重复使用，通过"功能"（Function）工具的几个子菜单，或使用"循环"（Loop）工具使其自动重复循环，或使用"速度"（Speed）调速工具调节动作演示的速度。

至此，整个小动画的第一段已经完成，班杜拉教授已可以讲述"自我效能"这一概念的含义，并且还配有丰富的表情动作。

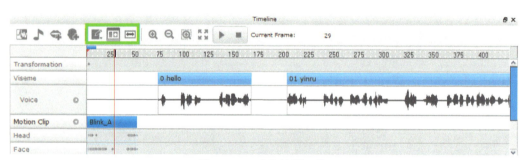

图 4-3-64　动作编辑工具

6. 让角色移动起来

接下来，进入第二段的制作，涉及班杜拉在几个点之间的移动。

在CT中，如果想让演员在一段时间内发生位移，只需确定两个关键帧、调整好演员在关键帧上的位置和大小属性，软件会自动在关键帧之间插入动画，使得演员位置变化是一个连续的过程，而不是生硬的跳跃突变。因此，演员的移动需要结合"Transformation"变换轨道上的关键帧和变换工具栏上的移动、旋转、缩放工具来进行。

具体的做法如下：

- 将播放点定位到某一帧上，通过"移动"工具使演员发生细微的变化，但要以肉眼观察不出来为宜。这么做的目的是使这一帧变为一次位移变化的起始关键帧，同时又保证了在这一帧之前的时间段内演员的位置属性不发生变化，因为在CT中，一旦演员图像的大小、方向、角度在某一帧发生了变化，那这一帧就自动成为关键帧。

- 将播放点定位到希望某一变换结束的位置,在这里将演员的位置等属性调整到合适的状态,使这一帧成为这次位移变化的结束关键帧。在这个案例中,先让班杜拉移动到代表第一个因素的背景图片处。

完成这两步之后,再把播放点定位到起始关键帧处,点击播放按钮(或按下电脑键盘上的空格键),如图 4-3-65 所示,便能看到演员正在以我们期望的方式发生位置移动。在移动到位之后,按照前面所讲的导入语音的方式为班杜拉加上讲解第一因素的声音。

同理,后面依次让班杜拉移动到第二、三、四个因素处并为其加上讲解的语音、配上合适的表情动作。当班杜拉说到最后一段话时,再设置一个关键帧,将班杜拉的头像放大为画面的主体。这样,班杜拉在动画中的表演结束。

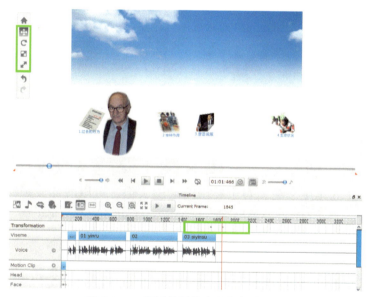

图 4-3-65　通过关键帧定义角色的移动

需要说明的是,CT 主要是制作人物大头像的说话表演,亮点在于使人物富于惟妙惟肖的表情。只是有时候为了让画面更生动一些也会让人物在画面上进行适度的移动,或者对演员进行一定的缩放,制造出演员在走动或者摄像镜头在变换的感觉。这样整个动画短片的画面就不会显得太单调。

7. 导出视频或图片

将制作好的动画导出。可以导出为当前帧图片或整个影片的图片序列,也可以导出为视频(一般导出为视频比较常用)。如图 4-3-66、图 4-3-67 和图 4-3-68 所示,点击工具栏上的"导出"(Export)工具,在弹出的窗口中选择需要的形式,并且设置好导出文件的尺寸、质量等。

图 4-3-66　导出工具

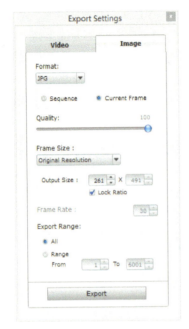

图 4-3-67　导出为图片或图片序列

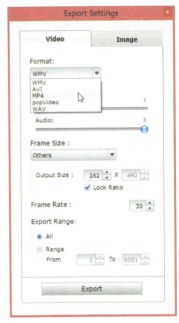

图 4-3-68　导出为视频

待设置完成后，点击"导出"（Export）按钮，CT 便会开始导出指定格式的作品。从微课设计的角度来说，对于导出的动画头像，可以图片或视频的方式插入 Adobe Captivate 之中，可有效地增强内容的生动性和对学生的吸引力。

8. 总结

回顾一下使用 CT 制作动漫头像的流程。主要是准备好脚本和相关素材，之后打开 CT 操作。主要步骤包括：布置舞台背景，定制演员，为角色定制表情和说话等动画，适当调整角色位置和大小，导出视频或图片，见图 4-3-69。

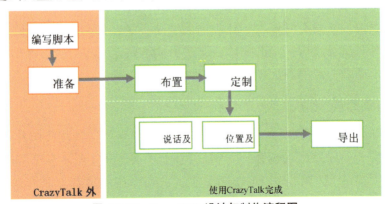

图 4-3-69　CrazyTalk 设计与制作流程图

CT 操作简单，可让教师快速地制作出比传统文字和图片更生动有趣的教材，尤其是它能使用真人照片定制出动画形象，无疑能更进一步地加强视频的表达效果。

4.4 用照片快速生成动漫助教——CrazyTalk Animator

交互式微课设计的一个核心理念，在于教学内容传递的生动性与互动性。在掌握动漫头像利器 CrazyTalk 之后，相信微课表现形式相应会变得更加生动形象。进一步，或许还会有一部分教师会更期待有一个能生成全身动漫形象的设计软件。目前，甲尚已如人所愿地提供了另外一个更加有趣的软件——CrazyTalk Animator（简称 CTA），它可能会给教师带来更多令人惊喜的功能。

图 4-4-1　CrazyTalk Animator

4.4.1 功能概述

作为 CrazyTalk 的升级产品，CTA 同样是一个典型快课式 2D 动漫设计软件，包括完整的设计功能：人物、道具、场景、摄影机与时间轴，可制作出丰富细致的动漫人物。其最大特点在于，快速创造出嘴会说话、脸有表情且全身带动作的完整动漫人物形象。这个软件适用于有志于动漫的初学者和学科教师，能以低技术成本来设计出符合教学需求的动漫助教。

目前，CTA 的最新版本是 2.0，只有英文版无中文版。从对 CTA 2.0 的试用结果来看，笔者认为，虽然新版本在功能上有了较大飞跃，实现从 2D 场景向 3D 场景的变换，但操作方法同时也变得极其复杂，学科教师要想掌握其操作则需要花费很多时间，学习成本相应提高很多。因此，从微课的快课设计理念出发，笔者认为，它的前一个版本——CTA 1.2 版，已经完全能够满足学科教师的教学需求，没必要去追求过于复杂的功能。另外，目前 CTA 1.2 有完整的中文版可用，这对于学科教师来说，使用起来也更加方便。所以，以下将以 CTA 1.2 中文版操作案例来讲解其操作方法。当然，若读者想尝试 CTA 2.0，可直接去访问甲尚官方网站[①]，它提供安装程序及附属模板包的免费下载，可全功能试用 15 天。

1. 软件安装

在微课培训资源包中，提供了 CTA 中文版的安装程序及相关模板，约 300 兆。需要注意的是，在安装之前，教师应确认所使用的计算机符合以下相关要求。

- 计算机硬件要求。双核以上中央处理器（CPU），建议 2GB RAM 和 2GB 以上之可用硬盘空间；显示器分辨率 1024×720 以上；显示适配器：Nvidia GeForce 7 系列／ATI HD 3000 系列以上；显示适配器内存 512MB RAM 以上。
- 计算机的操作系统。推荐使用 Windows 7.0、Windows 8.0 或 8.1，32 位和 64 位均可，但不建议使用 Windows XP。同时，系统必须事先安装 DirectX 9.0 以上和 WMEncoder 9.0 以上版本之后，才能输出 WMV 格式视频。若未安装，可去 Microsoft 官方网站下载和安装。此外为浏览输出的动画和视频，需要事先安装 Flash Player 播放器和相关的视频播放软件。

安装过程中，请注意其模板包的安装文件位置[②]，以便于以后安装新的模板内容。甲尚公司网站提供了众多额外模板包的购买服务，当教师购置之后，可直接将新模板复制至上述目录就能使用。

2. 操作流程

使用 CTA 制作动漫助教的基本操作流程是：创建角色、设计动画、设计场景、添加特效和视频输出（如图 4-4-2）。

3. 用户界面

CTA 用户操作界面可分为四部分：顶部菜单栏、上部编辑栏、左侧工具栏、右侧管理栏和底部的播放控制栏（如图 4-4-3），每一部分都包括功能不同的各种菜单和按钮。

---

① Reallusion官方网站网站是：http://www.reallusion.com/
② 缺省安装条件下，Windows 7.0中，CTA模板安装目录是C：\Users\Public\Documents\Reallusion\Template.

图 4-4-2　CTA 操作流程图

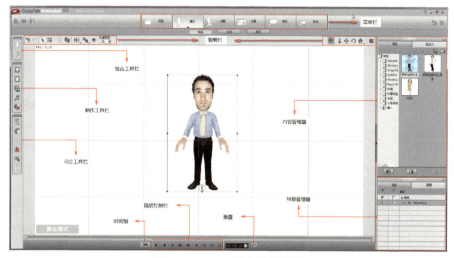

图 4-4-3　CTA 用户操作界面

顶部菜单栏。从左到右依次为项目、演员、动画、场景、特效和输出（见图 4-4-4）。单击每一个菜单选项时，与其相对应的内容都会出现在右侧内容管理栏中，拖曳或双击可应用。此外，当单击演员、动画、场景和特效四个按钮时，在其下方会自动出现二级子菜单。例如，单击演员时，会在其下方出现角色、头部和身体三个子菜单。教师可以通过这些选项来进行更加细致的操作。

图 4-4-4　菜单栏中的按钮

上部编辑栏。主要是各种编辑性工具（见图 4-4-5），从左到右依次为撤销、恢复、选取、调整、复制、翻转、链接、显示/隐藏和透明度调整。

右侧的调整菜单栏（见图 4-4-6）。摄像机模式切换、缩放、移动、旋转、摄像机方向和 3D 视图。

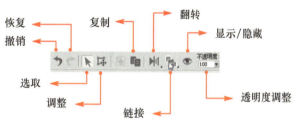

图 4-4-5　编辑栏中的按钮

左侧工具栏（见图 4-4-7）。其中，组合工具栏包括两个按钮：组合角色、组合道具。制作工具栏主要用于角色创作和音频载入，包括：建立演员、建立脸部、插入媒体、插入声音和添加语音。动态工具栏则用于动画创作，分别是：动作清单、Sprite 编辑器、脸偶编辑、道具编辑、角色编辑、关键动作编辑和文字编辑。

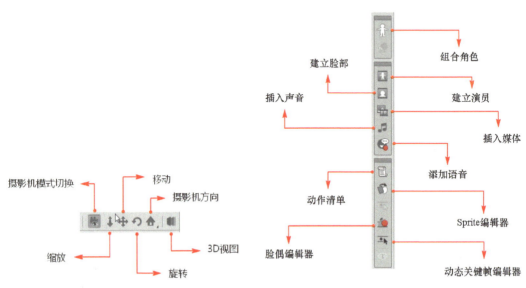

图 4-4-6　调整栏中的按钮　　　图 4-4-7　组合工具栏、制作工具栏和动态工具栏

右边侧管理栏。其中，可以看到计算机中的各类项目、角色、动作、场景模板等，屏幕出现的所有内容将会显示在场景管理栏中。在底部的播放控制栏中则有时间轴和项目设置等按钮（见图 4-4-8）。

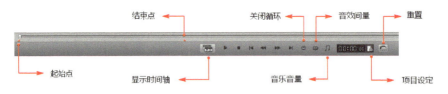

图 4-4-8　播放控制栏中的按钮

4.4.2　操作方法

1. 操作步骤

从制作流程上来看，如果教师想利用 CTA 来创建一个带有头像照片的动漫助教形象，通常包括以下 8 个环节（见图 4-4-9）。

图 4-4-9　CTA 基本操作步骤

2. 创建演员

在开始之前，教师应首先准备好一张用于生成脸部的标准免冠照片。照片要求如下（如图 4-4-10）：

- 高分辨率的正面标准免冠照片，不要戴眼镜，最好是纯色背景。
- 双眼平视前方，表情平静，嘴巴应闭合，不要笑或露出牙齿。

图 4-4-10　制作脸部用的免冠照片

启动 CTA，点击"演员"按钮后选择"角色"，然后在内容管理器中选择某一个角色（如罗森伯格先生），见图 4-4-11。这样，就为创建新助教提供了一个基础。

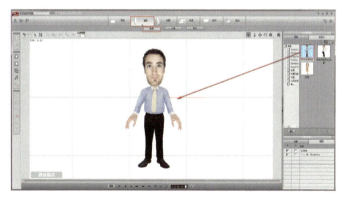

图 4-4-11　插入一个角色模板

3. 建立脸部

随后，用鼠标点击选择角色，在左侧制作工具栏中点击"建立脸部"按钮。在弹出窗口中选择"输入影像"（见图 4-4-12），找到事先准备好的照片，选中插入。

插入照片之后，会自动弹出影像处理窗口，这

图 4-4-12　输入影像（照片）

时需要对照片进行位置剪切①。点击左侧的"裁切"按钮,然后根据右侧的示意图用鼠标在照片合适位置划出裁切线(如图 4-4-13)。完成后点击"下一步"按钮。

随后便进入自动脸部辨识阶段。照片脸部会自动生成四个定位点,用于分别定位眼睛和嘴巴。这四个定位点应该尽量精确地放置于眼睛和嘴巴的四个外角点上(如图 4-4-14)。完成后点击下一步。

图 4-4-13　照片裁切　　　　　　　　图 4-4-14　自动脸部辨识的定位点

下一步将进入脸部侦测定位编辑器的简易网纹编辑模式(见图 4-4-15)。

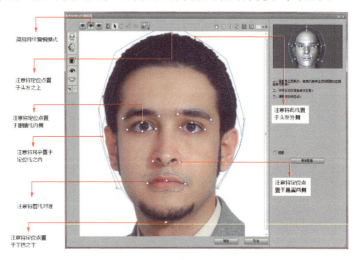

图 4-4-15　脸部侦测定位编辑器的简易网纹编辑模式

在这个模式之中,操作要点包括如下:

● 将定位点和线大致对准头像的五官,以便为下一步进阶网纹模式做

---

① 建立脸部的操作方法,与前面介绍的 CrazyTalk 基本相同。

好准备。

- 将顶部定位点置于头像最顶端,一定不要置于发际线之处。
- 将两只耳朵置于定位线之内。
- 将下端定位点和线置于下巴之下。

完成之后,点击"进阶网纹编辑模式"按钮,进入更精确定位窗口。

如图4-4-16所示,这是进阶网纹编辑模式。其功能是对各个定位线和定位线进行更加精确的调整。可利用缩放按钮将照片局部放大,以精确对准定位点位置。同时,也可随时利用"示范播放"按钮来查看定位点放置效果——点击此按钮之后,照片将进入模拟动画状态,头部和五官将自动摆动和说话。这样,就可以查看出定位点是否准确。查看完之后点击键盘回车键结束模拟状态。完成之后,点击左侧的"头部方向"按钮进入下一步。

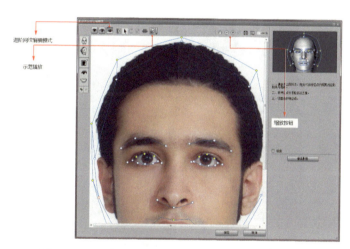

图4-4-16 脸部侦测定位编辑器的进阶网纹编辑模式

图4-4-17显示的是照片的头部方向调整窗口。此时,可根据照片的类型来选择不同的脸部类型,如漫画型、人脸型和长鼻型等。然后再根据脸部的方向,用鼠标拖动头部线来变化角度。完成之后,可点击"预览"按钮来查看调整效果,照片将自动进入模拟动画状态,晃动鼠标时,头像会自动跟随做出相应表情和动作。

完成之后,点击左侧"屏蔽编辑器"按钮进入下一步。

图4-4-18是屏蔽编辑器窗口,功能是抠除头像照片的背景,使之成为透明状态(即打开Alpha通道)。操作方法如下所示:

- 用鼠标点击"屏蔽笔刷"按钮,鼠标将变成一个圆圈状。
- 用这个笔刷在头像图片的背景处涂抹某个位置。

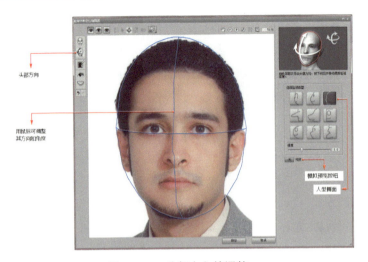

图 4-4-17　头部方向的调整

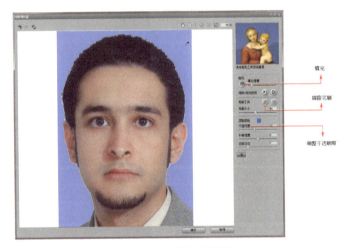

图 4-4-18　屏蔽编辑器窗口

- 点击"填充"按钮，鼠标将变为吸管状，在照片背景处单击。
- 整个头像背景将自动被涂抹为蓝色，也就是变成透明。
- 若有必要，可再点击"屏蔽笔刷"按钮，继续对图片某些位置进行抠除，如衣领位置等。
- 若有必要，可调整"不透明度""补背程度"和"边缘羽化"参数，加强抠除效果。

完成之后，点击"确定"按钮可查看实际抠除效果。若不理想，可重新返回再调整参数，直到达到预期抠除效果，整个背景被抠除干净。

点击左侧"眼睛设定"按钮则可为头像插入一个动画眼睛模板。如图 4-4-19 所示，根据头像类型打开相应的动画眼睛模板库，选择其一，鼠标双击之后，被选中模板将自动成为头像的眼睛。

随后，点击打开"调整"窗口，则可对所插入眼睛的各项参数进行准确调整（如图4-4-20所示）。调整过程中，可点击"闭眼"按钮查看实际调整效果。完成之后，点击确定则进入"牙齿设定"环节。

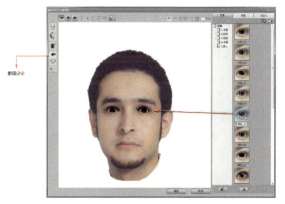

图 4-4-19　为头像选择动画眼睛模板

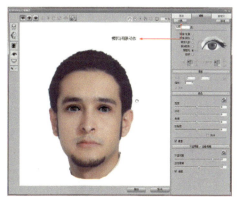

图 4-4-20　调整眼睛的各项参数

点击"牙齿设定"按钮进入图4-4-21窗口。选择一个牙齿模板之后双击为头像插入。然后再点击"调整"窗口对其各项参数进行调整（见图4-4-22），可随时点击"示范播放"按钮来查看效果，直到达到满意效果。

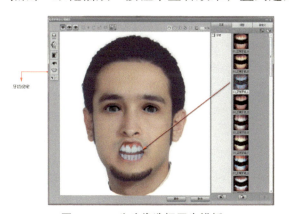

图 4-4-21　为头像选择牙齿模板

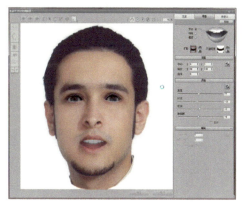

图 4-4-22　调整牙齿的各项参数

点击确定之后，在弹出的对话框"是否要以相同图像进行角度侦测定位"，选择"否"。随后，上述编辑好的头像将自动替换成为当前演员的头像——实现"换头"（见图4-4-23）。至此，根据照片定义助教头像的设计工作完成。

如果想以后重新利用此助教演员形象，可点击内容管理器下的"+"按钮，将当前完成的新助教保存为一个新角色，并为之命名。以后再使用他时，直接在内容管理器中调用即可。

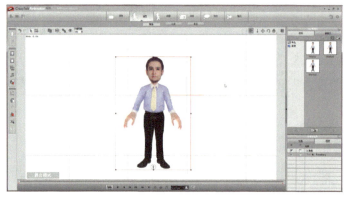

图 4-4-23 完成演员的"换头"

4. 添加语音

为助教添加语音说话功能，是设计的一个必不可少环节。点击左侧"新增声音"按钮，弹出如图 4-4-24 窗口，可根据需要选择其一，为助教添加语音功能。

图 4-4-24 选择添加语音方式

通常，利用"文字转语音（TTS）"来为助教配音是一个快捷方便的选择[①]。选择之后，会弹出如图 4-4-25 窗口，在"声音模式"下拉菜单中选择一个语音库，然后在文本框中输入相应的文本内容。点击左下角的播放按钮可听取语音效果。点击确定，CTA 将自动把生成的语音导入当前角色之中，并自动播放，同时将自动根据语音来配以相应的口型动作（见图 4-4-26）。

图 4-4-25 选择 TTS 语音库生成语音

图 4-4-26 助教开始说话

---

① 有关 TTS 语音软件的安装与使用，请参阅本书第三章相关内容。

5. 添加表情

助教仅仅会讲话是不够的，还应该为之添加丰富的面部表情。点击左侧"操偶管理器"按钮，弹出如图 4-4-27 窗口。首先在"脸部动画范本"中选择一个模板（如年轻的），再在"完整脸部控制"中选择其一（如一般）。然后，点击"预览"按钮后，晃动鼠标，演员脸部将产生相应的表情。若达到预期效果，点击"录制"则可将表情录入当前角色之中。

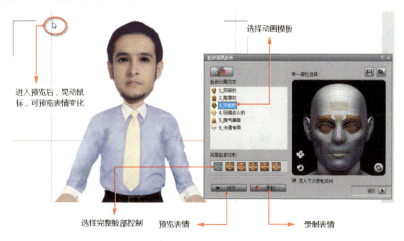

图 4-4-27　用操偶管理器来生成表情动作

注意，在录制之前，应将播放控制栏中的播放头处于最左侧初始位置。这样录制出来的脸部表情动画，才会与上一环节中添加的语音两者相互同步展示。

至此，就已经完成演员的设计工作，下一步开始进行"动画"设计阶段——为助教添加各种身体动作。

6. 添加动作

若点击播放按钮预览当前助教，就会发现虽然他已能说话和带有面部表情，但其身体却静止不动。下一步就需要为之添加身体动作，点击"操偶编辑器"按钮，在弹出窗口中点击左上角带红点按钮，切换至"身体操偶面板"，弹出如图 4-4-28 窗口。

为助教添加身体动作时，有两种添加模式，分别是"用参数值控制"和"用鼠标控制"。

- 用参数值控制。将播放头置于初始处，选择一个身体动画范本，然后在其包含的身体动作模板中选择其一，点击录制按钮后再单击空格键开始录制。在录制过程中，可调整参数，使演员动作产生各种细微变化。录制若干时间后，点击空格键暂停，再选择另一个动作模板，再开始录制，再调整参数。依次操作多种动作模板，直到助教讲完全部内容之后停止录制。这时，重新播放，就会发现，助教能够边说边做出各种身体动作，开始变得生动活泼起来。

- 用鼠标控制。将播放头置于初始处，选择一个身体动画范本，然后在其包含的身体动作模板中选择其一，点击录制按钮后再单击空格键开始录制。在录制过程中，可用鼠标来控制演员动作的变化幅度，使之产生各种复杂变化。录制若干时间后，点击空格键暂停，再选择另一个动作模板，再开始录制，再用鼠标晃动来控制动作。依次操作多种动作模板，直到助教讲完全部内容之后停止录制。这时，重新播放，就会发现，助教能够边说边做出各种身体动作，开始变得生动活泼起来。

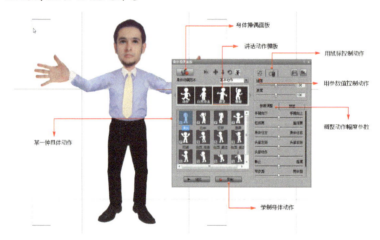

图 4-4-28　用身体操偶面板添加动作

除以上述两种模式录制动作之外，还可以利用面板上的"翻转""移动""放大缩小"和"旋转"按钮，来实现助教位置的左右位移变化和前后距离变化（图 4-4-29），进一步丰富助教的身体动作形式，使之更加变化多端。

总结一下前面的操作，特别强调的是，在为助教添加上述各种语音、表情、身体动作或位置移动时，一定要注意下面播放控制栏中播放头所处的位置，应该从起始处开始录制。这样，演员的语音、面部表情和身体动作，才会自动叠加在同一段时间之上，人物才会呈现出说话的同时，脸部有表情，并辅之以各种身体动作的整体统一和同步的效果。因此，一定要注意，每个轨道操作完成之后，都要重新返回到播放条的开始处，再开始另一个轨道的录制。否则，就会出现语音、表情和身体动作相互分割和分离的现象。

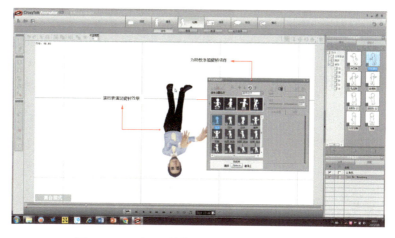

图 4-4-29　利用旋转等来实现特殊身体动作效果

7. 添加场景

点击"场景"菜单，在右侧内容管理器中选择某一场景模板，鼠标双击插入。随后，该场景将自动成为助教的场景，并置身其中（见图 4-4-30）。

图 4-4-30　为演员添加场景和改变图层

要注意，在 CTA 之中，场景通常是由多个图层构成，助教置身于场景之后，有可能其所在的图层不符合要求。这时，可通过用鼠标拖动助教下端的"图层变化"按钮，来改变其所处的图层位置。

此外，根据教学设计需要，也可为动漫助教添加"前景图层""道具"或"背景"，实现更加多样化和个性化的实际效果（见图 4-4-31）。

175

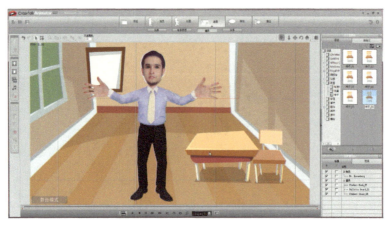

图 4-4-31　添加道具和背景

8. 添加特效

若想进一步加强效果，可以再为动漫助教添加一些显示特效。点击"特效"菜单，在右侧内容管理器可看到相应的特效模板（见图 4-4-32）。

图 4-4-32　添加各种特效

在 CTA 中，特效分为如下三种：

- 物件特效。指一些呈现出视觉变化的动画特效，如惊讶和沮丧等。
- 对话特效。提供各种文本显示信息，包括材质特效、漫画特效和字幕特效三种。
- 音效。各种模拟声音效果，如风声、激光声等。

上述各种特效，可以同时或先后插入场景之中。特效插入之后，可利用左上角的各个编辑功能按钮，对其进行调整，如复制、翻转、连接、显示、隐藏或调整不透明度。

4.4.3 保存输出

完成上述工作之后，一个 CTA 动漫助教的设计和制作基本结束，测试和修改之后便进入输出阶段。

1. 输出带场景的动漫助教

点击"输出"菜单，在右侧出现输出设置窗口（见图 4-4-33），共包括三种输出格式。

- 视频：包括 WNM、AVI、MP4 等视频格式，并可输出为红蓝 3D 和偏光 3D 视频。同时，也可定义其分辨率和输出时间范围等参数。通常，建议选中"超级采样"选项，可提高输出视频的显示效果。
- 影像：就是各种格式的图片，包括 JPEG、PNG 和 GIF 等序列格式图片，其他参数设置与视频基本相同。
- 网络：可输出为 FLV 视频和 SWF 动画，适合于网上传播使用。

选择其一，设置完参数之后，点击"输出"按钮就会输出为相应格式的视频、图片或动画。

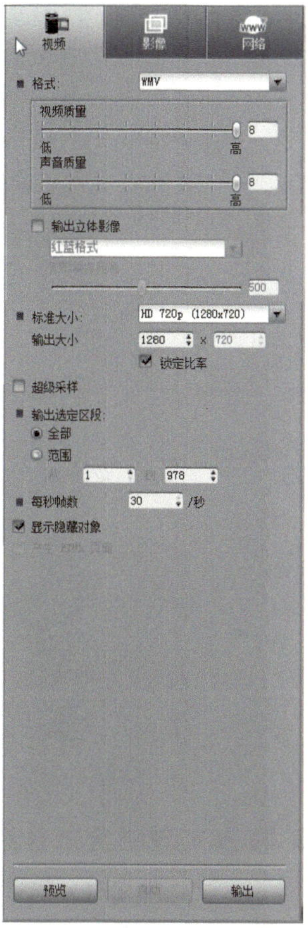

图 4-4-33　三种输出格式

2. 输出绿背视频

为配合后续的演播室式微课设计，CTA 具有另外一种输出方式——将场景或背景类内容删除，然后把动漫助教单独以"绿背视频"形式输出，以便于后期处理为透明背景视频或动画。

操作方法：点击播放控制栏上的"项目设定"按钮，弹出如图 4-4-34 窗口。将背景颜色设置为"纯绿"，再将"自定义背景图像"取消。然后点击"确定"完成。CTA 变为如图 4-4-35 所示样式。

选择"视频"输出中的 AVI 格式，设置好相应参数后，点击"输出"按钮开始（见图 4-4-36）。

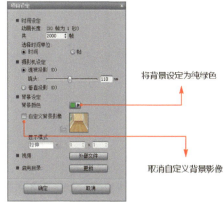

图 4-4-34　项目设定窗口

图 4-4-35　将背景设置为纯绿色

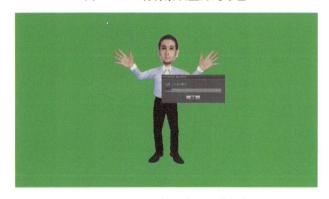

图 4-4-36　将助教输出为绿背视频

3. 转换为透明背景视频

将动漫助教输出为绿背视频之后，还需要进行两个步骤的编辑：一是利用 Adobe Ultra[①]将之抠除为 AVI 格式透明背景视频；接着，再利用 Adobe Media Encoder CS 6.0[②]将之转换为打开 Alpha 通道的透明背景 FLV 视频。具体操作方法如下所示：

（1）第一步

启动 Adobe Ultra，打开"抠像"菜单，导入上述 AVI 格式绿背动漫助教视频。用鼠标在绿色背景上点击一个一个抠像点，选中"启用"，再点击"抠像"按钮，整个视频变为透明背景（见图 4-4-37）。

点击"输出"菜单，对输出参数做相应设置（见图 4-4-38）。然后，点击"保存输出"按钮，开始输出视频。

---

① 有关Adobe Ultra相关介绍与操作方法，请参阅本书第六章。
② Adobe Media Encoder CS6是一个视频和音频编码应用程序，可针对不同应用程序和对象，以各种分发格式对音频和视频文件进行编码。这类视频和音频格式的压缩程度更大，Adobe Media Encoder结合了各种格式所提供的众多设置，还包括专门设计的预设设置，以便导出与特定交付媒体兼容的文件。

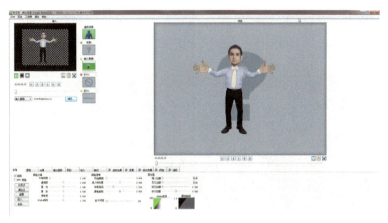

图 4-4-37 将动漫助教抠除为透明背景视频

图 4-4-38 输出为 AVI 透明背景视频

图 4-4-39 播放透明背景 AVI 视频

输出之后的视频，播放时如图 4-4-39 所示的黑色背景，这表明该视频的背景已经成为透明状态。

（2）第二步

启动 Adobe Media Encoder CS 6.0，点击左上角的"+"号，添加上述透明背景 AVI 视频。然后点击视频的"匹配源属性"（Match Source Attibute）链接，弹出如图 4-4-40 的导出设置窗口。在格式（Format）下拉菜单中选择 FLV，在"打开 Alpha 通道"（Encode Alpha Channel）前打钩选中。点击"OK"关闭窗口，再点击绿色开始按钮。

这样，最终导出的 FLV 视频将带有透明背景效果，可直接以"多幻灯片同步视频"方式导入 Adobe Captivate[①]之中构成主持人式微课（见图 4-4-41）。

图 4-4-40　视频导出设置窗口

图 4-4-41　Captivate 制作的主持人式微课

---

① 有关Adobe Captivate相关介绍和使用方法，请参阅本书第九章。

第五章　微课视频的拍摄与初步编辑

从某种意义上来看，微课与慕课之兴起，实际是近年来流行的互联网视频与影视文化相互结合之后在教育领域的一个间接映射。互联网在教育信息化过程中的重要性自不待言，但实际上更值得关注的是，伴随着互联网视频（Online Video）而兴起的青少年群体中所形成的视觉文化的蓬勃发展（见图5-1），为数字校园的发展增添了诸多亮点，直接或间接地推动了教学信息化的进步，进而引发了"视觉文化"之盛行。

所谓视觉文化[①]，简单地说，就是将各种信息以视觉方式制作和呈现出来而形成的一种社会思潮与群体趋势，它反映的是影像录制与传播技术文化领域所引发的深层次变化——强调将思想意识以视觉而非文字形式表达出来。其最显著特点之一是把本身非视觉性的东西视像化，并以此为基础来观察和分析各种社会现象。与以往以文字为主要表达形式的传统性印刷言语文化相比，它的技术独特性更加突出，显示出信息技术对文化研究的深刻影响。

而从教育技术研究角度来说，笔者认为，视觉文化实际上是青少年亚文化[②]在网络时代的一个显著表现形式，它代表的是，年轻一代在信息获取和传播途径上的重大变化，值得教育者关注和研究。这与前一代的文字阅读、听觉汲取都有明显差异，进而导致年轻一代在受教育过程中对教学呈现媒介的选择性接受。因此，这个视觉文化的兴趣，将会直接影响到学校教育的教学组织形式与知识传播路径，应该引起

[①] 视觉文化（Visual Culture）。以图像符号为构成元素，以视知觉可以感知的样式为外在表现形态的文化，统称为视觉文化。

[②] 亚文化（Subculture）。又称副文化，指与主文化相对应的那些非主流的、局部的文化现象，指在主文化或综合文化的背景下，属于某一区域或某个群体所特有的观念、价值观和生活方式。一种亚文化不仅包含着与主文化相通的价值观念，也有属于自己独特的价值与观念。而青少年亚文化，所代表的是处于主流社会边缘地位的青少年群体观念与利益，它通常对成年人社会秩序采取一种颠覆性的态度。所以，青年亚文化最突出的特点就是它的边缘性、颠覆性和批判性。

教育研究者的足够重视。正如美国学者丹尼尔·贝尔曾宣称:"我坚信,当代文化正逐渐成为视觉文化,而不是印刷文化。"[①]或许,从这个维度来看,微课与慕课的兴起,正是这种视觉文化在教育领域的一个表现形式。

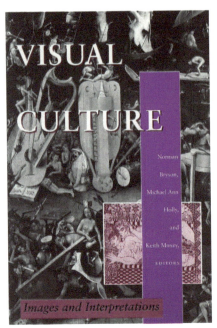

图 5-1 视觉文化的兴起

对于教师来说,如何应对新一代学习者的这种独特群体性需求,正在日益演变为一个必须严肃对待和认真思考的问题。这种新需求,极有可能会使得教师职业的素养、技能和工作方式都产生一定变化。当前,即使对于经验丰富的教师来说,除了在教室里能够熟练上课之外,在面对摄像机时,能否同样也应对自如地讲课,可能是教师职业生涯中的一个新挑战,同时也是一个新机遇。抓住此机遇者,将在微课和慕课时代如鱼得水、游刃有余,并将获得职业生涯的跨越式发展。否则,将可能失去一次重大发展机会。

本章及后续章节所讨论的内容,就是力图使学科教师适应上述挑战的一个全新尝试。这一部分将重点介绍与教学视频拍摄与制作相关的方法、技能(见图5-2),使普通教师初步了解,微课,视频拍摄的基本技能与后期编辑方法,如录屏式视频、翻拍式视频和演播式视频的拍摄,以及利用软件工具来处理、制作FLV格式透明背景视频等。这些内容将为本书后续微课视频编辑打开重要基础。

图 5-2 交互式微课方案中授课视频编辑与制作

---

① [美] 丹尼尔·贝尔.资本主义文化矛盾[M].北京:三联书店,1989:154,156,154.

5.1 微课与视觉文化

笔者认为，视觉文化与互联网相互结合，直接促进了基于互联网的视频传播形式的快速发展，这正是微课与慕课的技术与文化之基础。从理论上看，目前视觉文化已经从一个原来只是从事艺术史、电影和媒体研究、社会学及其他视觉研究者所专用的术语，逐渐演变成一个既有争议又富有吸引力的研究交叉科学的新方法或新视角，为观察、分析和研究当前的信息化社会的诸多特殊现象提供了一个独特的维度和视角。

环顾四周，不难看出，对于当今任何生活在正常社会条件的公众来说，他们都能切身体会到当今社会氛围中浓厚的视觉化发展趋势——从服饰、生活环境、日常用品和通讯传播，都是如此。简言之，当今人类的经验比过去任何时代都视觉化了。实际上，我们如今就生活在视觉文化滥觞的整体后现代主义氛围之中。当然，后现代主义的内涵很多，不仅仅包括一种视觉经验。但是，笔者认为，视觉文化确实是一个很好的观察和研究当今信息社会各种复杂现象的适当切入点，或者一种策略，用它来研究和认识后现代社会日常生活的各个方面，会给我们带来一个全新视角。实际上，目前已有国外研究者出版了视觉文化相关的专著[①]。对于教育技术研究者，这是一个很好的深层次了解和观察年轻一代学习者，在当今互联网环境中知识获取和认知变化的窗口，值得借鉴和研究。

另一方面在学术领域，尤其是教育行业，自古以来传统上则一直把语言文字视为是人类智慧活动的最高表现形式，同时通常将视觉表象看做是观念阐释的次一等或表面化表述形式，对它的接纳和重视程度向来不高。尤其是在大学之中，"高深知识"的研究与传播向来与视觉关系并不密切。但是，目前这种情况则有所变化。当前视觉文化的出现和广泛流行，推动了研究者对高深知识理解的拓展。例如米歇尔所提出的"图像理论"[②]，实际上就是一种向上述传统的言语霸权提出的挑战。在米歇尔看来，图像理论源自这样一种认识，即观看（看、凝视、瞥一眼、查看、监视和视觉快乐）或许与各种形式的阅读（破译、解码、翻译等）一样，同样是个很深刻的问题。"视觉经验"或"视觉教养"非常重要，仅用文本模式是不可能得到全面解释的。

实际上，互联网技术的发展与普及，使得知识与文化传播的发展正逐渐显示出

---

① Talasek，JD.Visual Culture and Evolution：An Online Symposium.Center for Art and Visual Culture，University，2012-03-31.

② W.J.T.米歇尔著。图像理论［M］.陈永国，胡文征译.北京：北京大学出版社，2006，9.

这样一种趋势：文化脱离以语言为中心的理性主义形态，日益转向以形象为中心，特别是影像为中心的感性主义形态——所谓"视觉文化传播"[①]。它不但标志着一种文化形态和传播方式的转变和形成，而且还意味着人类思维范式的一种转换。当今社会正在越来越多地生产"视觉符号产品"。视觉符号产品有两种类型：一是具有某种认知内容的，后工业的信息的商品；二是带有审美内容的，后现代商品。对这些"视觉符号产品"生产、流通与消费的研究，构成了视觉文化研究的新课题。

与电影、电视从一诞生就强调并且依赖于视觉符号不同，互联网在诞生之初是主要依赖于文字符号的传播媒体，但随着数字技术的发展，网络很快解决了图形、图像和视频的编码与传送技术。这一技术与宽带网络技术相结合，不但使网络拥有了电影电视同等的视觉传播功能，而且后来居上，在某些方面超越了电影电视，成为迄今为止能够最大限度地满足人们视觉快感需求的媒介。其中的原因也很简单——网络视频为观众提供了前所未有的个性化选择空间和互动能力，他们不再被动地静坐在电视前等候视觉信号的来临，而是主动与视频产生各种交互：搜索、选择、点击、播放、重看、评价等。

美国著名电影理论家劳拉·穆尔维认为，看与被看都能产生视觉快感[②]，"在有些情况下，看本身就是快感的源泉，正如相反的形态，被看也有一种快感。"[③]也就是说，视觉快感由看与被看两个方面构成。显然，电影和电视为人们提供的是一个封闭式观看模式，在那里人们只能看而不能被看，而网络则为人们提供了一个开放式观看模式。在这里，人们同等地拥有无限丰富的看与被看的机会。换言之，网络视频为人们开创了一个全新的视觉快感途径。

基于以上对视觉文化及其传播的理解，那么，再来分析微课或慕课，就会发现，它们不仅仅是一种新的教学组织形式，而是一种具有更深层次内涵的有助于理解教学本质的新事物（见图 5-1-1）。笔者认为，在本质上，微课属于是一种上述视觉文化背景之下的特殊类型的交互式网络视频，其独特之处表现在多个方面。

微课的特殊意义和价值，首先在于它产生于一个历来都重视和强调语言和文字为基础的理性主义文化传统的行业——学校。这种现象实际上是在某种程度表明，

---

① 视觉文化传播（Visual Culture Communication）：是指经由形象媒介，特别是影像媒介实施传播而形成的一种独特的文化传播形态。

② 视觉快感（Visual Pleasure）：电影心理学解释影像和运动引起视觉系统官能满足的概念。由光影、色彩和运动构成的电影影像带来的视觉快感，超过其他任何艺术，是人的视觉器官接受外界刺激时产生的特殊愉悦感。作为影片的主要审美愉悦手段，影片的视觉快感是保证影片成功的重要元素。

③ ［美］劳拉·穆尔维.视觉快感与叙事电影［C］//克里斯蒂安.麦茨等：凝视的快感——电影文本的精神分析.吴琼编，北京：中国人民大学出版社，2005，4.

图 5-1-1　视觉文化与微课、慕课和翻转课堂之理论关联

这是当今社会中最为传统领域在遭受新技术和新观念冲击之后，所表现出的一种值得关注的反应，或者说，是一种值得肯定的积极变化；其次，微课的另一个特殊之处，还表现在它或许是教师职业——这个在当今社会之中通常被认为是较为保守的代表，在顺应网络时代需求而做出的一种改革姿态。要知道，教师职业向来以低调、含蓄和学术化为基本群体特征。虽然在课堂之中，教师会经常在学生面前表现出视觉文化中所谈到的"被看"的满足感与愉悦感，但整体来看，教师本质上是一个以语言、文本为核心表达方式的职业，视觉文化通常都不在其职业素养和技能的考虑范围之内。可以想象，这样一个职业能够在某种程度上接受本质上属于网络视频的微课和慕课，这本身就体现出这个职业的一种令人欣慰的变化趋势。

从另一个方面来看教育职业的传统特征，实际上，它是一个向来注重在"授业解惑"的同时强调教学表现性的职业，从孔子的启发式教学，到苏格拉底的"产婆术"，再到近代夸美纽斯的班级教学，都无一例外地强调教师教学设计的独特表达效果，甚至在现代教育学中产生了一个专门的研究领域——教学艺术论。教育发展史表明，在工业化时代之前，教师职业的艺术性是一个突出特征。然而到工业化时代之后，教师职业的特征日益被制度化、机械化和流水线化，教师的教学越来越成为一种似乎只注重传播专业知识与技能的职业。与此相对应，教师也从原来神圣讲坛上的"讲演家""艺术家"和"解惑者"，愈来愈下滑为被称为"教书匠"的尴尬境地，进而导致其职业的专业性也倍受质疑。这个变化过程令从业者唏嘘不已。如今，稍微令人欣慰的是，后工业化时代，即信息时代的来临，为教师职业精神的复兴带来了一丝曙光与希望——信息技术所带来的视觉文化传播理念，或许能为教师行业注入新的活力与动力。

可以这样说，自进入工业化时代以来，基于互联网的教学技术，使得教师第一次具备了跨越教室范围而向整个社会传播知识，甚至自己思想和价值观的能力——而这以往向来仅有政治领袖、商界精英和影视界从业者方有机会享受的"特权"与"殊荣"。尤其是伴随着微课、慕课在教育领域的广泛应用，面对摄像机镜头来传播自己的专业知识，表达自己的独特学术研究成果或思想观点，展示自己对专业问题的理解与认识，使得教师也获得了一种在传统的课堂讲授和著书立说之外的一种全新的职业表达途径。这种职业空间拓展究竟会对教师带来哪些影响，还有待深入探

图 5-1-2　微课、慕课为教师职业带来深刻变革

讨和研究。但无论如何，可以预见的是，在这样一种背景下，对于每一位希望在职业中追求事业发展的教师来说，借助于互联网技术所带来的教学应用，其所面临的职业发展空间忽然间变大了，发展路径也变多了，体现自己职业价值的方式也日益多样化。这对于传统上职业上升空间历来有限的学科教师来说，显然是一个福音。

综合而言，与其他行业或领域所表现出的对视觉文化更为强烈的反应来看，微课、慕课实际上是学校领域的教师对基于互联网的视频文化传播方式的一种初步尝试。尽管从目前的指导思想、表现形式和制作技术等方面，都无法与影视传媒等行业相提并论。在目前能看到的微课、慕课视频之中，多数教师的授课形式都是简单的，或仅照搬电视节目的模式，或只是表现板书的公式演算过程；教师的讲课动作、形象也带有明显模仿色彩，常常略显生涩僵硬，缺乏对学习者产生足够的视频吸引力；与其他行业相比，微课的技术制作方案更是简单、粗糙，亟待改进。但无论如何，毕竟迈出了关键的一步。笔者相信，伴随着微课和慕课的不断发展，当教师的学术、艺术与技术诸方面的融合达到一定水平之后，其所产生的社会影响力，将远远超出其他领域。

综上所述，笔者认为，就目前微课的实际发展状况来看，以视觉文化和图像理论来指引未来发展，借鉴当今主流的影视设计技术方案，再充分结合学校教学自身的特点，或许会开拓出一条微课与慕课设计的独特路径。

5.2 微课视频拍摄与制作

如上所述,面对摄像机镜头时仍然能够如在教室里面对学生一样轻松自如地讲课,或者利用各种技术工具录制授课过程的影音材料,这不仅是信息时代教师职业技能的一个新要求,同时也是微课设计和制作时的一个基本门槛,因为各种形式视频,是微课和慕课制作的基本素材。对于任何一位想要制作自己的微课来作为实施翻转课堂教学的教师来说,首先面对的就是如何拍摄和编辑各类微视频。

微课视频可以划分为三大类:录屏式视频、翻拍式视频和演播式视频。它们的用途不同,所需要的制作设备各不一样。表 5-2-1 列出了 8 种常见微课及其相关的视频制作方案。

表 5-2-1 微课类型及其视频设计方案

类型	样式	微课名称	制作方案		制作难度
			软件程序	硬件设备	
单播式微课	录屏式视频	幻灯片演示式微课	MS PowerPoint,Captivate	麦克风,笔式鼠标	非常简单
		电子板书式微课	CamtasiaRecorder,Captivate,SmoothDraw	麦克风,数位绘图板	比较简单
		智能笔式微课	EquilNote,EquilSketch	EquilSmartpen2 或 Livescribe3 智能笔	比较简单
	翻拍式视频	翻拍式微课	视频播放程序	高拍仪,有摄像功能的手机、平板电脑及相应固定装置	非常简单
	演播式视频	自动录播式微课	专用程序软件	专用硬件设备	非常复杂
		演播室式微课	视频编辑软件,如 Adobe Premiere 和 After Effect 等	配有绿背视频拍摄设备的专用演播室	非常复杂
交互式微课		初级交互式微课	iFly,NeoSpeech,iVona,CB,Ultra,Presenter	简易演播室或 SMMS	难易适中
		高级交互式微课	iFly,NeoSpeech,iVona,CT,CTA,iClone Captivate	简易演播室或 SMMS	难易适中

5.2.1 用智能笔制作微课视频

Equil SmartPen 是一款"智能笔"设备,这支笔看起来与普通笔无异,可用它在任意普通纸上书写,但是它所书写的内容却都能完整方便地同步到相关智能设备上。这款智能笔工具目前已经发展到了第二代,全套设备包括智能笔、带保护盖的充电基座、接收器、充电线以及对应的软件,能够支持 iPhone、iPad、iPod、Android 平板电脑、手机以及 Windows 计算机。

下面,将介绍用这个智能笔来制作录屏式微课视频的操作方法。首先应先给智能笔充足电,充电方式很简单,将笔和接收器都正确安放在充电基座上,再用数据线将基座和电源连起来。充电大约需要 2 小时,充满电的智能笔一次可以连续使用 8 小时以上。

1. 设置蓝牙和配对接收器与设备

图 5-2-1 选择连接设备的操作系统

如图 5-2-1 所示,根据需要将接收器背面的蓝牙开关切换到合适档位:如果是与 iPhone/iPad/iPod 配对,则切换到右边"IOS"档;如果与 Android、MacOS 或 Windows 设备配对,则切换至中间"Others"档;如果不需要接收,则可以将蓝牙切换至左边"OFF"状态,这时笔记和绘图记录便会保存在接收器内存中,下次连接到设备时会自动导入计算机之中。

以下将以 Windows PC 作为接收设备,PC 上事先安装了 Equil 智能笔的应用程序 Equil Note。其他设备操作也类似,读者可以自行选择。

首先,按一下电源按钮关闭接收器,然后长按电源按钮,直到蓝牙 LED 灯快速闪烁,这表示智能笔进入蓝牙配对状态。再打开需要配对设备的蓝牙功能,在设备列表中选择 Equil 智能笔,配对完成后蓝牙 LED 将开始慢速闪烁(如图 5-2-2)。

图 5-2-2 打开电源并配置蓝牙连接设备

2. 启动软件和完成书写准备

打开电脑上的 Equil Note 软件（见图 5-2-3），选择菜单"Equil 设备"—"Equil 设备连接/中断连接"，连接上智能笔设备。

然后，将接收器的磁夹打开，将之夹在想要书写的纸张的顶部中间位置（见图 5-2-4）。

图 5-2-4　将纸张放置于笔迹接收器上

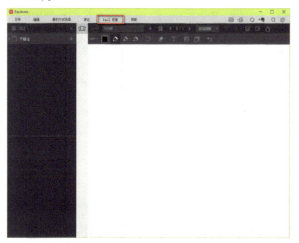

图 5-2-3　启动计算机上的程序并连接智能笔　　图 5-2-5　智能笔处于可用状态

按下智能笔的电源按钮，当智能笔可用时笔头的 LED 灯会呈现白色。如果超过 10 分钟都没有书写动作，智能笔会自动关闭以节省电量。此时只需按下电源按钮，智能笔便会再次启动（见图 5-2-5）。

3. 开始在纸张上书写

教师就可以随心所欲地书写，操作方法与普通签字笔无异（见图 5-2-6）。与此同时，电脑上的 Equil Note 软件会实时记录所书写的内容（见图 5-2-7）。不过要注意，书写的范围不能超过 A4 纸大小，否则接收器将不能识别所记录的书写笔记。

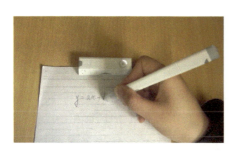
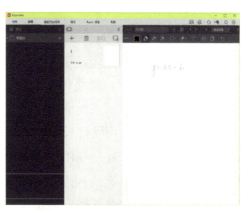

图 5-2-6　在纸张上开始书写　　　　图 5-2-7　程序所记录的相应笔迹

在书写过程中，教师可以随时更换书写纸。不过在更换实体纸之后，最好也相应"更换"一张"虚拟纸"——按一下接收器上的"新建页面"按钮（见图 5-2-8），以免前后两张纸书写的内容重叠到一起难以辨认。当然，若有需要即使不更换实体纸，也可以在接收器上新建一页。

图 5-2-8 在接收器上新建页面

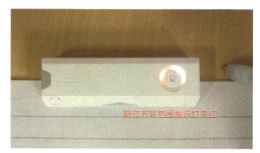

图 5-2-9 接收器上的指示灯变化

需要注意，当笔记直接存储在接收器内存时，"新建页面"按钮周围的环形 LED 灯会有几种指示信号（见图 5-2-9）：白色闪烁的光表示接收器已准备好开始记录；白色稳定的光代表接收器收到笔画；白色旋转的光代表创建新页面；而红色闪烁的光则代表书写的位置即将达到接收器接收的范围；红色稳定的光代表记录已超过了接收器的接受范围。

4. 保存为微课视频

书写完成之后，打开 Equil Note，可将刚生成的笔记文件保存为微课视频。另外 Equil Note 还有许多编辑功能，例如，能在笔记草图的基础上添加色彩、修改文字等，并且还可以通过邮件或微信将笔记分享给学生。

5.2.2 录屏式视频拍摄方法

录屏式视频，是指通过某些书写输入设备及辅助软件来录制教师的板书笔迹及动作过程的视频。如果需要，也可同时录制教师的解说声音以及电脑系统自身（如视频播放）发出的声音，最终保存为视频格式，方便学习者重复观看的视频课程。它通常可用于幻灯片演示式微课、电子板书式微课和智能笔式微课。摄制录屏式视频时，通常涉及以下常用硬件设备，如笔式鼠标、绘图板和智能笔。

著名的可汗学院，就是利用"录屏"方式来制作视频课程。可汗在一块触控面板上点选各种颜色的彩笔，一边画一边录音，利用录屏软件把他所画的东西全部录下来，最后生成一段完整视频。利用这种方式录制教学视频，教学者本人不用出现在画面中，降低了对教师体态、镜头表现力方面的要求。因此，"录屏式微课"是一种易于制作且广受欢迎的单播式微课形式。

如何制作出像可汗学院那样的手写录屏式微课呢？其实，看似高端神秘的可汗课程制作过程并不复杂，只需一款合适的演示软件和录屏软件，再加上手写板工具就可以。以下将以 SmoothDraw 为演示工具，以 Adobe Captivate 8.0 为录屏工具，结合手写板使用方法，为大家详细介绍手写录屏式微课的制作过程。

1. 利用 SmoothDraw 板书

SmoothDraw 是一款媲美专业绘图软件的演示软件（见图 5-2-10），具备众多可调画笔，模拟纸张材质，透明处理及多图层操作。同时还支持压感绘图笔，以及图像调整和特效等，支持各种绘图板（数位板、手写板、数字笔）。可汗学院的手写录屏课程正是使用这款绘图软件。而且，SmoothDraw 是一款免费绿色软件，软件本身只有 2M 左右大小，教师可到 SmoothDraw 官方网站①下载该软件。

图 5-2-10　SmoothDraw 图标

SmoothDraw 的用户操作界面可分为四个区域：菜单栏，工具栏，控制面板和绘图区（见图 5-2-11）。

图 5-2-11　SmoothDraw 用户界面

下面将对不同区域的功能做详细介绍。

（1）"菜单栏"。如图 5-2-12 所示，在手写或者绘画过程中，每一笔视为一步操作，按"后退一步"和"前进一步"键可以撤销或者还原某一步操作。点

---

① SmoothDraw 官方网站是：http：//www.smoothdraw.com

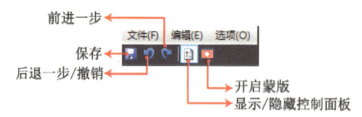

图 5-2-12　SmoothDraw 菜单栏

击"文件"下拉菜单，可以选择"新建""打开"和"保存文件"。sddoc 格式为 SmoothDraw 的源文件格式，保存为此格式的文件在下一次打开时，仍保留着文件的可编辑性。另外，还可将文件储存为 png 或者 jpg 等图片格式。

（2）工具栏。工具栏里有不同的绘图工具，包括各种画笔、橡皮和填充工具等。点击工具栏右边的下拉菜单，可以看到所有工具的列表（见图 5-2-13），不同笔刷书写效果不同，教师可根据实际需要选择工具。首先，介绍 SmoothDraw 常用的工具快捷键，以方便教师在录制视频时快速切换工具。"B"：钢笔工具，"E"：橡皮工具，"G"：填充工具，"H"：拖曳画板工具。

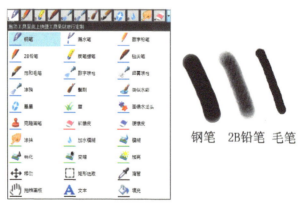

图 5-2-13　SmoothDraw 工具栏

（3）控制面板。控制面板共分为三个区域：

① 颜色区、画笔区和图层区。颜色区用来设置画笔颜色。在色盘中选择某种颜色后，为了方便在之后的操作中可以再次使用此颜色，可以在色板的空格中按鼠标右键将此颜色添加到色板中（见图 5-2-14）。

② 画笔区，用来调节画笔直径大小以及画笔透明度（见图 5-2-15）。教师在书写时可以根据实际情况对画笔参数进行调节。有一点需要说明的是，当使用"橡皮"工具时，此面板用来调节橡皮的直径大小和透明度。

③ 图层区。与许多绘画软件一样，SmoothDraw 采取图层叠放的形式，方便不同素材的分类管理，最上方的图层处于画面的最前面。一般不建议在背景图层上直接

第五章 微课视频的拍摄与初步编辑

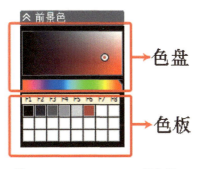

图 5-2-14 SmoothDraw 颜色区

图 5-2-15 SmoothDraw 画笔区

进行书写，而是点击"箭头"符号，在右侧菜单中选择"新建图层"（见图 5-2-16）。

（4）绘图区。绘图区相当于一块画板，也是教师进行教学书写的区域。可汗学院视频中，正是将绘图区的背景填充为黑色，以模拟一种在黑板上书写的感觉。在新建的图层上可以使用不同质感、不同颜色的画笔进行教学书写。

2. 利用 Adobe Captivate 录屏

Adobe Captivate（简称 CP）[①]是一款专业交互式微课制作软件，可录制高清视频演示，并单独发布为 MP4 视频。如果需要，设计者还可以

图 5-2-16 SmoothDraw 图层区

对录制的视频进行编辑和添加各种效果。启动 CP，首先需要新建一个视频演示项目，如图 5-2-17 所示，点击"视频演示"和"创建"按钮，进入录屏参数设置界面，如图 5-2-18 所示。

设计者可以自行设置录屏的区域——全屏或者指定尺寸。如果是要同时录入解说声音，则需要在"音频"下拉菜单中选择某个录音设备。此外，如果需要录制计算机所发出的声音，如视频播放的声音，则可勾选"系统音频"。

参数设置完成后，点击"录制"按钮，CP 会弹出一个测试语音输入是否正常工作的窗口，如图 5-2-19 所示。若测试正常，点击"好"按钮即可。倒计时后开始正式录屏，这时，教师可以打开 SmoothDraw，一边讲课，一边手写，手写内容及讲课的声音都可被录制下来。

---

① 有关Adobe Captivate的使用信息，请参阅本书第九章。

图 5-2-17　创建视频演示界面

图 5-2-18　录屏参数设置界面

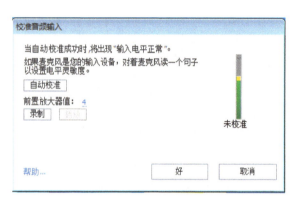

图 5-2-19　测试语音窗口

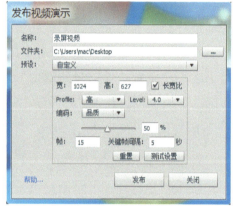

图 5-2-20　发布参数设置窗口

在录制过程中，用鼠标点击桌面右下角的系统图标，会发现一个名为 CP 的绿色图标在闪烁，这表示当前正在录制视频。录制结束后，点击该图标即可结束录屏。CP 会自动保存录制的视频并以全屏的方式展示视频，设计者可以播放检验录制效果。检查没有问题后，点击"发布"按钮，弹出如图 5-2-20 所示的发布参数设置窗口，设计者可自行选择视频存储位置以及视频的尺寸和质量，参数设置好后，点击"发布"按钮，即可发布为 MP4 格式的视频。

3. 手写板选择与使用技巧

提到手写板，大家也许会联想到数码绘画、插画设计等艺术创作。其实，手写板本质来说就是计算机的一种输入设备，作用类似于鼠标，有的还带有部分键盘功能。常见的手写板即外接手写板，是通过 USB 接口与电脑连接，使用一只专门的笔，在手写板上进行书写等操作。

手写板功能的区别，通常在于压感的不同。有压感的手写板可以感应到手写笔在手写板上的力度，从而产生粗细不同的笔画，通常适用于绘画创作。压感越高的手写板反应越灵敏，操作时更接近在纸上书写的感觉，价格也更高一些。

最著名的手写板品牌，当数 Wacom，很多国际顶尖的绘画制作和电影后期特效都是使用的 Wacom 数位板。Wacom 在中国市场投放了 Bamboo 系列、影拓系列、新帝系列等共计 22 款产品，教师可到 Wacom 官网查看产品具体信息。Wacom 数位板的压感高，反应灵敏，价格相应也偏高一些。如果教师觉得自己并不需要那么高配置的手写板，常见的几个国产品牌：汉王、友基、联想和清华紫光等，也是不错的选择。

第一次使用手写板需要提前在计算机上安装驱动程序，一般在购买手写板时都会带有安装光盘，将光盘插入光驱按照提示可正常安装。

4. 设计案例

为了让教师更加熟悉录屏式微课的制作过程，并且能尝试亲自动手做出一节简单的手写录屏式微课，本节以数学公式"勾股定理"推导过程为例，详细介绍如何利用 CP、SmoothDraw 和手写板制作一节类似可汗学院课程的录屏式微课。

首先，需要为电脑连接手写板，确保笔在手写板上接触灵敏，方便后面的手写输入。

打开 SmoothDraw 后，在背景层上面新建一个图层，选择工具栏中的"填充"工具，在颜色区中选取黑色，单击绘图区，使绘图区整体被填充为黑色，如图 5-2-21 所示。

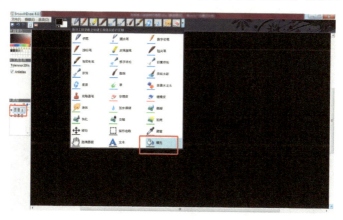

图 5-2-21　填充绘图区

选择工具栏中的"钢笔"工具，在颜色区将笔刷颜色设置为红色。设置完成后，将 SmoothDraw 界面最小化到屏幕下方，为后面的录制工作做好准备。接下来启动 Adobe Captivate。

打开 CP 后，创建"视频演示"项目，录屏参数设置界面弹出。在该界面中依

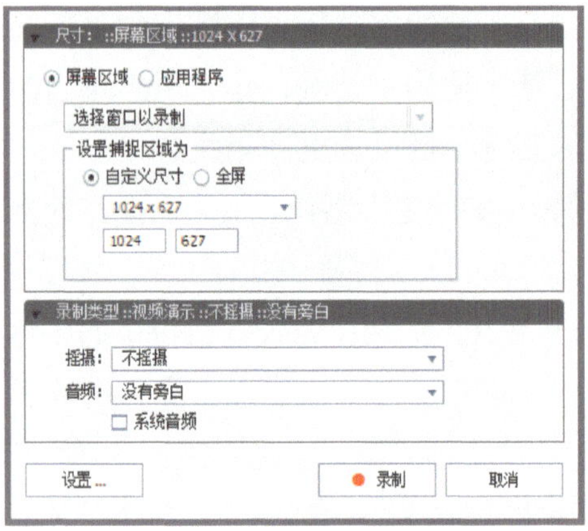

次选择:"屏幕区域""设置捕捉区域——自定义尺寸""摇摄——不摇摄"和"音频——音量(麦克风)(见图5-2-22)。录屏参数设置窗口的四周有一个红色边框,边框内即为捕捉区域,也就是录屏区域,红色边框的尺寸可进行任意调节。因为捕捉区域为SmoothDraw的绘图区,这时应将SmoothDraw操作界面最大化,然后拖动红色边框,使其尺寸大小与绘图区相同(见图5-2-23)。

图5-2-22 录屏参数设置界面

图5-2-23 调整录屏区域

设置完成后,点击"录制"按钮,检测语音输入正常后,点击"好",倒计时后开始正式录屏。这时,教师就可以在SmoothDraw的绘图区一边讲课,一边手写,手写内容及讲课的声音都可被录制下来,如图5-2-24所示。值得注意的是,书写区域不应超出红色边框范围,否则将不会被录制。

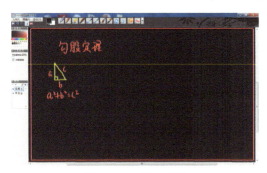

图5-2-24 录制区域

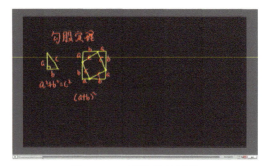

图5-2-25 预览录制视频

录制结束后,点击桌面右下角的CP图标可结束录屏。CP会自动保存录制的视频并以全屏的方式展示视频,设计者可以播放检验录制效果(见图5-2-25)。

确认之后，点击"编辑"按钮，在弹出的界面中点击"发布—发布到电脑"，弹出如图 5-2-26 所示的发布参数设置窗口，将文件名改为"勾股定理"，存储位置设置为"桌面"，点击"发布"按钮，可自动发布为 MP4 格式的视频。

5.2.3 翻拍式视频拍摄方法

翻拍式视频，也是当前微课中常用视频拍摄方式之一，其制作方式因类似于以往光学摄影时代翻拍照片或文件的方法而得名。通常摄制方法是：在一个支架上固定某种拍

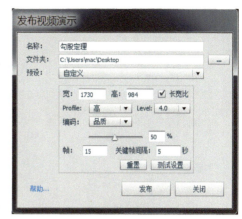

图 5-2-26　发布参数设置界面

摄设备（摄像头、相机或 DV），教师握笔的手在支架下的台面纸张上写字或演算公式，摄像设备在上方以俯拍角度拍摄随书写过程，随写随录。以此类视频为基础而形成的微课，称之为"翻拍式手写微课"（简称"翻拍微课"）。拍摄翻拍式视频，通常所用的设备包括：实物展台、高拍仪或相关的支架类通用录像设备。

1. 用实物展台拍摄

用多媒体教室中常见的"实物展台"（如图 5-2-27）来制作翻拍式手写微课，是目前一种较流行的微课制作方法。这与后面"高拍仪"方案类似，都是利用一个支架上的摄像头来直接录制教师在纸上的手写动作及内容，能够将教师的板书过程直观地录制为视频，操作简单。对于学习者来说，学习临场体验感较好，观看效果也相当不错。考虑到实物展台是当前学校最常见的教学设备，与用高拍仪制作相比，它的成本更低，无须再购置专用的设备。

2. 用高拍仪拍摄

高拍仪也被称为"速拍仪"，是在学校中常用的备课工具之一，同时也是一款常见办公领域电子产品。它通常具有折叠式便捷设计，能完成高速文本或图片扫描，具有 OCR 文字识别功能，可以将扫描的图片识别转换成可编辑 Word 文档。此外，它还能进行拍照、录像、复印、网络无纸传真、制作电子书、裁边扶正等操作。有利于让办公更轻松、更快捷、更环保。

在学校中，用高拍仪拍摄微课视频时，与上述实物展台类似，将之连接到电脑之后，就可以用顶部的摄像头来录制教师在台面纸上的手写动作及笔迹（见图 5-2-28）。这种设计方案能够将教师的板书过程直观地录制为视频，操作更加简单。对于学习

者来说，学习临场体验感较好。

图 5-2-27　用实物展台制作翻拍式微课

图 5-2-28　用高拍仪制作翻拍式微课

3. 用手机和平板拍摄

若进一步简化，实际上利用 DV 或 DC 再加上一个简单翻拍支架，同样也能制作出效果不错的实拍式手写微课。例如，近年来伴随着手机和平板电脑所附加的摄像性能不断增强，目前市场上常见的平板电脑和手机都已具备高清摄像功能（HD），在这种情况下，从经济角度考虑，专门去购买一个用来拍摄微课的高拍仪似乎已无太多必要性。在实际应用中，教师可为具有高清摄像功能的手机或平板电脑配置一个支架（见图 5-2-29），将之固定于桌面之上，用它来拍摄其下的书写过程。这种设计方案既经济，实际效果也很好。要想使拍摄的视频更加清晰，也可以考虑在手机或平板上安置一个充电式微型 LED 照明灯，将之插入耳机孔中固定，拍摄时打开，拍摄效果会更佳。

图 5-2-29　用带支架的平板电脑或手机制作翻拍微课

如图 5-2-30 所示，这套工具的主体是一副可以任意折叠、弯曲并固定的金属万向活动支架。它的一端是用来将支架固定在其他物体上的"爪子"，另一端是用来放置手机的"卡座"，中间是几节可以任意调节角度并固定住的"关节轴"。

综合考虑拍摄需求和周围具体环境，可以将其固定在合适的地方，如书架或桌面上（见图 5-2-31）。

然后，再将有视频录制功能的手机固定到支架上，调整到合适角度（见图

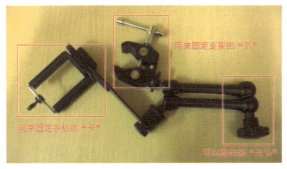

图 5-2-30　用于固定手机或平板电脑的万向活动支架　　　图 5-2-31　固定万向活动支架

5-2-32）。另外，如果光线较暗、拍摄效果不好，还可以用一个便携充电式小灯来"打光"——将它插入手机耳机孔里并调整到合适的照明角度并打开其电源开关。

图 5-2-32　翻拍式微课视频的拍摄步骤

再次调整手机的角度，确保需要被拍摄的场景都在其拍摄范围内。然后打开手机的视频拍摄功能开始录制视频，并讲解解题过程。随后，这套简单的设备会忠实地记录下讲解的全过程。

5.2.4　演播式视频拍摄方法

在录屏式和翻拍式视频之中，主讲教师都隐于"幕后"，学生只闻其声，不见其人。这种视频模式，通常比较适用于数理化或工科类公式推导、演算较多的学科教学。它突出展示的是，教师在授课过程中教师"板书"的字符内容及其讲解声音，而非教师本身。不过，对于多数社科类学科的教学来说，这种方式似乎就不太适用了——在许多人文类课程教学中，不仅强调教师声情并茂的讲演，同时教师授课过程中的表情、体态、眼神和体态语等，一举一动，都可能会被赋予丰富多样的信息传递功能。这时，就需要另外一种视频设计方案：演播式视频。

演播式视频，可以说是当前微课和慕课中最常见的拍摄方案，是构成"演播室式"微课的基础。如图5-2-33所示，它的视频画面构图形式通常是：主讲教师（半身或全身）居于屏幕画面一侧，其身后显示教学讲义（幻灯片或相关文字、图片或视频等）；同时，为便于学生记忆，还会如同常见的外语类电影一样在屏幕下方提供同步字幕显示。这样，整个视频画面的布局呈现出音、画、文字三位一体，同步显示，犹如平时常见的电视主持节目一般。某些情况下，演播式视频可能还会展现出教师远景和近景镜头的切换①，以加强画面的动态变化性，吸引学习者的注意力。这种演播式视频，也是本书中所强调的交互式微课中授课视频的基本解决方案。

图 5-2-33　演播室式微课

物如其名，这种视频的拍摄和制作方式与演播室密切相关。与以往精品课的那种在教室现场拍摄方式不同的是，这种演播式视频通常都是在演播室环境中拍摄完成的，故视觉效果更好，后期可编辑、制作的空间更大，能够实现多种吸引人的视频呈现效果。但需要提醒的是，此处所言之"演播室"，并非是真正意义上像电视台那样的实体演播室，而是一种基于计算机图像编辑与处理技术而构成的"虚拟演播室"②。

使用这个虚拟演播室技术需要一些相关的软、硬件设备③。显然，相对于上述板书式录制方式，这种方案录制的授课视频质量更高，视觉效果更好。然而，前期的拍摄技术成本和后期的编辑制作成本也会相应增加。这时，笔者的建议是，可利用前面介绍的自助式多功能微课设计系统（SMMS）④，这会有效提高视频拍摄的效率和效果。

---

① 远、近景镜头的切换意味着在拍摄时，需要两台摄像机同时双机位拍摄。
② 虚拟演播室（Visual Studio）：也称为电子演播室布景（ESS），是近年发展起来的一种独特的电视节目制作技术。它的实质是将计算机制作的虚拟三维场景与电视摄像机现场拍摄的人物活动图像进行数字化合成（实时或后期），使人物与虚拟背景能够同步变化，从而实现两者天衣无缝的融合，以获得独特效果的合成画面。
③ 有关演播室视频拍摄的相关设备组成，请参阅本书第二章2.3.1节相关内容。
④ 自助式多功能微课设计系统（SMMS）相关内容见本书第二章2.3.2相关内容。

1. 虚拟演播室技术简介

在专业影视制作行业之中,虚拟演播室(Visual Studio),是常用的视频拍摄和编辑技术之一。当今许多影视内容和电视台中的娱乐节目都是利用这种技术来制作,能够生成许多令人注目和印象深刻的独特视觉效果,如主持人身处各种虚拟背景中来主持节目等。不过,以往这种技术用于教学课件设计并不多见,教学类视频的编辑和制作通常都较简单,以课堂教学实景的录制为主(如前几年流行的精品课堂录像),极少用到复杂的虚拟场景变换。但近年来,受国外视频公开课等新型教学类节目的影响,教学类视频也开始追求一些特别视频效果来吸引学习者的注意力。这可以说是适应当今新一代学习者需要的一种新变化,值得肯定。

不过,从技术上说,演播室包含不同类型和层次的技术实现方案。其中既有昂贵复杂的基于硬件设备的专业解决方案,也有价格中等软件和硬件相结合的方案,更有简单经济可操作性强而适用于个人自助式制作的方案。

根据笔者的实际经验,对于普通院校来说,除非经费很充足,否则并不建议购买那些价格昂贵的动辄数十万元的专用式演播室设备——学校毕竟不是专业的影视编辑和制作机构,设计的是教学课件,而不是电影电视。更何况使用这些设备也需要影视专业的技术人员去操作,学科教师显然无法胜任。若要这样做,那就又回到原来那条专用设备的老路上了,专用设备专人管理,价格高、利用率低,对推进学校的整体教学信息化,实际上意义不大。

虚拟演播室,如图 5-2-34 所示,从最初"电子布景"[①]到当前基于传感器跟踪技术的真三维虚拟演播室技术,其技术原理和针对的用户差异性很大。[②] 例如,虚拟演播室技术源于基于硬件的色键抠像技术(ChromaKey),前者是先在蓝色的背景下进行前景拍摄,然后用另一路背景视频图像代替当前视频中的蓝色背景,通过色键合成器把前景简单地键入背景中。背景多是图片、外景活动画面素材以及部

图 5-2-34　虚拟演播室技术的发展历程及类型

---

① 1978年,Eugene L.提出了"电子布景"(Electro Studio Setting)的概念,指出未来的节目制作,可以在只有演员和摄像机的空演播室内完成,其余布景和道具都由电子系统产生。

② 乔宇,黄席樾,柴毅.虚拟演播室技术[J].重庆大学学报,2003(1).

分搭制实物背景等。这一技术的局限性是当前景摄像机的位置角度和焦距发生改变时,背景视频图像不能随之而变化,使得合成图像缺乏立体感和真实性。虚拟演播室技术则是在传统色键抠像技术的基础上,利用计算机三维图形技术和视频合成技术,根据前景摄像机的位置焦距等参数,使三维虚拟场景的透视关系与前景保持一致,经过色键合成后,使得前景中的人物道具看起来完全沉浸于计算机所产生的三维虚拟场景中,从而创造出逼真的、立体感很强的演播室效果(见图 5-2-35)。显然,这种技术方案所需要的设备是最复杂的,价格也非常昂贵,根据其是否带有传感器跟踪技术,其价格从数十万元到上百万元不等。

图 5-2-35　虚拟演播室技术

从技术上来说,上述完全基于硬件的色键抠像技术所生成的视频效果较差,目前已经基本淘汰。不过,近年来,伴随着计算机性能的不断增加,又出现了一种软、硬件结合的色键抠像技术。这种方案兼顾了操作方法、视觉效果与设备成本三方面的因素,是目前比较适用于教育机构的技术解决方案。这个方案的特点,如图 5-2-36 所示,是硬件拍摄加相关软件(如 Adobe Ultra 和 iClone 等)[①]所生成的虚拟场景,最终生成的合成视频效果要优于传统的硬件色键抠像技术,但同时又逊于三维虚拟演播室技术。不过,从成本效益角度来说,这种方案比较适用于微课视频的制作。

图 5-2-36　软硬件结合的虚拟场景色键抠像技术

---

① 有关Adobe Ultra和iClone的操作方法,请参阅本章5.4和5.5节。

2. 演播式视频拍摄概述

绿背视频的质量高低，将会直接影响所生成的抠像视频的最终效果。因此，掌握一些演播式视频的基本拍摄技巧，对于后期微课设计会有所帮助。更重要的是，对于教师自身教学技能来说，也是一次考验和提升。

（1）演播式视频提升教师的教学艺术性

通常情况下，教师在拍摄演播式视频时遇到的最大困难，就是在"假想的教室环境"中上课，面对着实际上并不存在的学生讲课——无论利用 SMMS 还是真正的演播室拍摄时，这都是教师面临的最大挑战。一般来说，教师每天都在面对着数十甚至数百的学生讲课，除新手教师之外，通常有一定教学经验的教师都应已习惯于在大庭广众之前讲演。以这种职业经验为基础去拍摄演播式视频，无论在自己办公室中，还是在演播室中，应该都算不上困难之事。但实际情况却并非如此。

实践证明，在演播室之中，当面对着摄像机镜头时，即使一些教学经验丰富的老教师，也极有可能产生紧张情绪——尤其是面对着摄像师而非自己所熟悉的学生讲课时，更是容易产生表情生硬和动作僵化的现象。原因其实也很简单：在演播室中，教师习以为常的讲课对象学生消失了，语言、目光和动作的反馈对象没有了。教师只能对着摄像机镜头或摄像师讲课——而这两种对象都不会对教师的讲课作出任何反馈，这对于教师来说，确实是一件重新适应的挑战！

然而从另一个角度来说，当教师走入演播间开始拍摄演播式视频时，他实际上已开启自己职业生涯的崭新篇章——表演式教学。笔者认为，所谓"表演式教学"，是教学艺术①在信息时代的一种全新表现形式，同时也是网络时代对教师的教学技能的一种新要求。它展示的是教师在非教室环境下，面对"虚拟学生"时上课时所表现出来的

图 5-2-37 教师的表演式教学能力

一种独特教学技能与授课能力（见图 5-2-37）。这种教学，源自于电视大学（Open

---

① 教学艺术：是教师在课堂上遵照教学法则和美学尺度的要求，灵活运用语言、表情、动作、心理活动、图像组织、调控等手段，充分发挥教学情感的功能，为取得最佳教学效果而施行的一套独具风格的创造性教学活动。

University）时代，兴盛于互联网视频时代，不断为教师职业添加时代新特色。表演式教学，尤其对于年轻一代的教师从业者，将可能是实现职业生涯跨越式发展的核心技能之一，值得重视、培养和发展。

实际上，表演性向来被认为是教学的重要特征之一。有学者认为，"人的社会生命和精神生命的发展需要教学具有表演性。通过习得文化使自然人向完整的精神人转变，这个过程同样需要教学具有表演性。教学具有表演性能满足人愉悦的需求。教学的表演性能满足人超越的需求。人是超越性的存在，超越性是生命本性的需要……教学具有表演性能最大限度地满足人愉悦、超越、体验和表演的本能需求。"[1]

在当今信息技术高度发达和广泛应用的时代，基于互联网的影像技术，可以使教师的教学过程超越时空限制，将其教学景象传播至无远弗届。在这个过程中，当教师在演播室中面对着摄像机镜头时，看似对面空无一人，但实际上却面对着远比自己在教室里上课时多得多的受教育者——其身份是复杂多变的，其需求是千变万化的，绝非传统学生可比拟。毫无疑义，这种教学情景实际上对教师的教学技能和水平提出了更高的挑战。此时，教师若能从容接受并努力应对这种新挑战，那么，他的职业生涯就进入了一个全新阶段，他职业的专业性就提高到一个全新水平——因为此时的教师，已不再仅是一名传播知识的教育者，同时也是一名表演者——他不仅能给予观众文化知识，同时也能给观众带来美和艺术的享受。或许，到这一步，教师真的就达到了他职业生涯的高峰体验：教学不仅是经验和学术，也不仅是技能，它更是一门艺术。

简言之，表演性教学，是教学技术的高水平应用，是教学艺术的一种表现，它体现出教学设备的技术性与教师教学行为的艺术性之高度统一，是高科技时代教师教学技能的独特表现。当一名教师具备突出的表演性教学能力时，他实际上就具备了教师与表演家的特征。此时，他的教学影响力就不仅局限于教室或校园，而会通过互联网传播至无限的虚拟空间。

因此，在拍摄演播式视频时，视频质量之高低，效果之好坏，不仅与教师的教学经验、专业知识水平有关，同时还与他对这种教学方式的理解有着直接的关系。若教师认为，拍摄演播式视频，只是其在传统课堂教学中的简单转移或模仿，那么，所拍摄出的视频效果就会与传统教学差别不大，甚至在某些情况下可能还不如传统课堂教学——毕竟教师面前缺少学生的生动反馈；相反，若教师认为演播式视

---

[1] 张青民.论教学的表演性［J］.教育探索，2012（3）.

频所体现出的是一种新的教学模式，新的教学理念，那么，他就有可能表现出与传统课堂教学不一样的行为表现，让学习者看到之后感受到一种令人耳目一新的体验——但绝非课堂教学的翻版——这时，微课之独特魅力就会充分展示出来。

在实际拍摄中，即使是利用 SMMS 来自助拍摄演播式视频，教师实际上也是在一种假想的教学环境中表演，这既是一件令人兴奋的事，但是也很富有挑战性。因为他们所在的空间大小不同，离摄像机的远近也不同，所以教师的表现也都不相同。通常在有摄像师的演播室环境下拍摄时，考虑到这些情况后期需要专用的视频软件来进行数字化处理，在拍摄过程中，教师可能需要一些训练或反馈来帮助使之与虚拟环境融为一体。这时，摄像师可能需要鼓励主讲教师具备一些想象力，将周围想象为坐满学生的教室，在教学时应环顾周围并向虚拟对象做手势，做出某种面部表情，诸如此类（见图 5-2-38）。这样会使拍摄出来的视频更加生动、真实和吸引人。

图 5-2-38　教师在镜头前体现出的教学表演性

本书第六章将介绍一个演播式视频的编辑软件 Adobe Ultra，可以为绿背视频创建一个带有魔术似的虚拟场景，并且以精细的细节来实现一些平时只能在影视节目中方能看到的逼真视频效果。这时，如果在拍摄视频时就提前考虑到这一点，那么在拍摄之前，摄像师，或教师自己应首先确定，自己的装束、行为或动作应该与后面所选的某种虚拟场景所表现的环境是一致和相符的。在可能情况下，教师手持一些与场景相关的物体，如某个实验物品，或者上课书写用的粉笔，这样不仅可以改善教师与虚拟场景之间的协调性，同时还可以帮助他在思想上准确把握对虚拟环境的主观想象。举例来说，如果虚拟背景是阳光照耀下的海滩，那么，或使用摄像机镜头外的电风扇向教师面部吹风，来模仿出一种海风拂面的效果。以这样的方式拍摄出来的视频，再进行抠像编辑时，就会发现现场感和真实感都会很强，对学生更加富有吸引力。

（2）拍摄灯光和绿屏幕布的布置

可以想象，要获得理想的视频拍摄效果，在拍摄时正确地控制前景的灯光是极其重要的，要尽量调整前景来与背景的灯光相互匹配。在拍摄之前，教师要仔细观察想要的背景（无论是虚拟场景还是自己的素材），并决定好背景和场景中的灯源位置。注意调整角度和灯光位置，这样前景中的物体会与背景中的物体有相同的灯光效果。如图 5-2-39 所示，如果同样的前景物体实际上是在背景场景中被摄制，就可能会显示带有强烈的亮点和很重的阴影，这时前景中也要相应被照亮来使之相符。

图 5-2-39　拍摄灯光和幕布位置的设计

可以想象，正午时分的海滩背景，可能要比黑暗中的城市街道更有温暖的色调，明朗的亮度和很重的阴影。所以，使前景物体在数字化输入的背景上投有半透明的阴影会使最终的合成更真实。要想实现它，在录制视频时，就要调整适当的亮度，以便在素材上投下想要的阴影。

在使用正确照明条件下，高质量的抠像彩色背景幕布同样也可以产生更好的效果。通常情况下，笔者推荐使用绿色的背景颜色。在选择背景幕布的质地面料时，要确认颜色饱和，不能带有闪亮或表面纹理条，因为这样会导致反射灯光而出现亮点。如果使用的是棉质的背景布，那么皱纹要尽可能少，例如事先用熨斗来熨平整后再使用，效果会更好。如果使用的是免熨布料，在使用之前应用夹子固定，并把幕布绷紧，以免在幕布上出现折痕和小细纹。如果使用的是抠像彩色涂料，则要涂数层，每层之间要有足够的风干时间来增加颜色的饱和度。

当用灯光来照亮背景幕布时，需要尽可能使幕布平滑，没有亮点或阴影。如果有可能的话，使用反射伞或柔散器来调节光线，也是一种很好的方法。此外，携带方便的折叠式绿色/蓝色背景幕布，对于外景地或演播室内拍摄是很有帮助的。

3. SMMS 软件模块简介

前面所介绍的自助式多功能微课设计系统（SMMS）[①]，就是依据上述软、硬

---

① 有关SMMS相关信息，请参阅本书第二章2.3.2节。

件结合的虚拟场景色键抠像技术而设计的一个整体微课设计解决方案，适用于学科教师因地制宜地利用各种现成软硬件设备来自助式拍摄和制作微课视频。在了解 SMMS 硬件构成基础之上，本节将介绍其计算机软件模块（见表 5-2-2）。两者相互结合方能发挥其应用效能。

整体来说，SMMS 中与视频编辑与制作相关的软件模块，其核心功能是对所拍摄完成的绿屏幕布视频进行后续编辑和制作，生成各种形式的演播式视频，用于微课的制作。根据所设计微课类型的不同，这些视频的使用方法也有区别（见图 5-2-40）。例如，若目标是设计单播式微课，那么，除 Premiere 和 Popvideo converter 所生成的纯透明背景视频之外，实际上通过 Ultra 和 iClone 所生成的带有虚拟场景的视频本身，就可看做是一个基本形式的单播式微课。但另一方面，若最终的目标是设计交互式微课，那么，还需要将这些所生成的视频插入 Captivate 之中进行设计，与其他教学环节相互结合，最终才能制作出交互式微课。

表 5-2-2　自助式多功能微课设计系统（SMMS）视频编辑软件模块

软件名称	相关功能	生成视频样式和格式	整合软件
Adobe Ultra	将 SMMS 摄制的绿屏视频抠像为透明背景视频，并添加虚拟场景模板后导出；或者直接导出带 Alpha 通道的透明背景视频	带虚拟场景的 AVI 格式视频，或带 Alpha 通道的 AVI 格式透明背景视频	Adobe Captivate
Adobe Media Encoder CS	将 Ultra 所生成的带 Alpha 通道的 AVI 格式透明背景视频，解码转换为 FLV 格式的透明背景视频；将 iClone 生成的带虚拟场景的 AVI 格式视频解码转换为 FLV 格式视频	带 Alpha 通道的 FLV 格式透明背景视频	
CrazyTalk Animator	基于绿屏背景的动漫助教视频输出，然后利用 UI 导出为抠像视频，再用 AME 转换为透明背景 FLV 视频	格式为带 Alpha 通道的 FLV 视频	
iClone	插入 Popvideo 格式透明背景视频，利用模板构建虚拟教学场景后导出	带虚拟场景的 AVI 格式视频	
Popvideo Converter	将 SMMS 摄制的绿屏视频抠像为透明背景视频后导出	纯透明背景视频，格式为 Popvideo	

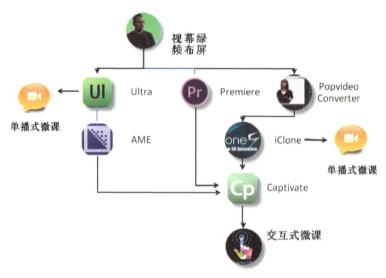

图 5-2-40　SMMS 软件模块及相互关系

4. 视频拍摄的技巧

随着数字技术发展，抠像技术被广泛运用于电影与电视制作当中。在室内拍摄的人物经抠像后与各种景物叠加在一起，可以形成神奇的艺术效果。大量实践研究表明，用于拍摄抠像视频的背景幕布一般选用蓝色或者绿色，其中以绿色为最佳，也就是通常所说的绿幕拍摄。不过，如果在拍摄操作不当则会为后期抠像带来诸多困难，那么，绿幕拍摄有什么技巧可循吗？以下是相关注意事宜：

- 人物的着装颜色应与背景色有显著区别，且色调不接近。换言之，被拍摄人物要避免穿着绿色或者与绿色相近颜色的衣服，且身上不要佩戴绿色的物件或饰品，以免抠像时连同人物身上的绿色部分一并抠去。
- 绿屏背景上的铺光要均匀。为了使后期抠像的过程变得简单，绿幕背景需要完全打上光，尽量避免绿幕上出现人的阴影。
- 如果拍摄人物有走动或者要完成某些动作，则要求人物衣着应尽量贴身且质地较为硬挺，避免穿着绸缎、纱质的衣物拍摄运动视频，否则会影响后期抠像效果。
- 目标主体与绿幕之间应保持一定的距离，以减少绿幕对主体的反射。

了解上述基本要求之后，以下将以自助式多功能微课设计系统（SMMS）来摄制演播式视频为例，展示绿屏背景视频拍摄的基本方法，其操作的基本流程（如图5-4-41）。

第一步，准备工作。包括场所选择与自己着装准备。建议选择一间封闭性好且光线充足的办公室或教室，作为自己拍摄视频的场所。为防止他人打扰而中断拍

图 5-2-41　SMMS 操作基本流程

摄,可在门外悬挂一个标有"室内正录像,请勿打扰"的提示牌。教师的着装应简单大方,无论男女,要充分考虑到所穿衣服与背景绿屏之间的反差,单纯蓝色或黑色的西装套装通常是最佳的着装。另外注意在选择衣服时尽量不要穿带条纹或格状的面料,以免拍摄出来的视频产生"摩尔纹效应"[①]（见图 5-2-42）。

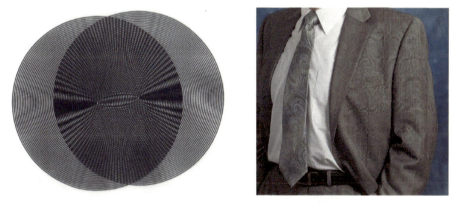

图 5-2-42　着装时防止拍摄出现摩尔纹效应

事先将 5 盏 LED 灯的电池全部充满,以防止拍摄中途照明灯电量不足。正常情况下,每只充电电池可正常工作 2 ～ 3 小时,基本可满足一般拍摄需求。

第二步,组装 SMMS 系统。在教师自己的办公室或寻找一个较安静的教室之后,教师可开始组装整个 SMMS 系统,操作很简单,10 分钟左右就能完成。当 SMMS 的全部组件安装完成之后,形成如图 5-2-43 所示的整体效果图。

---

① 摩尔纹效应（Moiré effects）:物理的差拍原理所产生的一种现象,实际上也是不同物体之间发生了波形干涉现象。简单来说,当相机传感器像素点与显示器像素点相近并重合后,人的肉眼会对这种重合相当敏感,所以我们就看到了摩尔纹。比如拍摄如纤维非常密集的衣物时,相机的成像元件图样与衣物纹路图像有可能会重叠,摩尔纹的现象会出现。

微课、翻转课堂与慕课实操教程

图 5-2-43　SMMS 组装后整体效果图

第三步，灯光调整。在拍摄演播式视频时，授课教师通常站或坐于移动桌架与背景幕布之间的某个位置。首先将全部 5 盏灯打开，并设置相应色温参数，分别用于面光、轮廓光和背光的照明。然后，打开计算机的显示器电源并选择相应的视频输入接口，随后屏幕上方摄像机所采集的视频图像将自动显示于屏幕之上。这时，教师可根据屏幕上自己的图像显示效果，来相应调整 LED 灯光的角度、亮度和位置。

图 5-2-44　教师用 SMMS 自助拍摄视频

通过调整屏幕上方的面光灯背后的亮度调节旋钮调整其亮度。最佳照明效果应是：使自己的面部无阴影，层次分明清晰；然后再调节背后绿屏幕布上的 4 盏灯的亮度，使绿屏幕布在显示器上的亮度尽量均匀且无阴影。同时，还应注意，自己在绿屏上的身体轮廓越清晰越好,注意利用背光灯使教师与背景幕布之间形成层次分明的反差,这将有利于后期的抠像处理。

教师可通过调节移动桌架(MDW)的高度,可随时采取坐姿或站姿的讲课方式来拍摄。调整高度时应事先将摄像机的显示屏翻转面向自己[①],这样在开始摄像之前随时可监控并调整镜头大小与位置。在自助拍摄的情况下,若摄像机会配备无线遥控器,教师则可更加方便地利用它来进行远程调整镜头焦距和角度。

在拍摄启动之后,教师可手持PPT遥控器在电脑显示器中播放教学讲义,将之作为提词器[②]来使用。由于摄像机正好位于显示器上端,所以即使教师眼睛看着显示器内容来讲课,最终拍摄出来的视频中,教师的目光视角仍然会始终正对着摄像机,不会出现目光"斜视现象"。

5.3 制作透明背景的视频和动画

当演播式视频拍摄完成之后,就进入视频编辑阶段。它的主要任务是利用某些软件对视频素材进行抠像处理,使之成为一种带有阿尔法通道(Alpha Channel)[③]的透明背景视频或动画(见图5-3-1)。然后,根据设计目标,将之加入不同设计软件之中,最终形成不同类型的电视主持人样式的微课视频。

图 5-3-1　视频阿尔法通道的原理示意图

---

① 如果摄像机带有视频输出接口,如HDMI,则可将摄像机与移动桌架(MDW)上的显示器连接。这样,在拍摄之前,摄像机镜头的影像将通过HDMI连接线输出至电脑显示器,教师则可清楚看到摄像机镜头所拍摄的自己形象,据此来调节位置、灯光和距离等。不过,当开始摄像之后,显示器中的视频输入会自动关闭。

② 提词器:是一种摄像时用于向讲话者提供相关文字提示信息的专用设备,通常用于给播音员或演讲者提示新闻台词,使之避免出现低头读稿状态,随时保持面向观众的姿势,实现在屏幕上与观众之间的目光交流,提高节目或演讲质量。从设备上看,提词器通常是通过一个专用的显示器件显示文稿内容,并将之反射到摄像机镜头前一块呈45°角的专用镀膜玻璃上,供播音者查看。从而实现演讲者、提词器、摄像机和三脚架支撑在同一轴线上,所拍摄出的视频中演讲者会始终面向观众。

③ 阿尔法通道(Alpha Channel):是指图像的透明和半透明度。通俗地说就是图像的透明效果,一般Alpha值取0~1之间。它是一个8位的灰度通道,该通道用256级灰度来记录图像中的透明度信息,定义透明、不透明和半透明区域。其中黑表示透明,白表示不透明,灰表示半透明。

在本书的微课整体技术解决方案中，将会用到 5 个制作透明背景视频的制作软件，分别为 Adobe Ultra、Premiere、After Effects、Final Cut Pro 和 Popvideo Converter（见图 5-3-2）。这五个软件所生成的透明背景视频和动画，可分别用于 Adobe Captivate 和 iClone。

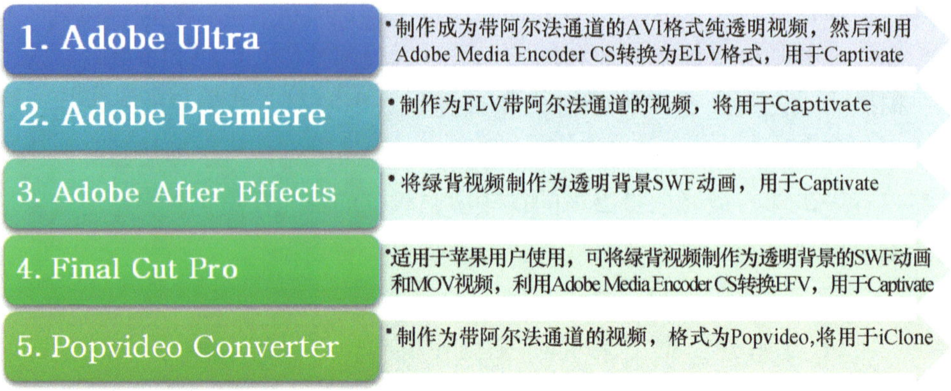

1. Adobe Ultra	制作成为带阿尔法通道的AVI格式纯透明视频，然后利用Adobe Media Encoder CS转换为ELV格式，用于Captivate
2. Adobe Premiere	制作为FLV带阿尔法通道的视频，将用于Captivate
3. Adobe After Effects	将绿背视频制作为透明背景SWF动画，用于Captivate
4. Final Cut Pro	适用于苹果用户使用，可将绿背视频制作为透明背景的SWF动画和MOV视频，利用Adobe Media Encoder CS转换EFV，用于Captivate
5. Popvideo Converter	制作为带阿尔法通道的视频，格式为Popvideo,将用于iClone

图 5-3-2　透明背景视频的编辑软件及其目标

5.3.1　制作透明背景 FLV 视频——Premiere

下面要介绍的制作背景透明视频的软件，是 Adobe Premiere（简称 Pr）。Pr 本身是一个专业视频编辑软件，如果要全面学习和熟练使用它，是一个费时耗力的过程。不过，对于学科教师来说，只需要掌握它的一项简单功能就足够了，即利用 Pr 来直接导出 FLV 格式的透明背景视频[①]，然后导入微课与慕课的整合设计软件——Adobe Captivate[②]。在本书第九章学习 Adobe Captivate 时就会涉及视频插入功能，FLV 格式透明背景视频将扮演极其关键和重要的角色。无论是插入事件视频，还是插入多幻灯片同步视频[③]，FLV 透明背景的视频与同步字幕功能结合，能设计出效果极佳的演播式微课视频。

Adobe Premiere 现在常用的版本有 CS4、CS5、CS6、CC 以及 CC 2014。需要注意的一点是，经过笔者测试发现，PrCC 版以及 CC2014 版的视频导出格式选择中，由于某种原因已取消"FLV"选项。因此，在利用 Pr 制作 FLV 格式的透明背景视频时，建议应选择 CS6 或之前版本，再根据自身电脑配置选择最合适版本安装使用。以下将以 Pr CS6 版本为例进行操作讲解。

---

① 有关利用Adobe Ultra来制作透明背景视频的方法，请参阅本书第六章6.4相关内容。
② FLV视频是Adobe Captivate导入视频媒体的默认格式。
③ 有关事件视频和多幻灯片同步视频相关说明，请参阅本书第九章9.4.3节内容。

第五章 微课视频的拍摄与初步编辑

1. 用户界面简介

Pr CS6 的用户工作界面大致分为 6 个区域（见图 5-3-3）：菜单栏、工具栏、素材监视器、剪辑监视器、项目 / 特效窗口，以及时间线窗口。

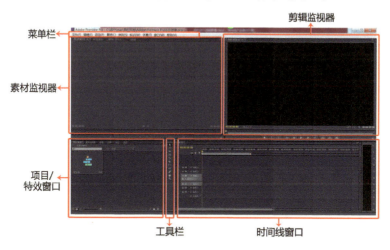

图 5-3-3　Pr CS6 工作界面

2. 导入授课视频

Pr 支持导入的视频格式有：AVI、MOV、MPEG 等，不同版本略有不同。打开 Pr CS6 后，首先要新建一个项目，这也是透明背景视频操作的工程文件。单击"新建项目"，弹出如图 5-3-4 所示窗口，可自行设置项目文件的名称以及项目存放位置，应注意应用英文或拼音来命名文件名。然后单击"确定"，进入视频序列设置界面，如图 5-3-5 所示。

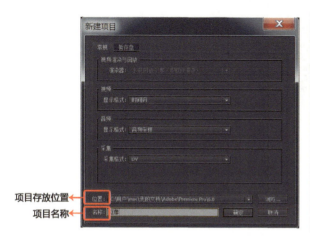

图 5-3-4　新建项目设置

图 5-3-5　新建序列设置

需要提示的是，因为现在利用数码设备拍摄的视频素材通常比例为 16∶9 的宽屏形式，因此应点击"DV-PAL"下拉菜单，将序列设置为"宽银幕 48kHz"（见图 5-3-5），其他设置保持默认不变。单击"确定"，随后将进入 Pr 编辑页面。

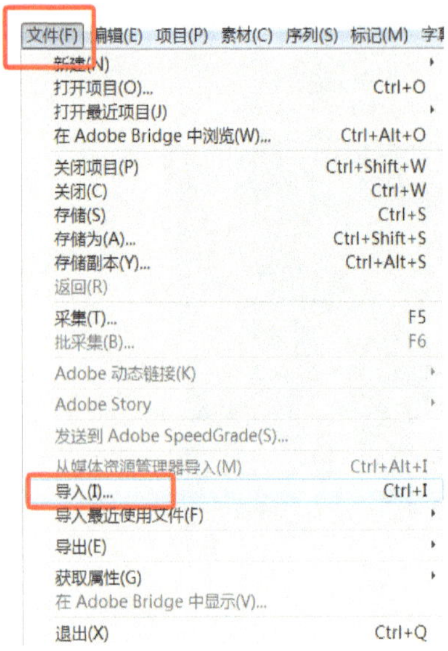

关于 Pr 素材导入方式，通常采用两种方法。第一种是点击菜单栏中"文件"，在下拉菜单中选择"导入"（见图 5-3-6）。然后找到要导入素材，单击"确定"即可完成素材的导入。第二种方式操作更简便，也是效率最高的导入方式：在"项目/特效窗口"的空白区域双击鼠标左键，文件选择对话框打开，选中要导入的素材，单击"确定"即可。导入后的素材会在"项目/特效窗口"显现，双击素材，可在"素材监视器"中查看导入的素材，用鼠标将素材拖动到"时间线窗口"，则会自动生成编辑轨道，并在"剪辑监视器"中查看视频的编辑效果（见图 5-3-7）。

图 5-3-6　导入素材

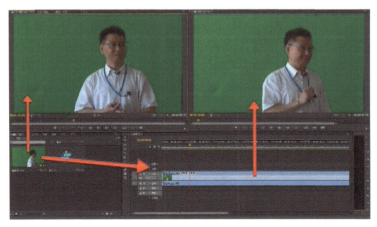

图 5-3-7　视频素材显示界面

3. 对授课视频抠像

在"项目/特效窗口"中，点击"效果—视频特效—键控"，找到"颜色键"（见图 5-3-8），用鼠标拖动"颜色键"至时间线窗口中的视频轨道，使二者重合。

这时，设计者可以一边观察"编辑监视器"内视频效果，一边调节效果参数进行抠像操作。点击素材监视器上方的"特效控制台"，可以看到之前为视频添加的

第五章 微课视频的拍摄与初步编辑

"颜色键"效果的各项参数。点击"吸管"工具，吸取画面中的绿色，从图 5-3-9 中可以看出，只有极少部分绿色被抠掉，即原来为绿色部分变成了黑色。这时，可适当调节"颜色宽容度""薄化边缘"和"羽化边缘"的数值，按"回车键"确定，直到监视器中呈现出最理想的"抠像"效果，即画面中的绿色都变为黑色，如图 5-3-10 所示。

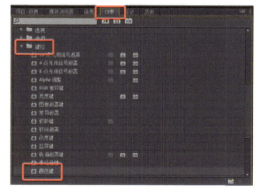

图 5-3-8 "颜色键"效果

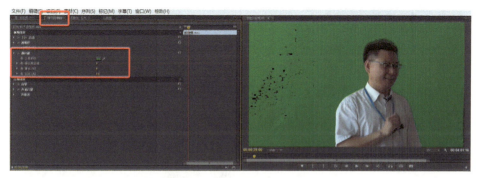

图 5-3-9 进行"抠像"操作

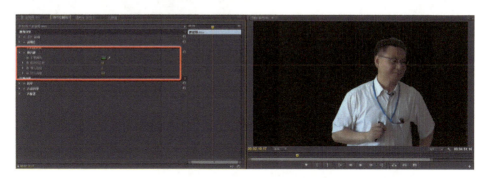

图 5-3-10 "抠像"效果参数调整

需要着重说明，抠像后的视频背景在 Pr 中默认是黑色的，导出后的 FLV 文件在视频播放器中播放时，背景也是黑色的。但将背景透明的 FLV 视频导入 Adobe Captivate 中时，则默认视频背景为白色，通过微课预览可以检测视频的"抠像"效果。

视频最终的"抠像"效果，取决于视频的拍摄质量以及抠像操作中各参数的设置。任何一个步骤操作不当都会造成"抠像"效果不理想，这可能就需要设计者在制作时要反复尝试测试。尝试的过程也是经验累积的过程，设计者在自己亲自操作几次后，就能熟练掌握视频"抠像"这门技巧。

如图 5-3-11 所示，将透明背景视频导入 Adobe Captivate 中检验，发现视频的边缘部分没有抠干净，这也是在视频抠像中比较常见的问题。如果是视频的四周存在多余部分，且这些部分不会影响主体的情况下，完全可以通过视频"裁剪"去除四周多余的部分。

具体操作方法：在"项目/特效窗口"中，点击"效果—视频特效—变换"，找到"裁剪"，用鼠标拖动"裁剪"至时间线窗口中的视频轨道，使二者重合。点击素材监视器上方的"特效控制台"，可以调节"裁剪"效果的各项参数。图 5-3-12 为"裁剪"参数调整后与相应的视频效果展示。

图 5-3-11　Adobe Captivate 预览界面

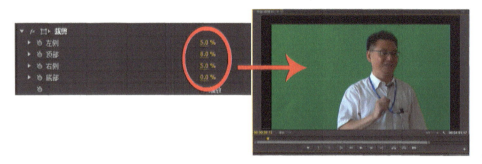

图 5-3-12　"裁剪"效果参数调整

如果想要删除已添加的效果，在"特效控制台"中，点击某一效果旁边对应的"撤回"按钮（见图 5-3-13），可删除该效果。

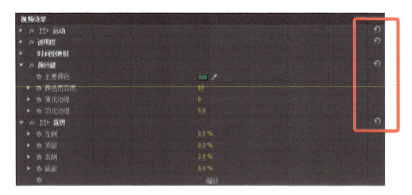

图 5-3-13　删除效果

4. 授课视频剪辑

接下来介绍 Pr CS6 的视频剪辑操作方法。设计者可对抠像后视频做简单剪辑后再导出。

当视频被拖入时间线窗口，会自动分离成视频轨和音频轨，鼠标指在时间轴上的视频素材，默认的标志是一个小箭头，即为"选择"工具。"选择"工具可以拖拽视频并选中某段视频，如果想要切割视频，则需要选择工具栏中的"切割"工具，符号为一个小的刀片样式。一般最常用的剪辑工具即为"选择"与"切割"工具，用"切割"工具切下多余的视频

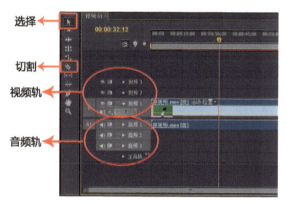

图 5-3-14　视频剪辑操作

片段，然后用"选择"工具选中该片段，按"delete"键即可将该片段删除（见图 5-3-14）。

5. 添加背景

如果想要导出透明视频，则经过"抠像"后的视频可直接导出。若需要为演讲视频加一个背景，只需导入任意图片或视频，放置在素材视频轨道下方的视频轨道中。拉动图片或视频的时间轨道使之长度与前景视频相同，该图片或者视频就可为抠像视频的背景。

如图 5-3-15 所示，以背景图片为例，若导入的图片尺寸与视频大小不符，则画面中会留有空白区域，即所示画面中的黑色部分。点击图片所在时间轨道，在

图 5-3-15　添加图片背景

"项目/特效窗口"中,点击"特效控制台—运动",其中一项为"缩放比例",适当调节缩放参数,按"回车"键确定。图 5-3-16 为"缩放"参数调整后与相应视频效果展示。

图 5-3-16　图片尺寸调整

6. 透明背景视频导出

点击菜单栏中的文件,在下拉菜单中选择"导出—媒体",在弹出的导出设置窗口中,将导出视频格式设为 FLV 格式,并对输出视频的质量进行合理设置。有一点需要强调,一定要在视频栏下勾选编码阿尔法通道,否则视频背景将不会透明(见图 5-3-17)。设置完成后,单击"确定",等待视频渲染并导出。

图 5-3-17　视频导出设置参数

完成上述演播式视频的抠像和透明背景设置之后,就为后续微课设计做好了第一步准备。当开始学习 Adobe Captivate 这个功能强大的通用性课件设计软件时,就会发现利用透明背景视频,能够以极低成本来实现以往技术要求很高的电视主持人微课制作。

5.3.2 制作透明背景 SWF 动画——After Effects

在微课设计时,通常 FLV 格式视频文件都相对较大,若想进一步降低文件大小,可考虑将绿背授课视频制作为 SWF 格式动画,是一个更为便捷的技术方案。通常,利用 Adobe After Effects 可容易地将绿屏视频转换为 SWF 动画,最终导入 Captivate 之中,同样也能形成电视主持人微课。

1. 选取素材

首先,打开 After Effects,点击菜单"新建"—"新建项目",创建一个项目。然后选择菜单"文件"—"导入"—"文件",找到并打开拍摄好的绿屏背景视频。在界面左侧项目库面板中找到导入的视频,双击进入编辑。

在素材窗口中,按空格键可播放(或暂停)预览视频,用以确定需要截取视频中的某一部分。然后将播放点定位到开始处,点击(设置入点到当前时间)按钮,将此处定义为起始点;点击(设置出点到当前时间)按钮,将此处定义为结束点(如图 5-3-18 所示)。

图 5-3-18 定义素材的出入点

2. 新建合成

如图 5-3-19 所示,点击菜单"图像合成"—"新建合成组",创建一个合成,并在弹出的合成属性窗口中根据需要进行设置。

3. 插入素材

创建好合成组之后,再回到素材编辑,点击(波纹插入编辑)按钮,将选定的素材插入合成视频中。如图 5-3-20 所示,随后这一段素材便会出现在界面下方的时间轴区域。

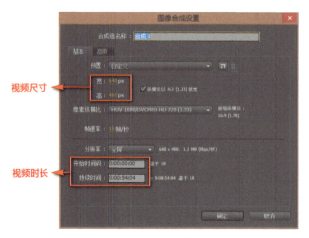

图 5-3-19 新建合成

图 5-3-20 插入素材到合成视频

由于原素材的视频尺寸，与最终要输出的"抠像"视频尺寸并不一致，所以，需要对素材进行尺寸变换。操作方法是：如图 5-3-21 所示，在时间轴面板中，展

图 5-3-21 更改素材的尺寸

开绿屏素材前的小三角形，再展开变换类别前的小三角形，找到"比例"变换，取消（锁定比例），将其数值由默认的宽、高均为"100%"改为合适的值（此处为宽55%、高45%）。这样，原始视频就能比较协调地呈现在合成窗口中。另外，还可通过拖动素材视频将其置于合成的中央，以达到更好的视觉效果。

4. 颜色键抠像

接下来便是将原来的绿色背景去掉，点击菜单的"效果"—"键控"—"颜色键"，然后再在特效控制台中进行抠像操作：如图 5-3-22 所示，首先，用滴管工具在原始素材画面上采样，选择需要被"抠去"的背景颜色；然后调节色彩容差、边缘薄化、边缘羽化等参数以达到最好的抠像效果。

图 5-3-22　色键抠像

在初步设置好参数之后，通常还需要播放浏览整段视频，以避免出现局部视频未"抠干净"现象。最终要达到的效果，是整段视频所有的背景都去除干净，同时视频内的人物图像也能完整地被保留下来。

5. 导出 SWF 动画

最后一步是导出视频。由于 After Effects 支持输出 SWF 格式，而 SWF 作为一种 Flash 格式是支持透明背景的。因此，只需导出 SWF 文件便能实现视频背景的透明化：点击菜单"文件"—"导出"—"Adobe Flash Player（SWF）…"，然后，在弹出的窗口中对输出视频的品质质量进行合理设置。见图 5-3-23，需要注意的是，对于"不支持的功能"一项，一定要选择"栅格化"，否则将无法实现背景的透明效果。

设置好之后点击"确定"按钮，After Effects 便会开始导出 SWF 格式背景透明动画。

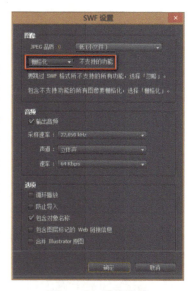

图 5-3-23　输出设置

5.3.3 苹果的透明视频抠像软件——Final Cut Pro

前面介绍了常用于抠像的软件 Adobe Premiere 和 After Effects。这些软件大多数只适用于 Windows 系统，考虑到微课设计者中有一部分为苹果系统用户，下面将介绍一款专门针对苹果系统的视频编辑软件——Final Cut Pro（见图 5-3-24）。它是苹果公司开发的一款专业视频非线性编辑软件，目前最新版本是 Final Cut Pro10.1.2。

图 5-3-24 Final Cut Pro 图标

1. 用户界面简介

Final Cut Pro 的工作界面大致分为 5 个区域（如图 5-3-25 所示）：素材区、视频显示区、时间轴/剪辑区域、调整参数区、效果区和剪辑区。

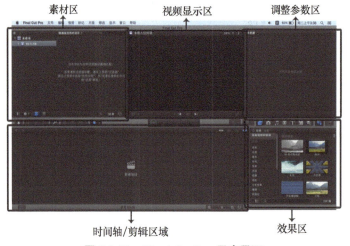

图 5-3-25 Final Cut Pro 用户界面

2. 视频抠像操作

（1）素材导入

视频编辑通常会用到多段不同的视频素材，导入素材之前，应新建一个项目，相当于建立一个新文件夹，用于同一操作的所有视频都导入同一项目中，方便归类与管理。

点击"新建项目"，弹出如图 5-3-26 所示界面，可自行编辑项目名字。编辑完成后，点击"好"，如图 5-3-27 所示，界面发生微小变化。

接下来，是将拍摄的视频素材导入 Final Cut Pro 中，这里介绍两种方法。第一种是点击页面最上方工具栏中的"文件—导入—媒体"命令（见图 5-3-28），然后选择视频素材所在位置,点击"全部导入",选中的素材就导入"素材区"中(见图 5-3-29)。利用这种方法可以一次导入多个素材到素材区中,点中素材区中任意一段视频,拖拽到视频剪辑区的时间轴中,就可对视频素材进行编辑。第二种方法,是将 Final Cut Pro 的界面稍微缩小一点,然后将位于桌面的视频素材直接拖拽到时间轴中。

图 5-3-26　新建项目

图 5-3-27　新建项目后界面

图 5-3-28　导入素材操作

图 5-3-29　导入素材后界面

(2)抠像操作

在"效果库"区域,点击"显示效果库",在下拉菜单中找到"抠像",如图 5-3-30 所示,Final Cut Pro 提供了多种视频抠像效果,将鼠标放到每一种抠像效果上左右移动鼠标，会在"视频显示器"中查看到抠像效果。通常，微课中所用的抠像即为去除画面背景，保留完整的前景人物，因此，在这里应选择"抠像器"。点中之后，直接将该效果拖拽到时间轴中的视频素材上，使二者重合，可以从视频显示器中看到，背景已基本被抠掉了（见图5-3-31）。

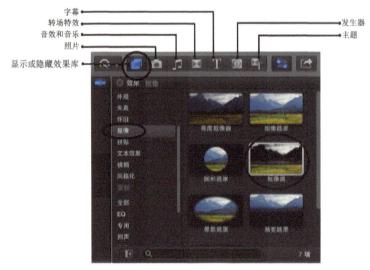

图 5-3-30 "效果库"功能介绍

图 5-3-31 "抠像"操作

Final Cut Pro 的抠像效果很强大，直接将"抠像器"拖曳到时间轴上的抠像效果，取决于视频素材的拍摄效果。如果布光均匀且人物轮廓鲜明，与背景颜色反差大，一般进行此步操作后，就基本达到抠像理想效果。但是，如果效果还未达到要求，可点击"调整参数区域"的"视频"选项，对视频各项参数进行调整。

如图 5-3-32 所示，最常用的编辑操作为"抠像器""变换"和"裁剪"3 个部分。"抠像器"中各个选项用于调整抠像的强度、锐度等，设计者在使用时可一边调试参数，一边注意视频显示器中的效果。

"变换"可以变换抠去背景的前景人物的大小以及位置。下面两幅图（图 5-3-33，图 5-3-34）分别展示了变换前与变换后前景人物的大小与位置区别。

"裁剪"针对的也是抠去背景的前景视频。如果抠像时人物周围有未抠掉的杂质影像，运用"裁剪"功能可以轻松去除。图 5-3-35 展示了一幅经过裁剪后的视频呈现效果。

（3）视频剪辑

下面介绍 Final Cut Pro 的视频剪辑操作方法，这样设计者可对抠像后的视频做简单剪辑后再导出。

鼠标指在时间轴上的视频素材，默认标志是一个小箭头，即为"选择"工具，"选择"工具可以拖曳视频，并选中某段视频。点击如图 5-3-36 所示的下拉菜单，可将鼠标设置成其他任意工具。工具后面标注的是该设置工具的快捷键，设计者熟练操作后，可以通过快捷键快速变化鼠标工具。一般最常用的为"A 与 B"之间的互换，用"B 切割"工具切下多余的视频片段，然后用"A 选择"工具选中该片段，按"delete"键即可将该片段删除。

图 5-3-32　调整视频参数

图 5-3-33　视频变换之一

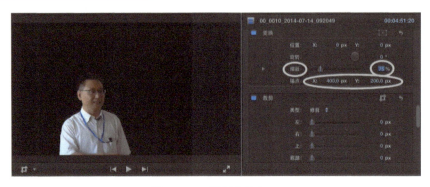

图 5-3-34　视频变换之二

图 5-3-35　视频裁剪后效果

图 5-3-36　视频剪辑工具选择

（4）添加背景

如果想要导出透明视频，随后就可直接导出。但如果想为演讲视频加一个背景，可以将任意图片素材拖入时间轴中透明视频的下方，拉动图片使之时间长度与前景视频相同（见图 5-3-37），该图片就成为抠像视频的背景。

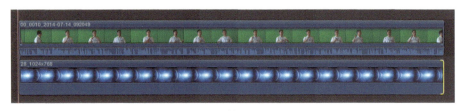

图 5-3-37　时间轴中的前景与背景

有一点需要注意的是，如图 5-3-38 中所示，如果导入的图片素材与视频文件大小不匹配，则视频画面中会有黑色阴影区域。

图 5-3-38　视频阴影区域

怎样去除画面中的黑色区域呢？如图 5-3-39 所示，在时间轴中选中图片所在的视频轨道，在调整视频参数区域适当将图片的缩放比例调大，可填充画面中的黑色阴影区域。

图 5-3-39　调整背景大小

（5）视频导出

点击页面最上方工具栏中"文件—共享—母版文件"，如图 5-3-40 所示，弹出导出视频设置页面（见图 5-3-41）。另外，按快捷键"command+E"也可直接进入导出设置页面。

Final Cut Pro 默认导出的视频格式为 MOV 文件，点击"下一步"，选择导出文件存放的位置，点击"存储"，可完成视频导出。

微课、翻转课堂与慕课实操教程

图 5-3-40　导出操作

图 5-3-41　导出设置

3. 注意事项

第一，Final Cut Pro 在操作过程中都是进行自动实时保存的，因此，在操作中如要中断，不必保存工程文件，只需关闭其工作界面。当重新打开 Final Cut Pro 时，操作界面的布局跟关闭前完全一致。

第二，Final Cut Pro 默认的导出视频格式为"MOV"，如果设计者想要其他格式的视频文件，可利用其他格式转换工具（如 Adobe Media Encoder），对导出文件进行相应的格式转换。

第三，关于能导入 Final Cut Pro 的素材格式，Final Cut Pro10.1 之前的版本只能导入 MOV 格式文件，MP4 和部分 AVI 格式的视频素材，在 Final Cut Pro10.1 之后的版本，随着 Final Cut Pro 功能的不断更新，大部分视频格式都可直接导入。

第六章　微课视频的虚拟场景设计软件
——Adobe Ultra

　　作为一个典型快课式软件，Adobe Ultra（简称 UL 或 Ultra）是一款简单易用的视频抠像与编辑软件[①]，也被称为"虚拟演播室软件"。它的主要功能是，利用色键抠像技术将绿屏幕布视频中的人物处理为透明背景视频（见图 6-1）。然后再添加一个虚拟动态场景，并且可以自定义虚拟背景以及人物的阴影、镜头推拉摇移和光反射等属性，最后发布生成 AVI 或 MOV 等格式视频。

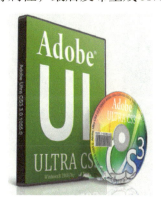 

图 6-1　虚拟演播室软件 Adobe Ultra

　　在整个交互式微课软件方案中，Adobe Ultra 扮演着极其关键角色——编辑和处理教师的授课视频，为之添加各种形式虚拟场景，编辑成富有视觉感染力的教学视频。生成的视频经过 Adobe Captivate 编辑之后，最终生成单播式微课（MP4 视频）或交互式微课（SWF 或 HTML5）。

---

① Ultra是Adobe合并Serious Magic后推出的第一个版本。该软件实际是Adobe为向那些不熟悉Premiere Elements和After Effects的用户提供的另外一个入门级选择工具，适用于教师使用。但随后由于商业原因，Ultra功能被整合于Adobe其他相关软件之中，未再开发新版本。

图 6-2　虚拟场景微视频设计软件——Ultra

　　Ultra 所提供数量庞大的虚拟场景模板库，为教师动手设计授课视频的背景提供了前所未有的快捷和方便。Ultra 共有四种主题 46 类不同风格的虚拟场景（见图 6-3），其中多数都包括不同的摄像机角度，如虚拟摄像机移动，这是利用了一种名为"虚拟轨道"（VirtualTrak）技术设计，很有视觉冲击力。

图 6-3　Ultra 虚拟场景库

除虚拟场景之外，Ultra 还具备一些普通抠像系统所没有的特殊功能，包括：

- 设计者可通过实况摄像机预览，调整灯光、摄像机位置、角度和缩放来实现视频的推拉摇移效果。
- 可以在动感的虚拟演播室调整素材视频的位置。
- 可灵活增加多达 4 个素材，作为素材叠加层。
- 虚拟演播室可通过虚拟的推拉／摇移来模仿镜头运动，还有慢摄像机移动或直接在屏幕上缩放画面。

从 Ultra 技术特点和操作方法来看，它是一个典型快课式软件：操作便捷，提供了大量模板库，使用时，通过简单鼠标拖放等方式，就可很快得到高质量的抠像效果。然后再从软件所提供的丰富多样的虚拟背景库中选择所需要的虚拟场景，经过简单参数设置之后，生成具有专业水平的视频内容。实践证明，这是一个适于学科教师使用的微课视频编辑软件。

6.1 软件概述

从技术特色上来看，Ultra 适用于基于绿屏背景的全身、半身和头部特写镜头视频的抠像与编辑。它的"矢量色键"（Vector Keying）技术，是其他视频编辑软件上的抠像器无法比拟的。即使是面对那些在以前不可能抠像的视频画面，例如，不均匀的灯光、褶皱的背景或卷曲的头发，仍然可以在几秒钟内就完成抠像。

6.1.1 功能与技术特色

Ultra 可兼容大多数的标准视频格式，包括从 Avid 到 Adobe Premiere 和 Finalcut 标准的 AVI、DV、HDV 和 HD 视频素材。详细功能和技术特点如表 6-1-1 所示。

尤其突出的是，Ultra 随软件提供了一个庞大的虚拟场景模板库，它有四大类不同主题的虚拟场景，多数都包括不同的摄像机角度，其中一些还利用"虚拟轨道"（VirtualTrak）而呈现出各种形式的推拉摇移效果。利用这个功能，教师可以为所拍摄的教学视频添加各种动态虚拟背景，产生极其独特而逼真的视觉效果——基本不需要任何技术成本。

表 6-1-1　Adobe Ultra 的功能和技术特色

技术特色	内容说明
矢量色键抠像	能解决不均匀的灯光、褶皱的背景和卷曲的头发的抠像难题，并获得如烟雾、液体和透明物体等复杂的抠像效果
一键抠像	具备用于快速设置的单击抠像功能和多种图像控制，如抑制溢出、颜色恢复和边缘柔化效果，得到最佳抠像效果。
DV/HDV/HD 广播级质量	支持 16:9 和 4:3 宽屏幕素材，并提供从减少颜色带宽到 DV 视频素材的结合。支持 HD 和 HDV 分辨率，包括 1080i、1080p、和 720p，支持多帧率标准
颜色校正	带有抑制溢出、颜色曲线和冲淡颜色控制的输入/输出素材的实时颜色校正，可获得带有屏幕显示颜色图的 Gamma 校正，显示对画面进行了何种颜色校正
虚拟阴影	可为人物添加逼真的虚拟阴影效果，并相应调整阴影的方向、大小和浓淡程度
虚拟反射	可为人物添加虚拟反射效果，如在大理石质地场景时，人物身影可显示其在地板上的反射
虚拟推拉摇移	可以放大或缩小所输入的视频素材来满足场景变化需要，实现虚拟缩放或平移任何静止摄像机镜头，使之与背景同步变换
自定义虚拟场景	可自定义背景、素材和前景画面创建虚拟环境，自定义背景画面可生成带有复杂摄像机移动效果
高分辨率的图片作为背景	支持输入分辨率高达 4096×4096 静帧画面作为输入素材和背景，用于输出 HD 分辨率视频。支持文件格式包括 bmp、jpg、psd、png、gif、tiff、tga 和 ppm
广泛的视频兼容性	支持输入视频格式包括 AVI、MPEG 和 DV，以及电脑上安装的兼容编解码的格式。输出文件格式可以为无压缩 AVI、DV 和 MOV
数量庞大的虚拟场景库	包含 800 余个虚拟场景模板，其中包括带虚拟摄像机移动的高级虚拟场景模板，能够模仿滑动轨迹来从固定摄像机镜头创造虚拟视觉移动效果

目前，Ultra 提供了 4 个虚拟场景库（Master Sets Libraries，简称 MSL），包括多达 872 种场景模板（见表 6-1-2）。其中，带有虚拟轨道功能的模板为 105 个。

表 6-1-2　Adobe Ultra 虚拟场景库及模板

虚拟场景库	主题	虚拟场景模板名称和数量	虚拟轨道模板数量
MSL-A （11 类 196 种）	新闻与演播	Digital Studio（蓝色数字演播室 -11） Game Show（金色游戏表演 -15） Late Night（雅典深夜节目 -12） Lecture Hall（正式讲演厅 -22） News Set（青色调播音室 -13） Skyline Studio（都市夜景演播室 -23） Studio 7（金属风格演播室 -18） Talk Show B（原木风格访谈节目 B-26） Talk Show（紫色调访谈节目 A-22） World News B（国际新闻演播室 B-20） World News（国际新闻演播室 A-14）	22
MSL-B （13 类 266 种）	商务与办公	Boardroom（灰色调监控室 -10） Conference Room A（暖色调会议室 A-24） Conference Room B（木墙会议室 B-37） Convention-Hall（阳光展示厅 -18） Corner Office（商务转角办公室 -29） Courtroom（法庭 -19） Gazebo（欧式林间凉亭 -19） Lobby（大理石宾馆门厅 -17） Loft Office（跃层开放式办公室 -37） Orient（东方木结构厅堂 -11） Outdoors（室外花园 -11） Sales Office（销售办公室 -20） Townhouse（客厅 -14）	28
MSL-C （11 类 213 种）	教育与培训	Archives（档案馆 -36） Classroom（多媒体教室 -20） Computer Lab（计算机实验室 -16） Corporate Campus（校园外景 -18） Football-Stadium（足球比赛馆 -23） Gallery（美术画廊 -14） Library（图书馆 -11） Master Control（主控室 -26） Medical（医院保健 -15） Museum（博物馆 -19） Study（欧式古典书房 -15）	22
MSL-D （11 类 197 种）	超现实风格	Award Show（颁奖会场 -16） Center-Stage（超酷灯光舞台 -19） Control Room（控制室 -24） Glass Studio（粉色玻璃演播室 -17） Metropolis（超现实未来都市 -18） Minds-Eye（思维视觉闪烁 -25） Network-News（网络新闻演播室 -31） Nova Studio（新星演播室 -16） Space Station（空间站式演播室 -14） Virtual PC（虚拟电脑 -14） Wedding（浪漫婚礼 -3）	33
总　　计		共计四大主题 46 类 872 种模板	105

6.1.2 软件安装及注意事项

在安装和使用 Ultra 之前，首先应确认所使用计算机软、硬件符合以下基本要求。

计算机操作系统建议使用 64 位或 32 位 Windows 7.0、Windows 8.0 或 Windows8.1，最好是专业版。同时所使用的显卡应具备 3D 加速图形功能。完整 Ultra 软件的大小超过 9G[①]，建议至少具备 10G 以上的硬盘空间。

目前，在互联网上能找到的 Ultra 版本有两种：一种是包括虚拟素材库的完全安装版，其安装方法与普通程序类似，点击其中的可执行安装文件，根据提示完成安装；另一种是网友自制的免安装绿色版，简单易用，可去网上下载和试用。

安装绿色版 Ultra，应注意以下事项：

- 作为绿色版，Ultra 不需要按照普通软件的安装方式进行安装。用户只需要将整个目录复制至电脑硬盘某个目录下（通常是 C 盘），然后点击并运行其中的"@Install_绿化"文件，将会自动生成一个快捷方式，点击它即可启动。也可将该快捷方式复制至桌面，以便随时使用。以后在使用过程中，若出现无法启动 Ultra 的情况，可先双击"@Uninstall_卸载"文件，然后删除原来快捷方式后，再重新运行"@Install_绿化"。通常就会恢复正常。
- 在安装时，如果系统提示缺少某个 DLL 文件，可打开安装包中的 d3dx9_32，根据自己的操作系统 32 位或 64 位，进入相应文件夹，点击其中的安装文件，通常可解决这个问题。
- 若有些电脑安装了上述 DLL 文件后仍无法正常运行，这时，可去网上检索和下载一个名为"DirectX Repair V3.2（Enhanced Edition）"的文件，请认真阅读其中"使用说明"文档，根据提示进行运行和使用。
- 在第一次启动 Ultra 时，应选择 PAL 视频制式，以后启动将不再提示。
- 某些情况下，有些电脑在第一次启动时会出现以下提示："显示设置的字号不能在当前分辨率中显示，运行必须减小字号或增大窗口分辨率"。解决方法是：在桌面空白处点击鼠标右键，选择"屏幕分辨率"选项，进入后，点击"放大或减少文本和其他项目"，进入后选择"较小（S）—100%（默认）"。电脑或许会提示重新启动。电脑重启之后，则可正常运行 Ultra。

---

① Ultra完整软件包的容量大小约为9G，其中虚拟场景模板占据绝大多数空间。

6.1.3 支持的视频与图片格式

Ultra 支持 HD[①]、HDV[②]视频、QuickTime 视频，及相关扩展图像格式文件，这部分地取决于用户电脑所安装的视频解码器数量和类型[③]。表 6-1-3 展示了 Ultra 通常兼容的视频与图片格式。

表 6-1-3　Adobe Ultra 视频与图片格式

输入和输出格式	分辨率	帧　　率
高清（HD 和 HDV）	1080i 1080p 720p	NTSC：60i 和 30p PAL：50i 和 25p Film：24p
标清（SD） 无压缩 24-bit：普遍接受的 AVI 格式，主要是 Windows 应用	NTSC：720×480，720×486 PAL：720×576	
带 Alpha 的 32-bit 无压缩：基本上与 24bit 相同，但是这个格式包含额外的 8bit 用于阿尔法通道		
DV AVI Type 1——整个 DV 数据流（音频与视频）被不加修改地作为一个 AVI 文件 Type 2——DV 数据流被分为单独的视频和音频数据，在 AVI 文件中作为两个数据流被保存		
图形 大多数的图形文件（.PNG，.JPG，.BMP，.GIF，.TGA）[④]可在 Ultra Key 上应用。也支持 32bit 格式（.PNG，.TGA）		

此外，当使用 Ultra "实况预览" 功能时，任何与当前计算机相连，且兼容 DV、WDM（Windows Device Mode）的摄录设备，都可以正常工作，作为视频素材采集工具。

[①] HD（High Definition）：高清，指物理分辨率达到720p以上的格式，只要显示荧幕的解析度>=1280×720可列为HD等级。

[②] HDV是由佳能、夏普、索尼、JVC四大厂商推出的一种使用在数码摄像机上的高清标准。采用这一标准的数码摄像机能以720线的逐行扫描方式或1080线隔行扫描方式进行拍摄。目前，高清视频的分辨率主要是1280×720和1920×1080。

[③] Adobe Ultra CS3 Guide for Windows.

[④] 注意图形文件为4×3的纵横比。如果视频文件不是4×3的纵横比，会有一个黑边。

6.1.4 基本操作步骤

在具体操作步骤上，Ultra 操作简单明了，只需要 7 个步骤就可以完成整个视频的抠像与编辑工作（如图 6-1-1 所示）。

图 6-1-1　Ultra 操作步骤图

整个设计过程包括以下过程：

（1）创建新项目，导入抠像素材

- 激活"输入剪辑"窗口。
- 进入"浏览"标签，选中视频素材。
- 被选中素材将出现在对应窗口中。

（2）抠像设置

- 打开"抠像"标签，单击"抠像点"拾取工具。
- 在素材蓝绿背景上单击，创建取样点，可在明暗不同区域设多个取样点。
- 单击"应用点"按钮，使抠像设置生效。
- 调节"颜色分离""颜色控制""再处理"栏中的滑块，完善抠像效果。

（3）选择虚拟场景

- 打开"虚拟场景"栏，选择一个虚拟场景。
- 选择一个与视频匹配的虚拟场景文件并双击，虚拟场景将出现在窗口中。

（4）导入虚拟场景中的素材文件

- 激活"素材 B"窗口。
- 打开"浏览"选项卡。
- 双击选择的素材视频文件，出现在窗口中。
- 拖动时间滑块，浏览素材文件。
- 在虚拟场景中显示的素材图像。

（5）预览项目效果

- 单击"播放"按钮，播放项目。
- 时间滑块显示播放位置。
- 时间滑块显示素材播放位置。

（6）输出最终视频素材文件

- 打开"输出"选项卡。
- 选择"输出格式"。
- 选择输出"宽高比"。
- 选择视频"编码格式"。
- 确定"场序"。
- 确定输出文件保存位置及文件名。
- 软件估计输出文件的大小。

（7）单击"保存输出"按钮，开始输出

- 程序开始渲染输出。
- 检测输出视频文件。
- 完成后，利用媒体播放器检测输出的视频文件。

6.2 用户界面概述

启动 Ultra 之后，软件将展示出以下基本用户界面，包括三个基本区域：输入区、预览区和编辑区（见图 6-2-1）。整体界面简洁明快，易于掌握，适用于具有一般计算机技能的学科教师。

第一，视频输入区。位于界面的左上方，可选择、浏览和改变在"源素材预览窗口"中所输入的各种素材。这里，设计者可在下拉菜单中选择想要导入和浏览哪个素材，或使用实况预览来设置或调整抠像结果。输入按钮，显示在当前屏幕上的输入素材，可通过向按钮上拖拉兼容的视频文件来改变内容。点击按钮会在源素材预览窗口上显示视频素材。

第二，视频预览区。位于界面的右上方，其中"输出视频预览显示器"可以显示所有输入素材最终的合成效果。

第三，视频编辑区。位于界面的下方，是由 12 个控制栏组成，其中包括抠像、颜色、场景、视频位置和输入、输出设置等。主要功能是对所生成的视频进行编辑、处理和最终发布。

图 6-2-1　Ultra 用户界面

6.2.1　视频输入区

下面详细介绍 Ultra 视频输入区的详细功能。从技术上来说，Ultra 之所以能最终生成视觉效果极佳的背景变化多端的视频，源于该视频在编辑过程中是由 4 层内容相互叠加而合成的（如图 6-2-2 所示）。设计者可以根据需要灵活地在 4 层内容上叠加各不相同的素材，最终合并成为视频后输出。

- 背景。是虚拟演播室的最上一层，是视频素材或带 Alpha 透明的静止图形，它可以是简单文本图形或更复杂的前景动画。
- 输入剪辑。是准备要抠像的授课视频素材，这将成为所合成视频的基础素材。后续相关的编辑与处理，都是围绕着输入剪辑而进行的。
- 虚拟场景/背景。这是虚拟演播室的后面或底层。在这一层可以有透明区来通过它显示其他的视频素材。
- 可选输入素材源（如素材 B）。这些素材用于填充背景层的透明区，它的数量取决于使用的虚拟场景模板参数，可以是素材 B、素材 C 等。

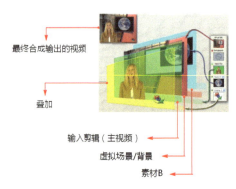

图 6-2-2　Ultra 输入素材叠加示意图　　图 6-2-3　Ultra 视频输入区

1. 用户界面简介

启动 Ultra 之后，如图 6-2-3 所示，视频输入区是整个设计工作的起始点。设计者从这里开始导入事先录制好的绿屏背景视频，然后开始后续一系列的合成工作。

导入欲编辑视频的方法很简单：点击"输入剪辑"下拉菜单（见图 6-2-4），并选中它，然后再点击右侧"浏览"按钮，在计算机中选中某个绿屏背景视频文件。随后，该视频将自动显示于上方的源素材预览窗口。请注意，导入时应选择 AVI 格式的视频文件。

图 6-2-4　导入输入剪辑的视频

在左侧，每个输入按钮位置在界面的中下方，可通过鼠标的拖拉动作来直接载入相关的素材，并选择哪个层处于"激活状态"。如果设计者双击文件夹的一个文件或把文件拖到源素材预览窗口，Ultra 将通过亮绿灯来显示哪个输入文件当前正处于"激活状态"。旁边的小显示灯和按钮用于显示状态（见图 6-2-5）：红色表示在当前虚拟场景中是不可用的，黄色表示在当前虚拟场景中是可选的，当前虚拟场景正在被使用。亮绿色表示当前输入剪辑处于激活状态。

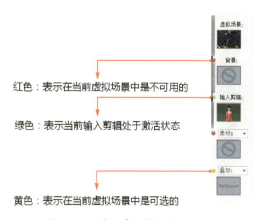

图 6-2-5　输入素材的状态显示

如果要切换激活某个素材使之进入可编辑状态，就去点击输入按钮或点击它的指示灯。在某些虚拟场景模板之中，可以加入多于一个的背景素材，如素材 B、素材 C 等，可以顺着向下选择来改变用于编辑的激活素材。同样，如果增加了多于一个的叠加，如叠加 1 和叠加 2 等，那么，顺着向下选择同样也可激活相应的叠加。

2. 实况预览功能

（1）Ultra 具备的功能

在实际拍摄教学视频时，可在虚拟场景的基础之上，直接对当前正拍摄的视频进行抠像，并看到视频合成的实际效果。该功能的一个用途是，当教师利用本书前面所说的"自助式多功能微课设计系统"（SMMS）来自助拍摄演播式视频时，可以根据预览效果来设置灯光和摄像机位置，最终提高抠像的质量。

（2）应用这个功能

第一步，是摄像机必须与电脑连接①，并且是可识别的设备。可以通过打开 Windows 桌面上"我的电脑"，看是否有摄像机设备来确认是否被识别。完成之后，在主讲教师的背后安装好绿屏幕布并打开摄像机。

第二步，选择作为背景使用的虚拟场景、静止画面或视频素材。然后在输入的下拉列表，选择"实况预览"。这时，从摄像机录入的教师在绿屏幕布前的视频图像自动显示于输入区的预览窗口之中（见图 6-2-6），就如将事先准备好的视频源素材导入时一样。然后，可点击打开编辑区中的"抠像"栏，在预览窗口中点击绿屏幕布所在的位置，设置多个抠像点。随后，点击"应用点"按钮，这时，在选好的虚拟场景基础之上，被抠去背景的实时透明教师讲课视频图像将显示预览窗口之中。从技术上说，当前所显示的合成视频，与发布之后的实际效果基本相同，这样就可以作为拍摄时的参考样板。

图 6-2-6　Ultra 实况预览功能

3. 视频抠像点的操作

"抠像"就是将所输入视频的绿屏背景去除使之成为透明背景的操作过程，这

---

① 如果使用的是笔记本电脑，也可直接调用其本身自带的摄像头作为视频录制工具。

是 Ultra 编辑中关键的一个步骤。通常情况下，设计者一般采用"应用点"方法来抠像，分为单点式抠像和多点式抠像。

第一种，设置一个点来抠去视频背景之中的某一种颜色，从而实现背景的透明效果。操作方法是：直接在源素材预览窗口之中绿屏背景的某个位置单击一次来设置一个抠像点，整个屏幕将使用所选定的颜色用于抠像。请注意，在点击抠像点时，不能将点置于人物身上。这种方法主要应用于背景颜色单一而均匀时使用，如图 6-2-7，这个视频的背景亮度和色度很均衡，基本处于同一色系。换言之，屏幕上大部分抠像彩色背景是一种绿色，虽然在某些位置有点瑕疵，但是这些对抠像的显著效果影响不大。这种情况下，选一种颜色并设置一个抠像点，就能够比较完美地实现抠像。

图 6-2-7　单点式抠像操作

第二种，是设置多个点来抠去多种分散的颜色。操作方法是在源素材预览窗口之中绿屏背景的多个位置单击，设置多个抠像点（见图 6-2-8），抠去屏幕中的多个颜色。这种方法主要用于当抠像背景的颜色不

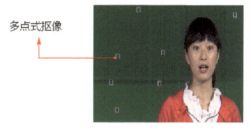

图 6-2-8　多点式抠像操作

均匀，或者因为灯光或不平的背景而造成视频带有明显阴影时使用，如图中这类背景亮度和色度不均匀的视频。因为不均匀的灯光和阴影，输入素材的抠像彩色背景会有几个不同的绿色或阴影区域。这种情况下，需要手动通过设置多个抠像点的方式，来告诉 Ultra 何处是阴影（色度）区。

同样要注意的是，在设置任何一个抠像点时，都不能点至人物所在的位置。尤其是对于那些在镜头之中有位移变化的人物来说，在设置抠像点时，也要充分考虑到其位置移动的轨迹，不要在其轨迹点击抠像点。

4. 虚拟场景模板类型

Ultra 提供的虚拟场景模板从简单到复杂，种类繁多，各不相同。最简单的场景也就是其默认设置，即 Basic 文件夹之中的"简单键入素材"（Simple Keyed Clip）。设计者可用这个设置来指定一个背景或前景。稍微复杂一点的虚拟场景，是"教育与培训"主题"博物馆"中名为"Museum Intro（Trak）"的模板，它包含预定义的动画背景和多种素材，每个都带有预定义的位置。模板中比较复杂的场景，是"商务转角办公室"中的名为"Corner Office Monitor to Talen-Pause at Beginning（Trak）"的模板，它能够通过移动镜头来滑动显示从一个显示器到办公

桌面的过程,最后显示出人物在这个动态虚拟场景中的形象。

只要在文件名称中带有 Trak 字样的模板,都具有虚拟镜头的推拉摇移功能,实现图像从某一点到另一点的轨迹变化,富有视觉吸引力。

每个新的项目文件都是以可被用户定义的默认虚拟场景开始的。安装后的默认场景是,可在"Basic"文件夹里的虚拟场景(Virtual Sets)标题栏找到。也可在"工具箱"下拉菜单的"应用设置"选项中重新指定默认的虚拟场景。某些虚拟场景模板,可能需要一个或更多的额外的素材:素材 B、素材 C 等。这些场景,可以点击它们标签后的箭头来改变可选素材是否为激活的,处于可编辑状况。

当选择虚拟场景的模板时,要注意根据模板的名称来区别场景的不同效果分类。例如,如果这个模板的名称中带有 Tight、Medium、Wide 和 Trak 等字样,它们的含意如表 6-2-1 所示。

表 6-2-1　虚拟场景模板的名称含义

名　　称	适用视频	场景效果
近景(Tight)	适用于近距离拍摄的绿屏视频,如胸像类视频	
中景(Medium)	适用于中等距离拍摄的绿屏视频,如腰部往上的半身类视频	
远景(Wide)	适用于远距离的全身拍摄绿屏视频,人物的上、下空间可以很大	
坐(Sitting)	将以宽角度拍摄目标及所坐的椅子	
虚拟轨迹(VirtualTrak)	通常需要用长宽距离来拍摄,模板带有镜头的滑动、推移等视频效果,产生镜头的移动	
过肩(OTS——Over the Shoulder)	指所插入的素材显示于人物肩部的背后位置	
含前景(With Foreground)	可放在前景的包含图形项目的场景,人物在其之后显示,如前面的扶手或栏杆等	
含暂停(With Pause)	包含可用长度暂停点的特殊场景,可在场景栏中进行时间调整	

第六章 微课视频的虚拟场景设计软件——Adobe Ultra

此外，Ultra 虚拟场景文件的扩展名为 .mfx。Ultra 项目文件是由设计者创作的、存储当前虚拟场景、输入剪辑和任何与这些输入有关的调整或定位的总体项目文件，它以 .mks 扩展名保存文件。在设计过程中，应注意随时保存项目文件，以备后续修改使用。

6.2.2 视频预览区

视频预览区的主要功能，是显示和预览对输入剪辑合成后的实际图像效果，使设计者对所添加的各种操作有直观掌握。如图 6-2-9 所示，它包括一个播放控制栏和相关按钮，如左侧的时间码框，它可以显示合成视频播放的当前时间点，设计者可在这输入一个时间码来寻找特定的位置。同时，在右侧有三个按钮，主要用于显示控制，如放大、缩小等，以便于在编辑过程中观察视频的细节部分。

图 6-2-9 视频预览区

通常在视频最后输出之前，应充分利用预览区来查看视频的细节，以达到最完善效果后再输出。

6.2.3 视频编辑区

视频编辑区是 Ultra 的核心操作区域，通过它，设计者能够实现对抠像视频的修改、完善、添加虚拟场景、镜头推移效果和最终输出视频。如图 6-2-10 所示，编辑区是由两大类 12 个功能栏组成。第一类是用于视频抠像、编辑和输出，包括

图 6-2-10 视频编辑区

7项，分别是：抠像栏、颜色栏、场景栏、推拉摇移栏、阴影栏、输入栏、输出栏；第二类用于虚拟场景设置及相关辅助功能，包括5项，分别是：虚拟场景栏、背景栏、输出剪辑栏、项目栏和浏览栏。

1. 抠像栏

抠像栏的功能，是可将绿屏视频变为透明背景，并对其进行各种修改和参数调整，以使抠像达到最佳效果（见图6-2-11）。它的基本操作方法是：点击"抠像栏"打开它的界面，然后将鼠标移到输入素材预览窗口之上，在导入的绿屏视频的背景位置单击设置一个或多个抠像点。下一步，点击"应用点"按钮，Ultra将自动将绿屏视频的背景位置"抠除"，整个视频的背景将显示为黑白相间形式。

图6-2-11 抠像栏中"应用点"按钮

抠像栏中的常用按钮和选项的功能说明如下：

- 启用。打开/关闭抠像功能。当选择时，Ultra就自动启用抠像功能。当使用"实况预览"功能时，可以使用此功能来查看视频的实时抠像效果。
- GPU增强。通过使用显卡提升抠像性能，这要求显卡支持Pixel Shader 2.0功能。
- 应用点。是指启用此前在源素材预览窗口上已选定的抠像点，即开始抠像。
- 清除点。从抠像校准存储里清除所有在源素材预览窗口上所选定的抠像点。
- 素材预览瞄准器。当鼠标移到源素材预览窗口时所显示的样式，用于选择在屏幕上的点或色彩的阴影，以避免设置点离边缘或人物太近。
- 抠像点。当点击屏幕后会留下一个十字交叉标志，提示抠像点所在位置。当点击应用点按钮后，小十字线会消失。抠像点在点击清除点之前一直是处于激活状态。

当抠像操作完成之后，紧随其后就是对抠像视频进行参数调整和完善（见图6-2-12）。

第六章 微课视频的虚拟场景设计软件——Adobe Ultra

图 6-2-12 抠像栏中的参数调整功能

图中"放大预览"这个滑块，会缩放在输出预览器中的场景。与 Ultra 处理功能一起使用，可以帮助设计获得清晰的抠像片断。使用时可以点击并按住鼠标右键，把鼠标从顶移到底，来进行缩放。注意，这个功能不会影响实际的输出视频素材，只用于帮助控制质量。Ultra 提供了三个功能：颜色分离、颜色控制和再处理。它们分别包括以下基本功能：

（1）颜色分离。包括的功能如下所示。

- 开始阈值。通常用于带有不均匀灯光造成问题的视频素材。增加数值可作为透明被接受的颜色范围。调整数值时，在右下角的 Alpha 曲线图上会有相应的变化显示。
- 透明度。控制素材视频的全面透明程度。增加数值时应参考抠像彩色背景的透明范围，从中心（参考颜色）开始，向周围的颜色移动。调整数值时，在右下角的 Alpha 曲线图上会有相应的变化显示。
- 高光。用来控制素材视频较亮区的透明效果。
- 阴影。用来控制素材视频较暗区的透明效果。
- 灵敏性。用来控制抠像颜色背景接受的近似颜色范围，对于清除暗背景的粗糙边缘很有用。
- Alpha 曲线。用来增加和减少抠像后素材的边缘柔化效果。

（2）颜色控制。包括的功能如下所示，用来调整输入素材与抠像颜色背景有关的颜色。

- 开始级别。控制视频素材的减少饱和度的开始范围，调整时在 Alpha 曲线图上会显示相应变化。
- 减少饱和度。通过减少某些颜色范围的饱和度来冲淡并补偿溢出[①]。

---

① 溢出：当前景是根据饱和的抠像彩色背景设置时，从背景中溢出的灯光会落在前景上造成前景带有背景颜色，即灯光溢出到前景。

这可简单校正在素材视频中的几种颜色问题，减少抠像颜色背景上溢出到前景的颜色。

- 抑制溢出。通过向某个颜色范围增加与抠像颜色相反的颜色来减少从抠像颜色背景溢出到人物上的颜色标准。
- 颜色曲线。改变冲淡颜色的动态，可与溢出抑制联合使用。它的使用通常依赖于素材视频的质量。

（3）再处理。包括以下功能，主要用于处理视频中人物的边缘显示效果。

- 缩小边缘。用于更进一步改进抠像人物输出的边缘效果，从柔和到明显。注意，过于明显的边缘会泄露在使用抠像镜头，降低后期合成视频的真实感。同时过于柔和的边缘也会造成视频清晰度降低。
- 柔化边缘。减少 Alpha 曲线不光滑的全部焦点。增加这个值可以使抠像人物背景上的相关位置变模糊。
- 锐化边缘。改变整个 Alpha 曲线的对比度，可改进抠像人物的周围边缘。
- 锐化范围。与锐化边缘一起使用来调整锐化的方向。

以下提供了在使用上述"颜色控制"功能时的一些建议，以帮助设计者获得最佳的抠像视频效果。整体来说，虽然不同素材差异很大，但调整的顺序大多数是一致的。

① 亮度好质量高的视频素材，"开始阈值"滑块设置在 1.00 时会容易获得较好效果。

② 预览素材视频时，若人物有任何亮或暗之处，在播放至可见亮处和暗处的地方暂停视频，然后使用"高光"或"阴影"滑块做调整。

③ 注意应调整"透明度"时，要使人物的任何部分都不透明。

④ 如果需要，可以轻微调整 Alpha 曲线滑块，使边缘之处更加清晰。

⑤ "溢出抑制"滑块设为 1.00 时，会导致过多的紫红色被增加到前景中。这时应把"减少饱和度"滑块向左移，直到紫红色变成了抠像背景颜色。

⑥ 把"抑制溢出"滑块向左移，可消除素材视频上遗留的多余溢出颜色。也可以轻轻地调整"减少饱和度"滑块来移走多余的颜色。

⑦ 可以把"颜色曲线"与"减少饱和度"和"抑制溢出"联合使用。通常情况下，不太需要使用颜色典型滑块，但是可以微调某种颜色范围以接受溢出颜色的抑制。

⑧ 对于高质量的素材视频，"开始级别"滑块可在左边 0.50 的位置。

2. 颜色栏

颜色栏的主要功能是对视频的颜色进行校正，其操作界面分为两部分：预处理和再处理[①]（见图6-2-13）。每部分都包括标准的颜色调整控制。

图 6-2-13　颜色栏的功能按钮

（1）预处理

这些设置用于在 Ultra 编辑输入的视频素材之前，用于调整当前处于激活状态的输入素材的颜色效果。当调整输入的素材时，要格外注意，因为这些设置会影响到抠像颜色背景的颜色，并进一步影响抠像的校准。

- 启用，允许或不允许颜色预处理。在不启用状态下，可让设计者快速且不丢失任何设置地使用原始素材。
- 重置，所有的设置返回原来默认的状态。
- 亮度，当前激活视频素材的亮度控制。
- 对比度，在当前激活的素材上控制灯光和暗影分离程度。
- 饱和度，当前激活的视频素材的颜色强度控制。
- 色度，控制当前激活的素材中使用的颜色平衡状态。
- 所有通道，用于设置红、绿、蓝三色的数值。
- 红色，控制当前激活素材的红色阴影强度的控制。
- 绿色，控制当前激活素材的绿色阴影强度的控制。
- 蓝色，控制当前激活素材的蓝色阴影强度的控制。
- 色阶，控制当前激活素材所选颜色及阴影的饱和度。
- 输入补偿，在当前激活素材中增加或减少所选颜色。

（2）再处理

用于在执行完抠像后，进一步调整处于激活状态的输入素材。可无须改变抠像背景颜色的调整输入素材的颜色，其只适用于输入素材。

- 启用，允许或不允许颜色预处理。在不启用状态下，可让设计者快

---

① 两部分都有选择框，这样不用点击复位就可以把所做的设置与源素材进行比较。

速且不丢失任何设置地使用原始素材。
- 重置，所有的设置返回原来默认的状态。
- 亮度，当前激活视频素材的亮度控制。
- 对比度，在当前激活的素材上控制灯光和暗影分离程度。
- 饱和度，当前激活的视频素材的颜色强度控制。
- 色度，控制当前激活的素材中使用的颜色平衡状态。
- 所有通道，用于设置红、绿、蓝三色的数值。
- 红色，控制当前激活素材的红色阴影强度的控制。
- 绿色，控制当前激活素材的绿色阴影强度的控制。
- 蓝色，控制当前激活素材的蓝色阴影强度的控制。
- 色阶，控制当前激活素材所选颜色及阴影的饱和度。
- 输入补偿，在当前激活素材中增加或减少所选颜色。
- 伽马，控制当前激活素材中所选颜色的伽马值。

3. 场景栏

场景栏，其功能是用来调整或定位素材视频平面所处的位置。在素材视频需要处理以满足特殊场景的需求，或者在利用"基本场景"[①]来创建个性化定制的演播室时，可以使用它。如图 6-2-14 所示，"场景中坐标"和"场景中方位"中的交互网格控制可用于调整想要的场景位置，还有 X、Y、Z 编辑框。默认的位置和定位来自于虚拟场景。

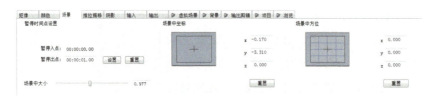

图 6-2-14 场景栏中的功能

在这里，设计者可以使用鼠标左键移动绿色网格来移动场景的位置。或者按住 Shift 键，向上、向下拉网格，来放大或缩小网格。在操作时注意，鼠标左击并拖住网格来重新定位，同时按住 Shift 键可用来缩放，同时按住 Alt 键则用于慢慢地移动。

需要注意的是，在虚拟场景模板之中，那些带有虚拟轨迹（VirtualTrak）的则不允许这些设置被更改，因为它们还包括在 3D 空间中摄像机的移动，并且视频平

---

① 基本场景：是指名为 Basic 文件夹中的场景模板。

面有预定的位置和方向。

场景栏中还提供了"暂停时间点"的设置功能，它适于设置虚拟摄像机移动时使用，只能用于名称中带有"With Pause"和"Trak"的虚拟轨迹类模板。这类虚拟场景具有演示过程中进行可变长度的暂停，但其时间长度未必适用于所输入的视频素材。在这种情况下，利用"暂停时间点"功能，就可以做到使虚拟场景的显示效果适用于视频素材本身的播放长度，而非机械地受限于虚拟场景的时间要求。

例如，摄像机以关于一本书的短镜头开始，包含一个插入的素材 B。这时，如果在素材 B 中放入的是一段视频，那么，正常情况下，应该播放完这个视频之后再开始移动摄像机镜头，即让镜头处于"暂停"状态。这时，设计者就需要输入想要暂停结束的时间点。计算方法很简单：等待时间的长度，等于"暂停出点"的时间减去"暂停入点"的时间。点击"设置"按钮，可从处于激活状态素材的当前播放位置获得时间码。不过，如果暂停入点开始的时间不是 0，就需要输入一个结束时间来手动调整持续时间。

（1）"暂停时间点设置"。带有以下功能：

- 暂停入点。当前虚拟场景的以时间定义的点。通常不可修改，但会显示暂停开始时间。
- 暂停出点。用于设置暂停持续的时间长度。输入结束时间，其数值等于想要暂停持续的时间加上暂停入点的时间。
- 设置。设置预设到虚拟场景中的结束点。
- 重置。通过把暂停出点时间调整为暂停入点时间，即取消暂停效果。

（2）"场景中坐标"的功能（见图 6-2-15）包括如下内容：

- X，沿 X（水平）轴移动视频平面。
- Y，沿 Y（垂直）轴移动视频平面。
- Z，沿 Z（空间）轴移动视频平面。Z 轴是增加的第三个尺度。Z 轴与 X，Y 轴垂直，使用时，按住键盘上的 Shift 键。

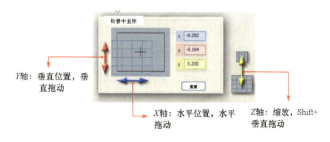

图 6-2-15 场景中坐标的移动

● 重置，所有设置回到默认应用状态。

（3）"场景中方位"。包括如下内容：

● X，沿 X（水平）轴移动视频平面。
● Y，沿 Y（垂直）轴移动视频平面。
● Z，沿 Z（空间）轴移动视频平面。Z 轴是增加的第三个尺度。Z 轴与 X, Y 轴垂直，使用时，按住键盘上的 Shift 键。
● 重置，所有设置回到默认应用状态。

4. 推拉摇移栏

推拉摇移功能，可用于设计者在任何虚拟场景之中创建一种类似虚拟摄像机移动的视频效果。选择"启用"之后，它会如图 6-2-16 所示，包括两部分："推拉摇移时间点"和"当前时间点设置"。前者用于在视频素材的不同位置添加时间点，后者则用于添加时间点之后的镜头显示动作设置。

图 6-2-16　推拉摇移栏的功能

① 时间设置框。用于在视频素材中调整到任何播放时间位置，或者在编辑框输入想要的时间码，然后单击"设置预览时间"。此外，也可以直接用鼠标把输出预览窗口的播放滑块移动到想要的时间位置。

② 添加时间点。可以选择场景开始时间为（0, 0, 0），或者所设置的其他时间，点击此按钮可添加一个推拉摇移的时间点。

③ 镜头动作设置。如图 6-2-17 所示，用于调整想要的视频场景显示效果和位置，有 X、Y、Z 输入框，默认的缩放和位置为 0。设置时，设计者可以使用鼠标左键移动网格框来实现移动场景的位置。可以用鼠标左右拖拉网格来实现摇移（向左或向右移动）的视觉效果；若在拖拉的同时按住 Shift 键，则可以实现推拉（即放大和缩小）。在调整时，可以在输出预览窗口上实时观看移动效果。需要注意的是，缩放控制有一个很宽的范围，要确定缩放的比例，不要使场景变得模糊。

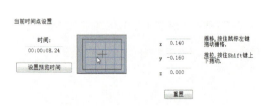

图 6-2-17　鼠标拖拉网格来实现摇移设置

5. 阴影栏

阴影栏的功能，主要是为视频素材中的人物添加不同角度的虚拟阴影和反射效果，并调节其方向、角度、大小和浓淡程度。利用这个功能，可有效地增加抠像视频插入虚拟场景之后的空间和距离真实感，产生足以乱真的视觉效果。

图 6-2-18 阴影栏的功能

使用时，可直接在"效果类型"中选取各个角度的阴影及反射（如图 6-2-18）。选中之后，可根据需要对阴影和反射的方向、角度等需求，通过"阴影设置"中的滑块来调整。

在摄像时，人物阴影的生成受四个基本参数的影响，分别是基线、长度、角度和扩展，其相互关系如图 6-2-19 所示。这个过程看起来很复杂，但实际上在 Ultra 设置中却很简单，通过控制不同参数滑块的位置就能生成人物阴影。

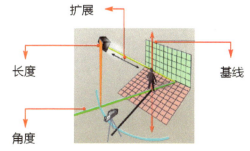

图 6-2-19 人物阴影生成的四个参数

如图 6-2-20 至 6-2-23 这四幅图所示，展示了当设计者调整基线、角度、长度和扩展的参数时，视频中人物的阴影所产生的相应变化。

在使用阴影和反射功能时，需要注意的一点是，阴影和反馈的显示效果，不仅受制于视频中人物的拍摄角度和距离，同时也受制于所选用的虚拟场景类型，并非在全部情况下都适用，应区别对待和设置。

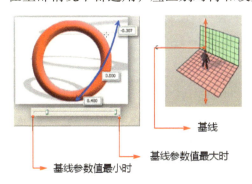

图 6-2-20 基线参数值与阴影之间的关系

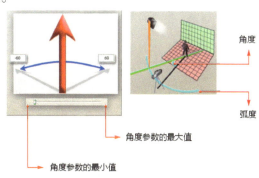

图 6-2-21 角度参数值与阴影之间的关系

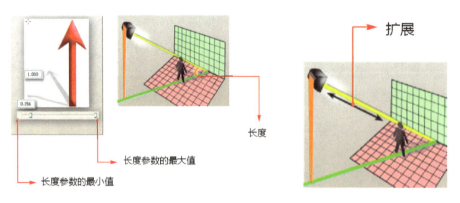

图 6-2-22　长度参数值与阴影之间的关系　　图 6-2-23　扩展与阴影之间的关系

6. 输入栏

输入栏的主要功能，是用来设置所输入的视频素材的开始点（入点）和结束点（出点）时间，即从一段较长时间的视频素材之中截取一段来进行相应的参数调整和设置（见图 6-2-24）。

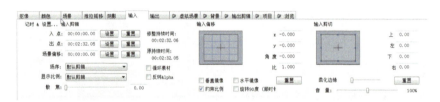

图 6-2-24　输入栏的功能

（1）"输入剪辑的记时设置"。包括如下内容：

- 入点，显示视频素材的开始点。
- 出点，显示视频素材的结束点。
- 场景偏移，以时间设置素材视频将开始的点，与场景时间有关。可从输出预览窗口下面的时间框获得时间。用于延迟与完成的输出视频有关的输入素材的开始时间。
- 场序，选择输入剪辑的场序，通常使用默认剪辑。
- 显示比例，包括 1∶1、4∶3 和 16∶9 三种比例。
- 散焦[①]，使素材在焦点内或偏离焦点，以此来模仿摄像镜头有深度的空间变化。这个功能当背景具有一定空间感时可以使用。

---

① 注意一些老视频卡可能不支持散焦功能，此时该功能处于不可用状态。

（2）"输入偏移"。用来调整人物在场景中的角度和比例等参数。

- X，沿 X（横）轴旋转。
- Y，沿 Y（纵）轴旋转。
- 角度，改变素材视频面的角度。使用此功能时要按住键盘上的 Ctrl 键。
- 比例，成比例地改变素材视频的大小。例如，2 就是原始尺寸的 2 倍，0.5 就是原始尺寸的一半。在移动鼠标使用此功能时，要按住键盘上的 Shift 键。
- 重置，所有设置恢复到默认状态。
- 垂直镜像，用来使视频垂直翻转。
- 水平镜像，用来使视频水平翻转。
- 约束比例，在修改视频时使比例保持不变。
- 旋转 90°（顺时针），将视频方向向顺时针方向旋转 90°。

（3）"输入剪切"。用来对输入视频素材的显示面积进行调整。操作时，用鼠标拖动框的四边的边线来剪切相应的位置。这个操作并不会真正改变源视频素材，只是对当前抠像后的视频有效果。

- 上，修改视频的顶边。
- 下，修改视频的底边。
- 左，修改视频的左边。
- 右，修改视频的右边。
- 重置，所有设置恢复到默认状态。
- 柔化边缘，调整修剪过的素材视频边缘的柔化度，来减少可视的接缝。

7. 输出栏

输出栏，主要用于前面已经编辑完成的虚拟场景视频在输出时的相关技术设置，包括视频格式、编码、分辨率等（见图 6-2-25）。Ultra 具备多种格式的视频输出功能，其中包括带有 Alpha 通道的 AVI 格式透明背景视频[①]。

（1）"输出设置"。主要与视频的技术参数相关，包括以下内容：

- 格式，输出视频的文件格式。其中列出已安装在当前计算机系统上的所有兼容 Direct Show 编解码。

---

① 该功能可为第九章介绍的 Captivate 提供最佳形式的视频素材，如用于插入老师的授课视频。

图 6-2-25　输出栏的各项功能

- 编码，打开编解码的配置面板。其中内容取决于编解码。
- 分辨率，显示输出视频的分辨率。
- 帧频，显示输出文件的帧率。
- 闪烁滤镜，当视频被输出后，如果在观看时视频上有明显的对比线，要想减少这些对比线的闪动，可选择此功能调整。

（2）"文件信息"。主要与视频保存相关，包括以下内容：

- 文件夹，输出视频文件保存的当前文件夹。
- 文件名，输出视频文件的名称。
- 浏览，改变保存在计算机中的位置。
- 输出总长度，显示输出视频的播放总时间。
- 估计输出大小，若按照当前设置保存视频输出时文件大小，以兆（M）表示。
- 剩余输出时间，显示保存文件时估计的剩余时间。
- 保存输出，根据当前设置开始输出视频文件。
- 进度，输出视频文件的进度。

8. 其他编辑栏

除上述 7 个功能栏之外，编辑区还有另外一类用于虚拟场景设置及相关辅助的功能，分别为虚拟场景栏、背景栏、输出剪辑栏、项目栏和浏览栏（见图 6-2-26）。

图 6-2-26　其他 5 个编辑栏

- 虚拟场景栏。显示出目前计算机所安装的 Ultra 虚拟场景库中的模板。在设计时，可直接在此用鼠标双击选择某一个虚拟场景作为授课视频的背景。
- 背景栏。显示出目前计算机所安装的 Ultra 背景模板。可直接选择其中之一，鼠标双击后会自动进入背景层。
- 输出剪辑栏。输出的视频文件在计算机上的默认保存位置。
- 项目栏。在计算机中保存 Ultra 项目源文件的默认位置，可以浏览所保存的 .mks 格式项目文件。
- 浏览栏。可以浏览当前计算机中相关视频素材。

6.3 重点功能操作演示

以上整体介绍了 Ultra 用户界面及其包括的各种功能，这是操作和使用这个软件的基础。总的来说，作为一款快课式工具，只要拍摄好绿屏背景视频之后，学科教师利用它来设计自己的微课，并不是一件困难的事儿。当然，对许多学科教师来说，自己动手编辑讲课视频，可能是一件以往从未想过和做过的事情，需要做诸多准备工作。

下面，笔者将以主题案例的形式，来介绍如何利用 Ultra 来解决一些教学视频编辑和设计工作，包括如何对某些复杂视频进行抠像和调整亮度等。通过这些重点功能的演示，教师将会对初步掌握利用 Ultra 编辑微课视频有一个感受和体验，为后续自助设计打下基础。

6.3.1 对复杂绿背视频抠像处理

本节将演示 Ultra 在处理一些特殊和复杂视频时所用到的一些特别功能，善于利用这些功能，能够使教学视频的抠像效果更加出色。

首先，在 Ultra 编辑区的"浏览栏"中，找到一个名为 PAL Sample Clip 的文件夹，选中名为 PAL Suzy Hair Flip 的视频文件。然后用鼠标将之拖放至"源素材预览窗口"之中，点击播放按钮开始播放。此视频的内容是 Suzy 站在一个有明显绉褶痕迹的绿色屏幕前转动头发的视频（见图 6-3-1）。显

图 6-3-1　长发飘飘的绿屏背景视频

然，这是一个看起来美丽飘逸的视频图像。但遗憾的是，从技术上来说，随风飘逸的头发为后期的抠像带来了诸多挑战。例如，由于绿屏背景上带有褶皱，再加之头发很细长，又处于风吹飘动状态之中。要想对这类视频进行高质量的抠像，实际是一件相当有难度的工作。

下面，看一看 Ultra 能否胜任这个富有挑战性的任务。操作步骤如下：

- 把上述这个视频片段直接用鼠标拖拉至"输入剪辑"窗口。
- 打开"抠像栏"，在绿屏处设置抠像点，并点击"应用点"按钮。
- 打开"背景栏"，找到命名为"Clouds 02"的图片，并将之拖拉到"背景"窗口。

随后，视频的预览窗口将会出现如图 6-3-2 的图像。

总的来说，这个抠像效果相当不错。但是如果仔细观察，可以看到她的头发部分带有一些泛绿色，这影响了抠像的整体效果。下面的操作将会使这个镜头看起来更清晰、更自然。

首先，在背景栏中设置一些背景图片，如纯白、纯黑和黑白棋盘格，用来进一步检查和去掉在抠像中不理想的部分。操作方法是：在"背景"窗口点击鼠标右键，并在其中找到相应的选项：纯黑、纯白或棋盘格（见图 6-3-3）。

图 6-3-2　初步抠像合成效果

图 6-3-3　设置检测用的背景图片（右键菜单）

其中，黑色和白色图片适用于检查视频的边缘和背景中不理想之处，黑白棋盘格图片适用于检测不想要的透明部分。

- 在背景窗口点击右键，选择"设为纯白"，这样视频的背景将设为白色。
- 打开"抠像栏"。在"颜色分离栏"中，调整 Alpha 曲线滑块，例

第六章 微课视频的虚拟场景设计软件——Adobe Ultra

如，可将数值设为 0.402[①]，使与背景一起消失的头发部分和已被"抠出"部分边缘变得更加清晰干净。

这时，在抠像栏右下角的 Alpha 曲线图中，设计者会发现，在这个数值点上，头发的边上仍有一点晕环显示。这说明还需要进一步调整参数，操作方法如下：

- 在背景窗口点击右键，将背景设置为"棋盘格"图片。
- 找到人物图像中任何透明之处，适当调整"透明度"滑块，例如，设置为 0.643。调整的基本原则是：在保证人物本身不透明的前提下，透明度数值越高越好。

注意，在调整参数过程中，为更清楚地观察图像的细节部分，可以调整预览下方的"缩放窗口"按钮，通过按住鼠标左键拖拉的方式来放大或缩小图像。

- 在调整过程中，可打开或关闭"抠像栏"中的"启用"选项，以随时比较视频的原始画面和抠像后画面之间的关系。
- 调整完毕之后，鼠标在"背景"窗口中右击，并在弹出菜单中选择"重新设置上次素材"，将背景恢复为原来的云彩图片。

当背景图片复位后，设计者会发现，在天空边缘有一些"噪点"。这时，则可以通过调节抠像的"颜色分离"中的"开始阈值"来使之消除，例如，可将数值设为 0.234。

随后需要做的是，使用"抑制溢出"设置来消除人物头发和肤色上的绿色。从技术上来说，所谓"抑制溢出"，就是向包含溢出的抠像画面背景部分添加与背景相反的颜色。具体操作方法如下：

- 调整"颜色曲线"的数值。为达到与肤色相配颜色，应该把颜色曲线调为在右下角略有曲线而不是直线，例如，数值为 0.475。
- 拖动"抑制溢出"滑块，使之至右侧，例如可设为 0.643。这时，要特别注意人物的头发和肤色。主要目标是消除所有的绿色，即使是图像中出现红色过度补偿也没关系，后面可以再调整红色。
- 向左拖动"抑制溢出"滑块，直到绿色消失，使画面上剩下的颜色更加真实。数值可设为 0.832。处理后的图像效果如图 6-3-4 所示。

[①] 当想要微调数值时，可先点击滑块，然后使用键盘上的左右箭头进行调节。

通常情况下，设计者应尽量避免使用"再处理"栏中的相关参数。因为这些参数会缩小抠像人物的边缘，造成某些细微部分消失，如头发、透明物体等。当然，如果有必要，也是可以使用的。例如，当把背景设为黑色时，绿屏上的皱褶还在画面左边显示出来。这时，调整"锐化边缘"至 0.240，画面的皱褶就会相应消失。

图 6-3-4　颜色溢出处理后的图像

理想状态下，背景画面的颜色应与抠像人物相互吻合，这样两个画面看起来是在同样的照明条件下拍摄的，视觉效果看起来更加自然。但在抠像过程中，经常会出现两者不协调的情况，例如在亮度、颜色等方面。为更好地保持一致，有时设计者需要对背景画面和抠像人物做一些改变来使之更好地融合。

提示一下，点击各个输入窗口左上角的彩色小按钮，可以使相应的窗口进入激活状态。首先，需要调整的是背景。操作方法如下：

- 点击背景窗口的小按钮，使之变为亮绿色。
- 打开"颜色栏"，点击"启用"并选择"预处理"。
- 将亮度的数值调整为 0.334。
- 将饱和度的数值下调到 0.141。
- 把对比度降低到 0.158。
- 把红、绿、蓝值分别设为 0.244、0.254 和 0.213。

为什么要调整背景的颜色呢？主要原因是背景画面中蓝色居多，相比之下，人物的蓝色眼睛则很难突出。经过这样的处理之后，看起来更自然和真实（见图 6-3-5）。

调整完背景之后，下一步还需要调整人物的亮度，使之与户外的环境光线情况相符。这时，就要用到"再处理"的颜色校正。操作方法如下：

- 选择输入剪辑按钮，使之处于激活状态。
- 打开颜色栏，选择"再处理"。

通常，由于阳光的照射，户外镜头看起来有刺眼的亮光。为达到这种效果，可以使用人物额头和脸颊的亮度作为参考点来"衬出"这些亮点（见图 6-3-6）。操作方法如下：

第六章 微课视频的虚拟场景设计软件——Adobe Ultra

图 6-3-5 校正背景颜色　　　　　　　图 6-3-6 校正人物的颜色

- 降低画面亮度值，可以设为 0.244。
- 将饱和度降到 0.150～0.200 范围内。
- 提高对比滑块来突出人物的额头和颧骨。为使之看起来不太像演播室的灯光，而是更像自然阳光，0.234 值可以达到较好的效果。
- 最后，降低画面中的红色，如将红色的值设为 0.248。在调整时，可以参考人物白衬衫的颜色，尽量与真实颜色相吻合。

通过以上调整，就会获得一幅看起来自然、逼真的虚拟背景视频。

6.3.2 调整光亮不足的绿背视频

在拍摄讲课视频时，如果当时的照明状况不理想，如亮度不够或灯光色温不对，那么所拍摄的视频就可能看起来颜色偏浅，感觉像褪色的图片（如图 6-3-7）。造成这种现象的主要原因，是因为绿色背景屏幕的饱和度不够高。通常情况下，这种视频很难抠出好的效果来。不过，利用 Ultra 的颜色校正功能，设计者可以很快捷地调整低饱和度的绿屏视频，并获得较好的抠像效果。

首先，打开"颜色栏"，选中启用"预处理"。然后提高"饱和度"的数值，直到绿背景的饱和度达到 0.6 以上（见图 6-3-8），这样整个图像看起来会更加生动和有活力（见图 6-3-9）。

图 6-3-7 低饱和度的绿屏背景视频

这时人物的颜色看起来有点超饱和。不过没关系，设计者可以在设置抠像之后再调整它。打开"抠像栏"，完成抠像操作。然后再返回到"颜色栏"，选中启用预处理。重新调整饱和度的数值，使人物的颜色恢复正常（如图 6-3-10）。这样，就最终解决了源视频的低饱和度问题。

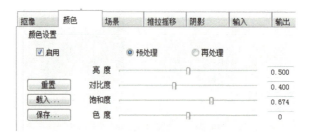

图 6-3-8　提高绿屏视频的饱和度

图 6-3-9　增加饱和度后的图像

图 6-3-10　恢复正常饱和度的图像

6.3.3　用抑制溢出调整视频边缘

在抠像时，由于绿屏背景幕布的缘故，很容易出现绿色向抠像人物"溢出"的现象，即人物边缘带有明显的绿色。这时，利用 Ultra 的调节颜色溢出功能就可比较容易地处理，操作方法也很简单。

图 6-3-11 是一个典型的颜色溢出范例，在一个背景画面上显示人物身穿白色婚纱的镜头。很容易就可以看到，在面纱和礼服的边缘位置带有一些明显绿色。

要想解决这个问题，其实方法很简单：打开"抠像栏"，调整"抑制溢出"滑块，将之拖动至最右侧。这时，整个画面会呈现为紫红色（如图 6-3-12）。

随后，可以继续调整"颜色曲线"滑块，直到画面中绿色部分的紫红色消失。通常只要稍加调整（0.496）。在这个案例中，每个滑块都向下调一点儿，这时，婚纱的中间部分是纯白色的，礼服边有点紫红色（见图 6-3-13）。

最后，降低"抑制溢出"的数值，直到紫红色完全消失。注意，在设置时，应做到恰好取消绿色但同时不要让紫红色出现（见图 6-3-14）。

第六章 微课视频的虚拟场景设计软件——Adobe Ultra

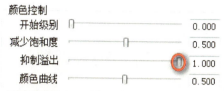

图 6-3-11　绿色溢出现象　　　　　　　图 6-3-12　图像呈现出紫红色

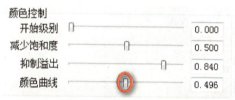

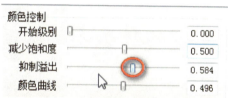

图 6-3-13　降低颜色曲线的参数　　　　图 6-3-14　最终的调整效果

这样，通过以上操作，使得人物礼服的绿边完全消失，整个视频的效果更加自然和逼真。

6.4　设计案例

了解 Ultra 上述基本功能及相关操作方法之后，下面，将提供两个练习案例，分别以制作一段带虚拟场景的授课微视频（Micro-video）和一段带 Alpha 通道的透

261

明背景视频,来展示如何利用 Ultra 来设计微课素材。

6.4.1 制作虚拟场景微视频

本节目标,是利用已拍摄好的一段教师上课的绿屏背景视频,来制作一个带虚拟场景的微视频。在制作过程中,设计者将使用到 Ultra 的抠像、颜色调整、推拉摇移、阴影和添加虚拟场景等功能,可熟悉和掌握它的基本使用方法。

(1)第一步

在视频输入区中点击选择"输入剪辑"选项,再点击"浏览",选择将要编辑的第一份视频素材。当视频导入之后,将自动显示在视频输入预览窗口(见图6-4-1)。

图 6-4-1 导入视频素材

(2)第二步

打开功能编辑区中"抠像"标签,点击视频预览窗口下方"增加抠像点"按钮,在视频的绿色背景设置抠像点(见图6-4-2)。为保证抠像效果,建议设置尽量多的抠像点,尤其是对背景中色彩或光线不均匀之处要设置抠像点。设置完成之后,点击"抠像"栏中"应用点"按钮。Ultra 将自动"抠除"整个视频的绿色背景,将人物突出显示出来。

随后,调整抠像视频的参数,以达到最佳显示效果(见图6-4-3)。可调整的视频参数包括颜色分离、颜色控制和再处理。其中重点调整的项目有 Alpha 曲线、缩小边缘、柔化边缘和锐化边缘等,可拉动滑块直接调整,也可以在输入框中直接输入相应的数值调整。同时,参数调整的实际效果也将自动在输出预览窗口中显示出来。

此外,在某些情况下,可能还需要对抠像视频进行一些调整,如移动人物的位

第六章 微课视频的虚拟场景设计软件——Adobe Ultra

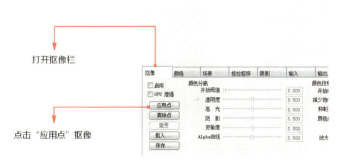

图 6-4-2 对视频进行抠像点设置

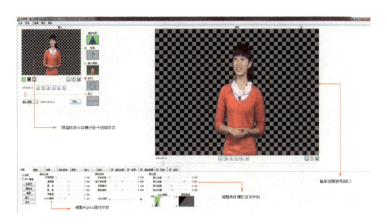

图 6-4-3 调整抠像参数以达到最佳效果

置、剪切视频的边缘,或者颠倒视频的角度等。这时,就需要打开"输入栏",调整输入偏移和输入剪切等参数(见图 6-4-4)。

(3)第三步

为抠像人物视频选择一个虚拟场景。点击打开编辑功能区的"虚拟场景栏",

263

选择其中的一个虚拟场景文件（见图 6-4-5）。当用鼠标双击该文件之后，它将自动出现在视频的预览窗口之中，并随之成为抠像人物的背景，形成两者叠加的视频效果。

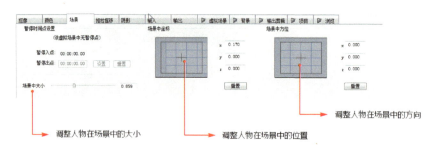

图 6-4-4　调整"输入栏"的参数

图 6-4-5　为抠像人物添加虚拟场景

这时，如果有必要的话，设计者也可以点击"颜色栏"和"场景栏"进行设置。其中，在"颜色栏"中调整视频的颜色参数；在"场景栏"中可以调整人物在场景中的大小、左右位置和方位等参数（见图 6-4-6）。在调整时，右侧的视频预览窗口可以随时看到调整的实际效果。

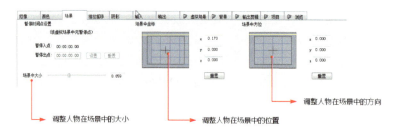

图 6-4-6　调整场景的大小、位置和方向

接着，如果设计者想要抠像人物在虚拟场景中播放时，产生摄像机镜头变焦的动态播放效果，那么，就需要设置"推拉摇移"标签中的参数（见图 6-4-7）。点击

第六章 微课视频的虚拟场景设计软件——Adobe Ultra

图 6-4-7 设置抠像人物在场景中的推拉摇移

此标签，在"启用"前打钩，先用鼠标拖动视频输出预览窗口中的播放条滑块至视频的不同时间点处，然后在不同的时间点位置上用鼠标点击"增加时间点"按钮，为视频添加不同的时间点。添加每一个时间点设置之后，然后再为不同的时间点定义各种推、拉、摇或移镜头的变化效果。操作方法是：设置"摇移"效果时，用鼠标左键对准框中的"+"字后，左右拖动；设置"推拉"效果时，用鼠标左键+Shift，对准框中的"+"字后，前后拖动。这时，在视频输出预览窗口中，人物在虚拟场景中的大小、位置会相应产生变化。

在某些情况下，如果抠像人物为全身视频，那么就可以设置她的阴影和地面反射效果（见图 6-4-8），这样会使得视频播放时产生更加逼真的视觉效果，因为所添加的阴影和反射可以随着抠像人物的走动或移动而相应变化，就如同真的阴影与反射一样。如果有必要，也可以根据场景的光线情况，对阴影和反射的大小、浓度和长短等参数进行调整。至此，一个抠像视频人物的编辑就基本完成，不过，当设计者选择某些具有特殊功能的虚拟场景时，例如，在场景中还嵌有另外一个素材（B）时，则还需要进行一些其他操作，在场景中嵌入新素材，使整个虚拟场景显得更加形式多样和逼真。

图 6-4-8 添加人物的阴影并调整参数

操作方法是：用鼠标双击来激活"素材 B"窗口（见图 6-4-9），打开"浏览"选项卡，双击选择的素材视频文件，它将自动出现在视频播放窗口中。然后，可以拖动时间滑块，浏览素材文件。同时，素材视频 B 也将自动出现在预览窗口之中。这样，当播放抠像人物视频时，素材视频 B 同样也会在虚拟场景中自动同步播放。

图 6-4-9　在虚拟场景中添加素材 B 视频

（4）第四步

设置视频的参数，包括"输入"和"输出"参数（见图 6-4-10）。其中输入参数包括抠像视频的时间长度，镜像设置以及显示大小和位置定义等。输出参数则包括"输出格式""宽高比"和视频"编码格式"等。

图 6-4-10　抠像视频的输出参数设置

到这时，整个抠像视频的编辑工作基本完成，可以预览视频的播放效果了：在预览窗口中，单击"播放"按钮，播放整个视频来查看实际效果（见图 6-4-11）。

若预览无误，则操作最后一步，就是点击"保存输出"按钮，开始输出视频。输出之后应利用媒体播放器检测输出的视频文件是否能够正常播放。需要提醒的是，由于 Adobe Ultra 所生成的视频文件格式为 AVI，虽然清晰度较好，但文件容量较大。当在设计交互式微课时，可以考虑利用视频格式转换工具[①]，将所生成的

---

① 如格式工厂、Adobe Media Encoder CS 4 或 6。

第六章 微课视频的虚拟场景设计软件——Adobe Ultra

虚拟背景抠像视频转换为适合在互联网上播放的格式，如 FLV 等。这样可以有效减少视频文件的大小，有利于在互联网上播放。

6.4.2 制作透明背景视频

将绿屏视频抠像制作成带有虚拟场景的视频，是 Ultra 的核心功能，但不是唯一的功能。实际上，它还有另外一个对于交互式微课设计很有价值的特殊功能——将绿屏视频

图 6-4-11 预览编辑完成视频效果

经过抠像处理之后，直接输出为一种带 Alpha 通道的透明背景视频，即背景是透明可视的人物视频[1]。从技术上来说，这种透明背景的视频，对于后面要介绍的交互式微课的设计来说很重要，因为当利用 Adobe Captivate 的"多幻灯片同步视频"[2]来插入教师授课视频时，就需要用到这种透明背景的视频，而不能用普通的视频。利用这个透明背景视频，Captivate 就能设计出当前交互式微课中最典型的授课视频形式：教师如电视主持人一样显示于窗口的某一侧，其后则是动态变化的讲义内容或所提出的问题，供学生同步阅读、回答或操作（如图 6-4-12 所示）。由于教师视频的背景是透明的，所以教师视频并不会遮挡学习者的视线，不会影响他们去阅读其背后的教学内容。

图 6-4-12 透明背景视频构成的微课

---

[1] 在本书第五章中曾介绍利用 Pr 来制作透明背景视频。
[2] 有关 Captivate 中多幻灯片同步视频功能的详细信息，请参阅本书第九章内容。

267

利用 Ultra 来制作透明背景视频的方法很简单，包括三个步骤：

- 导入绿屏背景视频，然后抠像和调整参数。
- 输出为 AVI 格式带 Alpha 通道的抠像视频。
- 利用 Adobe Media Encoder CS 6 将视频转换为 FLV 格式视频。

1. 用 Ultra 生成 AVI 格式透明背景视频

第一步，启动 Ultra，在"输入剪辑"中导入拍摄好的绿屏背景授课视频。然后打开抠像栏，单击"启用"按钮，随后在源视频预览窗口中用鼠标点击绿屏背景的不同位置，可尽量设置多个抠像点，以获取最佳的抠像效果。再点击"设置抠像"按钮，Ultra 将自动完成视频的背景抠像工作。现在，视频的背景已经变成黑白相间的样式，这表明视频已设置 Alpha 通道，处于背景透明状态（见图 6-4-13）。

图 6-4-13　对绿背视频进行抠像处理

第二步，为提高抠像视频的质量和效果，设计者可进一步利用抠像栏中的各种颜色处理功能进行调整，以获得最佳的视觉效果。这里需要注意的是，由于输出预览窗口在缺省情况下处于无背景的黑色状态，调整参数时实际预览效果会比较差，无法观察到视频的细节部分。为解决这个问题，可以为抠像视频插入一张纯白色的背景。

操作方法是：通过"背景栏"中的 Backgrounds 文件夹中选择 Colour 文件夹，然后选择一张 White 图片作为背景。这时，抠像视频的背景就会自动变为纯白色，人物形象看起来会更加清晰（如图 6-4-14 所示）。这会有助于设计者在调整各种抠像参数时，清晰地观察到实时的调整效果。

第六章 微课视频的虚拟场景设计软件——Adobe Ultra

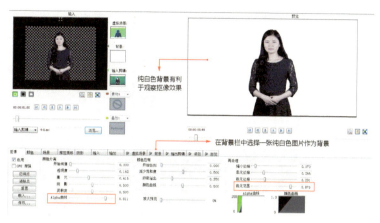

图 6-4-14 设置白色背景并调整抠像参数

通常情况下，可考虑重点调整 Alpha 曲线和锐化范围等参数，使视频的背景尽量处于纯白状态，这样表明视频的背景透明效果是最佳的。如果需要，也可以打开"颜色栏"，启用之后打开"再处理"功能，对抠像视频的亮度、对比度和相关颜色参数进行调整。

调整完成之后，打开"输出栏"准备输出抠像视频。在输出设置中，格式选择"DirectShow（.avi）"，编码选择"无压缩"，再选择"32 位抠像源"。分辨率和帧频等参数保持原状，不必修改。完成之后，点击"保存输出"来输出抠像视频（图 6-4-15 所示）。随后，Ultra 会自动将当前抠像视频输出至所定义的文件夹位置。

图 6-4-15 输出抠像视频设置

用播放软件打开所输出的 AVI 格式抠像视频后，会显示出如图 6-4-16 所示的视频样式，其背景是黑色，这是正常现象。

2. 用 AME 转换为 FLV 格式透明背景视频

由于 Captivate 只能插入 FLV 格式视频，所以，下一步还需要将上述 AVI 格式的透明背景视频转换为 FLV 格式。视频格式转换的方法和工具很多，考虑到视频编码的多样性及兼容性，这里笔者推荐使用 Adobe Media Encoder（简称 AME）。这是一个支持多种视频编码且

图 6-4-16 输出的 AVI 格式透明背景视频

269

兼容性较强的工具，用它转换出来的 FLV 格式视频，再插入 Adobe 软件，兼容性应该是最佳的。

Adobe Media Encoder 版本应选择 CS4 或 CS 6。下载安装好并启动之后，点击其窗口左上角的"添加源素材"按钮，然后，选择前面 Ultra 输出的 AVI 格式透明背景视频并导入（如图 6-4-17 所示）。

图 6-4-17　AME 源素材输入窗口

随后，鼠标点击所导入视频的链接，AME 将自动弹出该视频的输出设置窗口（如图 6-4-18）。这时，设计者只需要做下述三项参数设置：

- 格式（Format），应选择 FLV。
- 转码 Alpha 通道，打钩选择。
- 改变视频大小，通常选择适合于网上使用的 769×432 或 640×480。

点击确认后，AME 自动返回初始界面。这样视频转换设置参数全部完成，点击窗口上部的"开始转码"按钮，软件将开始转换当前视频为 FLV 格式。完成之后，双击生成的 FLV 视频打开后，显示出如图 6-4-19 所示的纯黑背景视频，实际上它已带有 Alpha 通道，导入其他视频编辑软件时将显示为透明背景。例如，当将该视频插入 Captivte 之后，将自动显示为透明背景，不会遮挡其后的相关内容，就如前面图 6-4-19 所显示的那样。

图 6-4-18　AME 视频输出格式设置窗口

上述将绿屏背景视频抠像制作为透明背景视频并转换为 FLV 格式，是交互式视频设计中非常重要的一个步骤，这将为后续即将学习的 Adobe Captivate 微

图 6-4-19　转码完成的 FLV 透明背景视频

课设计整合软件打下很好的基础。例如，将当前透明背景视频与 Captivate 的 PowerPoint 幻灯片导入功能结合在一起，则能非常轻松地设计出原来只有用 Premiere 等专业视频编辑软件才能制作的慕课式视频。这样，就大大降低了微课和慕课设计门槛，学科教师同样也能自己动手来制作微课和慕课。这对于普通教师来说，是一个很好的开端。

第七章 微课视频的 3D 动画场景设计软件
——iClone

从技术上看，与传统教学课件设计相比，微课设计技术的一个显著变化，就在于对视频材料之独特设计与运用，可以说在相当程度上，突破了传统电教和教育技术时代对教学视频的保守理解和应用，开启了一个全新的多样化时代，将原来沉闷和墨守成规的课堂实录视频模式，带进了一个活泼和丰富多彩的视觉展示空间之中。例如，在微课和慕课的设计中，在充分借鉴现代视频编辑技术的基础之上，形式多样、短小精悍的微型教学视频得到了广泛应用，绿屏抠像视频的广泛应用，使得原来主要应用于影视娱乐的虚拟场景和动画等技术，也开始进入教学视频之中，为学生的学习带来了全新的感受，在一定程度上提升了学习者的动机。

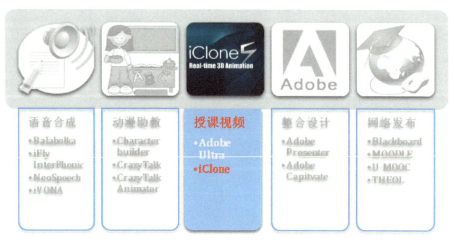

图 7-1　3D 动画场景设计软件——iClone

通过前几章内容，不难发现，在微课设计中，尤其是微视频的拍摄与编辑上，必须大胆尝试、勇于创新，才能设计出富有表现力的吸引学习者的微课。只有这样，也才有可能进一步设计出新颖且富有表现力的慕课。笔者认为，要想达到上述目标，应以快课技术为基础，充分借鉴电视中娱乐节目、专题片和纪录片的设计形式，如演播室拍摄、绿屏抠像、同步字幕和虚拟背景叠加等，代表着教学技术应用的重要发展方向。这些新设计技术的运用，为微课和慕课中教学视频增添了很强的艺术表现力，摆脱了以往精品课程那种呆板单调的教室实录视频形式的束缚，使教学课件的设计技术进入了一个全新阶段。某种程度上，当前微课和慕课之所以受到广泛关注和欢迎，与其带有一定创新的微视频设计与表现技术密不可分。

毫无疑义，技术发展永无止境，其在教学中的应用同样也会亦步亦趋。那么，今后微课中教学视频的设计技术还会有可能出现哪些新趋势呢？笔者认为，与当前影视领域所流行的三维立体动画与视频趋势相适应，今后数年内，微课设计中，教学视频的编辑与处理，也有可能向这个方向逐步发展。当然，考虑到行业特点的差异性，教育技术领域所应用的3D技术，同样也将体现出本书中所强调的快课技术特色——快捷化和模板化，这样即使是普通学科教师也能驾轻就熟地运用。

7.1 3D成像技术与微课设计

2012年，在一份互联网趋势报告[①]中，提出了两个直接与教育相关的预言：学习方式的变革，以前通过课堂教学，如今通过如iPad之类的智能设备；教育方式的变革，以前通过课堂、讲座和阅读等，如今通过Codecademy和Khan Academy等服务就可以随时随地学习。同时，她还提出了两个虽然不直接与学校相关，但未来有可能影响教学的重要技术：一是互动方式的变革。以前通过有线设备、摇杆和按钮等，现在可以使用Xbox Kinect等设备，通过声音和动作就能实现控制；二是生产制作变革：以前是标准化的大批量生产，如今是通过Zazzle等进行个性化定制，3D打印也已出现。

虽然看起来似乎很遥远，实际上，上述所提到的Kinect和3D技术，目前也正在逐渐进入教学技术领域。2011年，英国研究者[②]曾实施一个关于数字光处理（DLP）[③] 3D投影仪的教学效果的试点研究项目，通过在欧洲7个国家的15所小学中的测验结果表明，学生在3D课堂上可以比在2D课堂上记住更多的内容，

---

① 互联网女皇Mary Meeker发布2012互联网趋势报告.http：//www.36kr.com/p/114468.html［O/L］.
② Bamford.goThe 3D in education white paper，2011［R］.http：//www.gaia3d.co.uk/news/the-3d-in-education-white-paper.
③ DLP采用的技术是，在屏幕上同时产生两个图像（一个投射到左眼中，另一个投射到右眼中），3D眼镜将两个图像结合后即呈现了3D视觉效果。

与 2D 教学的考试成绩平均提高 8% 相比，3D 教学的考试成绩平均提高了 17%。2012 年，香港理工大学的研究者[1]也做了类似研究，结果表明，当在课堂上给学生看 3D 图形时，学生的行为会表现得更好，比如更加专注，并能迅速被新颖概念所吸引。

实际上，3D 成像技术应用于教学已非新事，早已开始。例如，英国就有一家名为 Gaia Technology 的教育技术公司[2]，它从 2002 年开始着手研究 3D 教学课件，迄今为止已开发涵盖从小学一年级到高三（K-12）的 14 个科目，2000 多个 3D 模型。Gaia 3D 课件的特点是：① 3D 模型的制作精美。Gaia 3D 模型不光追求细节的完美，在技术规格上也毫不逊色，可输出 Full HD 像素的画面，对于像太空漫步、古罗马城漫游、青蛙内脏的细节方面完全可以做到虚拟现实的情景（见图 7-1-1）。② Gaia 3D 允许教师以多种方式备课。备课的内容可以是图片、视频、声音及 PPT，这些课件可以是 3D，也可以是 2D，备好课以后教师可以将自己的课件外挂到 Gaia 3D 的任何一个模型中。

图 7-1-1　Gaia Technology 天文课 3D 成像课件

从当前 3D 成像教学课件的表现形式来看，主要有 3 种：静态展示、动画演示和互动操作。这三种形式的技术核心都是用 3D 动画软件绘制的对象模型。

（1）静态展示式课件

就是根据课件脚本要求用 3D 软件制作对象的 3D 模型，需要展示剖面的要制作模型剖面的 3D 图形，根据需要渲染出一系列立体表现的图形，将这些图形与说

---

[1]　Herbert Lee1 etc.Evaluation Studies of 2D and Glasses-Free 3D Contents for Education——Case Study of Automultiscopic Display Used for School Teaching in Hong Kong，Advances in Education 教育进展，2012，2，77—81，http：//dx.doi.org/10.12677/ae.2012.24016 Published Online October 2012（http：//www.hanspub.org/journal/ae.html．

[2]　Gaia Technology 成立于 1998 年，从 2002 年开始 3D 技术应用于教学的研究，2007 年开始与英国教育部合作开发按照英国教学大纲的 K12 3D 教学课件。到 2012 年针对英国 K12（相当于国内小学到高三）的 Gaia 3D 课件系统已经有 16 门学科，包含 350 门课程和 2000 多个 3D 模型，并且每年保持开发 500～600 个 3D 模型。其网站是：http：//www.gaia3d.co.uk/

第七章 微课视频的3D动画场景设计软件——iClone

明文字（配音）编辑组合成课件。这种课件制作简单且容量小，仅用于展示对象的多方位外表、内部结构等，是一种直接播放的单播式课件，适用于制作单播式微课。

（2）动画演示式课件

根据课件脚本要求用3D软件制作对象的3D模型与所需的剖面3D模型，根据课件脚本要求生成对象的运动或对象有关部件相互运动的动画图像，将这些动画与有关图形与说明文字配音编辑组合成课件，用以展示对象的结构、运动规律或对象的工作原理等。这也是一种直接播放式课件，观看3D动画课件就像观看3D动画片一样。

（3）互动操作式课件

这种课件不是播放式的，学习者可根据需求与课件进行互动。简单的互动是学员通过菜单选择要观看的内容、通过图片上热区选择进入深一层或更详细的内容。高级互动课件增加了虚拟现实技术，学员可在虚拟环境中选任何角度观看对象或进入对象内部观看；可对虚拟环境中的对象进行组装、拆卸、移动等操作，实现虚拟展示、虚拟实验室、仿真系统、虚拟手术等。考虑到成本等因素的限制，笔者认为，当前已开始应用或有可能进入教学课件设计的3D技术可概括地划分为三种类型：3D实时建模、3D动画制作和3D成像输出（见图7-1-2）。

图7-1-2　3D技术应用于课件设计的基本形式

① 三维模型的实时建模与动态显示是虚拟现实技术的基础，其方法可以分为三种。一是基于模型的实时建模与动态显示。[①]最常用的软件就是3DMAX和

---

① 基于几何模型的实时建模与动态显示技术：在计算机中建立起三维几何模型，一般均用多边形表示。在给定观察点和观察方向以后，使用计算机的硬件功能，实现消隐、光照及投影这一绘制的全过程，从而产生几何模型的图像。这种基于几何模型的建模与实时动态显示技术的主要优点是观察点和观察方向可以随意改变，不受限制，允许人们能够沉浸到仿真建模的环境中，充分发挥想象力，而不是只能从外部去观察建模结果。因此，它基本上能够满足虚拟现实技术的3I即"沉浸""交互"和"想象"的要求。基于几何模型的建模软件很多最常用的就是3DMAX和Maya。3DMAX是大多数Web3D软件所支持的，可以把它生成的模型导入使用。

Maya。这显然是专业人员的技术方案,很难适用于普通教师。二是基于图像的实时建模与动态显示①。常用的技术方案是数码照相机(或高清摄像头)+合成软件(如 3DSom)。这是一种新兴的 3D 技术,发展前景广阔,但目前对硬件要求较高,仍然难适用于教育行业。三是三维扫描成像技术②。常用的技术方案是 3D 合成软件(如 Artec Studio,SCENECT)+硬件(3D 描述仪、Kinect 体感摄像机等,见图 7-1-3)。这一种则是目前发展最为迅速同时也是最有希望广泛应用于教学领域的 3D 建模技术,操作简便,硬件设备价格也不断下降,未来教学应用空间很大。

图 7-1-3 三维扫描成像技术

上述技术方案应用于课件设计中,目前最常用的应用方式是 3D Flash。

3D Flash 是指基于 Flash Player 播放器播放的,且具备交互功能的实时三维画面。这种三维 Flash 是利用计算机图形学技术,将需要展示的物品在计算机中先进行逼真的三维模拟运行演示(也可通过数码照片来合成),然后再通过专业软件压缩转换成一个完全适合在网页上流畅运行的 Flash 文件。实际上,3D Flash 不是真正的视频,但可设置一些常用的功能按钮,点击各个按钮可对物品操作不同的功能演示;而一般三维动画是以视频文件通过播放器观看,无操控功能。3D Flash 在网页上运行很流畅,浏览者无须下载插件,打开网页就可看到产品演示。3D Flash 的优势在于:可跨平台在线浏览 3D 模型;比较自由的浏览模式,可通过鼠标、键盘实现放大缩小浏览或全屏浏览等;能实现对模型中的灯光、地面等元素进行灯光照射、地板反射效果。

② 基于模板的 3D 动画(三维动画)在教学课件中的应用。三维动画是近年来随着计算机软硬件技术的发展而产生的一新兴技术。三维动画软件在计算机中首先

---

① 基于图像的建模技术:自20世纪90年代,人们就开始考虑如何更方便地获取环境或物体的三维信息。人们希望能够用摄像机对景物拍摄完毕后,自动获得所摄环境或物体的二维增强表象或三维模型,这就是基于现场图像的VR建模。在建立三维场景时,选定某一观察点设置摄像机。每旋转一定的角度,便摄入一幅图像,并将其存储在计算机中。在此基础上实现图像的拼接,即将物体空间中同一点在相邻图像中对应的像素点对准。对拼接好的图像实行切割及压缩存储,形成全景图。基于现场图像的虚拟现实建模有广泛的应用前景,它尤其适用于那些难于用几何模型的方法建立真实感模型的自然环境,以及需要真实重现环境原有风貌的应用。

② 三维扫描成像技术:是用庞大的三维扫描仪来获取实物的三维信息,其优点是准确性高,操作方便。不过目前专业的3D扫描设备十分昂贵。所以目前利用Kinect体感摄像机等替代设备也是一个较好的技术解决方案。

第七章 微课视频的3D动画场景设计软件——iClone

建立一个虚拟的世界，设计师在这个虚拟的三维世界中按照要表现的对象的形状尺寸建立模型及场景，再根据要求设定模型的运动轨迹、虚拟摄影机的运动和其他动画参数，最后按要求为模型赋予特定材质，并打上灯光。当这一切完成后就可以让计算机自动运算，生成最后的画面。三维动画技术模拟真实物体的方式使其成为一个有用的工具。由于其精确性、真实性和无限的可操作性，目前被广泛应用于医学、教育、军事、娱乐等诸多领域。在课件设计领域，目前比较适合学科教师使用的 3D 动画设计软件主要有 iClone 和 Eon Creator 等。这些动画设计软件符合快课技术理念，拥有数量庞大的成品模板库，设计者可直接使用，而不必从头设计，比较适用于普通教师的微课设计之中。

③ 3D 成像输出技术，就是把建立的三维模型描述转换成人们所见到的图像，也就是把课件设计中的 3D 动画和视频制作为 3D 成像输出。从技术上说，3D 成像是靠人两眼的视觉差产生的。人的两眼之间一般会有 8 厘米左右的距离，要让人看到 3D 影像，必须让左眼和右眼看到不同的影像，两副画面实际有一段小差距，也就是模拟实际人眼观看时的情况。这样的才能有 3D 的立体感觉（见图 7-1-4）。当运用到视频制作时，利用上述原理，摄像机模拟人的生理结构，对于同一个场景为左右眼分别拍摄一幅图像；专用摄像机分别进行"左眼用""右眼用"摄影。所以，显示 3D 画面时，无论何种显示技术皆利用人眼的成像原理，在视频播放时，针对左右眼显示之前为左右眼分别拍摄制作的节目，以达到立体成像的目的。

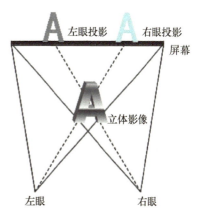

图 7-1-4　3D 成像技术原理示意图

当前 3D 显示技术可以分为眼镜式和裸眼式①两大类。从目前在教学课件设计领域内的应用来看，主要集中于色差式 3D 显示和眼镜式 3D 显示。而在眼镜式 3D 技术中，又可以细分出三种主要的类型：色差式（色分法）、偏光式（光分法）和主动快门式（时分法），详见表 7-1-1。

---

① 裸眼式3D技术可分为透镜阵列、屏障栅栏和指向光源三种，每种技术的原理和成像效果都有一定的差别。裸眼式3D技术大多处于研发阶段，主要应用在工业商用显示市场，所以大众消费者接触的不多。从技术上来看，裸眼式3D可分为光屏障式（Barrier）、柱状透镜（Lenticular Lens）技术和指向光源（Directional Backlight）三种。裸眼式3D技术最大的优势便是摆脱了眼镜的束缚，但是分辨率、可视角度和可视距离等方面还存在很多不足。

表 7-1-1　3D 显示技术的类型及特点

观看方式	采用技术		应用方式	成熟度	特　　点
佩戴眼镜	主动式	时分式（主动快门方式）	3D 电视、影院	最高	优点：3D 图像全高清，视角不受影响 缺点：眼镜造价较高
	被动式	光分式（偏光方式）	3D 影院	最高	优点：3D 眼镜便宜、轻便 缺点：分辨率减半、2D 显示时亮度的 1/2、受垂直视角制约、图像显示分割线
		色分式（红蓝滤光片）	早期初级 3D 影院、碟片	较高	优点：造价相对低廉 缺点：3D 效果较差，色彩丢失严重，图像边缘有彩色重影
裸眼观看	光屏障式、柱状透镜式		户外广告、手机	较低	优点：不需要配戴眼镜，方便 缺点：分辨率下降，观看角度受限制，亮度下降（光栅式）

笔者认为，将 3D 技术应用于微课设计，将会开创教学技术一个全新领域，对于今后提高微课和慕课的设计水平和应用效果将会有很大帮助。因此，也应是未来教师教学技术设计和开发能力培训的一个重点发展方向。

7.2　iClone 概述

下面，将介绍一个 3D 动画设计工具——iClone。这是台湾甲尚（Reallusion）科技出品的一款 3D 动画影片设计与制作软件，它有丰富多样的素材模板，兼容多种格式 3D 模型（见图 7-2-1）。利用这个工具，教师可以像导演一般掌握着角色与道具间的精彩互动，可以像特技演员一样通过表演即时得到影片画面。具体地说，iClone 是一款模板化 3D 动画视频制作软件，它让动画影片制作变得简单有趣，即使没有太多专业技能，

图 7-2-1　动画视频设计工具 iClone

第七章 微课视频的3D动画场景设计软件——iClone

设计者也能享受这个过程、轻松地制作出逼真3D影片,这对于有制作教学视频需求的广大教师来说,无疑是一个福音。

7.2.1 软件安装

甲尚在官方网站上提供 iClone 的 30 天免费试用版及相关模板资源下载[①]（见图 7-2-2）。在下载时,除下载 iClone 安装程序之外,还应下载和安装它的模板资源包及视频编辑插件 PopVideo Converter[②]。这个插件的主要功能,是对所拍摄的绿背视频进行抠像处理（见图 7-2-3）,生成透明背景视频,然后导入 iClone 之中进行设计。

图 7-2-2 iClone 下载页面　　　　图 7-2-3 抠像视频插件 PopVideo Converter

7.2.2 功能简介

作为一款基于模板的动画视频设计软件,iClone 功能特色如表 7-2-1 所示,共 9 项,分别是:实时编辑、数位角色、动态操控、智能道具、场景搭建、摄影灯光、工具串联、视觉特效和算图输出。

看到上述功能之后,教师一定会意识到,iClone 为微课和慕课的设计提供了更为广阔的空间。不过,恐怕也会有部分教师担心:iClone 既然有如此强大酷炫的功能,它的操作方法会不会很复杂,学习起来很困难呢?

实际上,这种担心是不必要的。因为 iClone 还有一个最值得称道的优点——"快课"式操作,模板化设计,快捷生成。也就是说,从教学应用角度,不同层次的设计者可采用不同应用模式:有较高技术水平的教师,可以全面使用 iClone 各种功能来设计和制作复杂 3D 动画视频;而技术基础偏薄弱的学科教师,则可以仅

---

① iClone下载网址是:http://www.reallusion.com/iclone/iclone_trial.aspx#
② PopVideo Converter下载网址是:http://www.reallusion.com/popvideo/default.aspx

使用 iClone 最简单的功能，同样也能在很短时间内制作出富有表现力的微视频。

表 7-2-1 iClone 主要功能

功　　能	说　　明
1. 实时编辑	直觉式设计操作接口，实时窗口对象的编辑 即时动画设计，现场人物动作导入 实时创作，彩排式预演
2. 数字角色	基于照片"换头术"式 3D 人物角色设计 模板化设计、操控 3D 演员身体与脸部动画 真人与非真人多元角色搭配
3. 动态操控	以创新的角色操偶技术录制身体动态 混合无接缝动态捕捉素材库的动作，创造自然顺畅的动态转换 通过"微软体感摄像机"（Microsoft Kinect）实现动态捕捉技术，摆动身体便能实时产生角色动作
4. 智能道具	自然拟真的物体物理属性动态，如落下、碰撞及弹跳效果 运用 iScript 操控对象互动 丰富的道具对象模板，可进一步自定义材质与动态
5. 场景搭建	模块式组件可多元混搭场景 利用自然世界场景系统，如地形、天空、水体、花草及树木，创造美丽景致 高动态范围（HDR）、贴图照明（IBL）、环境光散色等天候效果，协助营造艺术氛围
6. 摄影灯光	多重摄影机的视角设定与实时切换 智能型拍摄技术，如视线、链接与平滑路径控制 全功能打光系统及多重光源选项
7. 工具串联	从 Google SketchUp 和 3D Warehouse 获得免费 3D 模型对象 利用 3DXchange 将 3DS、OBJ、FBX 等格式的 3D 内容对象导入 iClone 使用 利用 3DS Max plugins 制作基本角色与开发内容对象
8. 视觉特效	丰富的粒子特效模板，可自定义参数属性产生不同效果 材质特效搭配七贴图通道 可下 Key 的后制特效，如颜色滤镜、镜头糊模滤镜、NPR 等
9. 算图输出	多重实时预览算图模式，网格、平滑着色、像素着色等 多种档案输出格式供分享或后期剪辑 红蓝格式和偏光 3D 立体输出，轻松创造栩栩如生的立体影片

7.2.3 用户界面简介

在准备好脚本和素材之后，设计者就可以启动 iClone，正式开始制作微视频。

如图 7-2-4 所示，iClone 界面的功能模块分布，主要有大小菜单栏、常用工具栏、素材管理器、场景管理器、大小预览窗口、播放工具栏以及属性修改面板和时

第七章 微课视频的3D动画场景设计软件——iClone

图 7-2-4　iClone 用户界面的功能模块

间轴工具[①]。

在 iClone 工具栏中，有两类很重要也是最常用的工具（见图 7-2-5）：

- 摄像机工具。它能改变摄像机的画面视角，也就是设计者在预览窗口所看到的画面视角。
- 物体操控工具。它能改变物体位置、大小、方向等属性。另外，在工具栏上还有一些其他的属性工具。

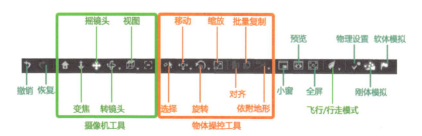

图 7-2-5　iClone 常用工具栏

以下提供了两个视频设计案例，供教师参考。

---

① 时间轴在需要时，按【F3】快捷键显示或隐藏。

281

7.3 操作流程

通常，如图 7-3-1 所示，使用 iClone 制作动画视频，应遵循以下基本操作流程：筹划准备（主要包括撰写脚本、准备素材）、布置舞台、设计动画和导出影片。

图 7-3-1　iClone 动画视频制作流程

在上述环节中，除"设计动画"之外，其他主要步骤的操作都属于简单操作，具备基本计算机操作技能的用户都能很快掌握。而第三步，则正是可供教师自由选择的空间，也是整个 3D 动画视频制作的核心环节。

在动画设计阶段，用户可以根据自己的技术能力和时间限制，来选择初级或者高级案例。后者是使用 iClone 各种功能来一步一步地操控各种虚拟素材，并演绎出所要讲述的影片"故事"。相对来说工作量大、难度也较大；而前者则是巧妙地使用 iClone 一个插件 PopVideo Converter 将一些较难掌握的技术"过滤"掉，代之以更简单、更贴近现实行为习惯的实现方式，大大简化了视频制作的技术要求。

下面将通过两个具体案例来分别介绍 iClone 初级和高级操作方法。教师在阅读或跟随操作之后有望对 iClone "能做什么"以及"该怎么做"有一个直观认识。若想了解高级功能，读者可查阅 iClone 相关教程[1]，或登录甲尚科技官网查看。

7.3.1　撰写脚本

就如同教师在上课前要备课，导演在拍片之前要准备剧本和寻找演员一样，在使用 iClone 制作动画影片之前，也要做好相应准备。

首先是编写影片脚本。对于希望使用 iClone 制作教学视频的教师来说，在动笔写脚本之前，需要确定以下两点：

- 想要借助这段视频完成哪些知识点的教学，教师必须精确掌握这些知识点，最好能以文字或示意图的形式将知识点本身理顺、表述清楚。

---

[1]　钟诗非，苏秀芬.iClone 5 3D动画大导演［M］.台中：首弈国际股份有限公司，2012.02.

- 这些知识点将以什么样形式嵌入一个故事的情节中去。这就像传统备课写教案时考虑以何种课堂教学方法来传授这些知识，只不过在使用 iClone 情形下，写出来的"教案"更有趣，因为知识点都融入了一个连贯故事之中。

在确定了这两个前提之后，便可开始撰写脚本。在写作脚本的过程中，设计者需要将"故事"的时间、场景、镜头等要素具体化，保证任何人在拿到脚本之后，都能按照脚本来"导演"出想要的"故事"。不过，由于最终是在动画视频软件里来实现，所以在撰写脚本时，需要充分考虑软件的功能特点，扬长避短。需要说明的是，初始的脚本只是帮助设计者定思路、找到着手点，事实上在后期的实际操作实现过程中，各种原因会需要设计者灵活地改变一些细节，不一定要一成不变地按照脚本来执行。

7.3.2 准备素材

在脚本完成之后，设计者头脑里对最后成型的视频应该已有比较具体想象。因此，下一步，就是根据脚本（或者对结果的想象）去搜集、制作素材。通常，在 iClone 里设计者需要用到的素材主要分为两类：一类是环境素材，包括 3D 地形、场景道具、各种环境图片等。另一类是演员和动画素材，此部分依应用类型（初级或高级）不同而异。初级应用只需准备与脚本对应的纯色背景的人物实拍视频，高级应用则需准备 3D 角色模型、角色头像图片、人物说话内容的文字或音频材料、各种音效声音，以及其他道具的 3D 模型等各种原始素材。

在素材准备阶段，iClone 的优势就开始显现了——首先，iClone 自带了丰富的素材库，无论是地形、场景、人物、各种道具还是演员人物的动作脚本、表情脚本等。这样，设计者都有很多现成 3D 模型可选择。另外，在 3D 视频制作时需要用到的大量媒体素材，如各种材质贴图、音效、影片素材等，这些素材通过互联网比较容易获得。同时 iClone 也默认提供了一些，需要时可以随时使用。

值得一提的是，iClone 所带的一款名为 3DXchange 的插件扩展，也为设计者的素材选择提供了丰富选项（见图 7-3-2）。该插件能将各种常用格式（如 3DS、OBJ、FBX 等）的

图 7-3-2　模板导入插件 3DXchange

3D 模型转换为 iClone 中可用的模板素材。同时，它还支持从 Google SketchUp 和 3D Warehouse 取用免费 3D 模型，也可以对 3D 素材进行简单编辑。这款插件大大扩展了 iClone 的可用性，尤其是 Google 上他人共享的免费模型，其中不乏真实生活中的各种建筑和场景的 3D 模型。这对教师创建有意义的教学视频来说，值得充分利用。

有了 iClone 素材库，再加上 3DXchange 插件能从 Google SketchUp 和 3D Warehouse 下载诸多免费素材，这样就能方便地将各种格式的 3D 模型转化为 iClone 兼容格式。因此，在素材方面，设计者基本不用太操心，只需简单地在互联网检索和收集。即使是在一些特殊情况下，当现成素材无法满足设计者的特殊要求时，通常也能在 iClone 中经过简单的几步就能实现个别化定制。这一点会在高级应用案例中具体讲解。

总之，iClone 在素材方面提供的强大支持极大地简化了教师为制作动画视频而做的准备工作，能够节省许多工作时间。

当然，与写脚本一样，在开始具体操作之前，设计者所搜集的素材毕竟不可能完全合适，在操作过程中做一些修改，或者临时再去寻找更合适的素材也是正常的。但在开始操作前的大致准备仍是必要的，因为这将有助于教师发现在撰写脚本时考虑不周的地方，进一步理清思路和确定更优的脚本。

7.4 初级案例——太极拳教学

7.4.1 脚本设计

本案例的脚本内容如下。

在一个环境清新优美的公园里，一位老师正在讲太极拳起式的动作要领："今天我们来学习太极拳的起始动作。左脚开立，双脚平行向前、与肩同宽；双臂前平举至与肩同高、同宽；屈双膝半蹲，成马步，双掌轻轻下按至腹前，上体正直、双眼平视前方。"

同时，一名学员在跟随老师的讲解同步表演示范。另外，旁边还有一个大屏幕展示静态动作步骤图和多维度图片。

在初级案例中，由于一些复杂动作和交互设计都通过拍摄视频来完成，因此脚本往往会比较简单。但这也同时意味着另一项工作：在准备素材时，教师还需要额外准备一种素材——按照脚本拍摄的以绿屏或蓝屏为背景的视频。

在准备好脚本和素材之后，我们便进入 iClone 界面开始制作。首先，点击

"项目"（Project）菜单下"新建项目"（New Project），创建一个新项目，命名为"TaiJi.iProject"保存在本地硬盘。顺便提示一下，建议读者在操作过程中应养成经常保存项目文件的习惯，并且在一些关键步骤完成之后，最好都另存一个阶段性版本，以防软件出错丢失之前的操作，同时也方便之后对项目进行修改。

7.4.2 舞台布置

创建新项目之后，下一步便是布置舞台，也就是常说的搭建"虚拟场景"，其基本功能与在初级教程中所用的设计工具 Adobe Ultra 类似。在本案例中，"故事"发生在一个环境清幽的公园里，因此，设计者需要将舞台场景设置为一个公园的样子。

选择菜单"设置"（Set）中的"地形"（Terrain），然后在左侧"素材管理器"（Content Manager）中选择比较符合脚本要求的"社区地形"（Community Stage）。如图 7-4-1 所示。

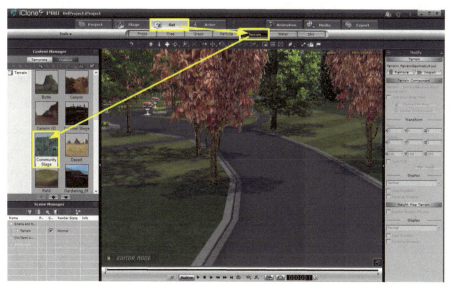

图 7-4-1 地形设置

设置好大的地形环境之后，设计者便可通过常用工具栏上的摄像机工具组，将视角调到合适位置，以便于稍后在此展示太极教师的讲演和运动员的表演。这样舞台场景布置完成。

7.4.3 动画内容设计

根据脚本，需要制作的视频主要包括三部分的内容：教师的讲解、旁边大屏幕静态展示，以及运动员的示范的图片。下面依次来制作这三部分。

1. 教师的讲解

首先，需要设计的是一个用语言介绍和讲解太极动作规范的"教师"。这项任务，设计者既可以用拍摄视频来做，也可以用iClone自带的"演员"（Actor）来完成。在这个案例里，设计者用iClone自带模板来实现的。

图 7-4-2 将演员加入舞台场景中

选择菜单"演员"（Actor）中的"虚拟化身"（Avatar），然后再在左侧的素材管理器中选择某一个形象合适的3D模型人物，将其拖动到舞台场景中恰当的位置。如图 7-4-2 所示。

然后，还需要让教师进行"讲解"。因此，设计者还需要给教师配上合适的语音、表情和手势。配语音最方便的，便是通过录制的方式：点击菜单"动画"（Animation）的"脸部动画"（Facial Animation），在右侧的属性修改面板中点击"录制"（Record）按钮，便会出来语音录制面板，如图 7-4-3 所示。

然后点击语音录制面板上红色的按钮，iClone便会调用电脑的麦克风捕捉声音。这时，设计者开始朗读教师讲解太极拳起式动作要领的那一段文字。需要注意的是，在录制之前需要将播放点定位到视频开始一段时间之后的地方，否则视频一开始教师就在说话，这样会显得比较突兀。录制好之后点击"确定"（OK）按钮完成，刚录制的语音便会自动附加给当前的这个演员。如图 7-4-4 所示，iClone会根据语音自动为演员加上嘴部动作和细微的脸部表情。

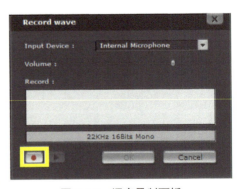

图 7-4-3 语音录制面板

对于这个角色的手势动作，设计者则可以在素材库里挑选合适的模板来套用：选择菜单"动画"（Animation）中的"动作"（Motion），结合语音的内容，在左侧

第七章 微课视频的3D动画场景设计软件——iClone

图 7-4-4　自动添加的嘴部动作和面部表情

的素材库里寻找、选择合适的动作并双击选择。这样，就可以为人物角色说话期间配上合适的动作或手势，如图 7-4-5。

2. 屏幕的静态展示

屏幕的静态展示设计需要一个"屏幕"道具，设计者可以从素材库中进行选择。选择"设置"（Set）中"道具"（Props），然后再在左侧选择 Billboard 类下的一个拖至舞台场景上，并将其调整到合适的位置和朝向，如图 7-4-6 所示。

图 7-4-5　加上动作后的人物效果

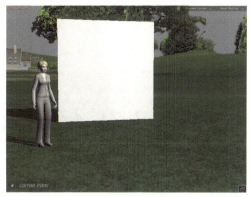

图 7-4-6　加入 Billboard 的舞台场景

接下来需要做的，是将要展示的静态图片拖放到该道具上。注意，默认图片在道具上可能会重复平铺，应该将"贴图"（Tiling）的 U、V 值均改为"1"，使图片伸展平铺在整个 Billboard 上，如图 7-4-7 所示。

3. 运动员的示范

在本案例中，运动员的动作示范设计将采用事先拍摄好的真人视频来实现。这时，就需要用到 iClone 插件——PopVideo Converter，其功能是将现实里的人物活动和谐地嵌入 3D 虚拟场景中去。

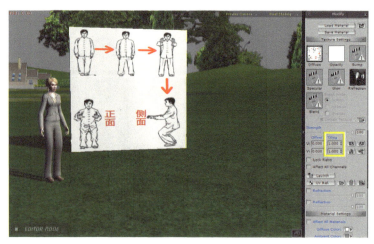

图 7-4-7 通过贴图让 Billboard 变为展示用屏幕

在本案例中,设计者已事先准备好了运动员演示的视频,并且视频背景是均匀绿色,可以直接抠像并使用。打开 PopVideo Converter,点击"浏览"(Browse)按钮打开原始视频,在时间轴上设置好需要抠像的视频的起止时间。然后点选"一键颜色抠像"(One-click Chroma Key)选项(见图 7-4-8)。随后根据情况适当地调整各项参数,使视频显示达到最佳效果。如果视频中有其他多余的背景,则可以通过"遮板笔刷"(Mask Bush)将其擦去。

图 7-4-8 使用 PopVideoConverter 抠像

调整达到理想效果后,可将抠像完成的视频保存为 iClone 兼容格式:切换到"输出"(Output)选项卡,选择"iClone.PopVideo"格式,设置好输出音视频的质量以及需要输出的视频范围之后,点击"转换"(Convert)按钮,开始导出能在 iClone 中使用的背景透明视频,如图 7-4-9 所示。

第七章 微课视频的3D动画场景设计软件——iClone

图 7-4-9 导出为 iClone 所支持的视频格式

下一步，设计者返回到 iClone 界面，在按住 Ctrl 键的同时，将刚才导出并保存的抠像视频拖放到舞台中合适位置[①]。然后点击播放预览，可看到运动员开始"表演示范"，如图 7-4-10 所示。

图 7-4-10 在 3D 舞台场景中插入真人视频

通过上述操作，利用 PopVideo Converter 插件，设计者很轻松地将拍摄视频中其他不需要的内容以透明通道的形式抠除，然后再导入 iClone 之中，从而形成虚拟加

---

① 技术上，这一操作其实相当于在舞台当中放置了一个"Billboard"道具，然后将视频以贴图方式安置在了Billboard的表面。因为在iClone中，图片和视频素材等都必须依附于载体才能存在，载体必须有体积、具有一定的表面积。事实上场景中的人物、道具等绝大多数都可以作为载体，但对于视频素材来说，通常会倾向于使用表面平整的Billboard一类的载体。

真实的独特视觉效果。还值得一提的是，iClone 还能自动根据场景中环境光线设置，自动为视频中的人物加上阴影等效果。因此视频的内容能很好地融入虚拟环境之中，看起来就像运动员真的就是在这个公园里活动一样，达到以假乱真的 3D 效果。

至此，初级案例的动画内容基本完成。下一步，设计者只需再将其输出为某种格式的视频，就制作成一段内容丰富的教学视频：其中既有切合教学内容的教学情境，也有教师用传统方式讲解知识点，还用丰富的图形图像来直观地展示知识内容。此外，还附带了真人动作的示范。

7.5 高级案例——火山公园现场教学

相对于初级案例，下面案例的复杂之处，主要在于其动画内容制作这一步需要更加精细的操作（见图 7-5-1）。具体来说，视频的角色需要设计者进行设置和定制，而不是初级案例视频里实际拍摄的人物；角色的动作行为也不再是直接引用视频，而需要在 iClone 里操控各种 3D 模型来"表演"这些动作。为了展示出更好的视觉效果，设计者还需模拟各种摄像机效果，这可利用摄像机的推拉摇移以及多机位的切换实现。显然，高级案例的实现，需要设计者使用 iClone 中更多功能。

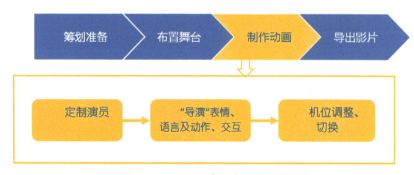

图 7-5-1　iClone 高级案例的操作流程

7.5.1　脚本

本案例的脚本编写如下：

镜头摇动，划过写着"人工火山公园"的指示牌、掠过火山地貌，最后止于一位坐于地上看"岩浆"的游客 A 身上。

这时，一位向导 Z 向游客 A 缓缓走来，二人展开了对话。

Z 笑道:"Hi, 在看什么呢?"

A 站起来,指着"岩浆"水体:"这是岩浆吧,这里是模拟的活火山刚喷发后的场景吗?"

Z 依然微笑着:"是的,我们公园模拟得很夸张,其实真实的火山喷发出来的岩浆会立即冷却成岩石和矿物质,一般不会还有这样处于液体状态的岩浆。"

与此同时,游客 B 驾车从远处开过来,下车后走到游客 A 身旁,与 A 一起听导游的讲解。

Z 继续:"不过自然界的火山附近常常会有火山温泉,那是被地下的岩浆加热的水体。火山温泉的温度和矿化度都非常高,可用于医疗和提取有用成分。"

B 作思考状:"那火山都会是像这样的一座'高山'吗?"

Z 摆手道:"不是。一般人们都认为火山是地下的喷出物堆成的高地,但地质学中则不以这种山的形态为火山的本质特征,而是以下面有无通道与地壳中的岩浆库相通来判断。"

A 拍手道:"哦,原来是这样啊!"

B 也赞叹道:"原来如此。"

在准备好脚本和素材之后,启动 iClone 界面开始制作影片。首先仍然是新建一个项目,并且将其命名为"volcano.iProject"保存在本地硬盘的合适位置。

7.5.2 舞台布置

先布置故事发生的场景。在案例里要讲解有关火山的知识,所以我们选择火山场景。具体操作为点击菜单"设置"(Set)—"地形"(Terrai),然后在左边的"素材管理器"(Content Manager)中双击选择火山地形(Volcanos),如图 7-5-2 所示。

在火山场景成功显示在预览窗口之后,可以通过工具栏对画面和物体进行调整和修改。随后,设计者还需要对场景中的水、天空、粒子效果等进行设置,以便让环境看起来更加真实。在本案例中,可以选择"设置"(Set)中的"天空"(Sky)菜单,在素材管理器中双击选取"红色天空"(Red Sky);接着,再选择"设置"(Set)中的"水体"(Water)菜单,在素材管理器中双击选取"岩浆流"(Lava Flow)。此时,点击播放工具栏的播放按钮,或者按空格快捷键播放影片,便能看到水体的流动效果,如图 7-5-3 所示。

设置好天空和水体之后,为了营造出岩浆滚烫的感觉,设计者还要给场景加上一种云雾缭绕的效果。具体操作:选中"设置"(Set)中的"粒子"(Particle),

图 7-5-2 地形设置

图 7-5-3 设置天空和水体

图 7-5-4 云雾效果

在左侧的素材管理器中选"环境"（environment）内的"沙尘暴"（sand storm），并将其拖曳到场景中合适的地方（水面上）。这样便能在播放预览窗口中看到灰黄的"沙尘暴"，其效果与云雾类似，见图 7-5-4。

为了让效果更好，设计者可让烟雾呈现红色。如图 7-5-5。具体的操作是：在选中云雾（在左下角的场景管理器中单击 Particle 目录下的"sand storm"）

第七章 微课视频的3D动画场景设计软件——iClone

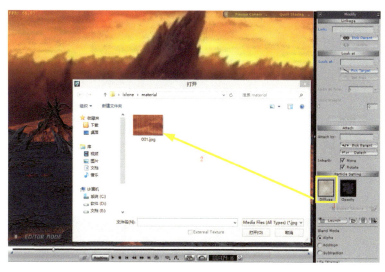

图 7-5-5 设置粒子的颜色效果

的状态下，在右侧的属性修改面板中，找到"粒子设置"（Particle Settings）部分，双击"扩散"（Diffuse）的小图片，在弹出来的文件选择窗口中选择本地一张暗红色调的图片[①]，如此一小块雾气效果便做好了。按照同样的操作，在场景中合适的地方都布置上雾气[②]，如图 7-5-6 所示。

进一步，"设置"（Set）菜单下还可以为舞台场景设置花草、树木等环境道具，其操作与之前设置天空和水体类似。不过考虑到本案例并不需要也不适合安放草木，故略过。

图 7-5-6 雾气粒子效果图

在大场景布置好之后，再照脚本的要求在舞台上安置合适道具。在本案例中应表明此场景是人造火山，因此再添加一块写有"人工火山公园"字样的标志牌是一

---

① iClone与其他3D建模软件相似，一般都是通过材质贴图来表现各种物体的颜色、质感等物理属性。比如我们之前选定的水体、天空等均是通过贴图实现的。贴图功能十分重要，在后续部分还会有涉及，同时如果想要用好iClone，读者也需要多去摸索学习该功能。

② 在需要的时候，设计者可以使用工具栏中的摄像机工具（摇镜头、转镜头、调焦距、直接选择视角方位等）调整视图画面的角度。或者在选中某角色、物体时使用快捷键切换到特定的视图方位：A-左视图，S-右视图，D-后方视图，F-前方视图，G-顶部视图，H-底部视图，J-脸部视图，K-全局视图，Home-所选物体的45°角视图。

个不错的选择。选择"设置"（Set）中"道具"（Props），在左侧的素材管理器中选择类似于"显示板"（Display Board）的素材作为标志牌，并将其放置在场景中合适的位置[①]。此时，应注意工具栏中对齐地形工具 应保持选中"依附于地形"（snap to terrain）选项。

由于素材库中的显示板默认带有甲尚的标志，因此需要对素材做一些修改，将原有 Logo 变为所需要的内容。如图 7-5-7 所示，具体做法：在选中该素材的条件下，在右侧的属性修改面板中的"纹理设置"（Texture Settings）模块下，选中"扩散"（Diffuse）一项。然后再点击"打开"（Launch）按钮，此时 iClone 便会调出计算机上的图形处理软件对素材的表面图案进行编辑，例如，在 Photoshop 中将 logo 去掉，再添加上所需要的文字。

图 7-5-7　编辑素材表面纹理

在 Photoshop 中处理好之后点击保存，随后回到 iClone 就可观察修改后的效果（见图 7-5-8）。当然，设计者也可将修改好的图案另存到本地，之后在 iClone 的 Diffuse 图案上双击，在出现的文件选择窗口选择修改好的图案。这样做的好处是修改好的素材可以另作他用。

实际上，iClone 还支持用户自定义素材库。因此可将这个修改过的标志牌选中，在左侧的"素材管理器"选择"定制"（Custom）选项卡，点击加号按钮添加

---

①　除了在iClone自带的道具库中寻找合适的素材之外，我们还可以通过3Dxchange插件从Google 3D warehouse、SketchUp以及其他各种3D建模软件导入各种格式的3D模型到场景中作为道具使用，支持的格式包括3DS，OBJ，FBX等。

第七章　微课视频的3D动画场景设计软件——iClone

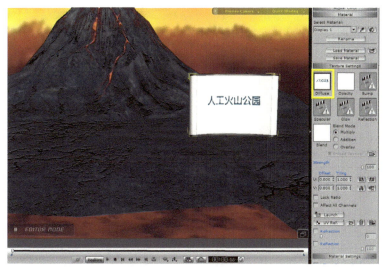

图 7-5-8　素材文字的修改效果

定制素材并将素材命名，如图 7-5-9 所示。

这样，设计者便能方便地重复使用定制好的素材，比如，可以将其直接拖放到舞台上的其他位置，甚至还可以在其他项目中也使用该素材。

"舞台"（Stage）菜单下的七个子菜单也用于对舞台进行更加详细的布置。其中"3D 场景"（3D Scene）下可以直接插入已搭配好的舞台场景；"2D 背景"（2D Background）可以选择 2D 图片作为舞台背景；"图片层"（Image Layer）可以添加 2D 图片作为道具使用[①]，"环境"（Atmosphere）、"效果"（Effect），则可对舞台的整体效果进行设置。这些属于比较细节的功能，读者可以自己钻研以制作出最佳效果的动画。

诸如"灯光"（Light）菜单，类似于拍摄影视节目时候的打灯，舞台场景中的所有光源都可以通

图 7-5-9　添加自定义素材

过左下角的"场景管理器"（Scene Manager）进行管理，可以添加、删除光源，可以根据需要修改光源的颜色、亮度和方向等属性。此案例中通常只使用默认的光源设置。"摄像机"（Camera）菜单则相当于对镜头的操作，能以多机位拍摄并且可随时切换镜头，还可以对镜头进行推拉摇移等各种变换。摄像机操作对于动画视频

---

① 此种情况下一般使用png等具有透明通道格式的图片。

295

制作来说非常重要，本案例后继对此会有具体的演示。

如图 7-5-10 所示，在预览窗口的右上角，有两个下拉菜单选择项。

图 7-5-10　改变实时渲染模式

- 左侧一个是选择预览视图的拍摄机位，在编辑动画影片时可以根据需要随时切换预览视图的机位。需要说明的是，设计者编辑时预览窗口看到的机位，与最后输出影片的拍摄机位并无关联（输出影片的机位需要在时间轴上定义，后面会具体演示）。但是在预览窗口对视图进行的调整，却会如实地反映到某个摄像机的推拉摇移上。
- 右侧一个选项是选择预览视图的品质。有时为了节约计算机的计算资源会选择"网格框架"（Wireframe）或"快速渲染"（Quick Shading）等选项；而有时为了能更好地观察影片效果，则会选择"像素渲染"（Pixel Shading）方式。后者的效果更加逼真。

7.5.3　演员设定

舞台场景设定完毕之后，设计者便可以添加演员了。本案例一共需要三位演员，下面以角色游客 A 为例向读者展示对演员的定制。

首先是菜单"演员"（Actor）中的"虚拟化身"（Avatar），在素材管理器中选择合适的人物模型直接拖放到舞台中合适的位置。此处选择一个小女孩，如图 7-5-11 所示。

菜单"演员"（Actor）下的几项子菜单都是对人物作定制之用。比如"性格"（Persona）一项就可以在素材管理器中选择人物的性格，这决定角色动作行为的风格，通常选择默认。除此之外，设计者对人物的发型、体型、皮肤、衣服、手套、鞋以及手拿物品等都可以进行定制。如图 7-5-12 所示，在选中人物的条件下，在右侧的属性修改面板中的"体型"（Body Style）模块，点击"虚拟化身比例"（Avatar Proportion）按钮，在弹出来的窗口中可以为人物选择某一系统预设体型。或者还能进一步自由选中身体的任一部分（包括手指细节）进行大小调节。

图 7-5-11　为舞台场景添加演员

 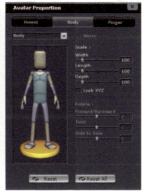 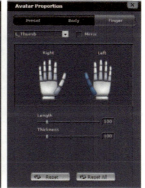

图 7-5-12　人物体型设置

选中人物的条件下，选择"头发"（Hair）菜单，则可以在右侧的属性修改面板中对头发的颜色、尺寸、方向等各种属性进行修改；选中"皮肤"（Skin）菜单，则可以对皮肤的颜色、纹理等各项参数进行修改；选中"上半身"（Upper Body）、"下半身"（Lower Body）可以对上下半身衣物的颜色、纹理等进行修改。修改好的人物效果如图 7-5-13 所示。

图 7-5-13　人物定制效果

图 7-5-14　定制头像步骤之一

iClone 强大的功能还体现在其对人物头像的高度定制上。我们可以从素材库中为人物选择各种各样的脸部预设，甚至我们还能使用真人的照片来创造更逼真的效果。具体的方法是点击"头部"（Head）菜单中的"载入图片"（Load Image）命令，然后选择真人图片，在弹出的窗口中按照提示一步一步地进行真人头像定制，如图 7-5-14、图 7-5-15 和 图 7-5-16 所示，得到图 7-5-17 的最终头像效果。

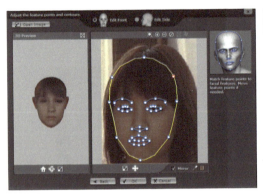

图 7-5-15　定制头像步骤之二

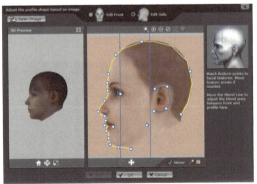

图 7-5-16　定制头像步骤之三

在导入图片对头像进行初步的定制之后，还可以继续对其进行精细的修改。点击"头像"（Head）中"纹理"（Texture）命令，弹出的窗口提供了对人脸部各种细节的修改。如图 7-5-18 所示，可以直接再次修改，也可以点击"Launch"按钮打开 Photoshop 等图像处理软件进行更细致的处理。

定好脸部轮廓之后，设计者还需要对其进行更高级的定制——定义会动的眼睛和嘴巴，因为这两个部位与人物的说话和表情相关。具体的操作为：在"头部"（Head）菜单下，选择"眼睛"（Eyes）子菜单，然后从素材库中选择合适的眼睛素材，并可以在属性修改面

图 7-5-17　头像定制效果

第七章　微课视频的3D动画场景设计软件——iClone

板中对眼睛的细节进行各种调节。牙齿的操作也类似，效果如图 7-5-19 所示。

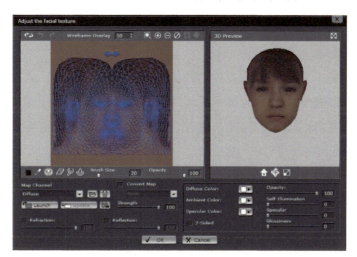

图 7-5-18　修改脸部细节

图 7-5-19　眼睛和牙齿效果

至此，第一个演员游客 A 定制完成。按照同样的操作，设计者可以定制游客 B、导游 Z 以及游客 B 的车，具体的操作不再赘述。需要注意的是，导游 Z 的初始位置应该是在离游客 A 不远的地方，游客 B 和他的车应该离他们稍远些（见图 7-5-20）。

图 7-5-20　角色布局参考图

299

7.5.4 动画制作

1. 摄像机镜头的推拉摇移

在演员准备完毕之后,将进入最关键的一步——动画制作。需要说明的是,与角色动作的定制紧密相连的是摄像机的使用,因为一段影片中往往有多个角色、每个角色又有各种各样的动作,因此,往往需要通过各种各样的镜头来更好地展现角色的演出和展现剧情。

可以想象,如果影片通篇都是同一个视角,那无疑使影片呆板、没有生气。相应的,观众也会抓不住重点,感到无聊,进而不愿意继续看下去。但是,如果能用全景大镜头展现全局环境、跟进角色的大范围移动,用近景镜头特写角色的表情和动作细节,并且让影片画面在环境以及各个角色之间适当地切换。那无疑观众便很容易在镜头的带动下融入情节中去,由此影片所欲表达的内容也就能更好地传递给观众了。

这与真实的影片拍摄也是类似的——导演的表达武器是镜头,通过镜头他让观众看到他想要展示的内容。实际上,iClone作为"个人的影视制作工厂",自带完整的"拍摄设备",并提供大量的演员和道具。因此在使用 iClone 时,设计者要做的就是导演的工作——用镜头语言去诠释一段剧本。

按照脚本,本案例影片要展现的内容是在一个人工火山公园里,游客 A 蹲在"岩浆"泉边若有所思;导游 Z 走过来与之对话,向其介绍关于火山的一些知识;之后游客 B 也开车过来并加入谈话当中。前期各种场景和演员已经准备就绪,于是下面便真正进入"导演"的角色来导这一部影片。

首先,需要告知观众影片故事发生的地点,并且向观众展示这里的大致情况。本案例采用移动镜头"扫摄"的方式来介绍场景,因此,先添加一个用于交代环境的摄像机。

操作如下:选择"舞台"(Stage)中"摄像机"(Camera),在右侧的属性修改面板中点击"添加"(Add)按钮新建一个摄像机。同时,也可以直接在主视窗的机位选择项下点击"Add Camera"。此时,预览窗口的视角会自动切换到刚才新建的这个摄像机"Camera"。并且在左下角的场景管理器中也会显示出新加的这个摄像机。设计者可在该摄像机的名字上双击将其重命名为"Scene",如图7-5-21 所示。

图 7-5-21 摄像机管理

第七章 微课视频的3D动画场景设计软件——iClone

接下来，要定义这个"Scene"镜头的摇动变换。为方便操作可先按快捷键【F3】或者点击播放工具栏的"显示时间轴"（Show Timeline）按钮调出时间轴。然后，点击时间轴上的"轨道清单"（Track List）按钮调出摄像机"Scene"的轨道并选中其"变换"（Transform）选项，如图 7-5-22 所示。

图 7-5-22　调出摄像机的 Transform 轨道

确保主预览视窗的机位为"scene"，并且播放点处于影片开始处（第 0 帧），将视图调整为对场景一角的远景视图。然后将播放点定位到 200 帧处，将视图调整为对"人工火山公园"标志牌的特写，如图 7-5-23 所示。此时，设计者可以看到时间轴上摄像机"Scene"的"Transform"轨道的该位置会出现一个灰色的点，该点即代表关键帧。将该点向前向后拖动代表此关键视图提前或延后，也可以通过删除该点从而删除这一关键帧。如此重复多次，将播放点定位到某个时间点并相应地将摄像机调整到设计者想要的某个视图。注意最后一个关键帧需要将镜头聚焦到角色游客 A 且导游 Z 要被排除在镜头外。

图 7-5-23　定义摄像机位置关键帧

完成之后回到第 0 帧并点击播放，可以看到画面已经动起来，因为 iClone 已自动在关键帧之间补上流畅的画面。这样，案例影片的第一部分场景介绍已完成。接下来进入人物动画的制作阶段。

为方便后面的查看和编辑，不妨再做一点准备工作：

① 新建三个摄像机"Camera A""Camera B"和"Camera Z"，分别特写舞台上的三个角色。

② 新建一个摄像机"top"，并将其调整为刚好能看全整个舞台情况的全景俯视视图。

③ 点击工具栏上的"迷你视图"（Mini viewport）<img>，打开小预览窗口并将其

安置在合适的角落,有了迷你视窗,设计者就能同时关注不同机位的画面。这几步工作帮助设计者既掌握全局,也能快速地定位到想要的细节。

2. 说话与动作

第一段动画是游客 A 坐在"岩浆"边上观察、沉思,因此将视图切换为摄像机"A",将播放点定位到第 600 帧。当然也可以是其他时间点,但要求是在摄像机"Scene"扫摄场景到游客 A 之前。

首先,设计者给 A 加上一个坐在地上的动作。选择"动画"(Animation)中的"动作"(Motion),然后在素材管理器里选择 female 的"席地而坐"(Ground sit)动作,将其拖放到角色 A 上。然后将角色 A 的位置和方向适当调整,使其在镜头里呈现出恰当的效果。

其次,还需给 A 加上在仔细观察"岩浆"的面部表情:由于"岩浆"是一片广阔的流体,因此要用道具来定位近处的岩浆水体,即从素材库中随意拖放一个道具(本案例是选择了一个小写字母 a 的道具)到 A 面前的水体中,然后选中游客 A,右键菜单"动作菜单"(Motion Menu)中"注视"(Look at)。这时鼠标会变成选择形状,此时设计者再点击选择该定位道具,游客 A 的视线便会被自动锁定到道具上,见图 7-5-24。

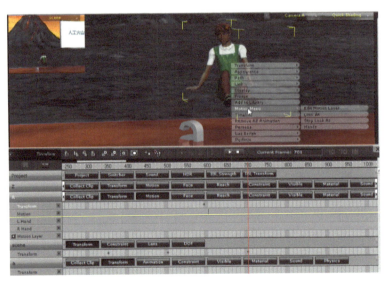

图 7-5-24　定位角色视线

当然,应该知道,这个字母道具并不应该出现在场景里。因此设计者需要再在场景管理器里取消道具字母 a 的"展示"(Show)选项,如图 7-5-25 所示。这样游

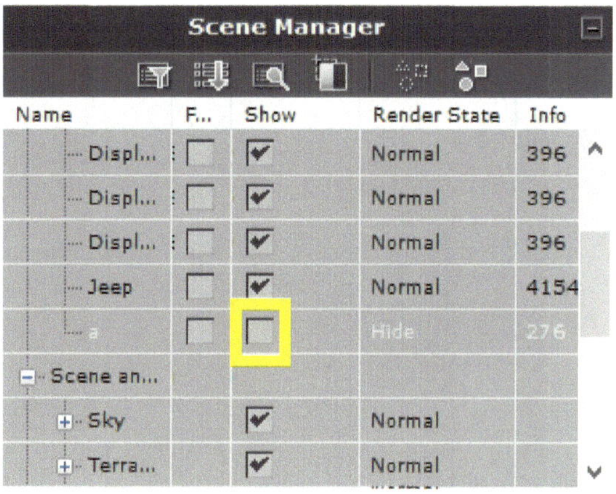

客A的视线看上去就是落到了水体上了。其后，游客A就一直保持看水的姿势，直到导游Z走过来和她说话。

接下来的情节，便该是导游Z过来与游客A说话。需要做的是，将镜头切换到对准导游Z的"Camera Z"，将播放点定位到第705帧，选中导游Z，先按之前的操作让她"look at"游客A。接着，再选择右键菜单"移动"（Move）中的"向前走"（Walk_Forward），在视窗中单击想要她走到的位置，即游客A的斜后方，如图7-5-26所示。随后，导游Z就会自动开始朝游客A走去。

图7-5-25　取消道具可见性

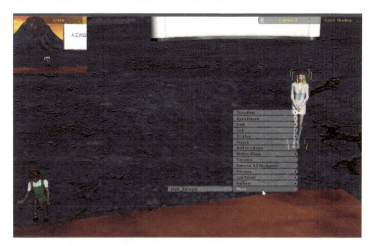

图7-5-26　让角色走动起来

如果觉得默认走动的速度不太合适的话，设计者可以在时间轴上调出她的"动作"（Motion）层。如图7-5-27所示，将鼠标移动到她那一段走动动作的结束处，前后拖动鼠标将该动作的时间缩短或延长到合适的时间，以此来调节走动速度。在调整过程中可以播放预览效果，直到角色走动得比较自然为止。

当导游Z走动到位后，她将开口向游客A说话。技术上，在iClone里角色说话有多种制作方式可选。选中菜单"动画"（Animation）中的"脸部动画"（Facial Animation），在右侧的属性修改面板中，设计者能看到三种最基本的方式：

- 直接用电脑的麦克风录制。
- 导入已有的语音文件。

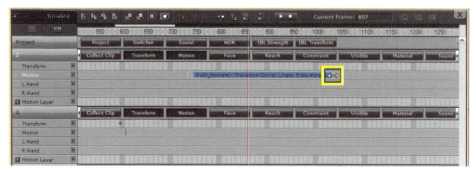

图 7-5-27　调整动作持续时间（动作速度）

- 输入文字，iClone 会自动将其转换为语音[①]。

本案例都选择文字转语音（TTS）的方式。如图 7-5-28 所示，将播放点定位到导游 Z 走动到位稍后的某处（比如第 1220 帧），点击属性修改面板中的"输入"（Type）按钮，在弹出的窗口中输入说话内容，点击"OK"按钮返回。

点击播放，如图 7-5-29 所示，能看到 iClone 已根据语音自动为角色对上了口型。

另外，设计者还可以为说话的角色添加表情：在导游 Z 的 viseme 轨道上选中某一段语音的条件下，再选择"动画"（Animation）中的"脸部动画"（Facial Animation），并在右侧的属性修改面板的"表情模式"（Expressing Style）模块双击选择合适的表情，如图 7-5-30 所示。

图 7-5-28　输入文字转语音

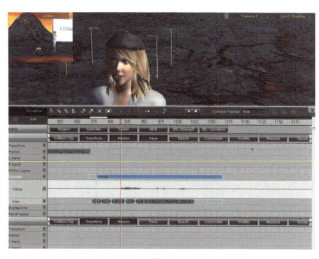

图 7-5-29　自动根据语音对应口型

---

① 需要事先安装语音库，iClone 只默认带了一个中文女声库，一个英文男声库。

第七章 微课视频的3D动画场景设计软件——iClone

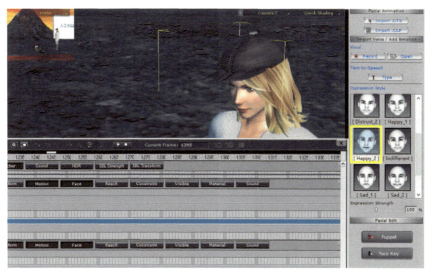

图 7-5-30 表情应用

当游客 A 听到导游的声音后便将视线从水体收回，站起来面向导游，两人开始面对面交谈。首先，设计者要新建一个名为"talk"的摄像机，使之能将游客 A 和导游 Z 都较好地安置在画面中。然后在导游 Z 说话结束处（如第 1305 帧），让游客 A "look at" 导游 Z，并且在第 1352 帧给她加上 "sit ground to idle" 的动作让她站起来（注意将站起来的动作速度作适当调整以显得自然）。然后将站起来后的游客 A 的方位旋转，使之面朝导游 Z（相当于是插入一个关键帧，iClone 会自动在关键帧之间加上过渡动画）。如图 7-5-31 所示，这样游客 A 就同时完成了站起来并转身的动作。

图 7-5-31 起身并转身效果

305

随后的情节，是游客 A 指着岩浆水体说话。首先，仍然用文字转语音的方式录入 A 的说话内容。为了与导游所说的话区别开来，可以更换语音库，或者改变音高、语速等为游客 A 定制一个声音，如图 7-5-32 所示。

接着，设计者为游客 A 加上一手指着岩浆的动作。在 iClone 里，动作的录制有三种方式（见图 7-5-33）。

图 7-5-32　游客 A 定制一个声音

- "动作木偶"（Motion Puppet）模式。选择某一种规定好的全身动作，通过规定参数或晃动鼠标控制动作的幅度，还可以用蒙版（mask）定义某部分身体不跟随动作。
- "直接操控木偶"（Direct Puppet）模式。可以选择部分身体并自定义运动方式进行动作录制。
- "设备捕捉"（Device Mocap）模式。通过外接的体感摄像设备（如 Kinect）捕捉真人的动作并将其运用到 iClone 中的角色身上，利用此种方式可以完成各种复杂动作的录制。

由于本案例中的人物动作都很简单，而且考虑到入门教程以基本操作为主，所

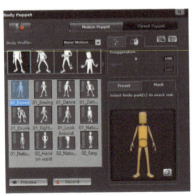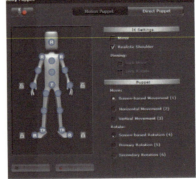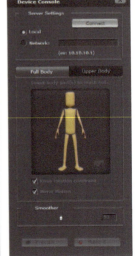

图 7-5-33　iClone 动作录制的三种方式

以这里采用的是"操控木偶"录制的方式。将播放点定位到游客 A 需要采取动作的 1460 帧，选择菜单"动画"（Animation）中的"动作"（Motion），然后点击右侧的"直控木偶"（Direct Puppet）按钮。选中木偶右手中间的操控点，然后点击红色的录制按钮，按下空格键（Space）开始动作的录制：向右微微滑动鼠标抬起游客 A 的右手，再将鼠标向左还原放下游客 A 的右手，然后再次按下空格键（Space）以结束动作的录制，如图 7-5-34 所示。录制完成后，可以播放预览并在动作轨上适度地调节动作的时长，以便让动作看起来自然逼真。

图 7-5-34 人物动作录制

最后，选择菜单"动画"（Animation）中的"手部"（Hands）命令，然后在素材管理器中选择手指指示的动作拖放到游客 A 上，见图 7-5-35。默认手部动作是同时运用到左右手上，这里只需右手动作，因此要在 L Hand 的轨道上删掉这一段不需要的动作。

图 7-5-35 手部动作

需要注意的是，在游客 A 从地上站起来并说话的过程中，导游 Z 最好不要面无表情地站在那里，应该给她加上一些闲时动作和微笑的表情。选择"动画"（Animation）中的"动作"（Motion）和"脸部动画"（Facial Animation），然后在左侧的素材管理器中选择合适的动作或表情拖放到人物上。

事实上，在整个 iClone 影片制作的过程中，设计者都应考虑到这一点，尽量让所有的道具、演员等元素都融入场景中成为有机的整体。有生命的元素要尽量地"动"起来，以免影片显得生硬。

有时候素材库里的动作可能会很长，如果不需要这么长时间的复杂动作，可以在运用该素材到演员之后，在时间轴的 Motion 轨道上选中该动作片段。如图 7-5-36 所示，选择右键菜单中的"截断"（Break），便可将动作从时间线处分割成两段动作，这样便可以对动作进行拼接组合了。除此之外，还有很多右键菜单可以方便我们做很多个性化的修改定制，读者可自行研究。

图 7-5-36　动作截断

最后录入导游 Z 回答游客 A 问询的语音，具体操作如上所述，此处不再赘述。

3. 摄像机的机位切换操作

影片第一部分的表演已基本完成，但进一步还需要合理安排机位切换，以对应最终输出的影片中观众看到的画面的变换。

打开 Project 的 Switcher 切换轨道，将播放点定位到第 0 帧处点击鼠标右键，如图 7-5-37 所示，选择"摄像机列表"（Camera List），在出来的列表中选择"Scene"摄像机，即影片的移镜头介绍场景。同样的操作将第 1610 帧处的摄像机切换为"Camera A"、第 1790 帧处的摄像机切换为"Camera Z"、第 2040 帧处的摄像机切换为"Camera A"、第 2370 帧处切换为摄像机"talk"。这样，游客 A 和导游 Z 对话时，就会交替出现他们每个人的脸部特写及两人站在一起对话的情形，从而避免影片画面看起来太单调。

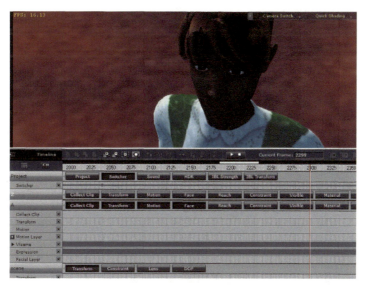

图 7-5-37　镜头切换效果

4. 路径和移动

接下来，设计者需要制作影片的第二部分内容，即游客 B 驾车进入画面，也参与到游客 A 和导游 Z 的对话中去。由于游客 B 驾车会驶过很长一段路径，之前创建的以游客 B 为主要对象的摄像机，需要保持跟踪拍摄才能将 B 的动作完整记录下来，所以先进行如下操作。

在场景管理器中找到并选择"Camera B"，在右侧的属性修改面板中的"注视"（loot at）模块点击"选择目标"（Pick Target）按钮，如图 7-5-38 所示，然后鼠标就会变为选择模式，左键点击选择游客 B。这样此摄像机就会一直跟踪拍摄游客 B，并且在摄像机的"look at"轨道上，也能看到相应的变化，如图 7-5-39 所示。

然后，还需要为游客 B 规划一条驾车的路线。具体操作为：先将主视窗的机位切换为"top"，选择菜单"动画"（Animation）中的"路径"（Path），在右侧属性修改面板点击"新建路径"（Create Path）按钮，如图 7-5-40 所示，在场景地形中连续点击数个合适的位置勾勒出一条路径。注意路径的起点是游客 B 和他的吉普车所在的地方，路径的终点是游客 A 和导游 Z 所在的地方。当路径创建完成时，用鼠标右键在舞台上单击一下便可退出路径创建。

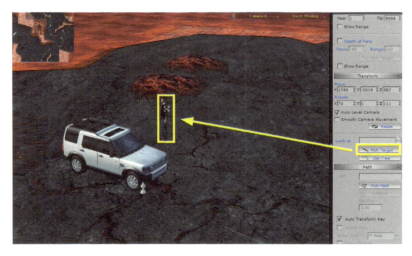

图 7-5-38　为摄像机选择注视对象

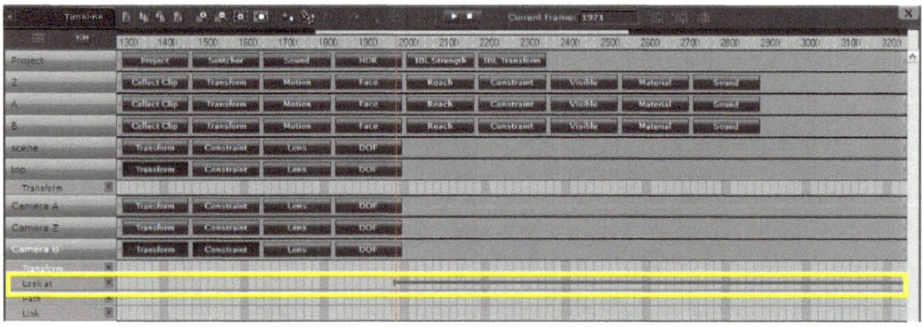

图 7-5-39　摄像机的"look at"轨道

如果需要对路径的细节进行修改的话，可以在右侧属性面板上点击"编辑路径"（Edit Path），如图 7-5-41 所示，然后结合工具栏上的选择和移动、旋转等工具对路径的关键点进行修正。编辑完成之后再次点击"编辑路径"（Edit Path）按钮退出编辑。

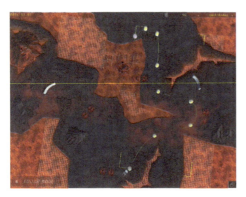

图 7-5-40　创建路径

然后，便让 B 驾车往路径的终点行去。首先将摄像机切换到特写游客 B 的摄像机"CameraB"，将播放点定位到第 1360 帧，选中吉普车单击鼠标右键，选择菜单"操控"（Operate）中的"司机进入"（Driver Get in）。这样，游客 B 便会自行打开车门坐到驾驶座上，如图 7-5-42 所示。

第七章 微课视频的3D动画场景设计软件——iClone

图 7-5-41 修改路径细节

将播放点定位到游客 B 已坐定之后，本案例中选第 1970 帧，在吉普车上右键点击"移动"（Move）中的"向前移动"（Move_Forward）。然后用鼠标在路径的起点上单击，游客 B 便会驾驶吉普车沿这条路径前进，如图 7-5-43 所示。同时，摄像机"Camera B"也会跟随游客 B 拍摄到的吉普车沿路径前进效果，如图 7-5-44 所示。

图 7-5-42 司机进入汽车

图 7-5-43 指定汽车沿路径前进

311

图 7-5-44　Camera B 跟随游客 B 拍摄吉普车前进效果

接下来，设计者要做的便是，设法让游客 B 自然地出现并融入游客 A 和导游 Z 的谈话中去。事实上在编写脚本的时候就已经考虑到了这一点：游客 B 在驾车到达 A 和 Z 谈话的地方并下车、站到她们旁边。这时导游 Z 刚好还在继续讲解，因此游客 B 也跟着听了一会儿，然后他开始发出自己的疑问，于是导游 Z 便面向游客 A 和 B 解释这个新的疑问。

因此，待游客 B 把车开到终点后，选中吉普车并点击鼠标右键，选择菜单"操控"（Operate）中的"司机下车"（Driver Get off），如图 7-5-45 所示，游客 B 便会自动开始下车的动作。下车动作完成之后，再给游客 B 加上"向前走"（move forward）动作，让他走到 A 和 Z 旁边。同时，注意这个过程中要让 B 的视线"看向"（look at）游客 A 和导游 Z。

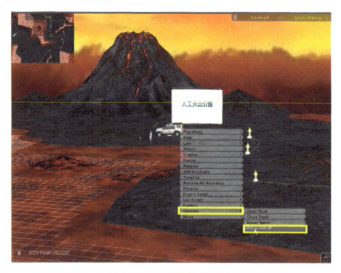

图 7-5-45　操控司机下车

这一边，游客 B 按照脚本的安排走到舞台上，另一边 A 和 Z 之前的对话也一直在继续，所以设计者照旧把 Z 的另一段说话内容录制好，并且注意要让人物适时地做一些动作。然后游客 B 边听导游 Z 的解说，边作出思考的动作：将播放点定位到合适的位置，本案例选择第 3410 帧，选中游客 B 右键单击，选择菜单"表演"（Perform）中的"思考"（Thinking），如图 7-5-46 所示。

图 7-5-46　右键方式添加动作

随后，就是 B 提出问题，Z 解答，然后游客 A、B 两人都回复表示明白。这些按之前的步骤同样操作，只是注意加上应景的表情和动作。除此之外，设计者还需要将像之前那样将三人对话时的镜头效果及机位切换做一些调整，以增强视频视角的变换性，此处不再赘述。

5. 所见即所得的导演模式

iClone5 有一个新功能"导演模式"。导演模式的优点在于，能实时操控演员一步一步地完成表演，所见即所得。点击播放工具栏的"模式切换"（Mode Switch）按钮，可以在编辑模式和导演模式间切换，同时主视窗左下角会有文字提示当前所处的模式，如图 7-5-47 所示。

进入导演模式之后，按照提示可以选择实时预览的拍摄机位，默认机位是跟踪进入导演模式时所选中的角色。然后在播放的同时，设计者就可以使用方向键让选定的角色朝特定的方向移动，或者使用定义好的快捷键让角色做出各种动作表演，如图 7-5-48 所示。如果多个角色（或道具）都需要录制动画，则只需在左侧的内容管理器中再选择该角色进行录制。

微课、翻转课堂与慕课实操教程

图 7-5-47　切换到导演模式

图 7-5-48　导演模式下切换操控对象

7.5.5　导出影片

将制作好的 3D 影片从头到尾播放一遍，确认没有再需要修改的地方，并且将舞台上不需要现形的道具、摄像机、路径的实体隐藏起来之后，就可以导出影片了。

iClone 导出有多种格式可选。菜单"导出"（Export），可以看到有"图片"（Image）、"图片序列"（Image Sequence）、"PopVideo 输出"（PopVideo Output）、"视频"（Video）四个子选项菜单。其中图片相当于是对主视窗的实时截图，而图片序列则是将影片的每一帧都作为图片输出。图片的格式、尺寸等都有多种选择。"PopVideo 输出"是输出 iClone 系列软件里可以使用的专用视频格式。

最常用方式是导出"视频"。导出视频时视频的格式、尺寸以及渲染质量等都可以由用户自定义。值得一提的是，iClone 还提供 3D 视频的输出，如图 7-5-49 所示。用户只需在输出时的属性修改面板的"3D 立体影像"（3D Stereo Vision）模块中，勾选 3D 立体影像输出选项并选择需要的 3D 格式[①]。

在选定好输出设置后，点击"导出"（Export）按钮，iClone 便会开始渲染并输出视频，如图 7-5-50 所示。

通过以上使用 iClone 来设计两个微视频案例，读者可以看出，这个动画视频设计软件充分体现出"快课"技术理念，模版化设计，操作快捷。无论是人角色的选择和定制，还是动作、面部表情或语音口型配对，都提供了庞大的模版库供设计者直接调用。这不仅从技术上有效地降低了教师使用 iClone 的技术成本，同时，更为重要的是，这种设计理念，为教师提供了非常广阔的设计空间，灵活运用这个技术工具来实现自己的教学设想。

图 7-5-49　输出 3D 影片选项

例如，利用 iClone 的视频插件，可以容易地实现现实讲课视频与虚拟场景的相互结合，为学习者提供多种激发其想象力和创造力的教学视频素材。

图 7-5-50　渲染输出最终的成片

---

① 有关3D视频的相关内容，请参阅本书第三章3.1.2节。

第八章 微课的初级交互设计软件
——Adobe Presenter

读完前面内容之后，相信许多读者可能会产生这样一种印象：本书所提出的微课与慕课整体技术解决方案，貌似以诸多之笔墨来渲染和突出设计软件的新颖性与独特性，注重视觉感染力和操作交互性等。是的，笔者确实希望向老师传达这样一种与当前常见的将微课视为简单小段视频的截然不同之设计理念，期待能够以新的软件和新的设计思路来突破各种传统教学课件模式的束缚，推动微课设计从"微视频"进入"微讲课"和"微课程"阶段。然而需要强调的是，本书在传达这样"追新求异"设计路线的同时，实际上并不排斥那些技术简单、形式单一但早已被实践证明是行之有效的各种教学技术。例如，就以当前在学校教学中已司空见惯的幻灯片为例，笔者认为，即使是这些早已被视为缺乏"技术含量"的PPT幻灯片式课件，若运用得当，设计得法，同样也能够在微课设计和制作之中占据一席之地，为教师动手设计微课带来许多意想不到的益处与方便。

作为教师来说，几乎毫不例外，每一位教师电脑中都会存有相当数量上课用PPT演示文档，因为这是当前课堂教学中最为普遍的信息呈现方式。然而，当教师开始设计自己的微课时，这些已有的PPT文档还能有什么用吗？若从当前常用的小视频片断式微课制作方式来说，这些PPT课件充其量作为录屏、截图或录像背景展示之用而已，除此之外，很难再有大的用途。尤其是那种采用视频编辑软件（如Premiere等）来制作的微课，基本上用不到PPT，所需要的教学内容基本都需要重新编辑或录入。但是，在本书所提出的微课设计技术方案之中，看似一无用途、缺乏技术含量的PPT却扮演着至关重要的角色——PPT是微课设计的关键起点。在某种程度上，甚至可以说，PPT设计水平的高低，直接影响微课的技术水平。没有高质量的PPT课件，则很难设计出高质量的微课。

为什么这样说呢？原因很简单，在本书所提出的交互式微课设计技术方案之中，各种素材的整合设计软件所采用的，是当今国际上最为流行的Adobe两个著名通用性课件设计工具——Presenter（简称 Pn，见图 8-1）[①]和 Captivate[②]（简称 CP）。从技术规范上，这两个软件都完全兼容 MS PowerPoint[③]，换言之，在利用 Presenter 和 Captivate 设计交互式微课时，都是以导入 PPT 课件而开始的——这对于教师来说，是一种既方便又快捷的起点。这种技术路线的一大优势，就是大大减轻了教师的设计工作量，可直接利用以往教学中所积累的各种素材。实际上，这种基于 PPT 来设计交互式微课的技术方案，也是快课设计理念的一个重要反映。它对于降低微课的技术门槛，提高制作效率，非常有帮助。

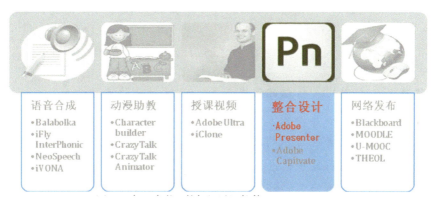

图 8-1　交互式微课的初级设计软件——Presenter

既然 PPT 在本书所倡导的快课式微课设计方案中扮演着如此重要之角色，那么，教师设计 PPT 课件的技能、方法与水平，就值得关注了，因为它会直接影响到后续的微课设计。实际上，设计 PPT 并非如大家想象的那么简单和容易。如今会做 PPT 的教师当然不乏其人，但是真能做出高质量 PPT 的教师，却依然是凤毛麟角。要想做出吸引学生眼球的高水平 PPT 课件，绝非易事，需要做一番认真准备。

本章将详细介绍如何利用 Adobe Presenter，来设计出一个令人刮目相看的初级交互式微课。不过，在正式开始学习 Presenter 之前，首先需要了解和掌握一些设计高质量 PPT 课件的基础知识和技巧。磨刀不误砍柴工，这对于后续学习是极其重要的。

---

① 从技术上来看，Adobe Presenter实际上并非是一个独立软件，而是MS PowerPoint的插件。
② 有关Adobe Captivate的相关内容，请参阅本书第九章。
③ 从对Pn 10.0和CP 8.0的兼容性测试结果来看，它们能够很好地兼容MS Office 2013，几乎能够导入这个版本制作的全部PPT对象属性，包括除视频之外的各种素材，如音频、动画、文字、图片和背景颜色等。但对于老版本（如MS Office 2007和2003）则支持不好。因此，在本书学习过程中，建议教师都使用MS Office 2013，这样将会获得最佳设计效果。

8.1 PPT 制作技巧与微课设计

如上所述，PR 是 MS PowerPoint 的一个插件，附属于 PPT 环境下运行。若抛开学科内容的差异性，显然，PPT 课件本身的设计水平和美观程度，会直接影响到学习者对于课程内容的学习兴趣。显示形式单一、色彩凌乱、文字枯燥无味和缺乏动画效果的演示文稿，会直接导致学习者昏昏欲睡，更无法吸引听众的注意力，教学效果自然也无从谈起。因此，PPT 演示文稿的设计，对一门课程的呈现效果有直接影响。要想设计出一个精彩的 PPT 课件，需要教师在课件制作的设计阶段，就要注意一些基本的设计原则和技巧。

例如，在 PPT 设计过程中需要格外注意以下几个基本原则：

- 重视幻灯片中大标题的恰当应用，以标题吸引学习者的目光。在一个大标题下设置不同小标题，用不同显示页面分别对小标题内容进行阐述。或者也可以利用图片、图表、表格或其他可提供信息的载体代替大段的文字叙述。
- 文字内容尽量简练，尽量用图表来展示核心内容。PPT 的内容根本没必要涵盖讲课的所有内容，要鼓励学习者认真听课。要求学习者做听课笔记，只记那些演讲者讲到的，但 PPT 上没有的内容。
- 除非专业需要，否则慎用异形艺术字体或色彩，这会降低 PPT 的专业性。在设计课件过程中切忌使用过分修饰的艺术字体和令人眼花缭乱的动画效果。用于展示的课件一般由许多张幻灯片组成，学习者并不会在意每张幻灯片包含多少动画效果和五颜六色的字体。
- 善于利用和修改各种模板来设计出具有自己特色的课件。PPT 提供了很多制作课件的主题、图片等，设计时如果这些素材并不能满足设计者的需要，设计者可以通过网络下载更多素材，目前有很多专门提供设计素材的免费网站供设计者选择。还有一点要注意的是，设计者应该合理安排课程制作的时间与成本预算。
- 幻灯片页面设计要遵循的原则——要"有所保留"而非"一目了然"。换言之，用关于利用 PowerPoint 所提供的 SmartArt 动画功能，来控制整个页面的内容显示顺序节奏，一步步地播放动画内容，而不是一次全部显示，使听众能够抓住幻灯片内容的核心内

第八章 微课的初级交互设计软件——Adobe Presenter

容。最无趣的教学幻灯片设计，莫过于一次将整个页面的内容全部同时展示给学生——这样多数学习者都肯定会无心再认真听后续内容。

8.1.1 字体的选择与使用

毋庸置疑，在 PPT 课件设计中，关键在于课程内容的设置。然而不可否认的是，使用不合适的字体会无形中加大学习者理解课程内容的难度，字体选择真的如此重要吗？研究发现，字体确实以一些独特的方式影响着课程内容的呈现效果。

- **阅读载体影响字体选择**。纸质出版物阅读、电脑屏幕阅读和投影阅读，对所用字体的类型、大小以及分辨率要求都不相同。有些字体不适合快速阅读，不能用在大段的文字叙述中；有的字体将字号略微调小一些会让人读起来更舒服；有些字体如果分辨率设置过低会降低文字阅读性……因此，在制作课件时，要综合考虑到课件的发布形式、文字内容属性来确定字体的具体使用规范。
- **字体影响课程内容信任度**。研究发现，字体能够影响阅读中的信任度，让人眼花缭乱的字体会让学习者怀疑文字内容的专业性和真实度。课件设计中并不反对使用奇特字体，但是奇特字体的使用篇幅切忌过长，要注重版面的整体呈现效果。
- **字体的阅读难易影响课程参与度**。如果字体让人感觉到阅读困难，那么很容易就会让学习者认为课程内容的难度也很大，或者是课程内容需要花费很长时间才可以掌握，学习者会因此而不愿意尝试学习此课程。

文字是 PPT 的灵魂，在 PPT 中该选用什么字体？字号多大合适？这些看似简单，但实际上却直接影响着 PPT 课件设计的水平和质量，不可忽视。

1. 关于字体选择

选择字体之前，不妨先考虑一下哪些字体具有阅读性，而不是单纯好看。通常情况下，建议 PPT 中尽量不要使用书法类字体，除非是与书法相关的内容或者有特殊要求。图 8-1-1 和 8-1-2 展示了 PPT 中一些比较常用的中英文字体。可以看出，同样内容因为字体的区别，带给阅读者的感受是完全不同的。

319

一. 字体

图 8-1-1 中文字体对内容可读性的影响　　图 8-1-2 英文字体对内容可读性的影响

根据经验，笔者提供几种推荐字体，其他字体请自行斟酌，只要能保证阅读性就好。但最好不要让别人去费力猜 PPT 里到底是什么字——传达信息比字体美观性更重要。为此：

（1）标题可尽量采用微软雅黑。这个字体美观大方，中文英文都适用，加粗后尤其清晰，可读性极佳。在此基础之上，内容可用宋体。二者可产生比较强烈的对比（见图 8-1-3）。选择这两种字体的另外一个益处，是当向 PR 和 CP 导入 PPT 课件时，这两种字体的兼容性最佳，不易产生字体乱码或变形。

（2）如果设计者的电脑里面只有系统自带的字体，那么另一个方案是：标题可用黑体。尽管字号相同的情况下黑体比微软雅黑稍小一些，不过仍然是个不错的选择。内容则可用楷体（见图 8-1-4）。这样搭配的视觉效果也不错。

图 8-1-3　微软雅黑和宋体搭配使用　　图 8-1-4　黑体和楷体搭配使用

值得注意的是，我们常见的字体大致上可以分为两类，一类是粗细一样的字体，比如微软雅黑和黑体，另一类是笔画有粗细变化的字体，如宋体和楷体。如果课件是用投影机来展示，则需要考虑到投影机的视觉效果。因为投影质量不好的话，笔画较细之外，则有时显示不出来，这会严重影响观众的观看效果。

第八章 微课的初级交互设计软件——Adobe Presenter

2. 关于字号选择

在 MS PowerPoint 之中，默认的字号范围是 8～96 号。如此多的字号，到底该如何选择呢？一个基本原则是：字号选择要看 PPT 的实际使用环境，比如 PPT 是投影用还是阅读用。

在 PPT 默认设置里，标题字号是 44 号，一级文本 32 号，二级文本 28 号……共有五级文本。虽然有那么多，建议还是最多用到二级字号就好了。否则对于学习者来说，恐怕就变成视力测试了。

当将 PPT 用于投影时，最小字号最好不要小于 28 号（见图 8-1-5）。

在 MS Word 中，默认的字号范围是初号至八号和 5 号到 72 号；而 PPT 里面默认的字号是 8 号至 96 号。从大小来看，12 号相当于 Word 里面的小四号。所以作为阅读用的 PPT 文档，建议最小字号不要小于 12 号，这样可以避免造成阅读上的困难（见图 8-1-6）。

图 8-1-5　投影用的 PPT 字号选择

图 8-1-6　阅读用的 PPT 字号选择

3. 关于文字的数量

进一步，幻灯片页面上文字的数量应该如何考虑呢？

基本原则是：若用于投影，则字越少越好；若用于阅读，则内容越详细越好。原因很简单：投影用的 PPT，其核心功能在于提示要点。而阅读用的 PPT，需要详细描述（见图 8-1-7）。

4. 关于艺术字体的使用

"艺术字"听起来很有艺术色彩，但在使用时却要慎重。教师需要考虑到在幻灯片页面上，所包含的颜色是否过于繁杂？字体形状是否过于扭曲？是否适合阅读？如图 8-1-8 所示，如果想要设置标题为艺术字体，则

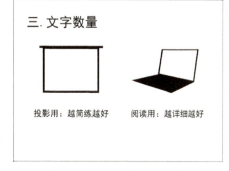

图 8-1-7　PPT 用途与文字数

需要考虑到艺术字体的形状与颜色与课件整体的设计风格统一。通常，一页幻灯片之中，字体混搭最多使用三种不同的字体、字号和颜色组合，这时可以起到突出强调的作用。但是，若变化太多，则可能适得其反，造成版面视觉混乱，画蛇添足。

5. 使用文字创意

若恰当应用，文字本身也是可以显示出创意。例如，在幻灯片设计时，"从理论中学习只对了一半"这句话，如果单纯写上这几个字显然有些单调。但是，若设计如图 8-1-9 所示，在文字基础上再加上一个遮盖了一半的对号。这样，就恰好与文字本身之含意相对应——画面顿时生动起来。

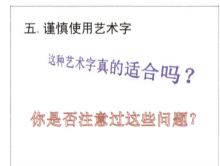

图 8-1-8　幻灯片艺术字的使用

图 8-1-9　文字创意的应用

此外，在设计幻灯片时还可以设计一些文字小游戏——字的显示不一定都是正的。如图 8-1-10 所示，既然想要突出"反"例学习，那么不如把"反"字翻过来，再用其他颜色着重表示——这样岂不是很形象？

进一步，用什么方式来具有创意地表达"消失"这个词呢？假如遮盖文字的一部分，可能就会有动态的感觉（见图 8-1-11）。

图 8-1-10　文字显示的小游戏　　　　图 8-1-11　文字动态感之设计

最后提醒的是，在设计 PPT 幻灯片时，也应注意调整行间距。通常，MS

PowerPoint 默认行间距是单倍行距,视觉上看起来略有些"拥挤"。建议设置成 1.3 倍至 1.5 倍行距,这样看起来比较清爽,不会给人一种密密麻麻的感觉。

8.1.2 微课的设计与构思

设计出精彩的幻灯片只是微课设计的第一步,能够熟练使用 PowerPoint 和 Presenter 并不意味着就可以制作好的微课。正如教学之前必须备课一样,想要设计出优秀的微课,应事先制订一个详细的计划。例如,在设计微课时,教师需要首先考虑以下几个问题。

第一,受众是谁?是幼儿园的孩子,小学生,还是大学生?通常,年龄和受教育程度与信息呈现的形象程度成反比。也就是说,年龄越小,受教育程度越低的学习者,更喜欢图形、图片、音频、视频等易引起感觉器官反应的媒体形式。反之亦然,年龄大和受教育程度高的学习者则更容易接受文字、图表、公式等媒介表达的内容。因此,在设计微课之前详细了解学习者的群体特征,是必不可少的准备工作。

第二,受众有何特殊之处吗?例如,学习者是否可能存在听力上的困难?如果有,就需要为课程配上字幕说明。

第三,课程需要包含图片和背景音乐吗?如果需要,如何获取这些资源?目前国内提供免费下载图片的网站主要有:素材中国、昵图网、站长素材等,而免费下载音乐的网站有百度音乐、酷我音乐等。

第四,在学习过程中需要获取学习者的信息反馈吗?如果需要,就要使用学习管理系统(LMS),或使用测验等方式。

总之,设计者需要明确,最实用的微课应至少包括以下基本要素:

- 课程说明。让学习者明确接下来他们将学习到什么。
- 课程简介。对本课程将要学习的内容作出简短概括与介绍。
- 技术表达。充分利用视频影像与动画来激发学习者的兴趣与动机。
- 交互设计。让学习者尽可能从"做"中学,提供丰富的交互内容。
- 自动测试。让学习者用于检验自己的课程效果。
- 总结练习。巩固所学的知识。

对于教师来说,一位优秀教师的基本标准是:清楚地告诉学习者,你将教给他们什么。然后用各种恰当的方式把知识教给他们。最后,还要明确告诉学习者评价学习效果的标准。如果教师将这项标准运用到微课设计之中,或许对于设计出成功的微课大有裨益。

1. 微课设计的时间预算

在很多情况下，教师都低估了利用 PPT 和 Pn 制作微课所要花费的时间。表 8-1-1 是基于 PPT 和 Pn 来制作微课所用时间的参照表。

表 8-1-1　PPT 和 Pn 制作微课所用时间

课程类型	制作时间
小型课程（1～25 张幻灯片）	1～4 小时
中型课程（26～79 张幻灯片）	5～7 小时
大型课程（80～150 张幻灯片）	8～10 小时
超大型课程（多于 150 张幻灯片）	建议将课程分成几节小型的课程

2. 微课设计的预先准备

通常情况下，一节总时长为 1 小时的微课程，不可能持续不断地进行 1 个小时。设计者需要在这 1 小时中设立若干 3～7 分钟（5 分钟为最佳）的休息时间。当前比较流行的设计方式是：一节时长 60 分钟的微课程，可以被划分为 12 个小节，每小节 5 分钟。

基于上述时间安排，设计者还需要创建一个制作脚本，用于展示整体设计框架与具体实施方案。如果课程中有音频解说，那么就需要提前制作声音脚本，将解说词与 PPT 内容进行一一对应，这样会节省录制声音所花费的时间。

制作课程最基本的内容，首先是加入文字与图片，其次是加入交互内容，比如按钮或者交互类路径或反馈等。如果需要插入音频或视频，还要根据需要提前对音频和视频进行格式转换和剪辑处理。

一个成功的微课，不可缺少的是测验。设计者需要花费时间来编写题目和答案，包括正确答案和诱导性答案。通常，一个 60 分钟的微课堂的测试，应不少于 10 道题。在设计时，每道题目的编写时间可能需要 10 分钟。

微课制作完成后，还需要将之导出并发布于互联网。这时，设计者需要对课程内容进行交互项目测试，记录下这个过程中出现的所有问题。然后对课程进行修改，重新导出，重新发布，进行再次测试。此过程可能会重复多次直到问题得到解决。

第八章 微课的初级交互设计软件——Adobe Presenter

8.1.3 撰写脚本和故事板

提起脚本，大家通常会联想到影视剧创作中的分镜头脚本。确实，微课堂脚本这一说法正是源于影视剧的分镜头脚本。所谓"脚本"，就是在参照教学内容结构的基础之上，进一步对微课内容、版面布局、视听表现形式、解说词等进行全面细致的安排。它的作用相当于影视剧的分镜头脚本，作用在于为创作者提供一个施工蓝图，为后面具体制作过程提供指导依据，节省制作成本。

表 8-1-2 是一个微课脚本设计的示例。它以表格形式呈现，能较为清晰地展示设计者的设计思路。

表 8-1-2 微课的制作脚本示例

幻灯片序号	文字内容	图片	视频、动画、音乐	交互内容	解说词	备注
01						
02						
03						

根据教学内容的不同，脚本的形式也有所差异。例如，如果微课讲述的内容为"软技能"①（Soft Skills）——如何与人沟通、怎样融入团队合作等。显然，这些"软技能"也许无法用一步一步的操作步骤解释清楚，这就需要设计者用其他方式对这些行为进行描述与阐释，并且能够吸引学习者学习。通常，"软技能"的制作脚本，被称为"故事版写作"。一般来说，"软技能"训练课程的一般制作思路如下：

- 阐述一个真实存在的问题、挑战或者实际需求。
- 阐述如果处理不当这些问题会出现哪些相应后果。
- 描述并示范怎样做可以成功处理这些问题。

在制作故事版时，设计者可将主要场景以绘画的形式表现出来，再为每一场景分别设计人物对话、动作，以及这一场景的解说词。即使有些设计者不擅长绘画，只要将大致的人物、环境以及人物动作表现出来即可，不必过于拘泥于细节。表 8-1-3 展示了"沟通技巧"微课的故事板写作示例。

---

① 软技能（Soft Skill）：又称"非技术技能"（non-technical skills），指沟通能力、倾听能力、说服能力、自我激励的能力、影响力、团队建设能力等。软技能是各种综合素质、意识和职业精神的组合，包括驱动各种外显行为的态度和动机。

表 8-1-3 故事版写作示例

序号	图　片	解说词	动　作	对　话
01.				
02.				
03.				
04.				

8.1.4 多媒体素材的重要性

　　许多教学研究都发现，那些有语音解说的课件，即使语音效果不是很理想，其教学效果依然要好于无解说的课程。这个结论证明了微课设计中语音素材使用的重要性。因此，若预算允许，设计者应尽可能考虑为自己的微课提供语音解说功能。目前语音解说可利用多种技术方案实现：第一种是设计一个声音脚本并请专业的解说员进行录音，显然，这种方式的成本是最高的。第二种是设计者自己亲自解说，实际上也并非难事，只要多加练习就可以掌握录音的技巧。这时设计者需要提前准备一个连接计算机的麦克风和耳机，外置的麦克风与耳机通常比电脑自带的内置麦克风录音效果好。第三种，则是最快捷的方式，就是利用本书第三章中所学习的 TTS 智能语音生成功能，生成速度快，发音标准，是一个不错的选择。

　　需要注意的是，在为微课添加语音解说功能时，要注意幻灯片内容与语音朗读内容之间的关系协调问题。最容易出现的问题是：微课中幻灯片上所显示的文字内容，与语音解说完全一模一样。而且在某些情况下，语音解说的速度，甚至可能赶不上直接阅读文本的速度。这样的设计，很难吸引学习者的注意力，还不如只让学习者单纯阅读屏幕上的解说文本。

这种所谓语音解说，只是一字不差地念出屏幕上文本内容的设计方式，实际是早期微课设计中最常见的误区之一，效果不理想。笔者认为，微课最好的设计方式是：当屏幕上出现图表、图片、动画或者视频等内容时，与之相对应配合相关的音频解说；同时，幻灯片上的文本内容尽量减少，甚至可以完全省略。这样的设计会使学习者在学习过程中将注意力集中在视觉化的图像或影像上。否则，随着屏幕影像变换而出现的文字内容，实际上会分散其注意力。但如果配有对影像内容解释的的音频，则可以帮助学习者同时关注影像内容与声音内容，获得较好的效果。

既然如此，那么是不是PPT演示文稿中应完全杜绝解说词的文本内容呢？当然不是这样。当演示文稿没有解说声音，或者学习者无法听到解说声音时，屏幕上还是需要加入解说词文本。

下面列举了一些需要在屏幕上出现解说词文本的情况：

- 当文字是演示文稿需要呈现的唯一内容时，文本内容显然不可以省略。
- 当文字内容与图片或者图表联系紧密时，比如说文字是图片的标签时，应在相应的位置标注好文字内容。
- 当所要呈现的内容极其复杂时，比如需要同时呈现音频、视觉影像、公式等内容，适当地利用文字解释，可以帮读者理清屏幕内容的顺序。
- 当呈现的内容需要反复被使用时，比如学习者会对此内容进行反复查阅，标注文字内容，可以帮助学习者迅速回忆本张幻灯片所讲内容。

8.2　Presenter 概述

了解和掌握上述有关基于PPT演示文档来创建微课的相关知识之后，下一步，就正式进入实操性制作阶段。Adobe Presenter，简称Pn，是Adobe开发的一款专用于Microsoft PowerPoint的插件（见图8-2-1），其针对者是教师和培训设计师，其特色在于以最低的技术成本来开发出具有交互功能的培训或教学内容。它的主要功能，是将PPT演示文稿方便快捷地转换为具有交互

图 8-2-1　Presenter 10.0 图标

功能的多媒体演示文稿，并发布为一个初级的交互式微课。从功能上看，这是一个典型快课式软件，适合学科教师使用。目前，Presenter 最新版本是 10.0。

8.2.1 Pn 与微课设计

众所周知，PPT 被广泛运用于培训与教学演示中，深受教师欢迎。但是在教学中，运用 PPT 制作的演示文稿却经常出现失败的案例。有些演示文稿仅仅由大标题、几个小标题，再加上一连串图片组成，内容与形式都非常单调。再加之不合理地运用动画效果，更是会使演示文稿的结构混乱不堪，让学习者晕头转向，不知所云，导致演示的失败。这样的例子在教学中屡见不鲜。

当学习者通过浏览幻灯片进行学习时，只是简单地从一张幻灯片点击进入另一张，在这种重复的点击过程中几乎没有交互行为发生。而且，PPT 也无法创建课堂测试来检测学习者对课程内容的理解程度，因此，教师与培训者无法对于学习者的学习效果做出判断。总之，PPT 是创建演示文稿的便捷工具，但它实际上并不能满足微课的设计开发要求。

不过，当有了 Presenter 的帮助之后，情况则大有改观。技术上，Pn 的核心是一款 PPT 的附带插件，运用它，教师可以轻松地为演示文稿添加视频、音频、交互或课堂测试等多媒体内容。安装 Pn 之后，当开启 PPT 时，PPT 的菜单功能区会自动添加一个名为"Adobe Presenter"的菜单（见图 8-2-2）。

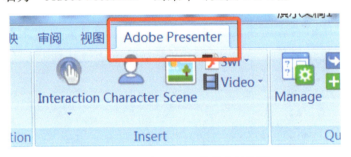

图 8-2-2　Pn 在 PPT 工具栏中的位置

如图 8-2-3 所示，从 Pn10.0 的工具栏可看出，它并无过多复杂工具选项，界面简约精练，熟练运用它并不需要很多技巧。形式上，它的工具都是按照顺序排列的，设计者可根据所要制作的微课类型来使用这些工具。在本章 8.3 节之中，将根

图 8-2-3　Pn10.0 工具栏上的按钮

据 Pn10.0 功能区的顺序来逐一介绍。

当微课制作完成后，通常都需要发布课程提供给学习者使用。Pn10.0 制作的微课可以方便快捷地发布为 SWF 和 PDF 格式，学习者可以通过网络浏览器在任何一种计算机系统中浏览。概括而言，Pn10.0 的功能主要包括以下三个方面（见图 8-2-4）。

图 8-2-4　Pn10.0 核心功能示意图

- 快速创建微授课视频。Pn10.0 能够通过计算机来录制屏幕内容，包括影像与声音，并迅速创建高清讲课视频。运用简单的操作就可以对录制的视频或音频进行剪辑并及时发布。
- 将幻灯片快速转换为交互式微课。基于快课设计理念，利用 Pn10.0 自带模板可添加交互内容与课程测试，将文稿发布为各种终端设备浏览的多种格式交互式微课。并且，可利用学习管理系统 LMS 追踪学习者的表现。
- 通过分析对学习行为进行干预。通过 Pn10.0 自带的分析系统对学习者学习进度进行追踪，以对部分学习者的学习内容做出校正与调整。追踪学习者的学习表现，无须借助学习管理系统就可以对关键学习行为做出报告。

8.2.2　软件下载与安装

如同其他软件一样，Adobe 为 Pn10.0 提供为期 30 天免费全功能试用。登录 http：//www.adobe.com 官方网站免费注册一个 Adobe ID 之后，就可以下载具有全部功能的 30 天试用版并安装使用。目前，Adobe 提供英、德、法、意、日和韩等语种的版本，但没有中文版。所以国内用户通常只能选择英文版下载。

在英文版中，Pn10.0 共有两个版本，分别是 Presenter32-bit 和 Presenter64-bit，教师可根据计算机操作系统环境下载使用[①]。Pn10.0 试用版在功能上无任何限制，可使用 30 天。试用期结束之后，若用户通过购买软件并输入序列号，可将试用版转为不受限制的正式版本。

以下是使用 Pn 应具备的相关操作系统等技术要求：

- Intel Core 2 Duo 或者 AMD Phenom II 处理器，推荐 Intel Core i3 或者更快的处理器。
- 2GB RAM，推荐 4GB 或者更高的内存。
- 硬盘上 5GB 可用的安装空间。
- 运行时 5GB 可用空间。
- 1024*768 分辨率的显示器，推荐使用兼容 OpenGL 2.1 的专用的显卡和 1280*720 分辨率的显示器。
- Internet Explorer9 或更新版本，Firefox3.x。
- Adobe Reader 9 或者更高版本，用来查看 pdf 文件。
- Adobe Flash Player 10 或者更新的多媒体播放软件。
- 运行 Presenter 32-bit 需要事先安装 Microsoft PowerPoint 2007、2010 或 2013（32-bit）；运行 Presenter 64-bit 需要事先安装 Microsoft PowerPoint2010（64-bit）以上版本。
- 运行 Adobe Presenter 32-bit 需要安装 Microsoft XML Library 4.0；运行 Adobe Presenter 64-bit 需要安装 Microsoft XML Library 6.0。
- 应事先安装视频播放软件 Quicktime。
- 某些情况下需要连接网络，例如用 Presenter 录制视频要自动生成标题时。

在安装 Pn 之前，教师应确认所使用的计算机符合上述各项技术要求，否则可能无法正常运行。

8.2.3 基本功能概述

如上所述，Pn 是 MS PowerPoint 插件。故启用 Pn 前，首先设计者应创建一个

---

① 查看计算机操作系统32位和64位的方法：在桌面上点击"计算机"图标，点击右键选择"属性"，在弹出的窗口中查看"系统类型"，其中列出了当前计算机相关信息。

PPT 演示文档。然后，当需要添加微课所需要的各种交互式项目组件时，再点开 PPT 菜单中的 Pn 按钮启用它①。

在 Pn 工具栏的最左边，是"音频"（Audio）工具栏（见图 8-2-5）。利用这些功能按钮可以进行"录音"（Record）、"音频输入"（Import）和"音频剪辑"（Edit）。

在"录音"工具旁边，是"录像"（Record Video）功能栏（见图 8-2-6）。设计者可以利用"录像"（Record）功能为自己录制讲课视频。不过，前提是用于录像的电脑上已配备摄像头或外接 DV 摄像机。

图 8-2-5　音频工具栏

图 8-2-6　录像功能栏

"录像"功能旁边，是"模拟应用"（Application Simulation）工具栏（见图 8-2-7）。当设计者的计算机安装 Adobe Captivate②之后，"模拟应用"工具栏方可启用。

"模拟应用"工具组旁边，是"插入"（Insert）工具栏（见图 8-2-8）。其中共包含有 5 种可插入内容："交互项目"（Interaction），"人物"（Character），"场景"（Scene），"SWF 文件"（SWF）和"视频"（Video）。

图 8-2-7　模拟应用工具栏

图 8-2-8　插入工具组

---

①　在参加实操面授培训时，教师需要确认已经下载练习素材包，并且所用电脑配置也符合 Pn10.0 的运行环境要求。

②　Adobe Captivate 是一个功能更为强大的可以创建微课程的通用性课件设计软件。虽然 PN 和 Captivate 有许多相似之处，但是它们的定位不同，是两个完全不同的课件制作工具。由于大多数 Pn 的使用者不曾使用 Captivate，因此在关于"模拟应用"工具组的介绍就没有涉及。有关 Adobe Captivate 相关内容，请参阅本书第九章。

"插入"工具组旁边，是"测试"（Quiz）工具栏（见图 8-2-9）。它包括："添加测试"（Add Quiz）和"管理测试"（Manage）。

"测试"旁边，是"主题设置"（Theme）工具栏（见图 8-2-10）。

随后，便是"展示"（Presentation）工具栏（见图 8-2-11）。其中包含三个按钮，分别是："预览"（Preview）、"发布"（Publish）和"打包"（Package）。对于熟悉使用PPT的教师来说，应该对"预览"功能并不陌生。在本书随后介绍中，将会谈到如何将制作的课程打包并发布，以供学习者利用不同平台进行使用，如Windows系统、苹果系统，或者是移动终端设备。

图 8-2-9　测试工具栏　　图 8-2-10　主题设置功能　　图 8-2-11　展示工具栏

当微课制作完成时，设计者需要点击"预览"按钮，来预览整个课程的演示效果。进一步，若想让学习者使用微课，需要将课程发布并上传Web服务器或者网络教学系统[①]。在发布过程中，Pn会自动生成一个SWF文件。学习者要想浏览课程，只需要一个网络浏览器和能够播放SWF的Adobe Flash Player播放器[②]。

当课件发布为SWF时，同时生成的还有相关附属文件，设计者需要通过web服务器将这些文件上传到同一位置。若要将课程发布为一个单独文件，可以选择发布为PDF格式。发布为PDF格式的微课不需要借助web浏览器或教学平台就可以供给学习者浏览。但学习者事先应安装Adobe Reader[③]和Adobe Flash Player。

8.3　详细操作方法

从整体上来看，在设计交互式微课时，将会主要使用到Pn的五项重要功能，分别是：图片、音频、视频、交互设计和测验（见图 8-3-1）。以下将分别介绍，使读者对Pn的操作有一个大致了解，为微课设计打下基础。

---

① 有关将微课发布至网络教学平台，并开展翻转课堂教学和慕课的相关内容，请参阅本书第十一章。

② Adobe Flash Player播放器是可以免费下载的软件，若学习者所拥有的Flash Player版本不合适，可以到Adobe官方网站下载合适的版本，网址是：http：//get.adobe.com/Flashplayer/

③ Adobe Reader是免费软件，可以通过Adobe官方网站下载使用。

第八章 微课的初级交互设计软件——Adobe Presenter

图 8-3-1　Pn 制作微课用时到的主要功能

8.3.1　图片插入

在微课设计中，图片的运用是基础。Pn 提供了多种图片模板库，包括人物模板和场景模板。这对于提高教师的设计效率起到了重要作用，同时也是快课技术的重要体现。

1. 插入人物

在设计过程中，想要找到像素高，又能放到课程里的人物图片有时是很困难的。不必担心，在 Pn10.0 自带的模板包里，提供了一系列现成"人物角色"抠像图片，让设计者可以直接插入微课之中。

利用这个功能，设计者可以很容易地在教学材料中插入不同表情、姿势的人物。Pn10.0 自带有 7 款不同的角色人物，男女老少皆有，每款角色包含有 50 张不同姿态和表情的图像，基本上能够满足使用。不过，遗憾的是这些人物图片都是外国人的形象，可能会出现不符合情境的情况。如果教师想要用其他形象插入设计的课程中，可利用抠像幕布来拍摄自己想要的照片，然后利用 Photoshop 或"美图秀秀"等软件将背景抠去，再将图片储存为 PNG 格式。这样就可以随意插入自己想要的人物形象。

打开 PowerPoint，在功能栏后，点击"Adobe Presetner"按钮，在"插入"（Insert）工具栏中，点击"人物"（Character）按钮，对话框打开，如图 8-3-2 所示。对话框的左边有一个下拉菜单，可选择想要的人物角色，滚动右边的菜单，会出现这个角色的各种形态姿势。选中其中一个，点击"确定"（OK）按钮。对于插入的人物图片，设计者可任意拖动图片改变其位置。也可将鼠标放到图片的右下角位置拖动改变其大小，同时按住键盘上"Shift"键并拖动鼠标，可以同比例放大或缩小图片。

图 8-3-2 "人物"模板库

2. 插入场景

加入场景,是微课设计中重要的方法之一,可为学习者从视觉上提供一种与当前学习内容相匹配的背景、情境或环境,有助于学习者的理解和强化学习氛围。当设计者想快速创建微课,但又没有时间去寻找合适的场景来支持幻灯片内容时,Pn10.0 自带的模板库提供了大量场景素材供设计者选择使用。

Pn10.0 自带有三种不同场景,分别是:医院、办公室内和办公室外。而每种场景又有素描、黑白照片和彩色照片三种图片风格。

在 PPT 工具栏点击"Adobe Presetner",在"插入"(Insert)工具栏,点击插入"场景"(Scene),场景对话框打开(见图 8-3-3)。通过拖动对话框右边的下拉菜单选择想要的场景图片,选中其中一个,点击"确定"(OK)按钮。插入的场景图片会自动调节大小,与幻灯片尺寸相匹配。

图 8-3-3 场景模板库

8.3.2 音频制作

微课自然不可缺少各种语音内容,包括教师的讲课和各种辅助音频素材等。同样,Pn 也为设计者提供了简单易操作的相关音频制作功能,包括音频脚本设计、音频录制、插入和编辑等。

1. 声音脚本编写与插入

如前所述,脚本可以用来展现设计者的微课制作的整体思路及其实施流程。在制作微课时,如果需要通过录制音频来对幻灯片内容进行解说,那么,设计者需要提前制作一个声音脚本,即提前规划好每一张幻灯片的解说词,也就是通常所说的字幕内容。

表面看,制作声音脚本看似是一个可有可无的步骤,其实它关系到课程的整体解说效果,有时一节课程的解说效果不令人满意,并不是因为解说者自身的问题或者音频处理的问题,而是最初的声音脚本没有规划好,或者是因为设计者根本没有准备声音脚本。

接下来,将介绍如何将声音脚本插入 PPT 的字幕区域。这样,授课者就可以对照着字幕为每一张幻灯片录制音频,非常方便。

打开 MS PowerPoint,在幻灯片编辑区域的下方,点击"备注"选项,幻灯片下方就会出现一栏标有"单击此处添加备注"的空白区域(见图 8-3-4)。用鼠标单击此区域,就可以在此处输入当前幻灯片的声音脚本内容。设计者可以利用 Word 工具提前将每张幻灯片的解说词编辑好,然后直接复制粘贴进来,这样工作量会相对减少一些。

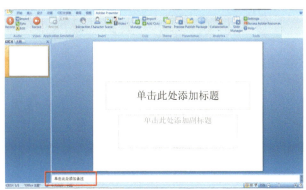

图 8-3-4 利用"添加备注"设计录音脚本

2. 音频录制

Pn10.0 具有强大的音频编辑功能,且操作简单易学。设计者可以利用这个录音功能为讲义中的任何一张幻灯片单独录制音频，也可以同时为多张幻灯片录制音频。如果想要达到模拟现场教学的效果，还可以使解说声音与幻灯片的演示保持同步。当然，设计者也可以利用其他录音工具单独进行音频的录制，再将录制的音频插入幻灯片中，常用的录音软件有 Adobe Audition 等。或者，如本书第三章所介绍的，更简单的一种方案是利用 TTS 语音合成软件来直接生成语音。

如果是设计者自己作为演讲者进行音频录制，首先需要为计算机外接一个麦克风，使用外接麦克风通常要比电脑自带的录音效果好。下面是在录音过程中需要注意的事项：

- 麦克风与演讲者嘴部的距离不宜过远，以免在录音过程中会同时录上其他杂音。建议距离大约为 10～15 厘米（4～6 英寸）。麦克风应该指向演讲者的嘴巴，以最大限度保证音质清晰。
- 在进行录音时，通常会建议演讲者事先准备好一杯水，录音之前饮用几口。深呼吸和嘟一嘟嘴巴都有助于缓解录音前的紧张情绪。
- 开始录音时，演讲者要不断提醒自己尽量把语速放慢，宁慢勿快。因为大多数人在缺乏录音经验的情况下总是会赶着说完要说的内容。总之，录音过程中把握好时间与节奏很重要。

下面，将介绍利用 Pn10.0 进行音频录制的具体操作步骤。打开 Pn 工具栏，在"录音"（Record Audio）工具栏中，点击"录制"（Record）按钮。

图 8-3-5　麦克风试音界

调试麦克风对话框打开后，演讲者首先需要试音，对着麦克风说话，直到界面中右边的红色方块变成标有"输入正常"（Input Level OK）字样的绿色方块（见图 8-3-5）。然后点击"确定"（OK）按钮。

随后录音界面打开，如图 8-3-6 所示。这时，点击"显示脚本"（Show Script），在录音区上方会弹出一个文本框——之前为幻灯片准备好的声音脚本，即在幻灯片备注区域输入的文字内容就会显示出来，演讲者可以对照着文本内容进行录音。文本框中的内容是可以改动的，所有改动会与幻灯片备注部分保持一致。

如图 8-3-7 所示，文本框的右下角有两个不同大小的字母"A"，点击这两个字母可以随意切换文本字体大小，演讲者可以根据自己喜好进行字体大小设置。

第八章　微课的初级交互设计软件——Adobe Presenter

图 8-3-6　录音界面

图 8-3-7　脚本字号设置

当一切准备就绪时，点击红色的"录音"（record audio）按钮，录音开始。录音结束后，点击"停止"（Stop）按钮，录音结束（见图 8-3-8）。

当录音结束后，录音界面会出现微小的改动如图 8-3-9 所示，界面中会出现一个"播放"（play）按钮。录音条下方会出现数字和"前进后退"指示，左边数字表示当前所在幻灯片是第几张，右边数字表示幻灯片总张数。当前图中所示，表示共有一张幻灯片，目前正在为第一张幻灯片进行录音。而左边的小三角符号代表返回到上一张幻灯片，右边的三角符号表示进入下一张幻灯片。录音者可以点击"前进"和"后退"指示进入任何一张幻灯片进行音频录制。界面右下角会出现"保存"（Save）和"舍弃"（Discard）两个选项。

图 8-3-8　点击结束录音

图 8-3-9　录音结束界面

点击"播放"（Play）按钮，演讲者可以试听刚才录制的音频。如果对刚才录制的音频很满意，点击"保存"（Save）按钮，音频会自动保存到该张幻灯片中，当返回 PPT 制作界面时，点击"预览"就可以听到这一张幻灯片的音频。如果对刚才录制的音频不满意，则点击"舍弃"（Discard）按钮，刚才录制的音频就会自动舍弃，这时演讲者可以重新录制音频。

全部录音工作结束后，点击录音界面右上角的"×"关闭录音界面，返回到 PPT 制作界面，点击"预览"可以检查整体音频效果。

337

3. 音频插入

Pn10.0 也可将事先制作好的音频文件导入微课，例如，利用第三章 TTS 语音合成软件所生成的语音素材。Pn 支持插入的文件格式有两种，分别是 WAV 和 MP3：

- WAV（WAVE）。这是比较常见的音频格式，此格式的音频一般音质较好，属于无损音频格式的一种，但文件体积也较大。通常一分钟左右的 WAV 格式文件大小一般为几兆，这在音频文件里算是很大的。因此，如果学习者的网络连接较慢，下载这些学习文件就会占用较长时间。因此，WAV 格式的文件通常并不是一个适当的音频文件格式。
- MP3（MPEG Audio Layer 3）。这属于被压缩过的音频文件类型，一般同样长度的音频文件，MP3 格式的文件大小只有 WAV 格式的 10%。从声音的质量来说，普通学习者实际上辨认不出音质的损失。在微课设计中，MP3 格式音频是一个很好的选择。

如果设计者想要插入的音频不是 WAV 或者 MP3 格式，可使用格式转换工具将文件转成这两种格式，一般常用的音频转换工具有格式工厂、Adobe Audition、Goldwave、千千静听等。

下面是在 Pn10.0 中插入音频的具体操作步骤。在"录音"（Record）工具栏，点击"插入音频"（Import）。插入音频对话框打开，如图 8-3-10 所示。对话框中会显示目前一共拥有的幻灯片张数，单击选中要插入音频的那一张幻灯片。点击对话框右边的"浏览"（Browse）选项，会弹出文件选择对话框，选择要添加音频文件的位置，选中文件后，单击"打开"按钮。

图 8-3-10 插入音频界面

单击插入音频对话框右边的"OK"按钮，音频会自动导入所选幻灯片中，当出现"导入完成"（Import Complete）字样时，点击"OK"按钮。

第八章　微课的初级交互设计软件——Adobe Presenter

这时，设计者可以通过"剪辑"（Edit）工具来检测所插入的音频效果。具体步骤是：在"录音"（Audio）工具组中单击"剪辑"（Edit）按钮，音频剪辑对话框打开，如图 8-3-11，界面中有一些蓝色的波形，这是音频的音波。点击对话框右下角的播放按钮，可以试听音频。拖动位于对话框右边的缩放按钮，可以放大或者缩小音波的显示状态，以便于在剪辑音频时查找细微之处。

图 8-3-11　音频的编辑界面

4. 音频编辑

Pn 的这个功能适用于修改插入音频的长度，或者去除由于授课者失误而造成的录音中多余的音频部分。

（1）加入静音

点击"剪辑"（Edit）按钮，出现显示有音波的对话框。在音波部分，拖动鼠标选中想要去除的部分，被选中部分会变成黑色（见图 8-3-12）。

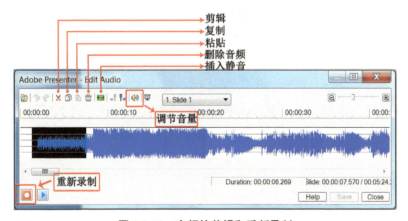

图 8-3-12　音频的剪辑和重新录制

点击对话框中的"插入静音"（Insert Slience）按钮，插入静音对话框打开，如8-3-13 所示。在"插入"（Insert）输入框中，设计者可以选择插入静音的时间长

339

图 8-3-13 插入静音的设置

度,"1"则代表"1 秒",下面的"插入位置"(seconds at)默认为"当前位置"(Current Selection)。当然,也可以选择"在幻灯片开始时"(Start of slide)和"在幻灯片结束时"(End of slide)两个选项。单击"OK"按钮,结束设置。例如,图中表示的意思是:在选中音频的当前位置插入时长为 3 秒的静音。

(2)删除音频

点击"剪辑"(Edit)按钮,出现显示有音波的对话框。在音波部分,拖动鼠标选中想要去除的部分。点击对话框中的"删除音频"(Delete)按钮。

这里需要强调的是,"插入静音"与"删除音频"的区别。插入静音后,原本有声音的位置会被静音取代,当音频播放到此处时会有一段时间是静音状态的,静音部分播完后才会播放之后的音频。而删除某段音频后,被删除音频的前后部分会自动连接在一起,播放时声音依旧是连续的。这一点是教师在编辑时需要辨别的。

(3)调节音频音量

点击"剪辑"(Edit)按钮,出现显示有音波的对话框。点击对话框中的"调节音量"(Adjust Volume)按钮。请注意,如果是调节音频中的某一小段的音量,则在点击"调节音量"按钮前,需要提前用鼠标选中要调节的音频部分。

图 8-3-14 调节音量界面

拖动调节音量的按钮,百分数代表此时音量与原声音量的比例。调整结束后,点击"OK"按钮(见图 8-3-14)。

调节音量后的音频波形也会做出改变,音量调小后波形会变窄,音量调高后波形会变宽。设计者也可以通过检查整段音频的波形,来判断音量是否统一。

8.3.3 视频录制

毫无疑问,视频是微课中重要的构成要素。Pn10.0 支持多种格式的视频文件,包括 Windows Media 支持播放的文件(afs、wmv、mpg)、Quick Time 支持播放的文件(mp4、dv.dvi、mov、3g),还有 Flash 播放器支持的文件(FLV)。如果计算机装有摄像头,那么设计者还可以利用 Pn 为自己录制演讲视频。

第八章 微课的初级交互设计软件——Adobe Presenter

1. 视频录制

单击 Pn 工具栏中的"录像"（Record）功能，如图 8-3-15 所示，Pn10.0 自带的录像工具"Adobe Presenter Video Express"开启。

在正式录像开始前，屏幕上会出现一个视频，如图 8-3-16 所示，单击视频即可播放，再次单击播放停止。这个视频的内容是 Adobe Presenter Video Express 的操作讲解，详细介绍了如何运用 Adobe Presenter Video Express 录制演讲视频。但是视频中均为英语介绍，没有配备中文字幕。在随后内容中，笔者将视频演示操作分解开，逐一介绍。

图 8-3-15　PN Video Express 图标

点击讲解视频下方的绿色按钮"创建新项目"（Create New Project），则正式进入录像界面，且录像界面打开的一刻，录像就已经自动开始。在画面的下方演讲者可以选择打开字幕提示（出现标有"Yes"的绿色方块）。这时演讲者可以在新弹出的空白对话框中把要演讲的文字内容粘贴进来，作为演讲时的字幕提示（见图 8-3-17）。要注意的是，在此过程中，录像是一直在进行的，这样做的结果是可能很多与课程无关的内容都被录制进去。不用担心，在视频录制结束后，演讲者只要运用几个简单的步骤就可以对视频进行剪辑处理。

图 8-3-16　录像操作讲解视频

图 8-3-17　录像界面

在录像过程中，演讲者不仅可以对着镜头演讲，还可以将录像界面最小化，一边解说一边在屏幕上进行某项操作。这样演讲者的形象、解说的声音和屏幕上的操作动作都会被录制下来，有点类似于大家熟悉的"录屏"。在后期视频编辑阶段，设计者可以自行设置视频呈现形式：只出现演讲者，只出现屏幕操作动作，或演讲者和屏幕操作同时出现。

录像结束后，点击"REC"按钮，视频项目会自动保存。接下来是进入视频编辑界面（见图 8-3-18）。点击"播放"按钮，可以查看刚才的录像效果，视频呈现形式的默认设置是"只出现演讲者"。

图 8-3-18 视频编辑界面

在视频编辑界面中,视频框下方为视频播放条,设计者可以任意拖动指针到达某一播放位置并更改其视频呈现形式。这里共提供了三种视频呈现形式:"只出现解说者"(Presenter only),"只出现屏幕操作"(Presentation only),和"解说者和屏幕操作同时出现"(Both)。在播放指针指到需要切换的位置时,点击相应的呈现形式即可进行场景切换。表 8-3-1 介绍了这三种视频呈现形式的区别和比较。

表 8-3-1 三种视频呈现形式比较

图 标	名 称	视频呈现形式
	只出现解说者(Presenter only)	
	只出现屏幕操作(Presentation only)	
	解说者和屏幕操作同时出现(Both)	

第八章 微课的初级交互设计软件——Adobe Presenter

如果想要为录制的视频做一些包装，比如想为视频加一个片头和片尾，点击编辑页面左下方的"包装"（Branding）按钮，会出现Adobe Presenter Video Express自带的一些视频素材。点击"主题"（Theme）下面的下拉菜单，可以根据自己喜好选择视频素材并设置其时间长度（见图8-3-19）。

如果设置的视频呈现形式为"只出现屏幕操作"（Presentation only），设计者还可以对画面中的某些内容，通过局部放大或者缩小的方式来实现对它们的强调。点击"包装"旁边的"缩放"（Pan&Zoom）工具，红色边框内的部分即为视频呈现内容，拖动鼠标可以任意改变红色边框大小（见图8-3-20）。视频编辑成功后点击"发布"（Publish）即可导出录制的视频。

图 8-3-19 视频包装的选项

图 8-3-20 视频缩放功能

2. 插入视频

Pn10.0为设计者提供了两种插入视频的方式，分别是"幻灯片视频"（Slide Video）和"侧边栏视频"（Sidebar Video）。首先，需要重点解释下这两种视频的区别。

"幻灯片视频"（Slide Video），就是在某一张幻灯片内插入的视频；而"侧边栏视频"（Sidebar Video），是指添加在幻灯片一侧的某个特定区域视频，侧边栏视频不会影响幻灯片所展示内容。表8-3-2展示了这两种视频的区别和联系。

343

表 8-3-2　幻灯片视频与侧边栏视频比较

项	目	幻灯片视频（Slide Video）	侧边栏视频（Sidebar Video）
不同点	播放	只能显示于一张幻灯片之中，不能与幻灯片同步播放	可显示于多张幻灯片之中，并且与幻灯片同步播放
	展示	以"舞台"（幻灯片）形式展示	在"舞台"（幻灯片）一侧展示
	效果		
相同点	操作	与幻灯片的操作按钮一致	有单独的操作按钮控制播放与暂停

对于上述两种视频呈现形式，相信设计者略加观察之后就会发现，幻灯片视频通常只能用在微课中展示视频教学资源，而侧边栏视频则专用于向微课中插入教师的授课视频，使之自动与幻灯片内容实现同步播放。

（1）插入幻灯片视频

在"插入"（Insert）工具栏，点击"视频"（Video）—"插入"（Import），视频选择对话框打开，选择所要插入的视频文件。在"插入"（Import On）一栏中选择将在哪张幻灯片中插入视频。在"关于"（As）一栏设置视频的呈现形式："幻灯片视频"（Slide video）还是"侧边栏视频"（Sidebar video）。同时，勾选对话框下方的"预览"（Preview）选项，如图 8-3-21。

图 8-3-21　插入视频设置

随后单击"打开"（Open），视频会自动导入幻灯片中。导入完成后，可以拖动鼠标任意移动视频的位置，按住"Shift"键，同时拖动视频框的一角，可以同比例放大或缩小视频。提醒一点的是，插入 PPT 中的视频是不可见的，只有通过点击"预览"（Preview）选项中的"预览展示"（Preview Presentation），方可查看插入的视频效果。

第八章 微课的初级交互设计软件——Adobe Presenter

（2）插入侧栏边视频

在视频选择对话框中，选择要插入的视频，并选择插入的视频形式为"侧边栏视频"（Sidebar video），单击"打开"（Open），视频会自动导入幻灯片中。在 Pn10.0 工具栏中，选择"主题设置"（Theme）工具，弹出如图 8-3-22 所示界面。设计者可自行设计导航视频的呈现位置、显示信息，以及显示模式等参数。设置完成后，可以在预览中检查设置效果（见图 8-3-23）。

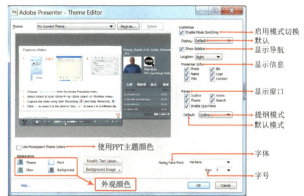

图 8-3-22　侧边栏视频的参数设置

图 8-3-23　侧边栏视频的呈现效果

3. 视频剪辑

运用 Pn10.0 可以对所插入的视频进行简单剪辑操作，例如，视频的开头或者结尾有多余的内容需要去除。在"插入"（Insert）工具栏，点击"视频"（Video）—"剪辑"（Edit），弹出如图 8-3-24 所示界面。两个三角符号中间的部分为视频显示部分，三角符号以外的部分则不会显示，拖动三角符号可以去除视频开头或者结尾的多余部分。

实际上，Pn10.0 无法实现对视频进行修剪，其剪辑功能相当于将一部分视频进行隐藏，在播放时只显示要保留的视频部分。

图 8-3-24　剪辑视频界面

8.3.4　交互设计

交互项目（Interaction），也称作"智能交互项目"，是一些可以快速插入幻灯片中的具有交互性质的小型动画程序,使微课具有互动性功能。Pn10.0 提供了大量交互模板,如图 8-3-25 所示,模板类型主要分为 12 种:下拉菜单(Accordion)、证书(Certificate)、圆形矩阵(Cirde Matrix)、术语表(Glossary)、填字母游戏(Hangman)、拼图游戏(Jigsaw Puzzle)、过程循环图(Process Cirde)、过程标签图(Process Tabs)、金字塔矩阵图(Pyramid Matrix)、金字塔堆栈图(Pyramid Stack)、时间轴(Timeline)和查字程序(Word Search)。

图 8-3-25　模板素材库

每一种类型模板又包含多种外观样式,设计者可以自定义这些交互项目的内容和外观样式。使用时,只需选中一款交互类型,添加文本信息并点击确定,则能自动生成交互文件。这个功能可以使课程具有更丰富的表现形式,从而更容易吸引学习者的注意力。如果想使用更多交互模板,设计者可以去 Adobe 官方网站下载。

1. 插入交互项目

下面以插入一个"下拉菜单"(Accordion)为例,介绍在 Pn10.0 中插入一个交互项目的具体步骤。

在"插入"(Insert)工具组中点击"交互项目"(Interactions),选择"插入交互项目"(Insert Interaction)(见图 8-3-26)。

这时会弹出如图 8-3-27 所示的界面,选择"下拉菜单"(Accordion),选择一个主题风格后,单击"确定"(OK)。这时在 PPT 中就插入了一个下拉菜单式的交互模板。

点击"交互项目"(Interactions)中的"管理交互项目"(Manage Interactions),选择要修改的交互项目所在 PPT 页数,例如要修改第一张 PPT 上的交互项目,则选择"幻灯片 1"(Slide 1),单击"编辑"(Edit)按钮。

第八章　微课的初级交互设计软件——Adobe Presenter

图 8-3-26　交互项目的选项按钮

图 8-3-27　插入模板效果

在弹出页面中，设计者可以对标签与下拉菜单中的文本内容进行修改，双击文字部分，就可以输入文本内容（见图 8-3-28）。

文本设置结束后，单击"确定"（OK），回到 PPT 界面，如图 8-3-29 所示，点击"预览"（Preview）可以查看插入交互项目的效果。

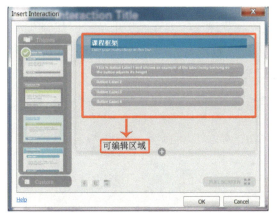

图 8-3-28　修改交互项目文本内容

图 8-3-29　插入交互项目的效果图

2. 插入情景式交互项目

情景式交互项目，是一种融合了人物与场景元素的交互项目。Pn10.0 提供了四种情景模板，分别为"商业对话"（Business）、"电话服务"（Call Center）、"日常对话"（Generic）和"医院对话"（Medical）。当设计者选择某个模板后，PPT 界面会自动生成一系列幻灯片，这些幻灯片上具有很多可以点击的交互式按钮，学习者可以点击按钮参与课程交互。可以说，情景交互项目会给学习者带来完全不同的学习体验。

下面以插入一组"医院对话"（Medical），来具体描述插入情景式交互项目的操作步骤。

在"插入"（Insert）工具栏中点击"交互项目"（Interactions），选择"插入情景式交互项目"（Insert Scenario Interaction）。在弹出的界面中选择"医院对话"

347

（Medical）。如图 8-3-30 所示，设计者还可以自行设置选项数量以及正确选项，点击"预览"（Preview）按钮可以查看设置效果，设置结束后单击"确定"（OK）即可。

图 8-3-30　情景交互的模板库

这时 PPT 界面会自动生成若干张幻灯片（见图 8-3-31），设计者可以任意修改幻灯片中的文本内容，幻灯片中的背景图片和人物图片位置可以任意移动，设计者也可以根据需要替换图片内容。

图 8-3-31　修改模板的文本内容

8.3.5　测验编制

在交互式微课之中，学习者身边没有真实老师存在，也没有可以一起讨论的同学。那么，他们该怎样分享其在课程中学到的知识呢？这个问题可以通过"添加测试"来解决。添加测试的作用，是考察学习者对所授内容的掌握情况，也可以同时检测课程效果。因此，测试在交互式微课中是必不可少的部分。

第八章 微课的初级交互设计软件——Adobe Presenter

　　Pn10.0 提供了功能强大的在线测试功能（Quiz）。利用这个功能，教师能够在课程中插入和编制具有自动计分功能的电子测试。这样，在教学设计上来说，当学习者观看完课程视频后，可以立刻参加即时测试，了解自己对知识的掌握情况。

　　目前 Pn10.0 能够编制六种题型，包括选择题（Multiple Choice）、判断题（True/False）、配对题（Matching）、填空题（Fill-in-the-blank）、热区点击题（Hot Spot），还有拖放题（Drag Drop）。这些客观题可自动计算成绩，并在测试完成后自动统计成绩和正确率等数据。此外，还可根据学习者的成绩来将其引入不同的学习路径。

1. 测试参数设置

　　在添加测试之前，设计者首先应对测试的参数进行设置，已符合自己个性化的教学需求，当点击"添加测试"（Add Quiz）时，弹出以下窗口（见图 8-3-32）。

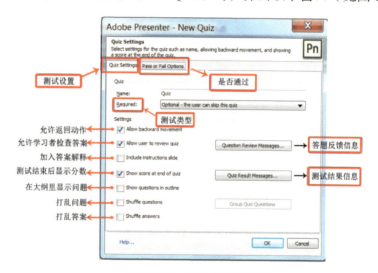

图 8-3-32　测试参数设置

　　图 8-3-33 则是点击"测试类型"（Requied）下拉菜单的所有选项。

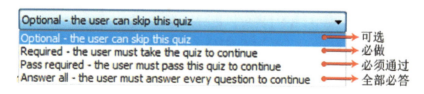

图 8-3-33　测试类型

　　通常，笔者建议设计者对参数进行以下设置：

　　● 测试设置成"必须通过"（Pass required）状态。即学习者必须通过

349

测试之后方可进入下一步的学习。
- 设置为"允许返回动作"（Allow backward movement）。学习者可以根据自己需要对之前的幻灯片进行查看。
- 设置为"允许学习者检查答案"（Allow user to review quiz）。学习者可以查看正确答案和自己填写的答案以便进行对比。
- 设置为"测试结束后显示分数"（Show score at end of quiz）。会在测试最后显示成绩单。
- 设置为"答案随机排列"（Shuffle answers）。这样可以有效防止学生猜答案。

如果想要设置测试结束后的反馈内容，则需要点击"答题反馈信息"（Question Review Messages），会弹出如图 8-3-34 所示界面。当学习者答完问题时，根据回答正误会有相应的提示信息，默认的设置为英文提示，设计者也可以根据实际需要将提示信息改成中文。设置完成后，单击"确定"（OK）。

图 8-3-34　问答题反馈信息设置

对于测试结果显示的相关设置，点击"测试结果信息"（Quiz Result Message），会弹出以下界面，如图 8-3-35。无论学习者是否通过测试，都可以设计相应的提示信息，设置默认为英文提示，设计者可以进行修改。

此外，设计者还可以对"测试及格分数线"进行设置。点击"是否通过"（Pass or Fail Options）选项，弹出如图 8-3-36 所示界面。

完成上述测试参数的设置后，各位教师就可以开始设计和编制测试题目和答案。

第八章 微课的初级交互设计软件——Adobe Presenter

图 8-3-35 测试结果信息设置

图 8-3-36 是否通过测试设置

2. 插入测试

点击"测试"（Quiz）工具组的"管理"（Manage）按钮，会弹出如图 8-3-37 所示界面。

图 8-3-37 管理测试页面

351

点击"添加题目"(Add Question),弹出如图 8-3-38 所示的选项菜单。从图中可以看出,题目类型总体上分为两种:计分式题目(Graded Question)和调查式题目(Survey Question)。

图 8-3-38　测试问题类型

计分式题目包括 5 种小题型,分别是:选择题(Multiple choice)、判断正误题(True/False)、填空题(Fill-in-the-blank)、简答题(Short answer)、匹配题(Matching)。调查式题目主要指的是评定量表(Rating Scale),见下:

- 选择题(Multiple choice)。可以设置为单选题和多选题。
- 判断正误题(True/False)。是只有两个选项"正确(True)和错误(False)"的选择题。
- 填空题(Fill-in-the-blank)。以完成句子或短语的形式,让学习者手动输入答案或者从一个答案列表中选择答案。
- 简答题(Short answer)。需要学习者简要地输入答案。
- 匹配题(Matching)。将两列内容进行匹配,也就是我们通常说的连线题。
- 评定量表(Rating Scale),也叫李克特量表(Likert)。不会设置绝对正确或者错误的答案,而是以某种衡量标准对学习者的赞成或者反对程度做出描述。

下面,分别介绍插入计分式问题(Graded Question)和调查式问题(Survey Question)的具体操作步骤。

(1)插入计分式问题

下面以插入一道选择题为例来介绍下插入计分式题目的操作步骤。点击"选择

第八章 微课的初级交互设计软件——Adobe Presenter

题"（Multiple choice），点击"创建计分式题目"（Create Graded Question），弹出如图 8-3-39 所示界面。

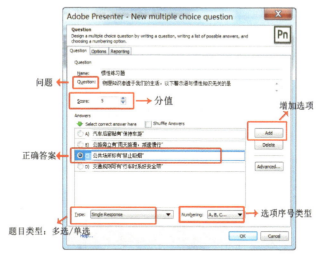

图 8-3-39 计分式题目创建界面

设计者可以自行设置题目类型：多选（Multiple Responese）还是单选（Single Response）、问题内容、答案内容、分值等。如果要增加选择项，点击"添加"（Add），输入相应内容即可。所有选项前面会有圆点符号，将某选项前的圆点选中代表此选项为正确选项。

（2）插入调查式问题

选择"评定量表"（Rating Scale），点击"创建调查式题目"（Create Survey Question），弹出如图 8-3-40 所示界面。

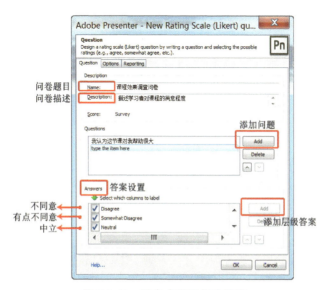

图 8-3-40 调查式题目创建界面

353

插入调查式题目，其实就是通常所说的设计调查问卷，设计者可以设置问卷题目、问卷描述、问题内容和答案选项。设置完成后点击"确定"（OK）。

8.4 微课设计案例

为让各位教师进一步熟悉和掌握 Pn10.0 的各项功能，并且能够尝试亲自动手做出一节简单的微课，本章提供了一个详细的设计案例，以初中物理知识中"惯性"一节为教学案例，介绍如何利用 Pn 使一组普通 PPT 演示文稿转变成一个交互式微课。[①]

8.4.1 设计思路

在本章第一节中曾着重介绍"脚本"的重要性。在课程制作前首先对整体的课程设计，以及每一步的制作细节做一个详细规划，以便在之后操作过程中可以有条不紊地实施计划，这一定程度上会节省大量工作时间。因此，编写脚本是微课设计的第一步。

8.4.2 脚本编写

表 8-4-1 展示的是"惯性"这一节课程的脚本规划，它由幻灯片、多媒体内容、交互和解说词等内容组成。

表 8-4-1 "惯性"课程制作脚本

序 号	内　容	图 片	视频、动画、音乐	交互内容	解说词
Slide1	课程封面 课程题目	星空背景图片			
Slide2	1. 开场白 2. 介绍课程结构		人物讲解视频（侧边栏视频）	下拉菜单	同学们好，今天我们要学习的是惯性的定义与特征，惯性定律，以及惯性在生活中的应用。

[①] 在面授培训之中，为配合教材学习，本书提供了设计案例的练习素材包，包括可用作练习的 PPT 工程文件、视频和动画等素材，教师可在培训资源包中找到并使用。

续表

序 号	内 容	图 片	视频、动画、音乐	交互内容	解说词
Slide3	动画演示：生活中的惯性现象		1. 解说音频 2. 动画（幻灯片视频）：汽车急刹车；快速抽掉桌布瓶子不倒		下面我们来看一组动画。当车辆紧急刹车时，人的身体会自然前倾；当快速抽掉桌布时，桌上的瓶子不倒。那这些现象跟惯性又有什么关系呢？到底什么是惯性？要理解惯性，首先要理解力与运动的关系。
Slide4	力与运动的关系	伽利略图片	人物讲解视频（侧边栏视频）		传统观点认为：物体运动需要力的维持，但是，伽利略通过实验却得出了相反的结论，他认为：物体的运动不需要力来维持。下面我们来看一下伽利略经典的斜面实验。
Slide5	伽利略斜面实验演示		1. 解说音频 2. 斜面实验动画（幻灯片视频）		实验中，有甲乙丙三个球，假设平面摩擦为零，甲乙虽然在坡度不同的斜面上运动，但甲乙运动到两边斜面的高度是相同的，如果斜面变成水平面，那么丙球会一直保持匀速直线运动，永不停止运动下去。
Slide6	阐述实验结论	牛顿图片	人物讲解视频（侧边栏视频）		这个实验充分证明了：物体在受到阻力为零的情况下，运动速度不会减小，物体会保持一种状态，持续运动下去。
					牛顿通过总结前人观点，并通过大量实验得出了牛顿第一定律。
Slide7	牛顿第一定律及解释		人物讲解视频（侧边栏视频）		当一切物体没有受到阻力的情况下，总保持静止状态，或者匀速直线运动状态。牛顿第一定律也被称为惯性定律。

续表

序号	内容	图片	视频、动画、音乐	交互内容	解说词
Slide8	结合生活现象解释惯性定律	急刹车人向前倾图片	解说音频		下面我们结合一些生活现象来解释惯性定律，回到我们开头播放的动画，当车辆紧急刹车时，人的身体会自然前倾。
Slide9	运用惯性定律解释急刹车人向前倾现象		解说音频		这是因为，在行驶过程中，人具有跟车相同的运动速度，当车辆紧急刹车时，人由于惯性，保持原来运动状态，车相对于人向后运动，所以人向前倾。 那么我们可以总结出：任何物体都是有惯性的，另外，惯性是没有方向的。
Slide10	课堂测试		人物讲解视频（侧边栏视频）	测试	经过讲解，你是否已经对惯性有了基本的了解呢？那么，就让我们通过几个测试题来检验下本节课学到的知识吧。

8.4.3 制作步骤

如图8-4-1所示，整个微课的制作由六个步骤组成，分别是：PPT制作、音频录制、视频拍摄、交互设计、测验编制和项目发布。

图8-4-1 微课制作的基本步骤

1.PPT制作

相信各位教师在编写脚本时，心里都会有一个关于微课最终呈现效果的初步构想。Pn实际上就是一款PPT的附带插件，功能是在传统演示文稿的基础之上，通过加入多媒体内容和交互，将传统课件发布为具有交互功能的微课。因此，当教

第八章　微课的初级交互设计软件——Adobe Presenter

学设计的思路清晰后，各位教师可以首先按照自己熟悉的方式建立一组PPT演示文稿，添加基本的文字、图片内容还有动画效果。此外，还需要借助Pn功能来添加的音频文本部分在脚本中做好标注。PPT制作完成后，再点击PPT功能区的"Adobe Presenter"选项，开始Pn的各项操作。

需要强调的是，制作传统PPT演示文稿，仍需要各位教师精心构思每一张幻灯片的排版，以及字体、色彩还有动画效果的使用和搭配，因为PPT演示文稿相当于设计微课的基石，其他Pn效果都是在此基础上添加的。所以，初始的PPT制作需要反复琢磨，精益求精，为后续Pn设计打下坚实基础。[①]

2. 音频录制

在"音频"（Audio）工具栏中，点击"插入音频"（Import），选择"第三张幻灯片"（Slide 3），然后点击"浏览"（Browse）按钮（见图8-4-2），在"Pn10.0案例素材包"的"音频"文件夹中，选择"Audio for Slide 3"，单击"OK"按钮，音频就导入了第三张幻灯片中。根据脚本安排，需要添加音频的幻灯片是：Slide 3、Slide 5、Slide 8和Slide 9，依次点击"插入音频"（Import）选项，将案例素材中的音频插入对应的幻灯片中。

图 8-4-2　插入音频

3. 视频拍摄

各位教师可以运用Pn10.0自带的录像工具"Adobe Presenter Video Express"进行授课视频的录制，或者也可以单独录像，将录好的视频转换为Pn10.0可识别的格式。

---

①　在面授培训之中，为配合案例设计，在培训素材包中有一个已提前制作好的PPT文档，文件名为"惯性.pptx"。

Pn10.0为设计者提供了两种插入视频的方式，分别是"幻灯片视频"（Slide Video）和"侧边栏视频"（Sidebar Video）。"幻灯片视频"即在幻灯片上播放的展示教学资源的视频，而侧边栏视频则是在幻灯片一侧播放，一般用作幻灯片内容的讲解与补充说明。

根据脚本，Slide 3 与 Slide 5 需要插入"幻灯片视频"。点击进入 Slide 3 界面，在"插入"工具组的"视频"（Video）选项中，点击"插入视频"（Import），视频选择对话框打开，在"素材包"文件夹中的"视频"文件夹中，选择"惯性现象动画"，将对话框中的视频形式设置为"幻灯片视频"（Slide Video），单击"打开"按钮（见图8-4-3）。动画自动导入 Slide3 中，设计者可以任意调节动画显示区域的大小及动画所在位置（见图8-4-4）。以同样方式将"斜面试验动画"插入 Slide 5 中。

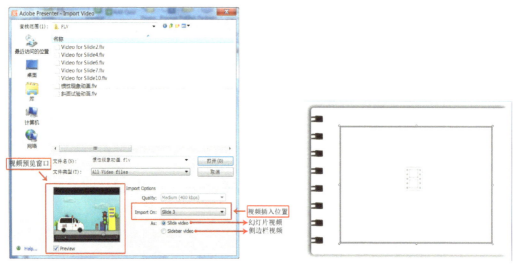

图 8-4-3　插入视频设置　　　　　图 8-4-4　插入幻灯片视频效果

点击进入 Slide 3 界面，选择"Pn10.0 案例素材包"文件夹中，"视频"文件夹中的"Video for Slide 2"，将视频形式设置为"侧边栏视频"（Sidebar Video），单击"打开"按钮。点击"主题设置"（Theme）工具，将"侧边栏视频"的显示位置设为"左边"（left），单击"OK"，完成设置（见图8-4-5）。以同样方式，将案例素材文件夹中的视频分别插入相对应的幻灯片中。根据脚本安排，需要插入侧边栏视频的有：Slide 2、Slide 4、Slide 6、Slide 7 和 Slide 10。

第八章 微课的初级交互设计软件——Adobe Presenter

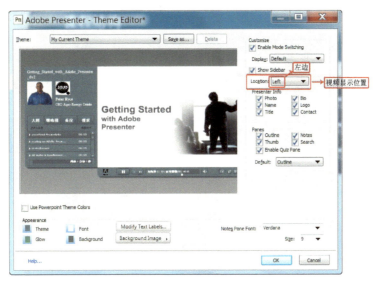

图 8-4-5 导航视频设置

4. 交互设计

根据脚本，Slide2 中的课程结构介绍需要做成交互形式。在"插入"（Insert）工具栏中的"交互内容"（Interaction）选项，选择"插入交互内容"（InsertInteraction），选择"下拉菜单"（Accordion）中的第一个模板样式，单击"OK"，模板插入 Slide2 中（见图 8-4-6）。

图 8-4-6 选择交互形式

点击"交互内容"（Interaction），选项中的"管理交互内容"（ManageInteractions），在弹出的界面中选择"Slide2 Accordion.swf"，点击"剪辑"（edit）按钮进入交互文本内容编辑页面。双击图中的文字区域，可以任意改动其文本内容，也可以增加或删除"菜单"（见图 8-4-7），单击"OK"，结束文本编辑。

359

图 8-4-7　插编辑交互文本内容

5. 测验编制

一节课程要想完整必然少不了课程测验，虽然本章的教学案例在知识点讲解上与教学设计上都比较简练，但仍需要通过几道简单的测试题来检验课程效果。首先要设置测试参数，点击进入 Slide10 界面，在"测试"（Quiz）工具组中，点击"添加测试"（AddQuiz），弹出测试参数的设置页面，将测试设置成"必须通过"（Pass required）、"允许返回动作"（Allow backward movement）、"允许学习者检查答案"（Allow user to review quiz）、"测试结束后显示分数"（Show score at end of quiz）和"打乱答案"（shuffle answers），如图 8-4-8 所示。并对"答题反馈信息"（Question Review Messages）和"测试结果信息"（Quiz Result Messages）作出相应设置（见图 8-4-9 和图 8-4-10），设置完成后，单击"OK"按钮。

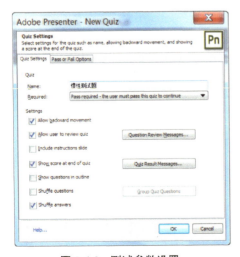

图 8-4-8　测试参数设置

图 8-4-9　答题反馈信息设置

第八章 微课的初级交互设计软件——Adobe Presenter

接下来是插入测试题目，点击"测试"（Quiz）工具栏的"管理"（Manage）按钮，在弹出的界面中点击"添加题目"（Add Question），选择"选择题"（Multiple choice），并点击"创建计分式题目"（Create Graded Question），弹出如图 8-4-11 所示页面，在此页面中输入问题与答案的文本内容，并设置题目的分值与正确答案。

图 8-4-10　测试结果信息

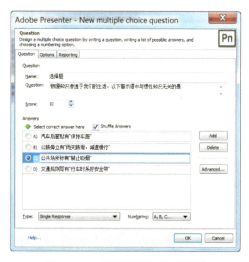

图 8-4-11　设置问题与答案界面

6. 项目发布

点击"预览"（Preview）选项中的"预览展示"（Preview Presentation）按钮，先整体预览一遍课件的播放效果，确认没有问题后，点击"发布"（Publish）按钮。选择文件的存储位置，可将微课发布为 SWF 格式或者 pdf 格式，如图 8-4-12。

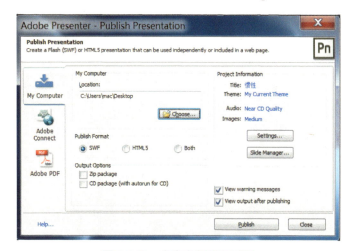

图 8-4-12　发布参数设置界面

8.4.4 案例总结

通过以上的案例操作，各位教师是不是觉得其实制作一个交互式微课并没有那么难呢？总体来说，Pn10.0 是一款适合教师亲自动手设计微课的快课式初级设计工具，作用是在 PPT 演示文稿的基础上进一步增添交互、测试等多媒体内容。也就是说，Pn 的使用环境必须依托于 PPT。如果教师想要尝试更高级的微课制作软件，笔者推荐 Adobe Captivate（简称 CP）。CP 是 Adobe 另外一款专业的课件制作工具，设计者无须具备编程知识和多媒体技能，利用 CP 可以快速创建引人入胜的具有交互功能的软件操作演示、场景学习、分支结构、培训和测验。所以，Pn 是制作微课的初级设计工具，而 CP 则是交互式微课的高级设计工具。[①]

下面是笔者在实际操作中总结得出的注意事项，供教师参考。

- 如果安装成功 Pn 之后，打开 PPT 后仍无法启用 Pn，可以查看 PPT 的加载项选项中是否勾选"Adobe Presenter 10.0"。
- 在插入视频过程中，有时系统会出现"操作错误"或者"视频无法插入"之类的提示，这时在 PPT 编辑页面是无法检测视频是否存在问题的，可通过点击"预览"(Preview) 中的"预览展示"(Preview Presentation) 来检测视频插入效果。
- 如果学习者用来查看课件的移动终端上没有安装课件中所用的字体，那么课件中的字体样式会被自动替换。因此，设计者在设计课件时，应尽量避免使用不常用字体。
- 在想要实际操作 Pn10.0 之前，一定要仔细阅读本章"软件下载与安装"中的相关技术要求，确保电脑符合 Pn10.0 的运行要求。

---

① 如果各位教师想要了解更多关于CP的使用功能，请参阅本书第九章。

第九章　微课的高级交互设计软件
——Adobe Captivate

作为多媒体设计类软件产业的领军者，Adobe 软件在诸多专业领域都享有盛誉。无论是众所周知的 Acrobat，还是闻名遐迩的 Photoshop，或是功能强大的 Premiere，都验证了其技术实力与地位。然而，许多人或许不了解，在教育软件领域，尤其是多媒体课件制作上，Adobe 同样也具有雄厚技术实力——快课式软件 Captivate（简称 CP，见图 9-1）就是一个典型代表。

图 9-1　交互式微课的高级设计软件——Captivate

作为上一代教育软件 Authorware 的替代产品，在国际教育技术领域，Captivate 正在逐渐发展成为职业培训与教学中多媒体课件开发最受欢迎的软件。尤其在学校之中，掌握这个功能强大且操作简便的教学技术工具，正发展成为网络时代教育从业者的必备技能之一。目前，与 Flash、Dreamweaver、Photoshop、Acrobat、

Audition、Bridge 一起，Captivate 被列入 Adobe e-Learning Suite[①]（数字化学习工具包），成为教育课件开发者的重要工具。更不可忽视的，在当前微课、翻转课堂与慕课热潮之中，CP 也被当做一个重要的交互式微课的设计软件。

9.1 国内教育界应用状况分析

在国际教育技术领域，尽管 CP 被公认为最著名的通用性课件设计软件，但令人遗憾的是，目前在中国教育领域内真正了解和掌握它的教师却少之又少。例如，在亚马逊（Amazon）网上书店里，正式出版的有关 CP 的英文版教程已多达数十本，从 4.0 版到 8.0 版，再到移动学习版，应有尽有。然而迄今为止，中国大陆却尚未正式出版过一本关于 CP 的中文版教程，这是一个令人迷惑的现象。从教育部组织的全国多媒体课件和微课大赛中所提供的作品也能看出来，近 5 年来，教师使用 CP 来设计和制作的课件或微课作品总数不会超过 100 个，而每年参加课件和微课大赛的教师总人数要超过数千人。这种情况很值得关注，因为制作软件的选择，会直接影响到后续教师培训质量、设计水平及教学应用效果。更重要的是，会直接影响到教师参与的培训积极性与教学效果。可以想象，教师若选择了一个不恰当的制作软件，那么，就可能会直接影响到后续教学应用效果等环节。关系重大，不可等闲视之。

为什么会出现这种情况呢？笔者认为，分析起来原因在于以下几个方面。

第一，国内许多教育技术研究者对于国际上课件开发技术和工具的最新技术和进展认识不清，了解不够，未能及时了解和引入国外最新教学技术成果。笔者认为，考虑到当前国外信息技术本身的领先性和教学应用的前沿性，国内教育技术研究者的一个重要任务，就是要及时了解和研究国外新教学技术的发展动态和技术工具，并选择适用者引入国内教育领域，为国内教育信息化一线教师提供一个"桥梁"。然而，从当前情况看，国内教育技术研究者似乎更多的是关注硬件技术设备，或者相关理论，同时对软件，尤其是课件设计软件的新进展关注较

[①] Adobe eLearning Suite是Adobe Systems专业教学设计、培训管理人员、内容开发商和教育工作者的应用程序集合。该套件允许用户创作、管理、发布等，包括截屏演示、模拟和其他互动内容的交互式教学信息。2009年发布eLearning Suite 1，2012年发布eLearning Suite 6.0包含Captivate 6、Flash Professional CS6、Dreamweaver CS6、Photoshop CS6 Extended、Acrobat X Pro、Audition CS 6、Bridge CS6 and Presenter 8。

少。这可能也与国内教育技术领域盛行的"重硬件轻软件,重理论轻应用"整体大环境状况有关。

诸多教育技术研究者更愿意去钻研相关理论、思想流派、学校改革报告或院校层面的大型系统平台或硬件设施——这有利于获得各种形式的研究项目资助。但对于学科教师迫切需要的通用类课件设计工具则兴趣不大——这个方向面对的是普通学科教师,相关研究很难获得高层次的研究项目资助。笔者认为,正是由于上述情况直接导致教育信息化领域出现一种奇怪现象:教育技术专家学者们一方面都在大谈特谈国际上各种最新教育技术,从慕课到翻转课堂、微课,到处呈现热火朝天之景象。但另一方面,他们实际上对于面向实际课堂教学层面的各种实操性教学新技术,却知之不多,语焉不详,无法为教师的实际教学提供行之有效的教学技能培训。

第二,不可否认,Adobe 对于 CP 所采取的市场销售策略,也是导致中国教育技术研究者和教师对这个设计软件知之不多的一个重要原因。由于中国国内应用类软件销售市场盗版软件等现实原因,每一个新 CP 版本发布时,都会附带有日文版和韩文版等亚洲国家语言包,但 Adobe 公司却一直迟迟不愿意发布专门针对大陆教育市场的汉化 CP 版本[①]。实际上从 5.0 到 8.0(图 9-1-1),一直未发布过任何版本官方汉化包[②]。这种做法直接导致了国内教师在使用 CP 时不仅存在着技术门槛,而且还存在很大文字障碍——对于多数英语水平有限的中小学教师来说,使用纯英文版软件难度很大。而另一方面,Authorware 则由于在国内使用历史较长,虽自 2007 年就已经不再升级,但由于该软件已被网友们完全汉化,所以至今仍然拥有相当的用户数量。这也可能是许多教师迟迟不愿放弃这个工具的一个重要原因。

图 9-1-1　最新版本的 Adobe Captvate 8.0

此外,需要指出的是,Adobe 在中国的产品价格体系同样也是导致 CP 当前教育领域用户数量较少的重要原因。例如,目前最新发布的 CP 8.0 价格昂贵:全新购买的英文完全版数千元,升级版也价格不低。即使考虑到 Adobe 对教育行业用

---

① 在2009年发布Captivate 4.0时,曾在台湾地区同时发布过一次繁体中文版语言包,但其后则再未发布过任何官方的中文汉化包。

② 目前在网上有网友汉化的CP某些版本中文包,但翻译水平较差,错误百出,经常出现文不达意现象,有时甚至会误导操作。

户的价格优惠政策，其价格对于普通教师来说，依然高不可攀。再加之在当前国内学校中普遍存在的"愿意为硬件花钱但不愿意为软件出资"现象，都阻碍了 CP 在国内学校的推广。

第三，缺少适用中文教材，也是影响 CP 当前在国内用户群体较少的一个关键原因。毫无疑问，教材是推动课件制作软件在学校领域应用的重要途径之一，缺少精心编写的操作教程，会对推广产生严重的消极影响。例如，在国内搜索引擎和网上书店，以 Captivate 为检索词，目前国内连一本中文版教材都检索不到[①]。与此相反，在 Amazon 上检索结果显示，只要 CP 新版本一发布，相应英文版教程很快就会出版并发行。这对于该软件的推广应用起到了很好的推动作用。因为无论是教师的职后信息技术能力培训，还是师范生的职前信息能力培养，都离不开课件制作软件教材。

近年来，伴随着教育信息化的不断提速，教学课件设计与制作日益受到重视，教师的技能培训活动数量也在相应增加。在这种背景下，CP 经过整整 10 年发展，产品无论在技术架构、功能，还是稳定性和易用性等方面，都已日趋成熟和完善。目前 CP 在欧美等西方发达国家教育领域内的广泛应用，使得越来越多的教育技术研究者意识到，这个快课式设计软件有可能在国内教育领域被越来越多的学科教师所采用，正如 10 年之前 Authorware 独领风骚一样。

笔者认为，CP 目前在国内市场的前期准备已经日趋成熟，为其广泛应用提供了较好的大环境。从技术上来说，CP 最新版的功能越来越全面，性能也越来越稳定，用户交互界面也越来越友好。从功能上来看，CP 也已从原来的主要以录屏及后期编辑功能为主，发展到以录屏、语音旁白及其后期制作为基础，以音频、视频、图片及各种素材的交互设计为核心，以自动计分和预测功能的测验题型为代表，同时辅之以独特的动态交互图表库、PNG 人物角色库为特色的大型综合性课件设计与设计工具。此外，自 5.0 开始，CP 采用了 Adobe 产品的经典用户交互界面设计方案，与 Photoshop 和 Premiere 等软件类似，用户只要以前曾经用过任何一款 Adobe 软件，就会触类旁通，倍感熟悉，使用起来很容易上手。尤其值得一提的是，2014 年发布的 CP 8.0 版（图 9-1-2）开始添加对移动学习（Mobile learning）的全方位支持，完美地实现了跨终端和跨平台地生成和发布课件的目标。这一点为微课设计提供了更加完善的技术支持。

---

① 笔者编写的《微课与慕课设计初级教程》（北京大学出版社，2014年9月），可能是目前国内为数不多正式出版物中介绍Captivate 7.0的教材。

第九章　微课的高级交互设计软件——Adobe Captivate

图 9-1-2　移动学习是 Adobe Captivate 8.0 新功能

此外，CP 兼容性也日趋完善，不仅能够兼容当前各种主流的音视频及图片素材，同时更为重要的，与当前流行常用课件设计工具的兼容性也越来越好。例如，它目前已经完美支持和兼容 MS PowerPoint 2013 版各项功能，可直接在 CP 中导入对象、动画和多媒体，更新内容，并运用动态链接让 PowerPoint 和 CP 项目保持同步。这一项功能对于教师来说尤其重要，因为这就意味着，Captivate 能够直接导入 PowerPoint 的文件并保持其原来所有的技术性能，大大降低了教师的设计负担。此外，自 Captivate 6.0 起，它开始支持苹果的 HTML5 技术标准，能够将课件直接发布为 HTML5 格式，以供使用 iPad 和 iPhone 浏览器进行存取。这进一步扩大其兼容性，从原来 Windows 平台扩展到 IOS 平台。

最后，从用户普及的角度来说，目前互联网上已经出现网友们动手制作的 CP 8.0 汉化包，这也为该软件的推广和普及打下了语言基础。虽然这个非官方汉化包的精确性和全面性还有待改进，但总体来说，这就意味着以往制约中小学教师的软件操作语言上的障碍已基本消除。

综上所述，笔者相信，以基于快课技术开发的 CP 来替代陈旧的 Authorware 的时代已经来临，学习和掌握 CP 的使用，将会使学科教师的课件制作能力更上一层楼。同样，在微课设计过程中，尤其是交互式微课，CP 将扮演一个关键角色，为教师提供强大技术支持。

9.2　软件功能概述

作为学科教师来说，可以将 CP 理解为一个跨平台的通用性教学课件设计工具，既可用于日常教学课件制作，也可用于交互式微课的设计。整体看，它目前已经发展成为一个跨平台的通用性课件设计工具，能够生成适用于多个计算机操作系统（如 Windows、Mac）和移动设备的操作系统（IOS、Android）多形式的微课制作，能为教师提供强大的技术支持。从这个角度来说，将 CP 作为交互式微课开发工具，是一个很恰当而明智的选择。目前，CP 的最新版本为 8.0，本书中，笔者将以此为基础来介绍其功能与操作方法。

与上一版本相比，最新 CP 8.0 新添以下新功能：

- 创建反馈式项目（Responsive Projects）。反馈式项目可制作 HTML5 微课，能运行于不同尺寸和分辨率的 PC 电脑、苹果电脑、平板电脑和移动终端。
- 定制反馈式主题模板（Responsive Theme）。可在反馈式主题模板库中选择一个主题，将其转换并应用于不同终端设备之中。同时也可自定义主题或建立新主题，保存以备后用。
- 插入和发布 HTML5 动画（HTML5 Animations）。无须插件就可导入 HTML5 动画，并可根据需要来重设大小和改变位置，最后以 HTML5 格式发布。
- 支持视网膜显示屏技术（Retina display support）。能支持 MAC 电脑超高分辨率的视网膜显示屏技术。
- 支持手势功能的移动学习（Gesture-enabled Mobile learning）。能支持多点触控操作，可用手指点选、拨拉、捏放和滑动等手势进行交互式学习。
- 基于 GPS 的移动学习（Geo-location Mobile learning）。利用移动设备 GPS 功能，为学习者适时提供定位式内容，或者创建基于某特定地理位置的学习内容或测验。
- 多终端预览和自适应式传递内容（Device aware e-Learning delivery）。能根据桌面计算机、平板电脑及智能手机来自动改变呈现方式。在设计过程中能以舞台（Stage）或浏览器预览项目，或使用 Adobe Edge Inspect 来观看移动终端上的实际呈现形式。

Adobe 为用户提供为期 30 天的免费全功能试用。[①] 目前，Adobe 提供德、法、意、日、韩和英等语种的版本，但没有中文版。所以国内用户通常只能选择英文版下载。[②] 在英文版中，CP 有三个版本，分别是 Windows 32-bit、Windows 64-bit

---

[①] 登录http：//www.adobe.com官方网站免费注册一个Adobe ID之后，就可以下载试用版安装程序。

[②] 对于英文水平较差的用户来说，如果想使用中文版的CP，可考虑在网上寻找由网友翻译和制作的汉化包。

和 Mac，教师可根据计算机操作系统环境下载试用（见图 9-2-1）。此外，Adobe 也在此页面中提供了相关辅助资源下载，包括可用于创建视觉效果的素材包和 NeoSpeech 文本朗读语音程序[①]。当 CP 8.0 源程序安装完毕之后，再继续安装后两个辅助程序。

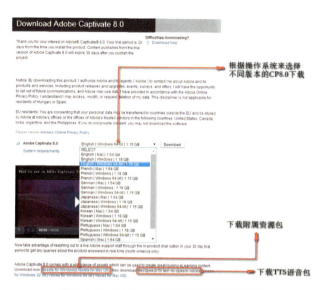

图 9-2-1　CP 8.0 试用版及附件资源下载

CP 8.0 试用版功能无任何限制。试用期结束后，用户可通过购买软件并输入序列号，将试用版转为不受限制的正式版本。需要提醒的是，在为期 30 天试用期间所设计出的微课，即使发布之后仍然属于"试用性质"，内部有一个时间标记。这就意味着，当 CP 8.0 试用期结束后，其以前所发布的微课也将自动过期，无法正常使用。除非用正式版 CP 8.0 重新发布之后，方可正常使用。

在 Adobe 官方网站上，提供了一个名为 Adobe TV 的社区（见图 9-2-2），其中有各种与 CP 相关的学习和培训材料，包括视频、网上讲座和操作手册等，可帮助教师快速地了解和掌握其使用方法。当然，这些材料都是英文，要求读者具有一定英语阅读能力。

同时，Adobe 网站上还有一个 Captivate Blog（见图 9-2-3），其中也有各种有关 CP 8.0 的操作方法、设计经验和使用秘诀等内容，值得初学者浏览。

---

① 有关 NeoSpeech 语音生成功能，请参阅本书第三章相关内容。

图 9-2-2　Adobe TV 关于 CP 8.0 视频

图 9-2-3　CP 官方微博页面

国外还有一些专门为 CP 设计的模板和插件的专业网站，为全球 CP 用户提供各种相关设计资源的个性化设计（见图 9-2-4）。这些网站销售各种与 CP 相关图片、背景素材、主题和 Flash 插件等，其中有的可免费下载，有的则需要付费。这些素材对于设计微课会有很大帮助。

图 9-2-4　为 CP 设计模板和素材网站

9.2.1　核心功能简介

在本书中，笔者将 CP 8.0 视为整合各种教学素材的通用性设计工具。为什么称之为"通用性设计工具"呢？因为 CP 8.0 具有强大的数字资源兼容和整合能力，

第九章 微课的高级交互设计软件——Adobe Captivate

能够将各种格式和形式的教学素材无缝地连接于单一技术框架之中。无论素材是文字、图片、动画、语音或视频，也无论它是 PowerPoint 幻灯片，还是 Photoshop 文件、GIFT 文档或网页，CP 8.0 都能轻松平滑地将之导入，并将之整合为一个结构化且具有交互功能的电子化教学资源包——也就是交互式微课。

从教学课件设计与开发角度看，CP 8.0 的核心功能可归纳为九个方面（见图 9-2-5），分别是：自适应反馈式项目设计[①]、幻灯片导入与结构创建、对象插入与交互设计、模板资源库应用、媒体导入与字幕编辑、即时测验导入与编制、视频演示与软件模拟、外观定制与目录设计和跨平台多类型发布。

图 9-2-5　CP 8.0 的 9 个核心功能

表 9-2-1 展示了 CP 8.0 的 9 项核心功能及其详细说明。从中可以看出，它涵盖了从课件项目创建到跨平台发布的多个环节，为教师提供强大交互式微课设计功能。

表 9-2-1　CP 8.0 核心功能列表

名　称	功能分类	说　明
自适应反馈式项目设计	创建反馈式项目（Responsive Projects）	反馈式项目可生成 HTML5 格式课件，能运行于不同尺寸和分辨率的 PC 电脑、平板电脑和移动终端
	定制反馈式主题模板（Responsive Theme）	可在反馈式主题模板库中选择一个主题，将其转换并应用于不同终端设备之中。同时也可自定义主题或建立新主题，保存以备后用

---

① 自适应反馈式项目设计：是自 CP 8.0 版才具备的新功能，主要用于跨终端和跨平台设计教学课件。

续表

名　　称	功能分类	说　　明
自适应反馈式项目设计	插入和发布HTML5动画（HTML5 Animations）	无须任何插件就可导入HTML5动画，并可根据需要来重设大小，改变位置，最后以HTML5格式发布
	支持视网膜显示屏技术（Retina display support）	能支持MAC电脑超高分辨率的视网膜显示屏技术
	支持手势功能的移动学习（Gesture-enabled Mobile learning）	能支持多点触控操作，可用手指点选、拨拉、捏放和滑动等手势进行交互式学习
	基于GPS的移动学习（Geo-location Mobile learning）	利用移动设备GPS功能，为学习者适时提供定位式内容，或者创建基于某特定地理位置的学习内容或测验
	多终端预览和自适应式传递内容（Device aware e-learning delivery）	能根据桌面计算机、平板电脑及智能手机来自动改变呈现方式。在设计过程中能以舞台（Stage）或浏览器预览项目，或使用Adobe Edge Inspect来观看移动终端上的实际呈现形式
幻灯片导入与结构创建	项目和幻灯片设计（Project and Slides）	从PPT创建新项目（Project From MS PowerPoint），可插入6种形式的幻灯片
	结构创建（Timeline）	利用时间轴功能来设计和控制幻灯片里各种对象呈现的先后顺序、持续时间
对象插入与交互设计	插入非交互对象（Non-interaction Objects）	向幻灯片内插入各种形式的对象（非交互性对象）
	插入交互对象（Interaction Objects）	向幻灯片内插入各种交互性对象，如交互图表（Interaction）、拖放内容（Drag-and-drop）等
模板资源库应用	拥有十余种常用模板库，类型包括主题、学习型交互、角色、按钮、音效、动画、播放控制栏等	基于快课技术理念，设计者可直接调用各种类型模板资源，能够有效提高课件设计效果，节省工作时间
媒体导入与字幕编辑	音视频插入（Audio and Video）	可在幻灯片内录制、插入和编辑音频和视频素材
	字幕编辑（Closed Captioning）	在多幻灯片同步视频中编辑和插入同步字幕
即时测验导入与编制	前测（Pretest）	无计分功能，用于在开始学习课件之前评测学习者的知识准备状况
	测验（Quiz）	可计分数，用以评测学习者的知识掌握水平，支持GIFT文件导入试题，共有7种题型：选择、判断、填空、简答、匹配、热点和排序

续表

名 称	功能分类	说 明
即时测验导入与编制	支持 GIFT[①]格式文档导入	GIFT 是 Moodle 从文本文件导入测验问题的通用格式，支持单选题、是非题、简答题、匹配题、数学题及填空题
	调查（Survey）	不计分，用于获得学习者的反馈信息，常用题型如等级量表（Likert）
视频演示与软件模拟	录制高清视频演示（Video Demo）	可单独发布为 MP4 视频，并插入课件作为一部分，可编辑和添加各种效果，如摇推镜头效果（Add Pan & Zoom Effect）、画中画视频（Picture-In-Picture videos）
	录制软件模拟（Software simulation）	以 4 种模式来录制：演示模式（Demo mode）、训练模式（Training mode）、测评模式（Assessment mode）和定制模式（Custom mode）
外观定制与目录设计	对象样式编辑器（Object style editor）	可修改和定制 CP 中各种对象（标准对象、测试对象和运行对话）的外观和形式，并可导入或导出保存
	内容目录（Table of contents）	可设计和生成固定式或弹出式目录，定制格式并添加设计者的个人信息、图片和图标
	外表编辑器（Skiner editor）	可定制整个课件的外观样式（模板供选择），包括播放控制条的样式、显示文字和位置等；外框的显示形式、质地纹理等
跨平台多形式发布	计算机（Desktop PC）	支持基于 Windows 和 Mac OS X 操作系统的计算机，能将课件发布为 MP4、SWF、HTML5、PDF 文档，或可执行文件（EXE 和 APP）
	平板电脑（Tablet PC）	支持基于 Android 和 IOS 操作系统的平板电脑
	移动设备（Mobile Devices）	支持基于 Android 和 IOS 操作系统的智能移动手机

---

① GIFT是Moodle从文本文件导入测验问题的通用格式，自CP 7.0开始支持利用GIFT格式文档导入测验。GIFT支持单选题、是非题、简答题、匹配题、数学题及填空题，在一个单独的文本文件中可以添加多种类型的题目。这种格式还支持整行注释、问题名称、反馈和百分比权重。通常，文本编码必须是UTF-8格式。此外，GIFT文件里的每一个问题中不能包含空行，而问题之间至少有一个空行。如果在问题里需要一个空行，可以用：\n。也可以在任何地方用注释，但是必须在这行注释前用双斜线（//）。

9.2.2 用户界面概览

2014年CP 8.0发布时，Adobe为之重新设计全新UI界面，工作区界面布局形式与上一版7.0相比有较大差异（见图9-2-6）。整体看，CP 8.0用户操作界面具有典型Adobe风格，简洁明快，色调淡雅，布局合理，容易上手。尤其是对于曾用过Adobe软件的用户来说，CP 8.0的操作工作区，无论色彩搭配、图标样式、菜单位置、工具栏功能，还是整体布局和窗格位置，都具有很好的迁移性，让人一看就能了解其基本用途。同时，也符合人体工程学的规则和原理，使用起来得心应手。

图9-2-6　CP 8.0工作区界面布局

CP 8.0的工作区（Workspace）界面整体划分为六个窗口，分别是排列对齐按钮、常用工具按钮、属性设置窗口、编辑和设计窗口、幻灯片缩略图窗口和时间轴。不难看出，与CP 7.0相比，这一版本的界面布局更加简约和清晰。

1. 排列对齐按钮

在这一栏中，CP 8.0为设计者提供了一些常用的关于对象位置和大小设置的快捷工具按钮（见图9-2-7）。利用这些按钮工具，可方便地将插入幻灯片的多个对象进行位置操作或大小调整，如各种形式的对齐、居中或尺寸调整等。

在后续微课设计中，这些排列对齐按钮将会有效提高工作效率。

2. 常用工具按钮

如图9-2-8所示，它包括四类工具按钮，分别是：插入幻灯片和主题，插入非交互对象，插入交互对象和语音视频，保存、预览和发布。

第九章 微课的高级交互设计软件——Adobe Captivate

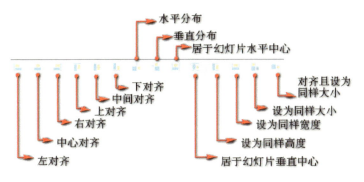

图 9-2-7 排列对齐按钮

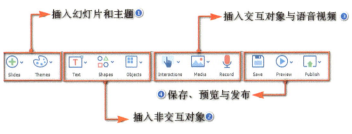

图 9-2-8 常用工具按钮

在插入幻灯片和主题按钮中，点击幻灯片（Slide）则弹出如图 9-2-9 的菜单，可插入各种幻灯片、录制软件模拟和视频演示及 PPT。点击主题（Themes）也会弹出各种主题供设计者选择使用。

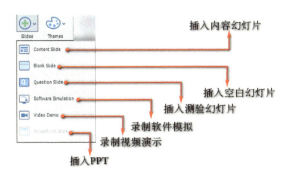

图 9-2-9 新幻灯片插入功能

插入非交互对象按钮包括三个子菜单，分别是文字（Text）、形状（Shapes）和对象（Objects）。对于设计者来说，通过文字按钮的子菜单，可向当前幻灯片插入文本标题（Text Caption）、文本输入框（Text Entry Box）和文本动画（Text Animation）。点击智能形状的子菜单，则插入各种几何图形，如圆形、正方形和

375

三角形等。点击对象的子菜单，则可插入各种设计用对象，如高亮框（Highlight Box）等七种对象，如图9-2-10所示。

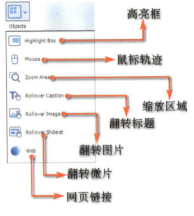

图 9-2-10　对象按钮菜单

这里需要说明的是，在CP 8.0之中，"对象"（Objects）是一个很重要的设计概念，是指幻灯片中的具有某种技术表现形式或特点的电子素材。对象通常划分为两大类：一是非交互类对象，二是交互类对象和多媒体类对象。前者通常用来向学习者传递某种形式的学习信息，会呈现出某种形式的视觉显示效果，但不具备交互功能，只能浏览和观看，如文本等；后者则是用来形成某种特殊的技术效果的设计形式，如突出显示、放大显示或点击后跳转至其他位置等。同时，也包括各种带有交互属性的小插件，如文字输入框、按钮、翻转文字或翻转图片等。对于交互类对象，学习者可通过鼠标与之产生一定互动操作。

随后第三个常用按钮，则涉及刚说的交互式对象。在插入交互对象和语音视频按钮中有三个按钮：交互（Interactions）、媒体（Media）和语音录制（Record）。其中交互的子菜单包括四种对象，如图9-2-11所示。媒体按钮的子菜单包括六种常用媒体，如图9-2-12所示。语音录制则用来通过麦克风录音。

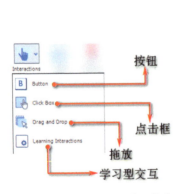 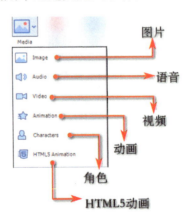

图 9-2-11　交互按钮的子菜单　　　　图 9-2-12　媒体按钮的子菜单

通过以上介绍，读者已接触将来在微课设计过程中用到的各种类型的对象，这是CP 8.0设计功能中的一个重点内容，需要读者认真学习和掌握。表9-2-2展示了CP 8.0中常用对象及其功能说明。

第九章 微课的高级交互设计软件——Adobe Captivate

表 9-2-2　CP 8.0 中常用对象功能说明

名　　称	功能说明
形状 （Shape）	包括各种常用几何图形，如箭头、正方形、圆等，可将之插入幻灯片之中，并调整这些图形的方向和大小
文本标题 （Text Caption）	插入一段文字内容，例如标题，或说明性文字，并对其字体、字号、颜色、阴影等属性进行设置
翻转标题 （Rollover Caption）	插入一种特殊的文本标题，只有当用户的鼠标移到幻灯片的某个特定区域时（"翻转区"），该标题才会显示出来，否则该标题则处于隐藏状态
图片 （Image）	插入各种格式的图片，如 Jpg、Jpeg、Gif、Png、Bmp、Ico、Emf、Pot、Wmf
翻转图片 （Rollover Image）	与翻转标题类似，它包括一张图片和一个翻转区域（即"翻转区"），当用户的鼠标移至该区域时，将自动显示出这张图片，鼠标移出后则相应消失
高亮框 （Highlight Box）	插入一个高亮显示的方框，用来强调和突出幻灯片的某个区域，以吸引学习者的注意力
翻转微片[①] （Rollover Slidelet）	插入一个用来显示相关小片（即小型幻灯片）的区域，当鼠标移至此区域时，该小片就会自动显示出来
缩放区块[②] （Zoom Area）	插入一个特定区域，并自动将该区域放大显示，主要用于将学习者的注意力吸引至幻灯片的某一个区域中
鼠标轨迹 （Mouse）	向幻灯片插入一个鼠标指针及其运动轨迹，用来指向或强调某个按钮或动作。可定制鼠标指针形状、轨迹、位置、音效等
点击框 （Click Box）	点击框是幻灯片上的一个透明的可调整大小的区域，学习者必须首先用鼠标点击该区域之后，下一步的动作才会发生，如翻页等
按钮 （Button）	插入一个按钮，供学习者点击。可以选择按钮的类型（文本按钮、透明按钮和图形按钮），设置点击它之后所发生的动作等
文本输入框 （Text Entry Box）	向幻灯片中插入一个能够输入字符的文本框
文本动画 （Text Animation）	插入一种带有动画效果的文字内容，通常用于标题设计或突出某些文字信息。CP 有一个包括 80 余种文字动画的模板库供设计者选择使用
动画 （Animation）[③]	可向幻灯片插入 SWF 或 Gif 格式的动画文件，请注意，不要混淆动画与视频之间的区别

---

① Slidelet 是指幻灯片中的一张幻灯片中，即一张小型的幻灯片，简称"微片"。例如，设计者可以在地图上为某一省创建一个翻转小片，当鼠标移至该省时，该省的一张照片就自动显示出来。

② 缩放区块包括 2 个部分：缩放源（Zoom source），指在幻灯片中想要放大的那个地方；放大目标区（Zoom destination area），用来显示缩放源的区域

③ CP 带有一个名为 Gallery 的文件夹，其中包括大量 SWF 格式的按钮、声音、箭头等形状的模板库，同样也可以通过插入动画的方式来直接插入幻灯片之中。充分利用这些模板库内的素材，可节省设计时间。

377

续表

名称	功能说明
视频（Video）	可向幻灯片插入两种形式的视频：事件视频（Event video）和多张幻灯片同步视频（Multi-slide synchronized video）
学习型交互①（Learning Interaction）	可插入具有各种动态交互功能的演示图或示意图。CP 提供了数十个交互图表模板库

3. 属性设置窗口

在微课设计过程中，每当设计者插入某一种对象之后，紧接着就需要对其技术属性中的各种参数进行详细设置。这时，就要用到对象的属性设置窗口。

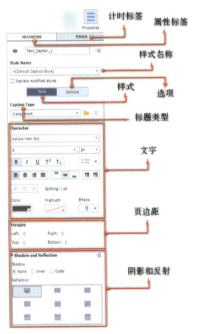

图 9-2-13　属性设置窗口（属性标签中样式）

所谓"属性设置"，就是指对所插入对象的各种技术参数进行详细定义，使对象表现出更精确的样式或更复杂的功能。显然，不同对象的属性设置内容各不相同。点击 CP 8.0 右上角的属性（Proterties）按钮，就会弹出属性设置窗口，如图 9-2-13 所示。该窗口分为两部分：属性标签（Proterties）和计时（Timing）标签。这里，以插入一个文本标题（Text Caption）为例，来展示属性设置窗口中的内容。

在图中，文本标题的属性标签分为两部分：样式（Style）和选项（Options）。前者包括如下内容：

- 样式名称（Style Name）。通常由系统自动生成，设计者也可自行定义。
- 标题类型（Caption Type）。所插入文本标题的显示外观样式。在下拉菜单中有数十种现成的标题模板可供选用。此外，点击右侧的浏览按钮还可浏览 CP 8.0 的资源库，其中有更多的模板供选择。

---

① 对于交互图表，设计者只需要在模板库中选择其一，填写所要求的相应内容后，即可自动生成并插入课件之中。

- 文字（Character）。包括文字的字体、字号、行间距、颜色和格式等方面的调整，如对齐方式、缩进、间隔等，可根据需要调整和修改。同时，也可以插入符号（Symbol）、变量（Variables）或超链接（Hyperlink）。
- 页边距（Margins）。指对象上下左右的空白距离。
- 阴影和反射（Shadow and Reflection）。可设置对象内部或外部的阴影效果和反射效果，使之呈现出较强的逼真度和立体感。CP 8.0 提供一些现成模板供选择，设计者也可自行定制阴影的角度（Angle）、模糊度（Blur）、透明度（Opacity）和距离（Distance）。

后者，即文本标题的选项（Options）标签，如图 9-2-14 所示，则包括以下内容：

- 语音（Audio）。可以向对象添加各种声音效果或音频文件，如鼓掌声或文本朗读。
- 形状（Transform）：可锁定对象的大小、位置，或设置对象的变化角度。

属性设置窗口中的另一个重要内容是计时标签（Timing），它是用来控制对象的显示时间和转场切换效果，如图 9-2-15 所示。

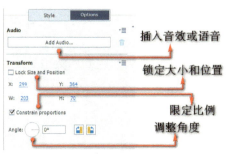
图 9-2-14　属性设置窗口（属性标签的选项）

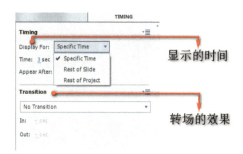
图 9-2-15　属性设置窗口（计时标签）

其中，计时的显示（Display）下拉菜单有以下三个选项：

- 特定时间（Specific Time）。由设计者指定所显示的时间，可在下面的时间（Time）和显示间隔（Appear After）中进行设置。
- 幻灯片的剩余时间（Rest of Slide）。指该对象在随后的整个幻灯片播放过程中一直显示，直至幻灯片播放完毕。
- 项目的剩余时间（Rest of Project）。指该对象在随后整个项目播放过程中一直显示，直到项目播放完毕。

同时，转场效果（Transition）则用来设置幻灯片切换过程中的渐弱或渐强的视觉显示效果，其下拉菜单包括下述四个选项：

- 若隐若现地呈现（Fade In and out）。
- 仅逐渐增强（Fade In Only）。
- 仅逐渐隐退（Fade Out Only）。
- 无转场效果（No Transition）。

以上给读者介绍了在幻灯片中插入对象之后属性设置窗口的基本功能。灵活地运用属性中的各种参数变化，可以使交互式微课的显示形式产生千变万化的效果，需要教师仔细领会和认真研究。需要着重提醒的是，只有当设计者用鼠标选中某个对象之后，其所具有的属性才会在"属性设置"中相应自动显示出来——不同的对象，其属性选项内容差异很大，注意不要混淆。

4. 编辑和设计窗口

设计角度，这是 CP 8.0 中使用频率最高的工作区。前面所提及的排列对齐按钮、常用工具按钮和时间设置，以及后面要学到的时间轴相关操作及结果，最终落脚点和显示效果都是在此处，设计的结果都会表现在幻灯片编辑和设计窗口之中。例如，当设计者利用常用工具按钮向幻灯片插入某个对象之后，其立刻就会显示于幻灯片编辑与设计窗口之中的某个位置，随后再进行位置或大小的调整。进一步，设计者也可通过右侧的属性设置窗口来对该对象的参数进行详细设置。简言之，这个区域就相当于设计者的"绘图板"，教师头脑中关于教学设计的各种奇思妙想，最终都会活灵活现地表现于这个窗口之中。

图 9-2-16 将幻灯片显示比例设置为最佳适合

通常，当设计者开始使用该窗口之前，可能需要对幻灯片的显示比例进行调整，以便使幻灯片的全部内容都恰当地显示出来。如图 9-2-16 所示，点击 CP 8.0 顶端菜单栏最右侧的三角，会弹出下拉菜单，选择其中的"最佳适合比例"（Best Fit）选项。这时，幻灯片就会自动选择一个恰当的比例来充满整个编辑与预览区域，以便于后面设计工作。

随后，开始微课设计工作。例如，设计者可利用媒体（Media）按钮，向当前幻灯片插入一张教师形象图片。如图 9-2-17 所示，所插入的图片将会显示于幻灯片之中。

第九章　微课的高级交互设计软件——Adobe Captivate

图 9-2-17　幻灯片编辑与设计窗口

随后，可以用鼠标将之拖至一个适当位置，或放大缩小。注意在缩放时应同时按住 Shift 键，这样在缩放时会保持图片的长宽显示比例不变形。设计者会发现，当选中这张图片之后，下方时间轴（Timeline）中的名为"image_1"的对象随之被自动选中，呈现为深蓝色。而未被选中的对象则表现为淡蓝色。这时，这个被选中的对象实际上处于可编辑状态，设计者可以调整其出现顺序及显示时间。同时，伴随着图片被选中，同时在右侧"属性设置"（Properties）窗口中，也会相应出现该图片的各种详细参数设置，包括阴影和反射等。

当设计者在当前窗口用鼠标选中某个对象之后，点击鼠标右键，会显示相应的快捷菜单，同样也能对该对象进行编辑和操作。如图 9-2-18 所示，当选中文本标题时鼠标右键所显示的菜单，其中包括复制、粘贴、对齐等常用功能。

还是要提醒的是，当设计者在幻灯片中插入不同类型的对象后，属性设置窗口

图 9-2-18　文本标题的右键快捷菜单

所显示的参数会有所不同，因为不同对象的可设置参数具有一定差异性。

5. 幻灯片缩略图窗口

某种程度上，CP 8.0 操作界面和使用方法与微软 PointPoint 有诸多类似之处。例如，CP 所设计的微课也是由一张张幻灯组成的，界面的左侧也有一个幻灯片缩略窗口（图 9-2-19）。同样地，当设计者用鼠标点击其中的任何一张缩略图标时，其右侧的幻灯片编辑和设计窗口中，就会相应显示出该幻灯片的详细内容。

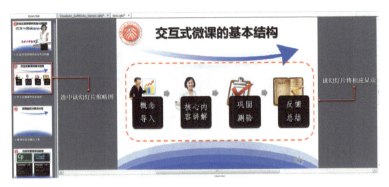

图 9-2-19 幻灯片缩略图窗口

同时,当设计者将鼠标移到某张幻灯片缩略图上并点击鼠标右键时,就会显示出如图 9-2-20 的快捷菜单,可以快速地对幻灯片进行相应的功能操作,如添加一张新幻灯片、某种对象、转场效果,或对幻灯片进行复制、粘贴或选中等。

图 9-2-20 幻灯片缩略图的右键快捷菜单

6. 时间轴

在 CP 8.0 中,时间轴(Timeline)[①]是一个极其重要的设计工具,可以说是整个微课和慕课设计过程中的核心功能之一,见图 9-2-21。它可以说是整个交互式微课运行的"总控制中心"。每一张幻灯片上的全部对象,无论文本、图片,还是语音、视频或动画,都会一一对应地直接显示在时间轴上。当设计者通过时间轴对对象进行编辑或调整时,就会相应决定这些对象在幻灯片上显示的前后运行顺序和持续时间。

---

① 如果在CP上找不到时间轴,那么,请进入CP的Window菜单之中,在Timeline前面打钩之后,时间轴就会重新出现。

第九章　微课的高级交互设计软件——Adobe Captivate

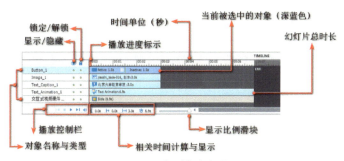

图 9-2-21　时间轴功能说明

简言之，时间轴实际上就是一个图形化的时间展示与调整工具，用来控制和设置一张幻灯片上所包含的全部对象的出现时间和显示顺序。换句话说，时间轴为设计者提供了一个关于幻灯片上全部对象及其相互关系的可视化操作界面。利用它，设计者可以随心所欲地设计幻灯片上对象的出现顺序，或显示时间的长短，使微课呈现出生动多样的动态和交互效果，达到吸引学生注意力的目标。

具体地说，利用时间轴可精确地安排和控制各种对象的出现顺序或持续时间。例如，一张幻灯片中包含了标题、图片、高亮框等诸多对象，教师可以利用时间轴工具来精确地安排这些对象的出现顺序和持续时间：先是显示标题，4 秒之后出现图片，2 秒之后再出现高亮框。这样，在这张幻灯片上，无论所包含的对象数量有多少，都能安排得井然有序，有条不紊。此外，时间轴也可以显示与当前幻灯片或对象相关的任何音视频，并将其持续时间与幻灯片相互协调。

在时间轴上操作时，设计者可以先用鼠标点击选中与幻灯片中某个对象相对应的蓝块，然后左右拖动来改变其在时间轴中的位置。这就意味着，该对象在时间轴中的出现顺序随之产生相应变化：越靠近时间轴左侧，则出现的顺序越早，反之亦然。或者，也可以将鼠标置于对象蓝块的最右边或最左边，这时鼠标指针会自动变为左右方面的双箭头，然后可拉长或缩短对象在时间轴中的显示长度。这就意味着，该对象的显示时间也相应增长或缩短。

通过这些操作，就可以直接控制对象在幻灯片中显示的顺序或持续时间。实际上，对于时间轴上所显示的每一个对象，无论类型如何，都可以用这种方法来进行设置。最后产生的结果就是：哪个对象首先显示或播放，显示或播放多长时间；哪个对象最后显示或播放及其相应的时间。

总之，要想有条不紊地使一张幻灯片中的多个对象，按照设计的顺序和时间显示出给学习者，那么，设计者就要掌握时间轴的使用方法。时间轴为前面所插入的各种各样的对象提供了一个按部就班地出现的展示舞台。这就是时间轴的精髓功能所在，当设计者充分理解这一点后，就掌握了 CP 最重要的核心功能。

以上介绍了 CP 8.0 工作界面中六大基本功能，包括排列对齐按钮、常用工具按钮、属性设置窗口、编辑和设计窗口、幻灯片缩略图窗口和时间轴。了解和掌握上述功能，是利用 CP 8.0 设计交互式微课的基础技能，需要认真搞清楚每一个按钮的相应功能，这是最基础也是很关键一步。只有掌握之后，才有可能初步尝试用 CP 8.0 来设计微课。

9.3 初级功能与操作方法

考虑到 CP 8.0 功能的多样性与复杂性，以下将之划分为初级功能和高级功能两大模块，来向读者介绍其功能与操作方法。在介绍过程中，将以交互式微课设计为主要线索，来展示 CP 各项功能与操作方法。

在初级功能模块中，将涉及以下方面内容：

- 利用 PPT 演示文档创建交互式微课。
- 利用录屏创建电子板书式微课。
- 对象插入与交互设计。
- 学习导航设计。

9.3.1 创建新微课项目

在 CP 8.0 中，创建一个微课项目的方式有六种（见图 9-3-1），分别是反馈式项目（Response Project）、软件模拟（Software Simulation）、视频演示（Video Demo）、导入 PowerPoint 文档（From PowerPoint）、从项目模板

图 9-3-1　各种创建新微课的方式

（From Project Template）和空白项目（Blank Project）。

- 反馈式项目（Responsive Project）。创建一种能够同时运行于台式计算机、笔记本电脑、平板电脑和智能手机的多种终端设备，具有很强交互功能的新式教学课件。
- 软件模拟（Software Simulation）。把计算机屏幕上的操作过程或使用方法录制下来向学习者演示和供其操作练习，通过模拟计算机操

第九章 微课的高级交互设计软件——Adobe Captivate

作来进行学习。

- 视频演示（Video Demo）。把在电脑屏幕上针对某个程序所做的各种鼠标动作和键盘操作等动作过程录制下来，保存为视频格式（MP4等），以便学习者重复观看。
- 导入PowerPoint文档（From PowerPoint）。可以导入一个PPTX文档，或者仅从中选择特定幻灯片来导入，进而新建一个微课项目。
- 从项目模板（From Project Template）。当多人共同设计项目，或一个大项目中的某些模块时，就可以利用模板来创建新项目。项目模板能够保证多人协同工作和提高工作效率。此功能需要网络支持。
- 空白项目（Blank Project）。插入一个完全空白的项目框架，然后再加入PowerPoint幻灯片、图片、语音、视频、动画，或者录屏演示文档，然后将这些对象组成一个完整的项目。

对于初学者来说，应该选择以哪种方式来创建自己的微课呢？通常，若要创建一个单播式微课，如电子板书式录屏，可选择"软件模拟"或"视频演示"；若要创建一个交互式微课，则可考虑采用"导入PowerPoint文档"方式。

1. 用PPT演示文档创建微课

对于学科教师来说，在利用CP设计微课时，笔者建议，最佳方式是利用"导入PowerPoint文档"方式来创建交互式微课。换言之，就是直接向CP中导入已有现成教学内容的PPTX[①]格式演示文档，作为后续微课设计的基础。这样，教师就可充分利用原有PPTX讲义初步构建出交互式微课基本结构。这种新建微课方式，适用于初次接触和使用CP的学科教师，门槛较低，可在很短时间内就能完成微课制作，可充分体现出快课技术之优势。

技术上，目前CP 8.0支持和兼容Microsoft PowerPoint[②]的各项功能，包括背景图片、色彩、文字、音频和动画等[③]，能够支持后缀名为.ppt、.pps、.pptx、ppsx格式的PowerPoint文档。同时，即使用户的电脑未安装PowerPoint程序，仍然可以向CP 8.0导入PPT和PPS格式文档。不过导入之后，将无法再对这些文档进行

---

① 自Adboe Captivate 7开始，能够兼容和支持MS PowerPoint 2013，并与之保持动态链接和更新。

② 为达到最佳的PPT导入效果，建议设计者使用最新版本的MS PowerPoint 2013。同时要注意，CP无法有效支持WPS Office所生成的演示文档。

③ CP 8.0目前仍然不支持从PPTX中导入视频，此外也可能不支持PPTX中的某些复杂动画路径设置。

编辑。另外，若设计者想导入 PPTX 和 PPSX 格式文档，则要求计算机上必须事先安装 Microsoft PowerPoint 2013。

当把原有 PPTX 格式演示文档导入 CP 之后，实际上就形成了交互式微课的初步结构和框架。正如文章一样，微课也有自身结构框架。它表现为两种基本形式：一是脚本，二是技术结构。前者类似电影剧本，用以简略地表现整个微课的主题、内容呈现顺序和模块之间的关系等；后者则以脚本为基础，从技术层面将各种素材组件纳入其中，各就各位，各司其职，从而形成结构化的技术框架。实际上，这就是 CP 最重要的核心功能——为微课创建一个结构框架，以便于后续的各种媒体元素提供一个展示平台。具体说，与微软 PowerPoint 类似，CP 8.0 是以一张一张单独幻灯片为基本构成要素。每一张幻灯片的形式不同，其中可插入的素材也各不相同，并据此构成微课的基本结构。

如上所述，除了创建基本结构之外，对于每一张幻灯片来说，CP 还提供了一个针对幻灯片中对象的顺序调控功能——利用"时间轴"（Timeline）功能，来设计和控制幻灯片内各种对象呈现的先后顺序和持续时间。这样所有插入幻灯片中的对象，都会相应反映到时间轴上，并能被精确地定义出现的次序和显示的时间长度。

这样，以幻灯片为基本构成要素，就形成了课件的结构框架和对象顺序设计。下面，开始动手演示和操作上述功能。

启动 CP，然后点击其中"导入 PPT 演示文档"（From Micro PowerPoint），见图 9-3-2。随后，软件会提示设计者在电脑中选择一个 PPTX 文档。按照提示操作之后，就会出现如图 9-3-3 的窗口。

图 9-3-2　导入 PPT 演示文档创建微课

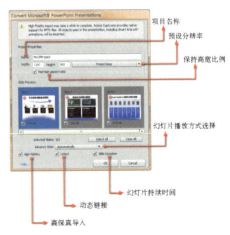

图 9-3-3　PPTX 文档导入相关设置

当将 PPTX 文档导入 CP 过程中，需要注意以下事项：

第九章 微课的高级交互设计软件——Adobe Captivate

- 当CP正在导入PPTX文档过程中，不要关闭或操作Microsoft PowerPoint，更不要对PPTX文档的内容进行修改，否则可能会导入出错。
- 用相同的用户模式使用CP和Microsoft PowerPoint，例如都是以管理员模式，或都是以非管理员模式。这样，设计者可获得对应用程序完全相同的使用权限。通常，建议设计者以管理员模式来使用。
- 当CP导入PPTX文档时，注意避免使用操作系统的"复制/粘贴"功能，因为CP就是在利用复制/粘贴功能来导入。

导入过程中，有几个参数设置需要说明：

（1）关于"预设分辨率"（Preset Sizes），根据各种常见的硬件设备或需要，CP为设计者预设了多种常用的课件分辨率。设计者可根据自己的需要选择使用。通常情况下，如果所设计的课件要跨平台和跨设备使用，而非只供某一种设备（如iPad或iPhone等）浏览，那么，建议选择800*600分辨率会比较保险。

（2）关于"高保真导入"（High Fidelity）选项，基本含义是将PPT文档中的色彩、图片、动画效果等内容尽量原封不动地导入CP之中，包括带有动画的Smart Art等，以加强所导入文档的视觉效果。该功能仅适用于.PPTX格式的文档。当选择此功能后，会使文档导入的时间有所延长。但考虑到导入的实际效果，建议使用此功能。

（3）关于"链接"（Linked）选项，是指CP 8.0可创建一个动态链接至源PPT文档。当这个链接的PPTX文档在CP中打开编辑时，源文档则自动载入。由于源文档是被链接上，而非直接嵌入CP 8.0项目中，所以链接的PPTX文档不会对CP 8.0项目的文件大小产生影响。

如果设计者在导入PPTX文档时不选择"链接"功能，那么，所导入的文档则被直接嵌入课件之中，会使项目文件变大。当PPTX文档被编辑时，则不会影响到源文件。通常，如果所设计的课件将来要上传至互联网使用，那么，则必须使用嵌入PPTX文档的方式。

（4）如果PPTX文档带有语音内容，在导入CP之后，则被自动转为语音对象并在时间轴中显示为一个独立对象。如果PPTX文档带有标签和备注内容，那么，在导入时也将被自动导入。

（5）当PPTX文档被导入CP项目之后，如果想对文档中的某些幻灯片内容进行编辑，可以直接在CP中调用Microsoft PowerPoint程序，并对幻灯片进行直接编辑。操作方法是：将鼠标移到幻灯片编辑与预览窗口，点击鼠标右键，在弹出的菜单中选择"用 Microsoft PowerPoint 编辑"（Edit with Microsoft PowerPoint）。

当上述参数设置完成之后，CP 开始自动导入 PPT 文档。这时，电脑上 Microsoft PowerPoint 程序将被自动打开，并将 PPT 文档中的各种素材一个接一个地导入（复制/粘贴）。请注意，在这个过程中，建议设计者既不要对电脑进行操作，也不要使用 Microsoft PowerPoint，以免影响文档导入过程而出错。

当导入过程结束后，会发现，从形式上来看，PPT 文档基本原封不动地导入 CP 之中，包括背景、文字、图片、动画等，[①] 如图 9-3-4 所示。

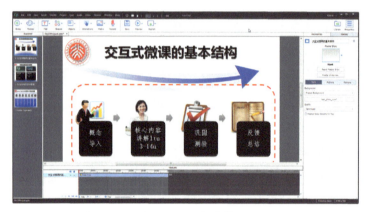

图 9-3-4　导入 PPTX 创建的微课项目

不过，如果仔细查看幻灯片的时间轴就会发现，除语音素材之外，幻灯片中的其他内容都被集成一个整体，在时间轴上表现为一个单独对象。这就意味着，原来幻灯片中的各种素材无法再被各个独立分开和编辑。换言之，当 PPTX 文档被导入 CP 之后，原来在幻灯片中各自独立的素材，如文字、图片和动画等，都将被自动集成一个整体，在时间轴上只显示为幻灯片一个单独的对象。

接着，若想要预览当前课件，则可以点击"预览"（Preview）按钮，并选择"在浏览器"（In Web Brower），整个项目将在浏览器中自动开始播放，在形式上与原来的 PPTX 文档播放几乎完全相同——唯一的区别是它已经转换为 FLASH 格式的文档。播放中，当进入下一页幻灯片时，若当初选择了"自动播放"选项，幻灯片将自动从头播放至结束，无须鼠标点击操作。在预览过程中，如果用鼠标右键点击查看，会发现原来的 PPT 文档已被自动转换成为 SWF 格式动画文档。

[①]　请注意，PPT中原有的视频无法自动导入CP，同时，在某些情况下，PPT中的一些动画路径设计也有可能无法完全支持。

第九章 微课的高级交互设计软件——Adobe Captivate

这样，通过上述简单步骤，就利用 CP 的导入 PPT 演示文档功能，完成了交互式微课设计的第一步。接下来，设计者可以根据原来设计思路，以当前项目为基础，继续进行设计和编辑工作，如再添加新的幻灯片，或添加视频、测验或其他内容，使微课形式和内容更加丰富多样。无疑，这样创建交互式微课，对于教师是一个省力省时的方式。

2. 从空白项目创建新微课

除上述方式之外，教师同样也可以通过"空白项目"方式来开始设计一个新课件。作为教师来说，当手头没有现成 PPT 文档可资利用，且所设计的课件内容为全新时，这也是一个不错的开端方式。

点击"空白项目"（Blank Project），就可创建一个新项目，作为设计新微课的第一步，CP 随后就会弹出一个对话框，要求首先设置微课的分辨率，如图 9-3-5 所示。

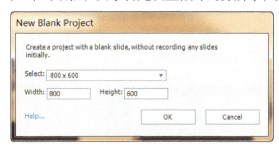

图 9-3-5　设置空白项目的分辨率

分辨率设置完成之后，缺省状态下，CP 将会自动生成仅有一张幻灯片的空白微课项目作为设计基础。设计者随后需要做的，是打开"主题"模板库，选择其一，如图 9-3-6 所示。当用鼠标点击其中的某一个主题模板后，其将自动成为新课件的当前主题。随后，就可以在当前幻灯片中添加各种对象，如标题、图片、动画等，使之成为新课件的第一张幻灯片。

图 9-3-6　为新建微课选择一个主题

显然，当前新建的这个微课项目并不能满足教师的设计需求，因为它只包含了一张幻灯片，设计者需要更多的幻灯片来加入课件之中。这时就要用到 CP "插入幻灯片"功能。

点击 CP 左上角的"幻灯片"（Slides）按钮，弹出如图 9-3-7 所示的各种插入幻灯片及相关内容，如"内容幻灯片"（Content slide）等。

实际上，除上述可插入的幻灯片及对象之外，CP 还提供了更丰富多样的幻灯片

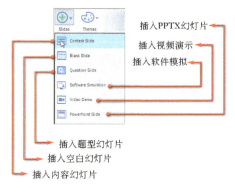

图 9-3-7　插入各种形式的幻灯片

插入方式。操作方法是：首先用鼠标在幻灯片缩略图窗格中选中一张幻灯片，点击鼠标右键弹出快捷菜单（见图 9-3-8）。接着选择"幻灯片"（Slides）和"从……中新建幻灯片"（New Slide from）。这时，CP 会列出当前主题下各种版式的幻灯片供选择，设计者可根据需要从中选择其一。

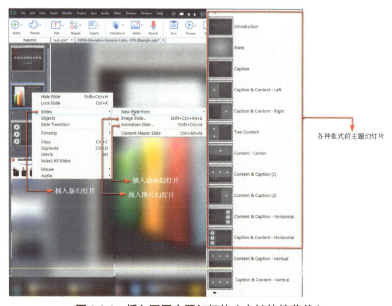

图 9-3-8　插入不同主题幻灯片（右键快捷菜单）

总结上述各种形式的插入幻灯片类型及素材，共计 10 种，如表 9-3-1 所示。

例如，设计者可以利用"动画幻灯片"来向项目插入一个以 Flash 动画为背景的幻灯片，作为微课首页（片头）。然后，再在这个动态背景上加入其他对象，如标题、图片等；也可以利用"图片幻灯片"来创建一张以喜欢的图片为整个背景的幻灯片，然后再在上面插入其他对象。

第九章 微课的高级交互设计软件——Adobe Captivate

表 9-3-1 各种类型的插入幻灯片

插入幻灯片的名称	详细说明
1. 内容幻灯片（Content Slide）	插入一张基于某种主题（Theme）的与当前母幻灯片（Master Slide）相关联的空白新幻灯片
2. 空白幻灯片（Blank Slide）	插入一张完全空白、无任何版本和内容的白底幻灯片
3. 选择某种母幻灯片（New Slide From）	从当前所使用的主题（Theme）中选择一张某种版式的母幻灯片并插入
4. 问题幻灯片（Question Slide）	插入一张包含某些测验题型的幻灯片，并在最后自动添加一张成绩幻灯片
5. 软件模拟（Software simulation）	在当前项目中录制并插入一段软件模拟对象
6. 视频演示（Video Demo）	在当前项目中录制并插入一段视频演示对象
7. PPT 幻灯片（PowerPoint Slide）	将现有的某张 PPT 幻灯片导入当前项目之中
8. 图片幻灯片（Image Slide）	插入一张以所选定的图片为背景的幻灯片，可对背景图片进行编辑，如裁剪、调色和缩放等
9. 动画幻灯片（Animation Slide）	插入一张以所选定的动画为背景的幻灯片，动画的文件格式要求是 SWF 或 Gif，该幻灯片的播放时间将自动与动画的播放时间同步

了解上述不同的插入幻灯片的方式之后，设计者就可以根据设计方案向课件项目中插入各种形式的幻灯片及素材，让微课变得形式多样而且富有吸引力。

总之，在 CP 中，项目就是由一张张不同类型幻灯片组合而成，最后整合成为一个完整的交互式微课。应该说，CP 的这种设计理念，使得学科教师能够在很短时间内适应和掌握其基本操作方法，具有很好的用户使用体验。

9.3.2 制作录屏式微课

实际上，CP 在被 Adobe 收购之前，其核心功能，就是录制和生成 Flash 格式的视频演示和软件模拟课件，并因此而获得"数字化学习卓越金质奖"（Excellence in E-Learning Gold Award），蜚声国际数字化学习领域。自从被 Adobe 收购之后，CP 这项功能仍然被视为其"看家本领"，不断得到加强，功能日趋完善。在国内用户群体中，多数人了解和使用 Captivate，可能都是从它的这项功能开始的，这导致许多国内用户误认为 CP 就是一款单纯"录屏软件"。当然，通过上述介绍，相信绝大多数用户已认识到这种想法是片面的——CP 实际上是一个通用性课件制作软件，录屏仅是其诸多功能中的一项而已。下面，开始学习和操作 CP 的录屏功能，或者确切地说，是"视频演示"和"软件模拟"功能。

1. 录制参数设置

根据经验，笔者建议在开始使用软件模拟功能之前，先对与之相关的参数进行设置，以便在录制时能正常使用各种提示模式。请点击 CP 的"编辑"（Edit）菜单，选择菜单栏中最后一项"参数设置"（Preferences），随后弹出如图 9-3-9 的窗口。

在这个参数设置窗口中，包括如下选项：

图 9-3-9　录制参数设置窗口

（1）参数设置（Settings）

- 通用文字选项（General Captions in）。通常选择简体中文（Chinese Simplified）。
- 语音选项（Audio Options）。通常选择讲话（Narration）。
- 系统声音。录制电脑发出的声音，通常不选择。
- 其他选项保持不变。

（2）视频演示（Video Demo）

- 在视频演示模式中显示鼠标（Show mouse in video demo mode）：通常选用。
- 视频颜色模式（Video Color Mode）。通常选用 16 bit。

（3）快捷按键（Keys）

展示录制过程中常用的快捷键，建议记住常用的键，如结束（End）、Pause（暂停）等。

（4）录制模式（Modes）

包括文字标题（Captions）、鼠标（Mouse）、点击框（Click boxes）①和文本输入框（Text Entry Boxes）。

- 文字标题（Captions）参数。添加文字标题框，将提示转为翻转式

---

①　请注意，点击框选项在 Demo 模式下不可用，仅可用于"评估模拟"（Assessment Simulation）和"培训模拟"（Training Simulation）两个模式。

第九章 微课的高级交互设计软件——Adobe Captivate

文字，使用智能图形来替代标题框。

- 鼠标（Mouse）参数。显示鼠标的位置和移动过程，在鼠标点击时添加高亮框
- 点击框（Click boxes）[①]参数。当鼠标点击时添加一个点击框，成功文字框、失败文字框、尝试次数定义、当鼠标移到点击框上时显示手形。
- 文本输入框（Text Entry Boxes）[①]参数。为文字输入区域自动添加文字输入框，成功文本框、失败文本框、提示文本框和尝试限制次数。

（5）各类缺省样式定义（Default）

如图9-3-10所示，主要包括各种文字和标题的提示样式、高亮框样式、翻转文字和智能图形样式的设置。此外，用户还可创建自己新样式。

（6）创建新样式（Create New Styles）

点击此按钮可创建各种新形式，如图9-3-11所示。需要提示的是，在定义文本字体时，一定要选择中文字体，否则可能会出现显示错误或乱码。在CP字体库中，中文字体多数以拼音方式显示，在选择时应予以注意。

图 9-3-10 录制模式相关参数设置　　图 9-3-11 新样式相关参数设置

完成上述录制相关参数设置后，就可以开始使用视频演示和软件模拟。

2. 视频演示

在CP中，"视频演示"（Video Demo），就是常说的"屏幕录制"。它可以把在电脑屏幕上针对某个程序所做的各种鼠标动作、键盘操作和语音等过程录制下来，

---

① 文本输入框选项在Demo模式下不可用，仅可用于"评估模拟"（Assessment Simulation）和"培训模拟"（Training Simulation）两个模式。

保存为视频格式（MP4等），以便学习者重复观看。如果需要，教师也可以自动同步录制自己在操作时发出的语音说明，或电脑系统自身（如视频播放）发出的声音。在录制时，既可以只选择录制当前正在运行的某一特定程序相关的运作，也可录制整个电脑屏幕上全部程序运行的相关运作。

视频演示的具体使用方法如下。

第一步，如图9-3-12所示，点击幻灯片按钮（Slides），选择其中的视频演示（Video Demo），或者，也可点击文件（File）菜单，在弹出的菜单中选择"录制视频演示"（Record New Video Demo）。

第二步，如图9-3-13所示，在弹出的窗口中对各种录制参数进行设置，包括区域大小（Size）和录制类型（Recording Type）。

- 录制区域（Screen Area）。通过调整屏幕上红色方框线的方式，来手工选择录制区域的位置和大小。
- 录制某个程序（Application）。当选中该选项后，下面的下拉菜单被自动激活，并在其中列出当前计算机中已启动的程序名称，点击其中之一。
- 摇移式拍摄（Panning）。其中有3个选项：无摇移、自动摇移和手工摇移。若选择自动摇移，则在录制过程中，根据用户在屏幕的不同区域操作，会自动产生摇动的视觉效果。
- 录制语音（Audio）。其中有2个选项：无声或音量（内置麦克风）。选择后者则在录制屏幕操作的同时，会自动将教师的授课声音也同步录制下来。此外，如果需要录制计算机中所发出的声音，如视频播放时的声音，则可以选择系统声音（System Audio）。

图9-3-12　启用视频演示功能

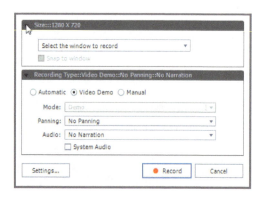

图9-3-13　视频演示的录制设置

上述参数全部设置完毕后,点击"录制"(Record)按钮,会弹出一个测试语音输入(Calibrate audio input)功能是否正常工作的窗口。若测试正常,能够录制和听到自己的声音,就点击"OK"完成。随后倒计时 1、2、3 后自动启动录制。

教师在计算机屏幕上所做的任何操作动作,包括讲课的声音,都可以自动录制下来。在录制过程中,用鼠标点击桌面右下角的系统图标,会发现一个名为 CP 的小图标不停闪烁,这表示当前正在录制视频演示。当录制结束后,点击该图标,CP 将结束视频演示的录制过程,并自动以全屏方式来打开并播放刚才所录制的视频。观看完毕之后,点击右下角的"编辑"(Edit)则进入对视频演示的编辑和修改状态。

在编辑状态中,对于录制好的视频,可通过 CP 时间轴中所提供的编辑功能,进行进一步的编辑和加工。如图 9-3-14 所示,包括添加推拉摇移的视觉效果(Add Pan & Zoom Effect)、转场切换效果(Transitions)、将视频剪切为片断(Split video clips)、将某段片断删除(Trim video clips)、添加声音(Add audio)、编辑鼠标点击(Edit mouse points)、插入鼠标动作(Insert mouse actions)等。通过这些编辑功能,可使所录制的视频样式更加多样化。

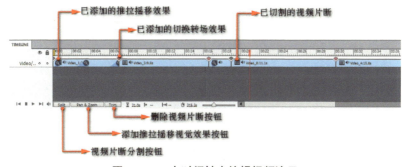

图 9-3-14 在时间轴中编辑视频演示

当对视频演示的编辑工作完成之后,首先将之保存为 CPVC 格式[①]的工程源文件,以便于以后再对视频进行编辑和修改。若对视频演示的效果都表示满意,那么就可以进入最后的发布环节。点击"发布"(Publish)按钮,CP 弹出如图 9-3-15 的窗口。设置参数之后,点击发布按钮,则发布成为 MP4 格式的视频。

---

① CPVC 是一种与 Adobe Captivate 所生成的标准 CPTX 格式文件不同的文件格式,它不是 CPTX 那样由幻灯片(Slides)组成,而是一整段可编辑视频。它可插入非交互性对象,如文本和高亮框,但不能直接插入测验。这种 CPVX 格式视频演示,同样也可以被插入 CP 生成的标准 CPTX 格式文件之中,成为微课的组成部分。

图 9-3-15 视频演示的发布窗口

对于教师来说，利用这个视频演示功能，如果再给计算机上外接一个数字绘图板，或者直接用带手写式触摸屏功能的笔记本电脑，就可以录制类似可汗学院的那种电子板书录屏式微课，操作方法很简单。[①]

3. 软件模拟

"软件模拟"功能，顾名思义，就是把计算机屏幕上某个软件的操作过程或使用方法录制下来向学习者演示和供其操作练习，类似在计算机上模拟操作一样，其目的是学习某个软件的使用方法。与前面视频演示相同的是，该功能同样也可以同步录制教师的讲话声音或计算机系统发出的声音。但与视频演示不同的是，软件模拟功能不仅能够录制整个屏幕上的各种操作动作，同时还能在教师点击鼠标或键盘输入时，自动在屏幕显示出相应的标题说明文字，以提醒学习者注意。甚至在某些情况下，可以设置一些测试性的仿真操作，来对学习者的技能掌握情况进行考查。

显然，与视频演示相比，软件模拟功能的使用要相对复杂。软件模拟的基本使用方法如下所示。

第一，如图 9-3-16 所示，点击幻灯片（Slides）按钮选择软件模拟（Software Simulation）选项。或者在文件（File）菜单，在弹出的菜单中选择"软件模拟"。

在随后弹出窗口中，对相关参数设置进行定义（见图 9-3-17）。

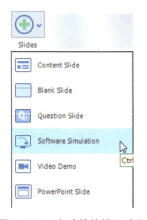

图 9-3-16 启动软件模拟功能

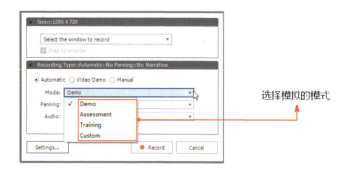

图 9-3-17 软件模拟的录制参数设置

---

① 有关电子板书式微课的具体操作方法，请参阅本书第五章相关内容。

第九章 微课的高级交互设计软件——Adobe Captivate

录制参数设置的内容包括如下。

（1）录制区域选择

选择屏幕区域（Screen Area）和选择某个程序（Application）。

（2）对齐对照物（Snap to）

程序窗口（Application Window），程序区域（Application Region）和定制大小（Custom Size）。

（3）录制类型

自动（Automatic）和手动（Manual）。

- 演示（Demo）。
- 评估（Assessment）。
- 培训（Training）。
- 定制（Custom）。
- 推拉摇移效果（Panning）。有3个选项：无摇移、自动摇移和手工摇移。若选择自动摇移，则在录制过程中，根据用户在屏幕的不同区域操作，会自动产生摇动的视觉效果。
- 录制语音（Audio）。即录制教师授课时的声音。
- 录制系统声音（System audio）。即录制电脑播放音视频时发出的声音。

上述参数设置完成之后，点击"录制"（Record）按钮，CP 则自动开始录制。录制形式与上述视频演示类似，它会在系统后台自动运行并录下教师在电脑屏幕的各个操作及讲课声音。录制完成后，点击系统图标或直接点击键盘上的 End 键，CP 会将整个授课过程自动保存下来。

需要注意的是，软件模拟所录制下来的内容，表现为一张一张单独幻灯片形式，并可对其中的内容进行更加复杂的编辑和修改。这一点与视频演示所生成的 MP4 视频格式文件完全不同。

另外，软件模拟功能还具有 4 种不同的录制模式，可以根据教师需要录制不同形式的软件操作过程，包括演示模式（Demo mode）、培训模式（Training mode）、测评模式（Assessment mode）和定制模式（Custom mode）。如在录制参数设置时选中了上述中的 3 种模式，那么，当录制结束后会发现，CP 还自动录制了另外三个文件，分别自动命名为：*_demo.cptx，*_assessment.cptx，*_training.cptx。

以上述两种方式所录制的素材内容，都可以被当做交互式微课的一个组成部分，纳入整体设计之中。

9.3.3 模板、对象与交互设计

在掌握上述创建微课项目操作方法基础之上，下一步，设计者就可以开始后续设计工作：利用各种模板库向微课插入不同的"对象"，使教学素材具有多样化表现和功能，实现微课的教与学交互功能。

1. 快课模板库简介

正如本书前面所强调的，当前"快课"理念（Rapid e-learning）正在成为微课开发技术的一个显著特点和发展趋势。快课，是指为便于设计者掌握使用方法而采用的，旨在提高设计与开发效率的一种软件设计技术。采用这种理念而开发的课件制作软件，其特点是模板化，将一些常用的功能事先设计为模板。用户可方便地对模板的外观进行定制化修改，如文字、主题颜色、多媒体素材（图片、动画和视频等）和交互设计，这样可有效降低开发难度和节省开发时间。

CP 8.0 就是一个体现快课技术的典型性代表软件。它拥有数十种常用模板库，类型包括主题、交互、角色、按钮、音效、动画、播放控制栏等，[①] 如表 9-3-2 所示。在微课设计过程中，教师可以根据教学设计需要直接调用各种类型模板资源，提高设计效率。

表 9-3-2 CP 各种模板库

模板库名称	功能说明	数量	文件夹名称
内容幻灯片（Content Slide）	事先预定义的具有相同背景、颜色及对象的基础型幻灯片模板，它使得整个项目内的所有幻灯片都表现出相同的外观或风格	20	N/A
主题和本色方案（Theme and Theme Colour）	一系列主幻灯片组合在一起，则构成一个"主题"（Theme），它能使教学课件看起来更美观，并使在幻灯片的页面布局、颜色等方面具有一致的风格	10	Layout
文本标题框（Text Caption）	用于输入各种文本性内容的样式框，有透明、半透明和各种颜色样式	27	Captions
文本动画（Text Animation）	具有动画效果的文本内容，主要用于突出显示标题及相关文字性内容	86	TextAnimations

---

① 模版库的安装位置都保存在CP 8.0安装目录下，通常是：C：/Program Files/Adobe/Adobe Captivate/Gallery.

第九章 微课的高级交互设计软件——Adobe Captivate

续表

模板库名称	功能说明	数量	文件夹名称
智能形状（Shapes）	各种几何图形、箭头、流程图模块和播放图标等	150	AutoShape
图片按钮（Image Button）	按钮中的一类，由各种图片和文字组成，当鼠标移到其上时通常会显示出自动转色的视觉效果	800	Buttons ThemeButtons
学习型交互（Learning Interaction）	具有特定互动性功能且可让设计者自主定制外观、颜色、模拟数量的智能插件	20	Interactions
动画（Animation）	具有活动视觉效果的SWF和GIF格式的文件，如动画箭头（Arrow）、闪烁着重点（Bullet）、高亮框（Highlight）及各种标志	150	SWF Animation
背景图片（Background Image）	用于创建图片幻灯片（Image slide）并为课件提供设计背景	28	BackgroundImages
效果（Effects）	为插入的图片等对象提供动态显示视觉效果和路径	115	Effects
视频播放器皮肤（FLV Skinner）	为插入的FLV视频提供外表皮肤	18	FLVSkins
热区点击动画（HotSpots）	用于为视频演示、软件模拟或热区点击题型提供动态视觉动画	45	HotSpots
鼠标点击（Mouse）	为鼠标点击提供语音和视频的展示效果	8	Mouse
播放控制器（Playbar）	为微课提供各种形式的播放控制器	15	PlayBars
测验模板	类似幻灯片模板，为测验提供一致的外观	5	Quiz
声音（Sound）	为各种对象插入声音效果	41	Sound
贴图材质（Textures）	为微课边缘背景提供贴图视觉效果	80	Textures

2. 对象及其分类

在CP中，作为设计者，可以根据需要向幻灯片中插入各种形式的对象（Objects）。这里所说的"对象"，是指幻灯片中一个"内容"，或者指各种形式教学素材。例如，前面章节讲到的CrazyTalk所生成的动画头像，或iClone所生成的虚拟场景视频，都属于对象的范畴。利用这个插入对象功能，设计者可以方便地将以往所设计好的素材插入当前项目之中，使之成为一个结构化的交互式微课。对象可概括划分为"非交互类""交互类"和"媒体类"三大类，其下还可进一步细分为更多种类，如表 9-3-3 所示①。

表 9-3-3　对象类型及其包含的形式

类　型	名　　称	对象名称
非交互类	文本（Text）	文本标题（Text Caption）
		文本输入框（Text Entry Box）
		文字动画（Text Animation）
	形状（Shapes）	各种几何图形和线条
	对象（Objects）	高亮框（Highlight Box）
		鼠标轨迹（Mouse）
		缩放区域（Zoom Area）
		翻转标题（Rollover Caption）
		翻转图片（Rollover Image）
		翻转微片（Rollover Slidelet）
		网络（Web）
交互类	交互（Interactions）	按钮（Buttons）
		点击框（Click Box）
		拖放（Drag and Drop）
		学习型交互（Learning Interaction）
媒体类	媒体（Media）	图片（Image）
		语音（Audio）
		视频（Video）
		动画（Animation）
		角色（Characters）
		HTML5 动画（HTML5 Animation）
	录音（Record）	授课语音（Narration）
		系统音频（System Audio）

3. 插入非交互类对象

在 CP 中，非交互性对象包括三种类型：文本（Text）、形状（Shapes）和特定功能的对象（Objects）。

---

① 关于这些对象的功能，请参阅本章9.2节详细说明。

第九章 微课的高级交互设计软件——Adobe Captivate

（1）文本和文本动画

在微课设计中，当设计者想在幻灯片中插入各种文字性内容时，就会用到"文本"对象。如图 9-3-18 所示，通过这个按钮，可以向当前幻灯片中插入"文本标题""文本输入框""文本动画"三种形式的文字内容。

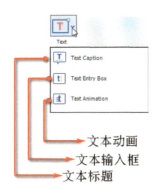

图 9-3-18　插入各种文本

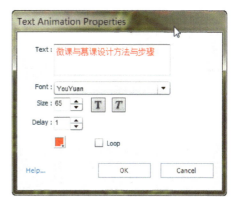

图 9-3-19　为文本动画输入文字

"文本动画"是一种具有动画效果的文本内容，通常用于幻灯片的标题，或用于需要学习者着重注意的位置，以吸引其注意力。设计者点击"文本"按钮，选择其中的"文本动画"，并在弹出窗口中输入文字，并定义其字体、字号和颜色等，如图 9-3-19 所示。

请注意，在字体（Font）选择时一定要选择某种中文字体，如 YouYua（幼圆）或其他以拼音形式列出的中文字体，否则可能会显示乱码。在 CP 之中，中文字体通常以拼音方式显示，可检索字母 S 开头的字体，会发现如 ST Simhei（细黑）等诸多中文字体。

如图 9-3-20 所示，属性窗口中，点击"效果"（Effect）下拉菜单，在其中选择一种动画效果。点击"OK"之后，则在"属性设置窗格中"可以直接看到文本动画的实际效果展示。如果想更换一种动画效果，可再点击"效果"下拉菜单，则出现 80 余种可供选择的文本效果，选中之后则自动在预览窗口显示出来。此外，也可以对文本动画的其他属性进行定义，如阴影（Shadow）、时间（Timing）和转场效果（Transition）等。

这时，点击 F10 键预览课件，就会看到，在动态

图 9-3-20　为文本选择动画效果

背景之上,文本内容也以动画形式展示,能产生较为强烈的视觉冲击效果。

(2)几何形状

当设计者想向当前幻灯片插入各种几何图形时,就会用到"形状"对象。如图9-3-21所示,可以向幻灯片插入各种常见的几何图形,如矩形、圆形、感触形、梯形、五角形和各种箭头等。

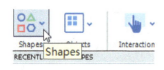

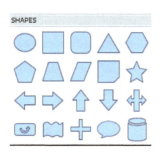

图 9-3-21 插入各种形状

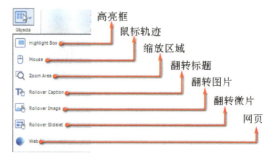

图 9-3-22 插入各种特定功能对象

(3)特定功能对象

进一步,当设计者想向当前幻灯片插入一些具有特殊性功能的对象时,例如,想吸引学习者注意到某一点,或当学习者的鼠标放置到某个位置时会自动显示提示性文字或图片,或突出强调某一区域时,就可以用到各种各样"对象"功能(见图9-3-22),其功能如表9-3-4所示。

表 9-3-4 特定功能对象说明

名　　称	功能说明
高亮框(Highlight Box)	插入一个高亮显示的方框,用来强调和突出幻灯片的某个区域,以吸引学习者的注意力
鼠标轨迹(Mouse)	向幻灯片插入一个鼠标指针及其运动轨迹,用来指向或强调某个按钮或动作。可定制鼠标指针形状、轨迹、位置、音效等
缩放区域[①](Zoom Area)	插入一个特定区域,并自动将该区域放大显示,主要用于将学习者的注意力吸引至幻灯片的某一个区域中

---

① 缩放区域包括2个部分:缩放源(Zoom source),指在幻灯片中想要放大的那个地方;放大目标区(Zoom destination area),用来显示缩放源的区域。

续表

名　称	功能说明
翻转标题（RolloverCaption）	插入一种特殊的文本标题，只有当用户的鼠标移到幻灯片的某个特定区域时（"翻转区"），该标题才会显示出来，否则该标题则处于隐藏状态。
翻转图片（Rollover Image）	与翻转标题类似，它包括一张图片和一个翻转区域（即"翻转区"），当用户的鼠标移至该区域时，将自动显示出这张图片，鼠标移出后则相应消失
翻转微片①（Rollover Slidelet）	插入一个用来显示相关小片（即小型幻灯片）的区域，当鼠标移至此区域时，该小片就会自动显示出来
网页（Web）	在幻灯片中嵌入一个网页

4. 插入交互性对象

在 CP 之中，还为设计者提供了各种可实现某些交互设计特性的功能，就是向幻灯片内插入各种交互性对象②（Interactive objects），使微课具有各种互动性，实现学习者与内容之间互动。这些功能包括：按钮（Buttons）、点击框（Click Box）、"拖放"（Drag and Drop）及"学习型交互"（Learning Interaction）。通过这些功能，就使微课具有更加丰富的表现形式，促使学习者在学习过程中经常动手操作，与学习材料互动，更加吸引学习者的动机和注意力。

（1）按钮

按钮，是 CP 8.0 中最常用的一种交互性对象。它的主要功能是为学习者提供一个路径选择机会，使学习者能够自己掌握学习的时间和方向。同时在技术上，当向幻灯片中插入一个按钮之后，会自动在时间轴上生成一个暂停。这样，当幻灯片播放到按钮位置时，就会自动暂停，等待学习者的下一步鼠标操作动作。

首先，设计者点击"交互"（Interactions）按钮，选择其中的"按钮"（Button），就会向当前幻灯片插入一个按钮。然后将所插入的按钮移到适当位置，并通过属性设置窗口来对这个按钮进行属性设置和调整，如图 9-3-23 所示。

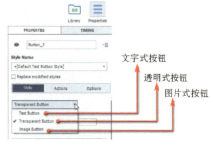

图 9-3-23　选择按钮的类型

---

① Slidelet是指幻灯片中的幻灯片，即一张小型的幻灯片，简称"微片"。例如，设计者可以在地图上为某一省创建一个翻转小片，当鼠标移至该省时，该省的一张照片就自动显示出来。

② "交互性对象"，是指除具有视频观看特点之外，学习者还可以通过相关设备与之互动，如拖放、填写等。根据学习者的操作，交互性对象能够提供各种形式的反馈，如提示文字、跳转、移动等。

按钮分为三种类型：文字式、透明式和图片式按钮。对于前两种按钮，设计者可以根据教学需要来加入自定义文字内容，如"开始学习"或"下一页"等。而后一种按钮（图片按钮），CP 则提供了按钮模板库，点击图片式按钮右侧的文件夹图标，可打开图片式按钮模板库，供设计者直接调用，如图 9-3-24 所示。

根据设计需要，还可以对按钮进行详细设置，如定义其鼠标点击的动作。点击属性窗口中的"动作"（Action）标签，再点击"如果成功"（On Success）下拉菜单，就会显示出可供选择的按钮动作，如"进入下一页幻灯片""返回测验"等。如图 9-3-25 所示。

图 9-3-24　图片式按钮的模板库

图 9-3-25　按钮的动作设置

（2）点击框

点击框（Click Box），是幻灯片上一个透明的可调整大小区域，学习者必须首先用鼠标点击该区域之后，下一步的动作才会发生，如幻灯片翻页等。如图 9-3-26 所示，当插入点击框之后，可为之定义相关提示信息，如正确操作时显示的信息、

图 9-3-26　插入一个点击框

错误操作信息和提示信息等。

（3）拖放式交互

在 CP 之中还为设计者提供了一种特殊交互性对象"拖放式交互"（Drag and Drop）。拖放式交互，是一种很有趣的能激发学习者动机的知识评估方式，能让学习者通过用鼠标拖动某些对象并放至指定区域或对象的方式，来考查学习者是否掌握了某个知识点。拖放式交互包括一个"拖曳源"（Drag Source）和一个"落放目标"（Drop Target）。学习者需要做的，就是用鼠标将前者拖动并放至后者位置上。

设计者还可以分别将多个拖放源和落放目标组合成为某种"类型"，这样，类型之中所包含的拖拽源或落放目标都自动具有相同属性。例如，设计者可以创建一个"文具类型"拖曳源，其中包括钢笔、铅笔和橡皮擦。然后，再选中文具中的任何一个并将之定位至落放目标"办公室"。这样，该类型的全部物件对象，都将自动定位于所针对的这个落放目标，换言之，都把"办公室"作为正确答案。

拖放式交互的具体操作方法如下所示：

① 在课件中新建一张幻灯片并插入多个对象[①]。例如，设计者可以插入多个图片，将其中部分图片作为"拖曳源"，另一部分智能形状作为"落放目标"，如图 9-3-27 所示。

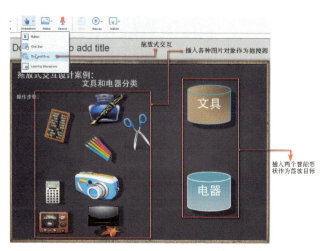

图 9-3-27 为拖放式交互插入各种对象

---

① 拖放式交互使用注意事项。它不能用于以下类型幻灯片：主幻灯片（Master slides）、题库幻灯片（Question Pool slides）、题型幻灯片（Question Slides）、定位符幻灯片（Placeholder Slides）。同时在幻灯片中，以下类型对象不能被定义为拖曳源或落放目标：交互性对象（点击框和按钮）、占位符、作为按钮的智能形状、翻转类对象、幻灯片视频、FLV视频、文本动画、交互性插件、鼠标轨迹、缩放区域、插入在翻转微片中的对象、所有的设置为"在项目的后续时间"显示的对象。此外，在拖放式交互中，也不支持对象的动画效果（Effects）。

然后，点击"交互"按钮，选择其中"拖放式交互"（Drag and Drop），就会打开它的操作向导，如图 9-3-28 所示。

图 9-3-28　拖放式交互的操作步骤说明

根据操作向导，第一步，设计者需要用鼠标点击幻灯片上的某个对象，将其定义为"拖曳源"（Drag Sources）。如果想将多个对象定义为拖曳源，可用 Click+ 鼠标点击的方式来同时选中多个对象。

对于多个对象，设计者还可以将它们添加为某一种"类型"（Type）。具体操作方法是：先用 Click+ 鼠标点击来同时选中多个对象（如图 9-3-29），然后点击"添加为类型"（Add to type）右侧的＋号，在弹出的菜单中命名（建议用英文或拼音，如 Stationery 或 Electronic appliance）。这样，就意味着，刚才选中的全部对象都已成为具有共同属性的同一类型①，或者说，这些对象的正确答案都是相同的。完成后点击"下一步"。

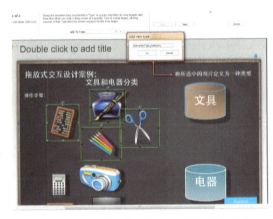

图 9-3-29　将选中的对象定义为拖拽源的类型

② 如图 9-3-30 所示，接着选中幻灯片中的某个对象，将之作为落放目标。若包括多个对象则可用 Ctrl+ 点击来同时选中。这时，如果设计者需要的话，设计者同样也可将若干个落放目标定义为一种类型，操作方法与上一步骤相同。完成之后，点击"下一步"（Next）按钮继续。

③ 图 9-3-31 所示，是设置正确答案，也就是为拖曳源指定相应的正确落放目标。操作方法很简单，用鼠标点击拖曳源对象中间的＋号，然后直接拖拉至相应的落放目标之上。这样，就为两者之间确定了答案关系。需要强调的一点是，当设计者将某一类型中任意一个对象拖拉至相应的落放目标之后，则意味着，这一类型之中全体对象，都会自动将把所设置的落放目标视为正确答案。换言之，从操作上来

---

① 请注意，当设计者把一个包含某种特定类型的拖拽源定位至一个落放目标时，对于这个落放目标来说，所有属于这个同一类型的拖拽源，都将自动变为正确答案。

第九章 微课的高级交互设计软件——Adobe Captivate

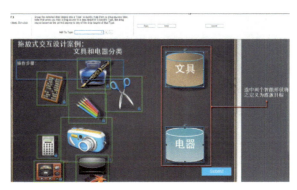

图 9-3-30 将选中的对象定义为落放目标

说，设计者只需要指定一次之后，整个类型之中的全体对象都具备了相同属性，不必再重复操作。

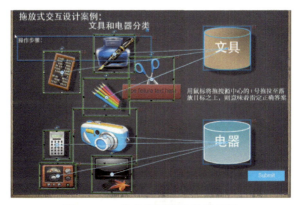

图 9-3-31 为拖拽源指定落放目标

④ 点击"完成"（Finish）完成拖放式交互的设计工作。随后可点击 F10 来预览设计结果。如图 9-3-32 所示，学习者可将不同的图片分别拖放至"文具"或"电器"之中，最后点击"提交"按钮。若都答对了，将进入下一页学习；若答错了，课件将给出相应的提示，如"抱歉，你的选择是错误的"等。

可以看出，对于学科教师来说，利用拖放式交互功能，可以设计出一些让学生自主学习的具有较强互动性的学习资源。显然，用这种方式来检查学生对某个概念或知识点的掌握情况，要比传

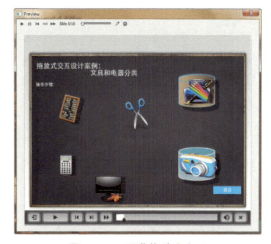

图 9-3-32 预览拖放式交互

407

统文字式测验更加有趣和吸引人，更有利于提高学生的学习兴趣。另一方面，从教师自身来说，设计这种小测验，基本没有什么技术门槛，可以很快掌握和使用。从这一点也可看出 CP 在"快课"理念上独具特色，值得称赞。

（4）学习型交互

实际上，CP 还为教师提供了另外一个使用更为方便快捷的名为"学习型交互"（Learning Interaction）新功能。与上述拖放式交互类似，学习型交互同样也能生成具有互动性特色的学习材料。不过，它的使用方法比前者更加方便快捷，具有常说的"一键式生成"特征。简单地说，"学习型交互"，就是为教师提供一系列现成的动态交互的设计模板，教师只需要在其中输入相应的内容，如文字、图片、语音或视频等素材，并可自定义交互的主题、字体等，点击完成之后就能自动生成一个具有动态互动效果的学习交互（见图 9-3-33）。

目前，软件自带了 20 多个交互模板：折叠、标签、过程圆形图、金字塔、时间轴、圆形矩阵、拼图游戏、术语表、证书以及文字搜索等。只需要选中一款交互类型，选中想要的颜色，添加本文信息并点击确定，则能自动生成交互文件，如图 9-3-34 所示。如果想用更多模板，用户可去 Adobe 官方网站继续下载。[①]

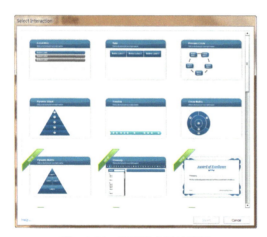

图 9-3-33　学习型交互的模板

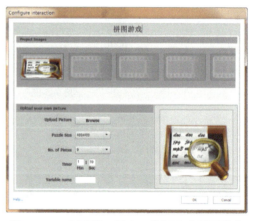

图 9-3-34　利用学习型交互模板生成拼图游戏

5. 插入媒体类对象

在 CP 之中，还为设计者提供了丰富多样的多媒体功能，教师可方便地向微课中插入各种图片、语音、动画和视频等素材，为学习者提供多样化学习资源（见图 9-3-35）。

[①] 下载这些模板可能需要另外支付费用。

（1）图片

插入图片、动画和人物等常用媒体对象的操作方法基本相同，也很简单。以插入图片为例，在某一张幻灯片之中，点击"图片"（Image），在弹出的菜单中选中一张图片，该图片将自动插入当前幻灯片之中。这里给教师的建议是，所插入图片最好是 PNG 格式①，这样会产生比较美观和独特的视觉效果，如图 9-3-36 所示。

（2）角色

为方便设计，CP 还提供一种更加方便的图片插入方式——"角色"（Characters）。这是一项令人感兴趣的新功能，就是为设计者提供了一系列现成的人物 PNG 格式图片②，设计者可直接插入微课之中（见图 9-3-37）。

图 9-3-35　插入媒体类对象

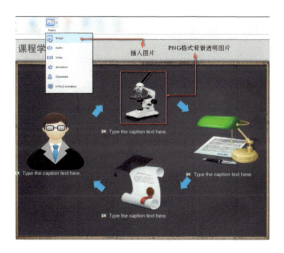

图 9-3-36　插入 PNG 背景透明图片

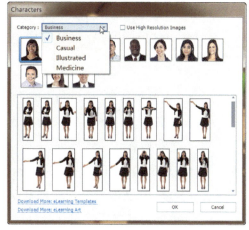

图 9-3-37　角色图片的模板库

利用这个功能，教师可以很容易地在教学材料中插入不同表情、姿势等的人物。当前软件自带有四大类共计 25 款角色人物，各种职业皆有，每个角色包含有

---

① 流式网络图形格式（Portable Network Graphic Format，简称PNG），是一种位图文件（bitmap file）存储格式，用来存储灰度图像时，灰度图像的深度可多到16位；存储彩色图像时，彩色图像的深度可多到48位，并且还可存储多到16位的阿尔法通道数据。它有一个很好的特点——背景透明。

② 由于角色人物的图片为PNG格式，教师也可以自己制作这种格式的人物图片，形成自己的图片库。

数十张不同形态的 PNG 图片，图片总数达到数百张。不过，这些人物图片都是外国人的形象，使用起来可能不太切题。如果教师想要将自己的形象插入所设计的微课或慕课中，可以利用抠像幕布来拍摄自己的照片，然后用 Photoshop 或美图秀秀等软件来将背景抠去，保存为 PNG 格式的图片。这样就有自己形象的"角色"图片库，使所设计出的课件更具有个性化特色。

关于其他媒体对象的使用，如语音（Audio）和视频（Video），由于使用方法相对比较复杂，将之列为高级功能学习，相关内容可参阅本章 9.4 节。

9.3.4 微课导航设计

交互式微课的技术结构涉及诸多类素材，形式繁多、内容复杂。在这种情况下，微课中不同模块和幻灯片之间的相关链接和逻辑关系也相应变得错综复杂，如果没有相关结构化工具来指导和辅助微课的设计工作，那么，开发过程中出现错误的概率，就会随着内容的增加而相应不断增大。

如何解决这个问题呢？CP 同样也向教师提供了多种解决方案，主要包括以下工具：

- "主题编辑器"（Skin editor）。用于设置和定义微课的外观样式，包括颜色、字体、字号及播放控制条定制等，CP 提供了包括 20 个主题和播放栏样式模板。
- "目录表"（Table of Content）。主要功能类似书籍目录和封面设计，为微课提供一个"外包装层"，既起到美观效果，同时也具有导航功能，可实现不同部分的连接和跳转。
- "分支视图"（Branching View）。用来显示整个微课的结构图示和路径，设计者可利用此功能来查看、调整和修改整个微课的结构框架。

1. 主题编辑器

主题编辑器（Skin Editor），就是为整个微课设计一个有关形状、颜色和样式的外观形式。CP 自带了数十种可供选择的主题，还可以设置是否显示播放工具条及其位置、颜色、选项等。

使用时，点击"项目"（Project）菜单可进入皮肤编辑（Skin Editor），如图 9-3-38 所示。

随后弹出窗口，如图 9-3-39 所示。

第九章　微课的高级交互设计软件——Adobe Captivate

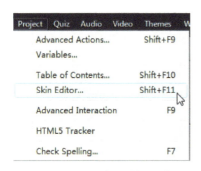

图 9-3-38　打开主题编辑器功能

图 9-3-39　主题编辑器窗口

通过这个工具，教师可以个性化地设置微课的表现形式，包括播放条位置、形状、鼠标悬停显示、弹出式或固定式和透明度等。同时也可定义播放条中所显示的功能按钮数量，隐藏式字幕的显示格式、行数参数等。

2. 目录表

在 CP 之中，还为设计者专门提供了一个名为"目录表"（Table of Content）的功能，可为整个微课自动生成一个链接目录。点击"项目"（Project）菜单，选择其中"目录表"选项，弹出如图 9-3-40 所示窗口。

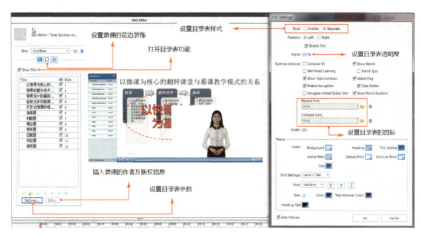

图 9-3-40　目录表的设置参数

启用此功能之后，微课将自动显示一个目录表菜单（见图 9-3-41），它能够固定或弹出式显示，扮演着学习路径导航作用。学习者在使用时，通过它点击不同标题后进入微课的不同模块查看或学习。可以说，该功能提升了微课交互程度，提供了一个可选学习路径。

图 9-3-41　设置完成的折叠式目录表

3. 分支窗格

在 CP 之中，分支视图（Branching View）是一个用来展示项目之中全部幻灯片之间链接和相互关系的树状图形。利用它，设计者可以容易地从整体上观察到整个课件的结构和相互的跳转和连接关系（见图 9-3-42）。

图 9-3-42　打开分支视图功能

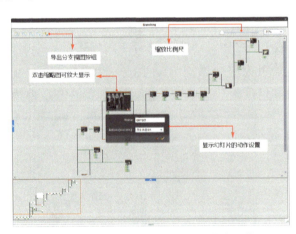

图 9-3-43　分支视图显示的微课整体结构

启动此功能后，如图 9-3-43 所示，这个分支视图对于设计包含测验在内的微课，尤其是那种针对正误选项设置了不同路径的测验，帮助很大。

例如，在一张选择题幻灯片中，可以为正确选项设计一个"进入下一页幻灯片"的动作；而对错误选项则设置一个"跳转至某一页幻灯片"的动作。这样，当学习者选择了错误答案后，他就会自动被引至相应的幻灯片页面，对所学知识进行补充。此外，为方便设计者查看，该面板左上角还提供了一个"导出分支图"（Exporting Branching View）功能，可以将整个分支图导出为 BMP 格式图片保存。在分支窗格中，用鼠标点击各幻灯片的缩略图，可以放大该幻灯片以查看内部的详细内容。

总之，通过这个分支视图，设计者可以容易地把握整个微课结构和不同素材之间的相互关系，设计各种不同的学习路径。因此，在设计过程中，教师可以经常切换到这个界面中，查看微课结构和幻灯片之间的相互关系。

9.4 高级功能与操作方法

在了解 CP 8.0 上述初级功能之后，下一步将介绍其高级功能，主要包括以下内容：

- 创建自适应反馈式项目。
- 给微课添加语音。
- 为微课添加视频。
- 编制即时反馈式测验。

9.4.1 自适应反馈式项目设计

在 CP 8.0 中，反馈式项目（Responsive Project）[①]，是指一种能够同时运行于台式计算机、笔记本电脑、平板电脑和智能手机的多种终端设备，且具有很强交互功能的新式教学课件（见图 9-4-1）。无论运行于哪一种设备上，也无论该设备是横置还是竖放，它都能自动辨认和适应学习者当前所用设备的屏幕分辨率，使课件内容正常显示。这种新功能的教学课件，为学科教师自己动手制作提供了更大和更灵活的设计空间。

图 9-4-1　反馈式项目适用于多种终端设备

---

① 反馈式项目（Responsive Project）是 CP 8.0 新增加的一项重要功能，操作较复杂。

由于反馈式项目涉及在多种硬件设备上运行，其屏幕分辨率各不相同。因此在正式开始学习反馈式项目设计的操作方法之前，首先需要解释的一个术语是"转换点距"（Breakpoints）。该术语与不同设备的屏幕分辨率直接相关，需要读者掌握和理解。

技术上说，"转换点距"是指基于学习者所用设备屏幕的"视域尺寸"（viewport size）而设计的各种形式的屏幕布局方式。显然，对于不同类型的硬件设备来说，它们的转换点距数值是不一样的，例如，如图9-4-2所示，智能手机（iPhone）的转换点距通常是320px，平板电脑通常是768px，台式机或笔记本电脑通常是1200px。

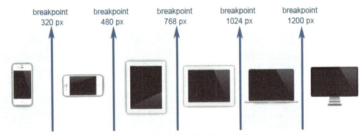

图 9-4-2　目前常见转换点距值

其中，上述"视域尺寸"，是指设备浏览器的可视区域，其中不包括地址栏和其中菜单选项所覆盖区域。对于设计者来说，如果想快速知道当前所用设备的视域尺寸数值，最简单方法就是，直接访问一个专门测试视域尺寸的网站①，如图9-4-3所示，它会自动识别并立刻显示当前所用设备的视域尺寸数值。

图 9-4-3　查看设备显示屏的视域尺寸

了解上述相关技术概念之后，下面就开始反馈项目设计工作。

---

① 该网站的网址是http://viewportsizes.com/mine/。

第九章 微课的高级交互设计软件——Adobe Captivate

1. 创建一个反馈式项目

首先启动 CP，在欢迎页面中，点击"新建"按钮，然后双击"反馈式项目"（Responsive Project），见图 9-4-4。这样，将会自动创建一个具有三个不同转换点距的空白反馈式微课项目。

在 CP 之中，在缺省状态下，如图 9-4-5 所示，反馈式项目会自动生成三种转换点距，分别是："主要"即计算机（Primary，1024×627）、"平板电脑"（Tablet，768×627）和"移动设备"（Mobile，360×415）。这三种转换点距是反馈式项目设计的出发点。

图 9-4-4 建一个反馈式项目

图 9-4-5 反馈式项目自动生成的三种转换点距

在图 9-4-5 中，若所针对的设备分辨率有所不同，那么设计者也可以分别通过拉动三个视窗下的滑块（Slider），来调整转换点距的宽度和高度。其中，宽度的可调整尺寸是有限度的，其中首要计算机的最大宽度是 1280，移动设备的最小宽度是 320。同时，若想改变转换点距的高度，则可选中窗口右上角的"查看设备高度"（ViewDevice Height）。随后在当前窗口的最下端出现一个调整手柄，设计者直接用鼠标上下拖动则可相应改变高度的数值。

2. 使用反馈式主题和模板

当完成反馈式项目的转换点距数值设置之后，设计者下一步需要做的，就要为它选择一个"反馈式主题"（Responsive Theme）。如图 9-4-6 所示，CP 8.0 为设计者提供了一个包括 10 个反馈式主题模板库，鼠标点击就可应用于当前微课之中。同时，点击主题颜色，还可以定制所选主题的颜色搭配效

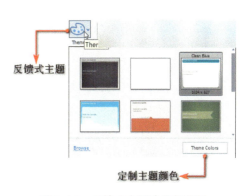

图 9-4-6 反馈式主题选用与定制

415

果。这时，作为设计者来说，开始初步体验到 CP 8.0"快课"理念所提供的快捷之处——随处都有许多现成模板可用。

完成上述设置之后，设计者可以在三个不同转换点距窗口之间进行切换，会观察到无论在哪一个窗口之中，窗口内容都会自动调整和适应，同时所显示的主题都是相同的。

强调一点，从"快课"设计理念出发，笔者对于初学者的建议是，在设计过程中，为降低设计难度和时间成本，应充分利用 CP 所提供的"主题"（Theme）和"模板"（Template）功能。这对于提高微课的设计水平很有帮助，同时还能达到事半功倍之效果。

首先，需要向读者介绍 CP 中两个重要术语——"主幻灯片"（Master Slide）和"主题"（Theme）。"主幻灯片"是一种事先预定义的具有相同背景、颜色及对象（如图标、标题、脚注等）的基础型幻灯片模板。它使得整个项目内的所有幻灯片都表现出相同的外观或风格。进一步，若一系列主幻灯片相互组合在一起，则共同构成一个"主题"（Theme）。

那么，主题的功能是什么呢？

简单地说，它能帮助设计者使教学课件看起来更美观，并使在幻灯片的页面布局、颜色等方面具有一致的风格。在 CP 中，提供了一个带有 10 个主题的模板库，可供设计者随时调用，也可作为定制设计的基础，对其颜色进行重新设计。更方便的是，当设计完成之后，也可另命名保存为自己专用的主题，在以后设计课件时使用。

实际上，一个主题通常包括以下类型的主幻灯片：

- 基础式主幻灯片（Main master slide）。每个主题只有一张主母幻灯片，它就是在主幻灯片窗格中显示的第一张幻灯片。该片的名称就是当前所属主题的名称。这张主幻灯片所具有的对象和背景颜色，将会自动出现在当前主题所属的其他所有主幻灯片上。
- 内容式主幻灯片（Content master slides）。一个主题可包含一张或多张内容主幻灯片。它包括幻灯片中可用的版式设计和各种对象，例如，一张标题主幻灯片（Title master slide）专门可用于创建项目中的标题。
- 题型式主幻灯片（Question master slides）。每一个主题都有若干张各自含有以下题型的主幻灯片：匹配题、热点题、李克特题和其他题型（选择题、填空题、判断题、简答题和排序题，以及成绩单幻灯片）。

设计者需要记住的是，在除基础主幻灯片之外，其他每一种类型的主幻灯片提供了各种对象的"占位符"（placeholder），如文字标题、图片等。利用主幻灯片中的这些占位符，可方便快捷地插入各种对象：文本标题、文本动画、图片、FLV 或 F4V 事件类型的视频、SWF 动画等。

了解了"主题"这个概念之后，再接着看反馈式项目的设计。

在设计反馈式项目时，当设计者从主题库中选择一个之后，实际上就确定了当前微课的基础页面布局形式、色彩和背景等元素。随后在幻灯片缩略图窗口中，用鼠标选中当前主题之后击右键弹出快捷式菜单。如图 9-4-7 所示，在幻灯片菜单中选择"内容主幻灯片"。随后，将自动插入一系列各种形式的幻灯片，它们的外观都会以当前主题为基础而具备高度的一致性。

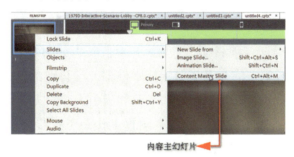

图 9-4-7　主题中插入内容主幻灯片

了解"主题"概念之后，接着向读者介绍另外一个相关术语——模板（Template）。模板与主题有何关联呢？

简单地说，模板与主题之间的差异在于，模板用于决定对象在"何时"和"何地"被放置或插入。换言之，模板包含了各种对象的摆放位置、前后顺序及占位符等相关的信息，为设计者提供了一系列预定的结构和框架，可根据自己的需要而插入各种素材。而另一方面，如上所述，主题则用于决定整个项目的外观形象，更多属于视觉层面的功能，与对象相关。

从设计流程来说，创建交互式项目时，最好先导入一个模板，然后在其中应用某个主题。这样做的益处，是能够确保整个项目都具有统一的主题形式。

所以，笔者建议，若有可能，最好以模板为基础来设计微课，这是利用 CP 工作效率最高、效果最好的一种策略。那么，模板从何而来呢？通常是两个途径，自己设计或利用他人设计好的模板。显然，对于初学者来说，后者是一个更有利的选择。实际上，鉴于 CP 在国际课件设计行业之中的名气，目前已经有一些专业设计公司为其开发出大量专用模板[①]（如图9-4-8），设计者付费之后可直接调用。不过，值得高兴的是，这些公司也为初学者提供了一些免费模板[②]，教师可下载后应用于自己微课设计之中。这对于尽快掌握CP的使用方法很有帮助。

图9-4-8　国外专业公司提供的CP模板

当下载免费的反馈式项目模板并在CP中打开，如图9-4-9所示，就会为设计者呈现和提供一个较完整的交互式微课技术框架。学科教师以此为基础来设计，效率会提高许多，最终发布效果也会更加专业和吸引人。

至此，就完成了反馈式项目的基本设置工作。下一步需要做的，就是各种对象，也就是教学素材的插入及调整工作。

图9-4-9　利用免费模板进行微课设计

---

①　目前国外最著名的CP模板开发的网站是http：//elearningtemplates.com/adobe-captivate-templates/，这些CP专用模板需要付费使用，通常都以年费形式支付，即支付一定费用之后，一年之内可不限量下载CP专用模板。其年费根据内容的不同分别为279美元、429美元、499美元和1299美元。

②　一个免费模板的下载网址是http：//library.elearningtemplates.com/search?qr=&ex=&cg%5B%5D=60&sr=datetime&ps=50&sid=1158822

第九章 微课的高级交互设计软件——Adobe Captivate

3. 对象插入及其调整

下面介绍在微课设计中，如何利用各种各样的对象来实现教学设计。

"对象"（Objects）是一个很重要的专用术语，是指在微课设计过程中，设计者向幻灯片中插入的具有某种技术表现形式或特点的电子素材。概括地说，在CP之中，对象可划分为四种类型：非交互性对象（Noninteractive Objects）、交互性对象（Interactive Objects）、媒体对象（Media Objects）和应用插件（Widgets），如图9-4-10所示。这四大类对象都可以在CP的"常用工具按钮"中找到并插入幻灯片之中。

随后，设计者就可以向当前项目之中插入各种教学素材对象，如图片、形状和角色等。在反馈式项目设计过程中，当上述任何一种对象被插入幻灯片之中后，设计者都可以继续对这些对象的属性和参数进行编辑、调整。下面以上述免费模板的第一页幻灯片为例，来展示属性设置窗口中参数。

首先，在第一页幻灯片上部的黑色条形框中，设计者插入一段文字标题"反馈式项目的设计与制作"。这时，在右侧的属性（Properties）设置窗口中，将显示如图9-4-11内容。

图 9-4-10　对象的类型及名称

图 9-4-11　文字标题的属性设置

在"属性"标签的右侧是"计时"（Timing）标签，如图9-4-12所示。

需要注意的是，在CP之中，在缺省状态下，当插入某种对象时，其尺寸和位置都自动设置为"比例"（%）。如果需要，设计者可在属性设置窗口中打开"位置"标签（Position），根据自己的要求来修改参数，如图9-4-13所示。

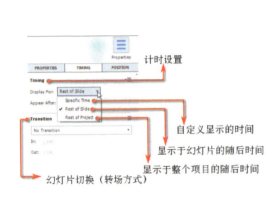

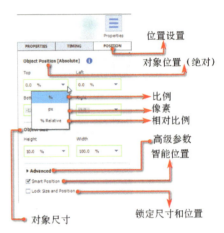

图 9-4-12　文字标题的计时设置　　　　　图 9-4-13　文字标题的位置设置

具体来看，对象位置的调整如下所示：

- 若想让对象的尺寸或位置伴随屏幕宽度或高度的百分比而相应调整，那么，就保持当前设置不变，即比例（%）。
- 若想让对象保持固定的尺寸或位置，那么就切换至"像素"（Pixel）。
- 若想让对象保持固定的比例，那么，就将对象的宽度或高度设置为"自动"（Auto）。
- 若设计时应用了"覆盖类对象"（Overlay Objects），想让它们与幻灯片一起保持于特定位置，这时，设计者就可以在这些对象的垂直属性（高/顶/底）上使用"相对比例"（% Relative）选项。这样，这些对象就会根据幻灯片而不是其宽度而移动。

在"位置"标签（Position）中，设计者还可以在"高级参数"（Advanced）中设置对象尺寸的最大值或最小值。这样，当对象伴随着屏幕尺寸变化而自动变化时，就不会超出所设置的权限值。通常，此项功能对于所插入的图标（Logo）或商标性元素性对象很有用，可使之在任何情况下都保持外观一致性和清晰可辨。

缺省状态下，所插入对象的位置是根据幻灯片的边缘来确定的。若设计者希望使某个对象的位置随幻灯片中一个特定对象的变化而移动，那么，这时，就要用到

"智能位置"（Smart Position）选项。当选中该功能后，拖动对象的手柄使之附于某个目标对象。此项功能对于屏幕上流程图的设计很有帮助，因为在流程图中一些对象的移动，需要紧跟流程图中主体对象的位置而变化。

此外在设计时，当设计者为每一种转换点距视窗添加文本标题之后，还可以通过文本格式设置，使之在不同视窗中显示不同的字体格式。例如，添加一个文本标题，然后在三个不同的视窗中修改文本及其格式。

需要注意的一点是，在 CP 之中，当分别从首选计算机视窗切换至平板电脑，从平板电脑视窗切换至智能手机时，其屏幕转换点距保持着一种附属关系。除非设计者专门修改某一特定视窗的设置并打破链接关系，否则，在某一种转换点距视窗中所定的设置参数值，将自动在低一层的转换点距中保存下来和被看到。

4. 让对象在特定视窗中隐藏

在某些特殊情景中，如果设计者希望在计算机、平板电脑和智能移动终端三个视窗下分别使用不同的设计元素，那么，就需要用到 CP 的创建和添加"特定视窗对象"（View-specific objects）。

在其他视窗中隐藏对象的具体操作方法如下：

- 若想将一个对象从某个特定视窗中删除，操作很简单，只需将之从当前幻灯片视窗中移去就行。
- 若想使某个对象只显示于某一个视窗而隐藏于其他二个视窗，那么，就选中该对象后点击右键，在弹出的快捷菜单中选择"在其他视窗中隐藏"（Exclude from Other Views），如图 9-4-14 所示。

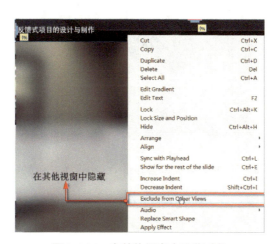

图 9-4-14　在其他视窗中隐藏对象

5. 预览和发布

在设计微课过程中，设计者需要经常查看设计结果，这时，就要用到预览功能。CP 为设计者提供了预览反馈式课件的各种选项设置。

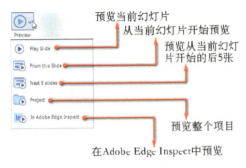

图 9-4-15 不同的预览方式

在编辑状态下，设计者可以随时通过切换不同视窗来查看各种对象的版面布局状态。不过，要想看到真实的设计结果，就需要在某个浏览中预览当前正在设计的课件，即"预览"（Preview）功能，如图 9-4-15 所示。

在 CP 之中，还新提供了一个利用 Adobe Edge Inspect[①]来预览的选项，这样可帮助设计者在不同的电子设备中直接预览当前微课。点击"预览"按钮，选择"在 Adobe Edge Inspect 中预览"，这样，设计者就可以准备在各种设备上预览所设计的微课。

启动电脑上的 Adobe Edge Inspect，用 Chrome 中的 Edge Inspect Plugin 连接上相应的硬件设备，如图 9-4-16 所示。随后，就可以在 IOS 和 Android 的设备上直接浏览当前所设计的微课。

图 9-4-16 用 Chrome 中 Edge Inspect Plugin 预览反馈式项目

---

① Edge Inspect 是 Adobe 发布的一款基于 chrome 的跨平台调试工具，能够帮助设计者在移动终端设备中测试。其官方下载地址：http://html.adobe.com/edge/inspect/。

第九章 微课的高级交互设计软件——Adobe Captivate

设计的最后一步，就是发布反馈式项目。点击"发布"（Publish）按钮，选择"发布至设备"（Publish for Devices），弹出如下对话框（见图9-4-17）。

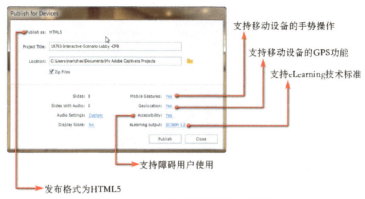

图 9-4-17 反馈式项目的发布设置

如图9-4-18所示，若想使所设计的微课在移动设备上播放时支持手势功能，点击"是"（Yes）。这个设置将使所发布微课在触摸屏上播放时能够直接支持手指的相关操作动作，如左右滑动、捏放缩放、点击播放或暂停、双击显示或隐藏内容、上拨或下滑显示或隐藏操作栏。

点击"发布"（Publish），并将所发布的微课资源包上传至课程管理系统或网站，供学习者浏览。

图 9-4-18 使微课支持触摸屏手势操作

以上介绍了CP 8.0新功能反馈式项目的操作方法。可以看出，利用它来设计微课，一个最大优势就是，所设计出的微课能够同时支持计算机、平板电脑和移动设备浏览和学习。毫无疑义，对于学科教师来说，这有效降低了微课设计成本——一次设计，多平台应用。不过，需要注意的是，反馈式项目所设计出的课件格式为HTML5。教师需要将它发布在课程网站上，例如本书第十一章所介绍的U-MOOC之后，学习者才能用各种终端设备来在线访问和学习。

9.4.2 添加讲课音频

CP 8.0具有强大的音频处理和编辑功能，能够使设计者灵活地展示出微课的语音特色，吸引学习者的注意力。在CP中，设有一个专用于插入音频的菜单"语音"（Audio），能够实现"分层式"插入语音素材。具体地说，可在一张幻灯片之中，为不同的对象、幻灯片和背景插入不同语音素材，并利用时间轴来分别控制播放的顺序和时间。这个功能为教师设计微课提供了非常灵活的控制功能，实现丰富多样的语音效果。当点击语音菜单后，如图9-4-19所示，出现以下选项。

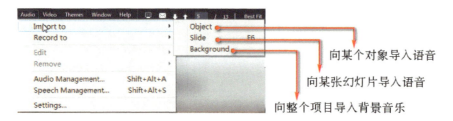

图 9-4-19　语音素材分层式次导入

- 导入语音（Import to）。可以向某个对象或某张幻灯片插入一个语音文件，也可以向整个微课项目（Project）插入一个背景声音或音乐。
- 录制语音（Record to）。通过电脑话筒来录制语音内容，同样也是可以针对某个对象、某张幻灯片、多张幻灯片或整个项目的背景录制语音。

其中，在"导入语音"选项的子菜单中，还包括以下选项：

- 对象（Object）。选中幻灯片中的某个对象并导入语音文档。
- 幻灯片（Slide）。选择某一张幻灯片并导入语音文档。
- 背景（Backbround）。将某个语音文档导入作为整个项目的背景声音或音乐。

可以看出，在 CP 8.0 中，设计者能够实现分层次地向项目插入各种不同语音文档，使音频分层播放，能够产生独特的听觉效果。同时，再利用时间轴功能，则可以设计出复杂的综合性听觉效果。

1. 分层向对象导入语音

下面，以向幻灯片中分层次导入语音为例，来展示一个综合性视觉和听觉合成场景。

（1）利用CP的"图片幻灯片"（Image Slide）功能，来插入一张带有背景图片[①]的幻灯片作为场景，如图9-4-20所示。

---

① CP 8.0的背景图片模板库保存位置在C：/Program Files/Adobe/Adobe Captivate/Gallery/BackgroundImages。

第九章 微课的高级交互设计软件——Adobe Captivate

图 9-4-20　以图片幻灯片为场景

（2）以当前背景为基础，利用媒体中的"角色"功能，插入 2 张人物图片，如图 9-4-21 所示。

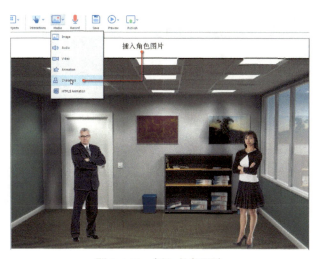

图 9-4-21　插入角色图片

（3）先用鼠标分别选择两个人物图片，然后为这两个角色分别导入不同的语音文档，形成一种对话场景。如图 9-4-22 所示。

如果设计者想将两个角色的对话以文本框的形式展示出来，使对话场景更加生动，产生类似漫画书的效果，那么，就可以利用 CP 插入"文本标题"方式，加上他们所说的对话文字框，如图 9-4-23。

（4）通过利用"时间轴"显示顺序和显示时间调整功能（见图 9-4-24），使两个角色按照先后顺序出现，并随之自动播放语音和显示文本对话框：只有当角色图片出现在幻灯片之中时，其语音才会被自动播放；而当其在幻灯片中消失时，语音随之消失——语音是对象的一个属性，随之而动。这样，就最终实现了基于语音对话的角色扮演场景效果。

425

图 9-4-22　给角色对象分别导入语音

图 9-4-23　给角色插入文本对话框

图 9-4-24　用时间轴调整角色出现顺序和时间

第九章 微课的高级交互设计软件——Adobe Captivate

具体地说，在微课播放过程中，只有当被插入语音的对象出现时，语音才会自动播放。并且当该对象在时间轴上消失后，语音也会随之自动消失，不管该语音内容是否播放完毕。换言之，对象在时间轴上的显示定义时间，决定着语音播放时间的长短，与其自身时间长短无关。

同样操作方法，如果设计者通过"背景"（Background）选项来插入语音，那么结果就是，在微课播放过程中，自始至终都会自动播放所插入的声音。显然，这个功能适用于向微课插入背景音乐时使用。

在某些情况下，或许设计者想对所插入的语音文档进行编辑和修改，如在语音中插入一小段静音、删除某一段声音，插入一段新录制的声音，或者调整音量高低。这时，就可以利用 CP 所提供的语音"编辑"（Edit）功能。点击和选择语音菜单下的"编辑"选项，则打开如图 9-4-25 所示的窗口。

图 9-4-25　调整音频的音量高低

2. 讲话管理（语音生成）

自 CP 8.0 开始，提供一个"讲话管理"功能（Speech Management）[①]，也就是本书第三章中所介绍的文本转语音（TTS）。该功能可以让设计者直接通过文本内容来生成相应的语音文档，并导入相应幻灯片之中保存。以这种方式所插入的语音文档，在 CP 幻灯片的时间轴上会专列一轨，显示为"文本转语音"（Text to Audio）。设计者可以对其进行编辑、修改，甚至为它添加"同步字幕"（Closed Captioning）[②]。

该功能操作很简单：在"语音"菜单中选中"讲话管理"功能（Speech

---

①　要使用这个功能，用户需要安装一个基于英文的语音生成附加资源包。在Adobe网站的CP 8.0下载页面上提供该资源的免费下载。用户也可以通过Windows系统自带的中文语音库，或者安装在计算机上的任何符合SAPI5规范的TTS语音库，来生成和插入中文语音材料。有关TTS语音库的相关内容请参阅本书第三章内容。

②　有关同步字幕的相关使用方法，请参阅本章9.4.3中相关内容。

图 9-4-26 讲话管理功能

Management），就会弹出如图 9-4-26 所示的窗口。随后，先选中某一个语音库，然后点击+号生成一个文本输入框，然后在输入框中插入英文单词，点击"语音生成"按钮（Generate Audio），将自动读出刚才所输入的文本。点击"保存"按钮之后，刚才所生成的语音文档将保存至当前幻灯片之中。教师如果想生成英文语音，只需要选中英文语音库后按照同样的操作方法就可以完成。

当了解和掌握上述 CP 丰富多样的语音功能之后，可以给微课添加授课旁白、幻灯片讲解和背景音乐等，更加具有艺术表现力。

3. 插入幻灯片注释

"幻灯片注释"（Slide Notes），可向幻灯片内添加注释文本并利用 TTS 语音转换器将之转换为语音，同时也可将所添加的注释显示为与幻灯片同步显示的"同步字幕"（Closed Captioning）。该功能通常用于有听觉障碍的学习者。

如图 9-4-27 所示，点击"窗口"（Windows）菜单下的"幻灯片注释"选项可打开此功能。它的主要作用，是向幻灯片内添加注释文本，并利用 TTS 语音转换器将之转换为语音。同时，也可将所添加的注释显示为与幻灯片同步显示的"同步字幕"（Closed Captioning）。需要注意的是，插入幻灯片注释之后，它并不会自动在幻灯片中显示出来[①]。但当向幻灯片中插入同步字幕后，其会自动伴随着幻灯片播放而显示。

图 9-4-27 文本注释、语音转换和同步字幕

---

① 当将 PowerPoint 文档导入 CP 8.0 时，若其中的幻灯片包含注释文本，它们将会自动同步导入进来，成为 CP8.0 中的幻灯片注释文本。

当将当前幻灯片的注释转换为语音之后,该语音文件将自动插入当前幻灯片的时间轴之中,并以单个对象的形式显示出来。当微课开始播放时,它将会做如下操作。

- 幻灯片注释的语音会自动播放。
- 幻灯片的同步字幕内容会显示。

需要注意的是,在微课播放时,只有当学习者点击播放条中的CC按钮后,同步字幕才会显示出来。这个功能对于听觉有障碍的学习者来说,是一个很好的帮助。

9.4.3 添加授课视频

毫无疑义,视频是微课的核心构成要素之一,同时也是任何一种类型课件中最富有表现力和吸引学习者注意力的内容。从技术上说,虽然CP本身无法像Adobe Premier或After Effect那样具有强大视频编辑功能,但对于微课设计来说,它提供了诸多极其独特的视频导入与设计功能,使得授课视频能够以多种形态展现于微课之中,大大加强了交互式微课的视觉表现力。同时,更为重要的是,利用快课技术,它也有效降低了微课视频的编辑处理成本,使得普通教师也有可能方便快捷地编辑自己的授课视频。

需要提醒的是,在开始学习CP视频功能之前,教师应首先确认自己电脑是否已安装一个名为Adobe Media Encoder(AME)媒体转换插件。若没有,需要先去Adobe官方网站下载和安装这个视频插件,其功能是自动将所插入的视频转换为FLV或F4V格式的视频,以便于进一步编辑。考虑到Adobe在视频处理和编辑领域的强大技术实力,使用它自带的视频转换插件所转成的视频兼容性,应该是最佳选择。①

图 9-4-28　插入视频功能

在CP之中,除了可在"媒体"按钮打开视频功能之外,它还在菜单中提供一个专用的"视频"(Video)菜单,点击其中的"插入视频"(Insert Video)会打开相应的窗口(见图9-4-28)。当前,CP为设计者提供了2种插入视

---

① 在某些情况下,设计者也可以直接利用格式工厂之类的视频格式转换工具将视频转为FLV后再插入CP 7.0之中。但实践证明,这种方式可能在某些情况下导致一些后期视频播放中的问题,如播放跳帧等。此外,考虑到后期绿屏背景视频抠像的需要,建议最好安装Adobe Media Encoder CS 6版本,不要安装最新的2014 CC版。

频方式——"事件视频"（Event Video，简称 EV）和"多幻灯片同步视频"（Multi-slide synchronized video，简称 MSV），它们在微课设计中扮演着不同角色。

表 9-4-1 展示了这两种视频之间的区别与联系。

表 9-4-1 事件视频与多幻灯片同步视频的差异

	事件视频（Event Video）	多幻灯片同步视频 （Multi-slide synchronized video）
格式	FLV 和 F4V 格式视频	FLV 和 F4V 格式的透明背景视频
播放	只能在某一页幻灯片之中播放	可以在多页幻灯片之中连续地同步播放
展示	只能以"舞台式"（Stage）显示	能以"舞台式"和"内容目录表"（TOC）[①]形式显示
存贮	无法添加至资源库（Library）	可以添加至资源库
数量	可以向一张幻灯片中插入多个事件视频	只能将一个视频插入多个幻灯片中
字幕	无法加入同步字幕（Closed captioning）	支持加入同步字幕
操作	学习者可以利用工具条来播放、暂停、快进或回放视频内容	学习者无法控制视频的播放，它取决于如何设置它与项目同步
用途	适用于向幻灯片插入教学资料视频，或只在当前页面显示的教师视频	只适用于设计"演播室式微课"或"三分屏式微课"

1. 为微课添加事件视频

首先来学习"事件视频"概念及其插入操作方法。点击"视频"（Video）菜单在其中选择"插入视频"（Insert video），弹出如图 9-4-29 窗口。

图 9-4-29 插入事件视频

---

① CP中的一个专用术语，意思是指"目录表"（Table of Contents）。当启用该功能后，可在微课屏幕的侧面自动生成一个目录菜单，点击其中标题则可直接跳相应幻灯片页面。详细信息见本章 9.3.7节相关内容。

第九章 微课的高级交互设计软件——Adobe Captivate

"事件视频"(EV)是一个 CP 专用术语,它的基本含意是,在某一张幻灯片中显示的用来向学习者展示某个事件(知识点)内容的视频。对于这种视频,学习者通常要做某种操作(如点击播放按钮)来控制它的播放过程,如开始、暂停和重新播放等,故也被称为"按照用户要求播放的展示内容"(On-demand demonstration)。当视频以事件视频方式被导入幻灯片之后,它一般会自动生成一个视频播放工具条,供学习者点播(见图 9-4-30)。简言之,与后面要介绍的多幻灯片同步视频相比,事件视频的最大特点是,所插入的视频只显示于当前幻灯片之中,与其他幻灯片无关。

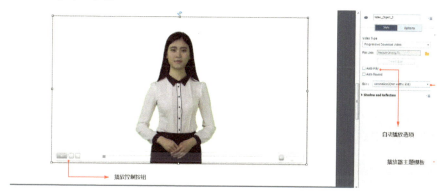

图 9-4-30　已插入幻灯片的事件视频

需要提醒的是,CP 8.0 支持直接导入的视频格式是 FLV、F4V。如果所导入的视频是其他格式(如 AVI 等),在电脑已事先安装 Adobe Media Encoder(AME)媒体格式转换插件的前提下,CP 8.0 将自动将之转换为 FLV 或 F4V 格式。否则,就会出现错误提示(如图 9-4-31 所示)。对于这种情况,解决方案有两种:一是去 Adobe 网站下载和安装 AME;① 二是利用第三方的视频格式转换软件(如免费的格式工厂),将视频格式转换为 CP 8.0 所支持的 FLV 和 F4V 格式。

图 9-4-31　未安装 Adobe Media Encoder 插件提示

---

① 安装Adobe Media Encoder时建议采用CS6版本,而不要使用2014 CC版本。因为这个最新版本之中,在视频格式转换时缺乏Encode Alpha Channel功能,无法将Adobe Ultra生成的AVI格式授课视频转换为透明背景(即打开Alpha Channel)。

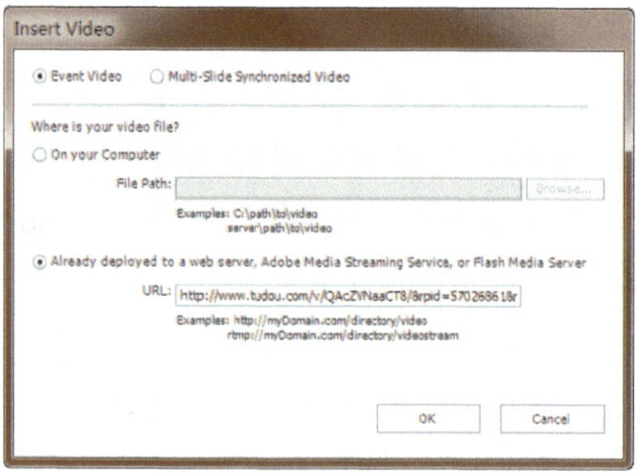

除了直接插入本地视频之外,事件视频也能支持链接互联网上的在线视频资源。例如,将一些视频网站提供的视频链接复制至图 9-4-32 中的 URL 输入框,就可以直接播放网络视频。但需要强调的是,以这种方式插入事件视频,要求学习者在观看课件时必须具备联网条件,否则就无法播放视频。

图 9-4-32 利用 URL 插入在线式事件视频

（1）用事件视频创建电视主持人微课

在微课设计过程中,事件视频也可用于在一张幻灯片内展示教师的透明背景授课视频,通常可用于交互式微课的学习导入环节,如课前预测等。例如,首先插入一张图片幻灯片,生成一种以黑板为背景的教学场景。然后,再导入主讲教师的透明背景视频（FLV 格式）[①],就能快速搭建一个虚拟场景的教师授课场景,类似"电视主持人式微课"形式,如图 9-4-33 所示。实际上,这也是当前微课设计中最

图 9-4-33 用事件视频设计学习导入环节

常用的技术方案。不过,需要强调的一点是,以事件视频方式插入的授课视频,只能在当前幻灯片显示播放。

（2）用事件视频创建艺术化显示视频

实际上,利用 CP 8.0 的事件视频插入功能,教师还可设计出丰富多样的授课视频展示形式。例如,可以先插入一张透明 PNG 图片作为背景,然后将编辑好的授课视频,例如用 Adobe Ultra 添加上虚拟场景的视频,插入图片背景之上,就会形成带有强烈艺术感觉的视觉效果（见图 9-4-34 和图 9-4-35）。

---

① 有关透明背景视频的制作方法,请参阅本书 5.3.1 节和 6.4.2 节相关内容。

第九章 微课的高级交互设计软件——Adobe Captivate

图 9-4-34 以平板电脑图片构成的事件视频

图 9-4-35 以人物图片构成的事件视频

2. 为微课添加多幻灯片同步视频

在 CP 8.0 中，除插入事件视频之外，还有一种功能更加强大、显示形式独特的视频插入方式——多幻灯片同步视频（Multi-slide synchronized video，简称 MSV）。它的插入操作方法与前者类似，点击菜单中的"插入视频"，弹出图 9-4-36 所示的菜单，在其中选择"多幻灯片同步视频"。

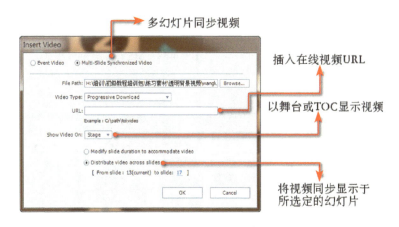

图 9-4-36 插入 MSV 视频选项设置

"多幻灯片同步视频"（MSV），是指一个能够同步且连续地在多张幻灯片中自动播放的视频。当这种视频被插入微课之后，会被自动划分为与幻灯片数目相同的视频片断并分散于各个幻灯片之中（如图 9-4-37 所示）。在播放状态中，则按照先后顺序自动在各个幻灯片中播放。

与前者事件视频相比，MSV 既没有播放工具条，学习者也无法控制它，完全是自动播放。当导入这种视频时，设计者可以设置该视频可同步地显示在哪些幻灯片中（从当前幻灯片至后面的第几张幻灯片），并与其中内容顺序播放。

433

如图 9-4-38 所示，MSV 具有两种不同显示模式：一是 Stage 模式[①]（舞台）。当视频选择这种显示模式之后，预览时样式如图 9-4-38 所示；二是 TOC 模式[②]（目录）。当视频选择这种显示模式之后，预览时样式如图 9-4-39 所示。

图 9-4-37　插入幻灯片之中的 MSV 视频

图 9-4-38　MSV Stage 显示模式

图 9-4-39　MSV TOC 显示模式

---

① Stage：原意指"舞台"，在 CP 8.0 中是指当前显示的幻灯片之中。
② TOC：意指"目录表"，有关 TOC 详细信息请参见本章 9.3.7 相关内容。

第九章　微课的高级交互设计软件——Adobe Captivate

上述这两种显示模式的差异表现在：在 Stage 模式中，设计者可自行决定视频在每一张幻灯片中的显示位置与大小，直接用鼠标拖动来改变；而在 TOC 模式中，视频只能显示于目录表（TOC）之中，位置处于页面左侧的导航栏之中，而非幻灯片。同时，设计者无法改变其大小与位置。

（1）演播室式微课

对于上述两种视频显示方式，教师略加观察之后就会发现，事件视频（EV）通常只能用于在微课中展示视频教学资源，或者仅在一张幻灯片内显示和播放的教学视频。而多幻灯片同步视频（MSV），则专用于向微课中插入教师的授课视频，使之在若干张幻灯片中自动与讲义同步播放。利用这种功能独特的视频插入功能，教师可以设计出形式多样的微视频展示样式。

例如，如果所插入的视频是一种由绿屏背景抠像视频为基础处理成的透明背景授课视频[①]，那么，当透明背景视频被插入带有自动播放的幻灯片演示文档之中时，其显示效果就是当前最流行的"主持人式微课"，包括半身式和全身式（见图 9-4-40 和图 9-4-41）。教师在屏幕前授课，相应的教学讲义内容在背景中同步显示，构成一幅生动的虚拟课堂教学场景。

图 9-4-40　利用 MSV Stage 设计主持人微课（中景）

图 9-4-41　利用 MSV Stage 设计主持人微课（远景）

（2）显示屏式微课

不过，如果设计者没有上述开启 Alhpa Channel 的透明背景视频，而只有普通格式的 FLV 格式授课视频。那么，也可以采用另外一种称之为"显示屏式授课视频"设计思路，来设计自己的微课视频。

与上述一样，选择以多幻灯片同步视频方式插入授课视频，在电脑上找到它后

---

① 有关透明背景视频的制作方法，请参阅本书5.3.1节和6.4.2节相关内容。

导入。插入之后会发现,非透明背景 FLV 视频在幻灯片中的显示形式,显然与整个讲义背景很不协调,也很突兀。如何改变这种情况呢?

一个最简单的补救办法就是,向当前幻灯片插入一张 PNG 格式的电视机或显示器图片,然后将授课视频调整尺寸,使之放入电视机或显示器图片框内,给人形成一种教师的授课视频在电视机或显示器屏幕上播放的效果,如图 9-4-42 所示。

需要提示的是,当插入这张显示器图片之后,要想使其在随后视频显示的多张幻灯片都形成当前这种视觉效果,还需要对这张图片的"计时"(Timing)属性设置参数进行修改。如图 9-4-43 所示,操作方法是,选中这张图片,然后打开属性设置窗口,点击"计时"(Timing)标签后在"显示"(Display for)下拉菜单中选择"在项目的其余时间"(Rest of Project)。这样,所插入的图片将自动显示于随后的幻灯片上,与前一张上的显示器播放视频效果完全相同。

图 9-4-42　利用 MSV Stage 设计的微课

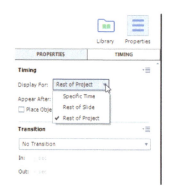

图 9-4-43　设置图片的显示时间

但不难看出,由于是普通 FLV 视频,那么,插入之后无论如何修饰,其视频显示效果都无法与透明背景视频相比,仿真程度较低。从这一点上可以看出,微课设计过程中透明背景视频拍摄和制作技能的重要性,值得学科教师重视,应熟练掌握,才能设计出出色的交互式微课作品。

(3)调整视频位置与分辨率

当 MSV 视频插入微课幻灯片之后,其位置通常是被随机放置于幻灯片之中,大小也未必与幻灯片相符。因此,设计者随后需要做的工作,就是调整 MSV 视频在每一页幻灯片中的位置和分辨率,使之适合当前幻灯片。调整的操作方法如下:

第一步,在插入 MSV 视频的第一页幻灯片内用鼠标选中视频片断,然后点击"属性"(Properties)按钮打开其窗格,再单击"选项"(Options)打开其"形状"(Transform)设置窗口(见图 9-4-44)。设计者可根据当前幻灯片的分辨率,来修改 MSV 视频分辨率参数,将之调整为合适大小。然后,用鼠标拖动视频片断至恰当位置[①]（通常位于幻灯片右下角）。选择位置的基本要求，一是尽量避免遮挡后面幻灯片显示内容；二是将视频下沿对齐幻灯片之下边，不要留空白之处。

图 9-4-44　调整 MSV 视频在幻灯片的位置与分辨率

第二步，当完成第一张幻灯片中 MSV 视频位置与分辨率调整之后，用鼠标单击"形状"（Transform）窗口右上角"应用全部"（Apply to All）按钮，选中弹出的"将当前选项适用于整组"，其含意是：将当前为 MSV 视频设置的属性参数，应用于其他幻灯片之中的全部视频片断。随后，第一张幻灯片 MSV 之属性设置，将应用于其他幻灯片，各视频片断将以相同的分辨率，被自动对齐于幻灯片的相同位置。这样，MSV 视频在各张幻灯片之中播放时，将很流畅地以相同大小和位置显示出来，不会出现视频播放的"错位现象"。

（4）调整视频与幻灯片同步播放

由于 MSV 视频是被随机划分为若干片断并导入各张幻灯片之中，所以视频播放内容与幻灯片内容两者之间尚未实现同步播放。下一步的工作，就是要调整视频所播放的讲课内容与幻灯片所显示的文本内容之间的相互关系，使两者同步显示播放。

操作方法如下：

第一步，选中插入 MSV 视频的第一张幻灯片，然后点击"视频"（Video）菜单，再选择"编辑视频时间"（Edit Video Timing）选项，将弹出如图 9-4-45 所示窗口。在"幻灯片预览"（Preview）选项前打钩，随后幻灯片将自动显示于当前窗口。

[①]　考虑到MSV在幻灯片中显示的位置，在向CP 8.0导入幻灯片之前，设计者应相应调整幻灯片内容显示位置，在幻灯片中提前为MSV视频空出一个位置，以防止教师授课视频遮挡后面播放的讲义内容。

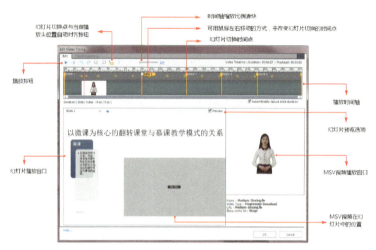

图 9-4-45　调整视频与幻灯片同步播放

第二步，单击窗口左上角的播放按钮，项目将开始播放，一条红色播放头（Playhead）在时间轴上向右移动，与此同时，MSV 视频和幻灯片也随之开始自动播放。这时，设计者需要仔细倾听 MSV 视频所播放的讲课内容。当听到教师讲完当前幻灯片内容，但尚未开始讲下一页幻灯片内容之时，立刻点击"暂停"按钮，使视频和幻灯片两者都处于暂停状态。这时，红色播放头在时间轴上所处位置，就是实现视频与幻灯片内容两者之间同步播放的真正切换点。

如图 9-4-46 所示，通常，这个切换点与原来幻灯片导入时所自动产生的切换点——即时间轴上名为 "Slide+ 序号" 的黄色竖线，在时间轴上的位置是不一致的。而要想实现两者的同步，必须将当前黄色切换点调整至红色播放头所在的位置。这意味着：当前视频内的讲课内容播放至这个切换点时，幻灯片也会自动随之切换，从而实现两者之间的同步播放。

实现同步的操作方法很简单：点击时间轴刻度上的 "同步按钮"（Move the next marker to playhead position），黄色切换点（Slide 2）就会自动与红色播放头的位置重合——即将原来不准确的切换点调整为当前准确的切换点，从而最终实现幻灯片与视频播放内容的同步。

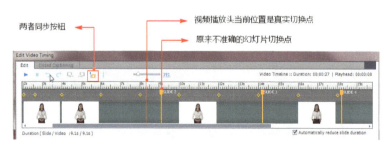

图 9-4-46　改变切换点以实现视频与幻灯片同步播放

依此操作方法，将微课中全部授课视频片断都与所在幻灯片内容实现同步。最后，点击"OK"按钮完成此操作。再预览微课项目时，就会发现，当视频播放至某内容时，教师背后的幻灯片内容也随之同步播放，并且能自动切换相应的幻灯片。

（5）为视频添加字幕

为进一步加强授课视频在微课中的表现效果，同时也为帮助学生记忆，CP 8.0还专门提供了另外一个辅助性视频功能，在MSV视频中添加"隐藏式字幕"（Closed Captioning）[①]。使用此功能之后，当微课中播放授课视频时，在背景幻灯片中显示演示文档的同时，还可以在幻灯片底部同步连续显示教师讲课声音的相应字幕，就如同看电影时屏幕下方出现的对白字幕一样。而且，根据需要，学习者可随时打开或关闭字幕显示。

通过这个功能，CP 8.0所设计的微课，就如同常见的电影一样，既有视频、也有声音和字幕，声情并茂，对于提高学习者的记忆效果会有所帮助。不过，需要说明的是，使用该功能需要事先将视频中的语音转为文字之后，再通过人工方式插入视频时间轴的对应位置，工作量很大。

隐藏式字幕功能的具体操作方法如下：

① 插入MSV视频之后，选中第一页幻灯片中的视频片断，然后点击"视频"（Video）菜单，选择"编辑视频时间"（Edit Video Timing）选项。在弹出的窗口中点击"隐藏式字幕"（Closed Captioning）标签，弹出以下窗口（见图9-4-47）。

图 9-4-47　为视频添加隐藏式字幕

[①] 所谓"隐藏式字幕"，是指在微课的缺省播放环境下，MSV视频的字幕是自动隐藏的。只有当学习者点击播放栏中"CC"按钮后，或者设计者定义的某个按钮之后，字幕才会相应显示出来。

② 点击视频播放按钮后，教师的授课视频开始播放，等第一句话播放之后，设计者立刻点击暂停按钮，然后，点击"字幕添加按钮"（＋号）插入一个字幕文本输入框，在其中录入教师刚才所讲的第一句话。然后再接着播放视频，等听完第二句话后，再点击暂停按钮，并点击"＋"号插入第二个输入框，随后再在第二次输入框中录入刚才所讲的第二句话。后面依此类推，将教师的授课内容一句接一句地全部录入字幕之中。如图 9-4-48 所示，在视频中每添加一个字幕文本框，在时间轴的相应时间位置上就会自动添加一个黄色关键帧，这标志着每一段字幕播放显示的顺序。

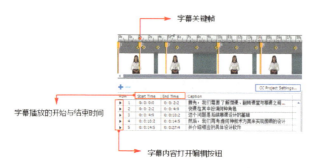

图 9-4-48　字幕文本编辑及其关键帧

显然，这是一项工作量很大的任务。为降低工作量，也可以考虑事先将教师的授课文字内容首先转换为文档，然后在制作字幕时直接复制和粘贴进来。或者，在输入字幕时，不要一句接一句地输入，而是一小段接一小段地输入。这样，字幕和视频之间相互匹配的工作量就会相应减少一些。

③ 当隐藏式字幕添加完成之后，设计者还需要在微课中相应添加一个用于控制字幕的开关按钮。操作方法是：点击"项目"（Project）菜单，选中"皮肤编辑器"（Skin Editor）选项，在弹出的窗口中找到并选中"隐藏式字幕"（Closed Captioning）选项。这样，当微课播放时，就会自动出现一个播放控制条，其中有一个名为"CC"按钮。点击就可以打开或关闭字幕功能，如图 9-4-49 所示。请注意，缺省状态下，字幕功能是关闭的，需要学习者点击CC 按钮之后方可显示。

图 9-4-49　点击 CC 按钮打开隐藏式字幕

总结上述内容，不难看出，与单播式微课相比，利用 CP 8.0 所设计出的微课

第九章 微课的高级交互设计软件——Adobe Captivate

具有强大交互功能，较好地适应了在线学习者的互动需求，对于提高学习者的兴趣和动机有一定帮助作用。

9.4.4 编制即时反馈式测验

在前面所介绍的交互式微课设计结构图中（见图9-4-50），当学习者看完授课微视频之后，紧接着就是"巩固测验"，以便考查其对所授内容的掌握状况。尤其是对于主要以自学为主的非全日制学习者（如慕课）来说，测验的作用更是必不可少。因为他们无法像那种"面授教学加在线自学"的翻转课堂学生，还有机会当面向教师提问。在慕课中，一门课程的学习者遍及全球，数量过万，来源不一，目标不同，且学科和知识背景庞杂。在这种情况下，要想在这种教学环境中保证基本的教学效果，对于任何教师来说，显然都是一件非常有挑战的工作。笔者认为，交互式微课中的"反馈测验"就成为一个基本质量保障工具。

图9-4-50　交互式微课的基本结构

针对上述需求，CP 8.0提供了功能强大的"测验"（Quiz）功能。利用它，教师能够在微课内非常轻松而快捷地编制具有自动计分功能的反馈式电子测验。这样，在教学设计上来说，当学习者观看完上述教师的授课微视频之后，随后立刻就可以参加即时测验，了解自己对知识的掌握情况。

1. 前测与测验概述

目前，CP 8.0能够提供两种类型测验："前测"（Pretest）和"测验"（Quiz），并支持通过GIFT格式[①]文件来直接从外部导入试题内容。与普通测验不同的是，"前测"是一种用来在课前了解和评估学习者的知识、技能水平准备状况的特殊测验（见表9-4-2）。利用前测的分数，可以将学习者引入不同的学习内容模块。这样，可以有针对性地为学习者提供教学内容，节省学习时间，提高教学效率。这个

---

① GIFT格式：GIFT是Moodle（国外的一个免费开源网络教学平台）从文本文件导入测验问题的通用格式，自CP 7.0开始支持利用GIFT格式文档导入测验。

功能对于设计交互式微课很有启发。

表 9-4-2　前测与测验的区别

前　　测	测　　验
无法包含随机排列的题型的幻灯片	可包含随机排列的题型的幻灯片
可编辑前测相关联的动作	缺省状态下无高级动作
无法定义"成功"（On Success）动作	可定义"成功"动作
在 CPTX 项目中播放栏一直处于隐藏状态	设计者可在主题编辑器（Skin Editor）中设置播放栏显示或隐藏

目前 CP 提供 7 种基本题型模板：[①]

- 选择题（Multiple-choice）。包括单选题和多选题两种题型。
- 判断题（True-or-false）。带有"正确"和"错误"选项的题型。
- 填空题（Fill-in-the-blank）。带有空白填空框并要求让学习者填写缺失信息的题型，可在一个题中添加多个填写框。
- 简答题（Short-answer）。要求学习者填写一个词或一句话。
- 匹配题（Matching）。提供两行相关性内容，要求学习者使之相互匹配。
- 热区题（Hotspot）。要求在多个图片选项之中选择一个选项，选中后指针会呈现出旋转状态。
- 排序题（Sequence）。要求将选项排列为正确顺序。

上述这七种客观题可自动计算成绩，在测验完成后自动统计成绩和正确率等数据，并可根据学习者的成绩来将其引入不同的学习路径。

CP 8.0 在测验成绩计算方面的功能有所改进。例如，它提供了计算成绩时的倒扣分功能，主要用来防止学习者凭空胡乱猜测而得分。还提供"检查试卷"功能，即做完全部测验题并提交后，可以让学习者重新查看试卷中每一题的正确答案及自己的回答对比。另外一个改进是，设计者可以在测验中提供个性化的语音反馈信息。例如，录音、将文本转换为语音或导入外部声音，在学习者单击对象时播放。这时，教师可以利用本书第三章中所介绍的语音合成软件来生成语音，作为测验的各种提示语音信息。或者也可以直接利用上述 9.4.2 节中介绍的"讲话管理"

---

① CP的测验实际上还可用于调查问卷设计，所以还提供了一种专用于问卷的题型：量表题（Rating scale）。

（Speech Management）来插入语音提示。

由于测验在整个微课设计中的重要性，CP 8.0 为之提供了一个专门菜单。当教师想要给微课编制测验时，点击"测验"（Quiz）菜单，弹出如图 9-4-51 所示的选项菜单。

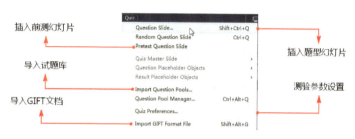

图 9-4-51　打开测验（Quiz）菜单

2. 插入题型幻灯片

点击 CP 8.0 的"测验"（Quiz）菜单，弹出如下所示的选项菜单：

- 插入题型幻灯片（Question Slide）。根据测验的需要，选择某一些题型并插入。插入时，每一个问题占据一张幻灯片。
- 随机问题幻灯片（Random Question Slide）。系统自动从一个题库（Question Pool）中随机选择若干题型，这样可以防止学生"猜题"。在使用时要求提前创建一个题库。请注意，这种随机问题幻灯片无时间线，只能使用各个幻灯片各自的时间参数。
- 前测幻灯片（Pretest Question Slide）。前测（Pretest）被用于了解学习者在开始课程之前的知识准备情况。根据学习者在预测中的回答情况，老师可直接将他们带入某一张特定的幻灯片或课程的某一模块去学习。这种方式可以根据不同学生情况来实现学习路径的个性化设置。

如果要编制一个测验，通常应选择"插入题型幻灯片"，在弹出的菜单中根据需求来选择题型（见图 9-4-52）。

在上述窗口中选择完想要插入的测验题型、数量和类型之后，点击"OK"。将自动插入相应的题型幻灯片，每一个题型占据一张幻灯片。同时，还会自动在测验最后一页额外添加一张成绩表，用来显示测验计分结果等信息。

图 9-4-52　题型幻灯片中的测验题型

随后，设计者开始对每一页幻灯片中的题型进行编辑和修改，包括输入测验问题文本及其答案，以及分数设定等（见图 9-4-53）。

图 9-4-53　测验题型的编辑和设置

例如，首先应在问题框内输入文字内容，然后再在选项框内输入相应的答案选项。缺省状态下，只显示 2 个选项，显然不够用。要想增加选项数目，点击右侧"测验属性"（Quiz Properties）标签，在显示窗格中"常用"（General）栏中找到选项数（Answers）并将原来"2"修改为"4"。这样，选项数就会自动变为 4 个。

如果这个题型的正确答案超过 1 个，那么，就在"多个答案"（Multiple Answers）选项上打钩，这时就自动变为多选题。定义正确答案的方法也很简单：若是单选题，直接用鼠标选中某个选项，它就会自动成为正确答案；若是多选题，则用鼠标分别点击相应选项，被选中的选项将自动成为正确答案。此外，也可以选择是否"随机排列选项"（Shuffle Answers），若选中，则选项顺序自动随机排列，每一个学生在回答问题时所看到选项顺序都各不相同。这样可以有效防止学生"猜答案"。

如图9-4-53所示,测验属性窗格还提供以下各种参数设置:

- "多个答案"(Multiple Answers)。是指将单选题变为多选题。
- "随机排列选项"(Shuffle Answers)。是指将答案顺序随机排列。
- 选项序号格式(Numbering)。就是选择选项前的序号显示格式。
- 可选项(Options)。其中,"试题说明文字"有3个选项:"回答正确"(Correct)、"回答不完整"(Incomplete)和"时间限制"(Time Limit)。用于学习者答题过程中提供相应的反馈信息。若在选项前打钩,则会在学习者的答题过程中相应显示出来。此外,还包括定制在试题上显示哪些按钮(Buttons):包括"清除"(Clear)、"上一题"(Back)和"下一题"(Next)。如果选中某一个,则会在试卷中自动显示出来。
- 动作(Actions)。此功能用来设置学习者回答完问题后所自动发生的动作。包括"成功后"(On Success)和"失败后"(Failure Levels)的设置,可设置当学生答对或答错题之后会发生什么,如是继续答题,还是打开一个文件,或是播放一个语音,等等。也可设置学生尝试答题的具体次数(Attempts),或无限制(Infinite),以及是否显示"请再试一次"(Try Again)的提示信息。

需要注意的是,不同题型的属性各不相同,上述所显示的内容也略有区别。

当在微课中插入选择好的题型幻灯片之后,出于美观考虑,可再向测验插入一个主题。操作方法是:点击"主题"(Themes)按钮,在弹出窗口中选择其一(见图9-4-54)。随后,所选中的主题将自动应用于当前测验之中。

图9-4-54 为测验选择一个主题

(1)选择题

选择题,是一种包括单选题和多选题的测验题型,其形式如图9-4-55所示。通常在属性设置中改变答案数量,可将单选题更换为多选题,操作很方便。

(2)判断题

判断题,实际上是一种带有"正确"和"错误"选项的单项选择题型,基本形式如图9-4-56所示。

图 9-4-55　单项和多项选择题型示例

图 9-4-56　判断题基本样式

（3）填空题

填空题，是一种带有空白填空框并要求让学习者填写缺失信息的题型。在设计时，可根据内容的需要在一个题中添加多个填写框，形式如图 9-4-57 和图 9-4-58 所示。

图 9-4-57　填空题基本样式

图 9-4-58　预览状态的填空题

（4）简答题

简答题，是一种要求学习者填写一个词或一句话的题型，它的基本形式如图 9-4-59 所示。简答题的答案设置方法，与上述填空题基本相同：用鼠标点击长空格处，在弹出的窗口中可定义正确答案。

图 9-4-59　简答题基本样式

第九章 微课的高级交互设计软件——Adobe Captivate

（5）匹配题

匹配题，是一种向学习者提供两行相关性内容，要求通过拖拉或选择使之相互匹配的题型，它的基本形式如图 9-4-60 所示。在设置正确答案时，可点击选项栏 1 之下的某个文本的选择序号，在下拉菜单中选择选项栏 2 中的相应答案序号或字母。

学习者在做测验时，可以采用两种方式来回答匹配题：一是直接在选项栏的下拉菜单之中选择某个答案；二是直接用鼠标将选项栏中的某个文本，拖拉至选项栏 2 的某个答案位置（见图 9-4-61）。

图 9-4-60 匹配题基本形式

图 9-4-61 匹配题的回答方式

（6）热区题

热区题（Hot Spot）是一个比较独特的题型（见图 9-4-62）。它包含若干个要求学习者选择的点击区域（即热区），直接用鼠标点击的方式来选择某个答案。这个答案既可以是一张图片，也可以是某张图片中的相应区域或位置。例如，热区选择题可列出多个图片，让学生从中选择符合要求的图片，直接用鼠标点击来选择。当选中某个区域后，该处则有一个旋转的动态星号标志（如图 9-4-63），表示此处是学习者选择的答案。

图 9-4-62 热区题型基本样式

图 9-4-63 回答热区题操作方法

（7）排序题

排序题，是一种要求学习者将相关内容选项以某种规则排列为相应顺序的题

447

型。它的基本形式如图 9-4-64 所示，在设计时，当前选项的排列顺序，就是该题的正确答案。其答题方式有两种：一是拖放式（Drap and Drop），让学习者直接用鼠标拖拉方式来进行排序；二是下拉菜单式（Drop down），见图 9-4-65。

图 9-4-64　排序题基本形式　　　　　图 9-4-65　下拉菜单式排序方法

（8）成绩单

当所插入微课的题型幻灯片内容设计完毕之后，在最后还有一张用来显示测验成绩的幻灯片（见图 9-4-66）。在实际学习中，当学习者完成测验的全部问题并点击交卷之后，将会自动显示出相应成绩和相关统计数据。

图 9-4-66　测验成绩单

完成上述工作之后，交互式微课的一个重要学习环节——测验就初步完成。随后，就进入测验参数设置环节。只有当设置了正确的参数之后，测验方可正确自动计算分数。

2. 测验参数设置

图 9-4-67　打开测验参数设置窗口

为实现各种功能，CP 8.0 还专门为测验提供了一个参数设置功能，可对测验的类型、分数线、跳转动作及提示信息等进行预先设置。通过这些参数，教师可以设计出符合个性化需求的测验。操作方法如下所示。

点击菜单的"测验"（Quiz）选项，然后选择其中的测验参数设置（见图 9-4-67）。

第九章 微课的高级交互设计软件——Adobe Captivate

随后，将弹出以下窗口（见图 9-4-68）。在此处，可对测验的四类基本参数进行设置：数据报告（Reporting）、测验基本参数（Settings）、分数线（Pass or Fail）和测验信息标签（Default Labels）。

（1）数据报告设置

数据报告（Reporting），用来设置将测验的相关数据上传至学校的网络教学平台（LMS/CMS），包括测验的分数、结果和状态等。如图 9-4-69 所示，需要设置的参数包括：网络教学平台（LMS）选择、测验状态、完成标准和要报告的数据等。

图 9-4-68　设置测验的四种基本参数

图 9-4-69　测验数据报告设置

（2）测验基本参数设置

测验基本参数（Settings），用来设置测验的类型（可选、必须做、必须及格和只要答完全部问题），是否显示"交卷按钮"（Submit All），是否显示"进度指示"（Show Progress），是否"允许学习者检查试卷"（Allow user to Check the Quiz）等。详细内容见图 9-4-70。

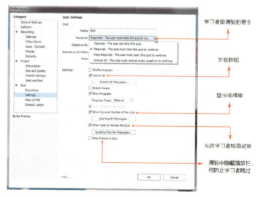

图 9-4-70　测验基本参数设置

通常，建议对测验的以下参数进行修改：

- 设置测验为"必须通过"（Pass Required）状态。即学习者必须通过测验之后方可进入下一课的学习。
- 设置为"答案随机排列"（Shuffle Answers）：这样可以有效地防止学生猜答案。
- 显示"交卷按钮"（Submit All）。即在测验中显示一个"交卷"按钮。这样学习者在答题时，就不必每回答一题后都要点击提交，而是在最后一页点击"交卷"就将全部答案一起提交。同时，还应修改交卷的提示信息，将英文翻译为中文。
- 在测验结尾显示成绩（Show Score at the end of the Quiz）。会在测验最后显示成绩单，同时还应将英文的成绩单内容翻译为中文。
- 允许学习者检查试卷（Allow User of Review the Quiz）。学习者可以查看正确答案和自己填写的答案以便进行对比。

（3）分数线及动作设置

对于测验及格分数线相关的设置（见图 9-4-71），也应进行相应的修改。例如，答对总分的多少比例算是及格，通过或不及格后的下一步操作动作，比如是进入下一页幻灯片，还是打开一个文档或网址等。

（4）测验提示信息修改

如图 9-4-72 所示，这里主要包括测验的导航按钮文字、操作提示信息等内容的修改和翻译。

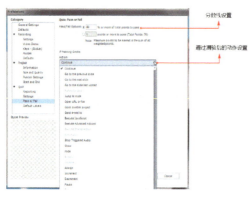

图 9-4-71　分数线及动作设置

图 9-4-72　测验提示信息修改

完成上述测验参数设置之后，一个即时反馈式测验编制完成。

第九章 微课的高级交互设计软件——Adobe Captivate

9.5 微课预览与发布

到此，一个交互式微课基本设计完成。这时，就要用到 CP 8.0 的预览和发布功能。

9.5.1 微课预览

实际上，在整个微课的设计和开发过程中，为随时查看课件的实际显示效果，设计者需要经常使用预览（Preview）功能来查看实际效果（见图 9-5-1）。

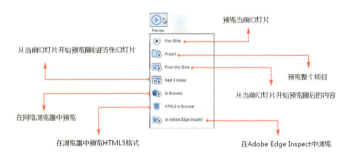

图 9-5-1 不同预览方式

操作步骤 点击文件（File）→预览（Preview）就可以看到以下选项：

- 播放当前幻灯片（Play this slide），快捷按钮是 F3。
- 播放整个项目（Project），快捷按钮是 F4。
- 从当前幻灯片开始播放到结束（Plays the project from the currently displayed slide to the end），快捷按钮是 F8。
- 播放下 5 张幻灯片（Next 5 slides），快捷按钮是 F10。
- 在网络浏览器中播放（in Web Brower），快捷按钮是 F12。
- 以 HTML5 输出格式在网络浏览器中播放（HTML 5 output in Web Brower），快捷按钮是 F11。

通常，如果只需要预览当前编辑幻灯片前后数张的显示效果，比较常用的是"播放下 5 张幻灯片"。这样既节省时间，也能看到后面幻灯片与当前幻灯片之间的相互关系。

9.5.2 微课发布

预览之后，CP 还提供了"打包发布"的功能，可将微课发布为多种设备（计算机和移动设备）、多个操作系统（Windows，Android，Mac OS，IOS）环境下各种文件格式，主要包括：HTML5 文件、MP4 文件、SWF 文件、可执行文件（EXE 和 APP）。此外，所设计的微课还能够与课程管理系统（CMS）或学习管理系统（LMS）结合使用[①]。

尤其值得一提的是，CP 8.0 还提供对 HTML5 的支持，现在能够将课程发布为 .SWF 格式或 HTML5 格式，在苹果设备上浏览[②]。从中可以看出，CP 所设计出的微课，具有相当大的兼容性和扩展性，一种设计可应用于多种技术环境，这对于提高课件的设计效率和应用范围，会有较大帮助。

点击"文件"菜单→"发布"（Publish），或者点击工具栏中的"发布"按钮，可选择不同发布方式（见图 9-5-2）。

图 9-5-2 选择不同发布方式

若选择发布至计算机（Publish to Computer），就会弹出以下窗口（见图 9-5-3）：

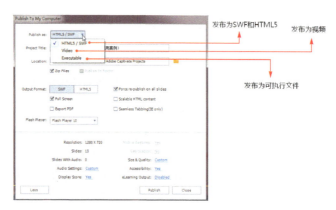

图 9-5-3 发布至计算机的参数设置

---

① 有关 CP 8.0 发布的微课和慕课与网络教学平台结合使用的相关内容，请参阅本书第十一章。

② CP 8.0 所发布的 HTML5 格式课件，仅用于上传至服务器之后，然后用 iPad 或 iPhone 在线浏览，但无法直接导入苹果设备之中，因为苹果是一个封闭系统，用户不能直接像 Windows 那样导入文档。如果想要将 CP 生成的微课转换为在苹果设备上离线安装和浏览的格式，请参阅本章 9.4.4 节的相关内容。

若选择发布至移动设备，则弹出以下窗口（见图9-5-4）。这种发布方式要求事先注册一个https://build.phonegap.com/网站的账号，将微课上传至此网站后转换为HTML5格式。

若选择发布至Adobe Connect，则弹出如下窗口（见图9-5-5）。

这种方式是将当前微课发布至Adobe Connect[①]平台之上，后者会自动生成一个网址，点击此链接就可直接播放当前微课。这要求设计者必须知道Adobe Connect网址和登录账号。

选择发布方式和完成参数设置之后，点击"发布"按钮，程序将自动将整个项目相关的全部素材或组件打包并发布（见图9-5-6）。

图9-5-4　发布至移动设备的参数设置

图9-5-5　发布至Adobe Connect参数设置

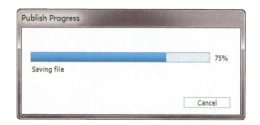

图9-5-6　正式发布微课

完成后会弹出一个提示框"发布成功"（Publish completed successfully）。打开所定义的发布文件夹，就会看到一个zip压缩包，这就是最终生成的交互式微课，用浏览器或Flash播放器可打开浏览（见图9-5-7）。

---

① Adobe Connect：这是一个交互式网络视频会议系统，使用之前要求具有登录账号。

图 9-5-7　在浏览器打开已发布微课

参考文献

[1] 教育部.《国家中长期教育改革和发展规划纲要（2010—2020年）》第十九章 加快教育信息化进程. http：//www.gov.cn/jrzg/2010-07/29/content_1667143.htm.

[2] Gartner.Hype Cycle for Higher Education［R］, 2008, Publication Date：27 June 2008/ID Number：G00158592.

[3] 赵国栋. 微课与慕课设计高级教程［M］. 北京：北京大学出版社, 2014.

[4] 伽达默尔. 科学时代的理性［M］. 薛华等译. 北京：国际文化出版社, 1988 4.

[5] Graham, C.R.（2006）.Blended learning systems：definition, current trends, and future directions.In Handbook of Blended Learning：Global Perspectives, Local Design［M］. edited by C.J.Bonk and C.R.Graham, pp.3—21.San Francisco, CA：Pfeiffer Publishing.

[6] 赵国栋，姜中皎，伊江. 开源或商业软件：高校课程管理系统评估指标体系研究［J］. 中国远程教育, 2009（11）.

[7] 吴青青. 现代教育理念下的混合式学习［J］. 贵州社会主义学院学报.2009(2).

[8] 何克抗. 从 Blending Learning 看教育技术理论的新发展［J］. 电化教育研究, 2004（7）.

[9] 胡铁生等. 我国微课发展的三个阶段及其启示［J］. 远程教育杂志, 2013-08-01.

[10] Educause, 7 things you should know about Microlectures［R］, 2012, http：//www.educause.edu/library/resources/7-things-you-should-know-about-microlectures.

[11] 赵国栋. 微课与慕课设计初级教程［M］. 北京：北京大学出版社, 2014.

[12] 徐大鹏，傅立新. 从动画到动漫文化［J］. 电影文学, 2008（24）.

[13] Bohlin, L., Durwin, C.C.Reese-Weber, M. 连榕等译. 教育心理学［M］. 北京：

机械工业出版社，2012.1.

［14］赵国栋，黄永中，张捷．西方大学开放教育资源运动研究［J］.比较教育研究，2007年第9期．

［15］丹尼尔·贝尔．资本主义文化矛盾［M］.北京：三联书店，1989：154，156，154.

［16］Talasek, JD.Visual Culture and Evolution：An Online Symposium.Center for Art and Visual Culture, University, 2012-03-31.

［16］W.J.T. 米歇尔，陈永国，胡文征译．图像理论［M］.北京：北京大学出版社，2006.9.

［18］劳拉．穆尔维．视觉快感与叙事电影［A］克里斯蒂安．麦茨等：凝视的快感——电影文本的精神分析［C］吴琼编，北京：中国人民大学出版社，2005.4.

［19］赵国栋．数字化校园：理想与现实．北京大学教育评价［J］.2007（1）.

［20］乔宇，黄席樾，柴毅．虚拟演播室技术［J］.重庆大学学报，2003（1）.

［21］张青民．论教学的表演性［J］.教育探索，2012（3）.

［22］互联网女皇Mary Meeker发布2012互联网趋势报告.http：//www.36kr.com/p/114468.html［O/L］.

［23］Bamford.GoThe 3D in education white paper, 2011［R］.http：//www.gaia3d.co.uk/news/the-3d-in-education-white-paper.

［24］钟诗非，苏秀芬．iClone 5 3D 动画大导演［M］.台中：首弈国际股份有限公司，2012.

［25］赵国栋，黄永中，林莉．高校课程管理系统的选择策略研究［J］，中国远程教育，2008（1）.

［26］金善国．网络交互式大学外语教学的教育生产函数实证研究［D］.北京大学教育学院博士论文，2014（7）.

［27］Chunyan Wang, Guodong Zhao.Open Educational Resources in the People's Republic of China：State-of-the-Art, Challenges and Prospects for Development［R］, Published by the UNESCO Institute for Information Technologies in Education 8 Kedrova St., Bldg.3, Moscow, 117292, Russian Federation, ISBN 978-5-905175-07-7, Printed in the Russian Federation.

［28］Zhao Guodong, Yan Yan（2011）.The Effects of Hybrid Learning Application on the Development of Open Educational Resources：Take Chinese Higher Education as an Example［C］.Blended Learning：Maximization of Teaching and Learning

Effectiveness.Edited by Victor Lee etc.International Hybrid Learning Society.ISBN 978-962-442-399-6.The fourth International Conference on Hybrid Learning 2011 in Hong Kong.

［29］赵国栋，原帅.利用 E-learning 创建研究型大学教学新体系——以"北大教学网"为例［J］.现代教育技术，2010,（8）.

［30］Zhao Guodong，Jiang Zhongjiao，From E-Campus to E-learning：Application of ICT in Chinese Higher Education［J］,British Journal of Educational Technology.2010，China special volume.

［31］赵国栋，姜中皎.高校"开放教育资源"建设与发展模式研究［J］.北京大学教育评论，2009.1.

［32］Damien Bruyndonckx.Adobe Captivate 7 for Mobile Learning［M］.Published on 26 August 2013，Publisher：Packt Publishing.

［33］Damien Bruyndonckx.Mastering Adobe Captivate 8［M］.Published on 13 April 2015，Publisher：Packt Publishing.

［34］Damien Bruyndonckx.Mastering Adobe Captivate 7［M］.Published on 21 February 2014，Publisher：Packt Publishing.

［35］Wayne Pascall.Adobe Captivate 7：Advanced Techniqueswith Flash Integration［M］.2013，Publisher：Createspace.

［36］Kevin Siegel.Adobe Captivate 8：The Essentials Skills and Drills Learning［M］.Published：July 1，2014.Publisher：IconLogic.

［37］Kevin Siegel.Adobe Presenter 9：The Essentials Skill and Drills Learning［M］.Published in 2013. Publisher：IconLogic.

［38］Adobe Presenter 10 Help［R］.2014.Adobe Systems Incorproated.http：//www.adobe.com.

［39］Adobe Ultra CS3 User Guide for Windows［R］.2007.Adobe Systems Incorproated.http：//www.adobe.com.

［40］Adobe Captivate 8.0 Help and Tutorials［R］.2014.Adobe Systems Incorproated.http：//www.adobe.com.

［41］Jan-Martin Lowendahl.Hype Cycle for Education，2014，Published in 23 July 2014.

［42］Yang，Dennis.Are We MOOC'd Out?.Huffington Post.Retrieved 5 April 2013.

［43］OEE Editorial.Understanding the MOOC Scoreboard：Methodology and Misconceptions，19 February，2014.http：//openeducationeuropa.eu/en/blogs/

understanding-mooc-scoreboard-methodology-and-misconceptions.

［44］Yuan, Li, and Stephen Powell.MOOCs and Open Education：Implications for Higher Education White Paper.University of Bolton：CETIS, 2013.p.6.

［45］Li yuan.MOOCs and technology-enhanced learning：next steps and challenges Posted on October 27, 2014.http：//blogs.cetis.ac.uk/cetisli/.

［46］张金磊,王颖,张宝辉.翻转课堂教学模式研究［J］.远程教育杂志,2012（4）：48.

［47］张新明,何文涛,李振云.基于QQ群+Tablet PC的翻转课堂［J］.电化教育研究,2013（8）：68—71.

［48］莫雪芬,代毅.小学信息技术中翻转课堂教学模式的构建和实施应用［J］.教育信息技术,2014（Z1）：56.

北京大学出版社
教育出版中心 精品图书

21世纪特殊教育创新教材·理论与基础系列

特殊教育的哲学基础	方俊明 主编	29元
特殊教育的医学基础	张 婷 主编	32元
融合教育导论	雷江华 主编	28元
特殊教育学	雷江华 方俊明 主编	33元
特殊儿童心理学	方俊明 雷江华 主编	31元
特殊教育史	朱宗顺 主编	36元
特殊教育研究方法（第二版）	杜晓新 宋永宁等 主编	39元
特殊教育发展模式	任颂羔 主编	33元
特殊儿童心理与教育	张巧明 杨广学 主编	36元

21世纪特殊教育创新教材·发展与教育系列

书名	作者	价格
视觉障碍儿童的发展与教育	邓 猛 编著	33元
听觉障碍儿童的发展与教育	贺荟中 编著	29元
智力障碍儿童的发展与教育	刘春玲 马红英 编著	32元
学习困难儿童的发展与教育	赵 微 编著	32元
自闭症谱系障碍儿童的发展与教育	周念丽 编著	32元
情绪与行为障碍儿童的发展与教育	李闻戈 编著	32元
超常儿童的发展与教育	苏雪云 张 旭 编著	31元

21世纪特殊教育创新教材·康复与训练系列

特殊儿童应用行为分析	李 芳 李 丹 编著	29元
特殊儿童的游戏治疗	周念丽 编著	30元
特殊儿童的美术治疗	孙 霞 编著	38元
特殊儿童的音乐治疗	胡世红 编著	32元
特殊儿童的心理治疗	杨广学 编著	32元
特殊教育的辅具与康复	蒋建荣 编著	29元
特殊儿童的感觉统合训练	王和平 编著	45元
孤独症儿童课程与教学设计	王 梅 著	37元

自闭谱系障碍儿童早期干预丛书

书名	作者	价格
如何发展自闭谱系障碍儿童的沟通能力	朱晓晨 苏雪云	29.00元
如何理解自闭谱系障碍和早期干预	苏雪云	32.00元
如何发展自闭谱系障碍儿童的社会交往能力	吕 梦 杨广学	33.00元
如何发展自闭谱系障碍儿童的自我照料能力	倪萍萍 周 波	32.00元
如何在游戏中干预自闭谱系障碍儿童	朱 瑞 周念丽	32.00元
如何发展自闭谱系障碍儿童的感知和运动能力	韩文娟 徐芳 王和平	32.00元
如何发展自闭谱系障碍儿童的认知能力	潘前前 杨福义	39.00元
自闭症谱系障碍儿童的发展与教育	周念丽	32.00元
如何通过音乐干预自闭谱系障碍儿童	张正琴	36.00元
如何通过画画干预自闭谱系障碍儿童	张正琴	36.00元
如何运用ACC促进自闭谱系障碍儿童的发展	苏雪云	36.00元
孤独症儿童的关键性技能训练法	李 丹	45.00元
自闭症儿童家长辅导手册	雷江华	35.00元
孤独症儿童课程与教学设计	王 梅	37.00元
融合教育理论反思与本土化探索	邓 猛	58.00元
自闭症谱系障碍儿童家庭支持系统	孙玉梅	36.00元

特殊学校教育·康复·职业训练丛书（黄建行 雷江华 主编）

信息技术在特殊教育中的应用	55.00元
智障学生职业教育模式	36.00元
特殊教育学校学生康复与训练	59.00元
特殊教育学校校本课程开发	45.00元
特殊教育学校特奥运动项目建设	49.00元

21世纪学前教育规划教材

学前教育管理学	王 雯	45元
幼儿园歌曲钢琴伴奏教程	果旭伟	39元
幼儿园舞蹈教学活动设计与指导	董 丽	36元
实用乐理与视唱	代 苗	35元
学前儿童美术教育	冯婉贞	45元
学前儿童科学教育	洪秀敏	36元
学前儿童游戏	范明丽	36元

学前教育研究方法	郑福明 39元	大学理念重审：与纽曼对话	
外国学前教育史	郭法奇 36元		[美] 雅罗斯拉夫·帕利坎 著 35元
学前教育政策与法规	魏 真 36元	学术部落及其领地——知识探索与学科文化	
学前心理学	涂艳国、蔡 艳 36元		[英] 托尼·比彻 保罗·特罗勒尔 著 33元
学前现代教育技术	吴忠良 36元	德国古典大学观及其对中国大学的影响	陈洪捷 著 22元
学前教育理论与实践教程	王 维 王维娅 孙 岩 39.00元	大学校长遴选：理念与实务	黄俊杰 主编 28元
学前儿童数学教育	赵振国 39.00元	转变中的大学：传统、议题与前景	郭为藩 著 23元
		学术资本主义：政治、政策和创业型大学	
大学之道丛书			[美] 希拉·斯劳特 拉里·莱斯利 著 36元
哈佛：谁说了算	[美] 理查德·布瑞德利 著 48元	什么是世界一流大学	丁学良 著 23元
麻省理工学院如何追求卓越	[美] 查尔斯·维斯特 著 35元	21世纪的大学	[美] 詹姆斯·杜德斯达 著 38元
大学与市场的悖论	[美] 罗杰·盖格 著 48元	公司文化中的大学	[美] 埃里克·古尔德 著 23元
现代大学及其图新	[美] 谢尔顿·罗斯布莱特 著 60元	美国公立大学的未来	
美国文理学院的兴衰——凯尼恩学院纪实			[美] 詹姆斯·杜德斯达 弗瑞斯·沃马克 著 30元
	[美] P.F.克鲁格 著 42元	高等教育公司：营利性大学的崛起	[美] 理查德·鲁克 著 24元
教育的终结：大学何以放弃了对人生意义的追求		东西象牙塔	孔宪铎 著 32元
	[美] 安东尼·T.克龙曼 著 35元		
大学的逻辑（第三版）	张维迎 著 38元	**学术规范与研究方法系列**	
我的科大十年（续集）	孔宪铎 著 35元	社会科学研究方法100问	[美] 萨子金德 著 38元
高等教育理念	[英] 罗纳德·巴尼特 著 45元	如何利用互联网做研究	[爱尔兰] 杜恰泰 著 38元
美国现代大学的崛起	[美] 劳伦斯·维赛 著 66元	如何为学术刊物撰稿：写作技能与规范（英文影印版）	
美国大学时代的学术自由	[美] 沃特·梅兹格 著 39元		[英] 罗薇娜·莫 编著 26元
美国高等教育通史	[美] 亚瑟·科恩 著 59元	如何撰写和发表科技论文（英文影印版）	
美国高等教育史	[美] 约翰·塞林 著 69元		[美] 罗伯特·戴 等著 39元
哈佛通识教育红皮书	哈佛委员会撰 38元	如何撰写与发表社会科学论文：国际刊物指南	
高等教育何以为"高"——牛津导师制教学反思			蔡今忠 著 35元
	[英] 大卫·帕尔菲曼 著 39元	如何查找文献	[英] 萨莉拉·姆齐 著 35元
印度理工学院的精英们	[印度] 桑迪潘·德布 著 39元	给研究生的学术建议	[英] 戈登·鲁格 等著 26元
知识社会中的大学	[英] 杰勒德·德兰迪 著 32元	科技论文写作快速入门	[瑞典] 比约·古斯塔维 著 19元
高等教育的未来：浮言、现实与市场风险		社会科学研究的基本规则（第四版）	
	[美] 弗兰克·纽曼 等著 39元		[英] 朱迪斯·贝尔 著 32元
后现代大学来临？	[英] 安东尼·史密斯 等 主编 32元	做好社会研究的10个关键	[英] 马丁·丹斯考姆 著 20元
美国大学之魂	[美] 乔治·M.马斯登 著 58元	如何写好科研项目申请书	

	[美]安德鲁·弗里德兰德 等著 28元	教育经济学	刘志民 著 39元
教育研究方法：实用指南	[美]乔伊斯·高尔 等著 98元	现代教学论基础	徐继存 赵昌木 主编 35元
高等教育研究：进展与方法	[英]马尔科姆·泰特 著 25元	现代教育评价教程	吴钢 著 32元
如何成为论文写作高手	华莱士 著 32元	心理与教育测量	顾海根 主编 28元
参加国际学术会议必须要做的那些事	华莱士 著 32元	高等教育的社会经济学	金子元久 著 32元
如何成为卓越的博士生	布卢姆 著 32元	信息技术在学科教学中的应用	陈勇 等编著 33元
		网络调查研究方法概论（第二版）	赵国栋 45元

21世纪高校职业发展读本

如何成为卓越的大学教师	肯·贝恩 著 32元	**教师资格认定及师范类毕业生上岗考试辅导教材**	
给大学新教员的建议	罗伯特·博伊斯 著 35元	教育学	余文森 王晞 主编 26元
如何提高学生学习质量	[英]迈克尔·普洛瑟 等著 35元	教育心理学概论	连榕 罗丽芳 主编 42元
学术界的生存智慧	[美]约翰·达利 等主编 35元		
给研究生导师的建议（第2版）		**21世纪教师教育系列教材·学科教学论系列**	
	[英]萨拉·德拉蒙特 等著 30元	新理念化学教学论（第二版）	王后雄 主编 45元
		新理念科学教学论（第二版）	崔鸿 张海珠 主编 36元

21世纪教师教育系列教材·物理教育系列

		新理念生物教学论	崔鸿 郑晓慧 主编 36元
中学物理微格教学教程（第二版）	张军朋 詹伟琴 王恬 编著 32元	新理念地理教学论（第二版）	李家清 主编 45元
中学物理科学探究学习评价与案例	张军朋 许桂清 编著 32元	新理念历史教学论（第二版）	杜芳 主编 33元
		新理念思想政治（品德）教学论（第二版）	
			胡田庚 主编 36元

21世纪教育科学系列教材·学科学习心理学系列

数学学习心理学	孔凡哲 曾峥 编著 29元	新理念信息技术教学论（第二版）	吴军其 主编 32元
语文学习心理学	李广 主编 29元	新理念数学教学论	冯虹 主编 36元
化学学习心理学	王后雄 主编 29元		

21教师教育系列教材.学科教学技能训练系列

21世纪教育科学系列教材

		新理念生物教学技能训练（第二版）	崔鸿 33元
现代教育技术——信息技术走进新课堂	冯玲玉 主编 39元	新理念思想政治（品德）教学技能训练（第二版）	
教育学学程——模块化理念的教师行动与体验	闫祯 主编 45元		胡田庚 赵海山 29元
教师教育技术——从理论到实践	王以宁 主编 36元	新理念地理教学技能训练	李家清 32元
教师教育概论	李进 主编 75元	新理念化学教学技能训练	王后雄 28元
基础教育哲学	陈建华 35元	新理念数学教学技能训练	王光明 36元
当代教育行政原理	龚怡祖 编著 37元	**王后雄教师教育系列教材**	
教育心理学	李晓东 主编 34元	教育考试的理论与方法	王后雄 主编 35元
教育计量学	岳昌君 著 26元	化学教育测量与评价	王后雄 主编 45元

西方心理学名著译丛

书名	作者	价格
拓扑心理学原理	[德] 库尔德·勒温	32元
系统心理学：绪论	[美] 爱德华·铁钦纳	30元
社会心理学导论	[美] 威廉·麦独孤	36元
思维与语言	[俄] 列夫·维果茨基	30元
人类的学习	[美] 爱德华·桑代克	30元
基础与应用心理学	[德] 雨果·闵斯特伯格	36元
格式塔心理学原理	[美] 库尔特·考夫卡	75元
动物和人的目的性行为	[美] 爱德华·托尔曼	44元
西方心理学史大纲	唐钺	42元

心理学视野中的文学丛书

书名	作者	价格
围城内外——西方经典爱情小说的进化心理学透视	熊哲宏	32元
我爱故我在——西方文学大师的爱情与爱情心理学	熊哲宏	32元

21世纪教学活动设计案例精选丛书（禹明 主编）

初中语文教学活动设计案例精选	23元
初中数学教学活动设计案例精选	30元
初中科学教学活动设计案例精选	27元
初中历史与社会教学活动设计案例精选	30元
初中英语教学活动设计案例精选	26元
初中思想品德教学活动设计案例精选	20元
中小学音乐教学活动设计案例精选	27元
中小学体育（体育与健康）教学活动设计案例精选	25元
中小学美术教学活动设计案例精选	34元
中小学综合实践活动教学活动设计案例精选	27元
小学语文教学活动设计案例精选	29元
小学数学教学活动设计案例精选	33元
小学科学教学活动设计案例精选	32元
小学英语教学活动设计案例精选	25元
小学品德与生活（社会）教学活动设计案例精选	24元
幼儿教育教学活动设计案例精选	39元

全国高校网络与新媒体专业规划教材

文化产业概论	尹章池	38元
网络文化教程	李文明	39元
网络与新媒体评论	杨娟	38元
数字媒体导论	尹章池	39元
网络新媒体实务	张合斌	39元
网页设计与制作	惠悲荷	39元
突发新闻报道	李军	39元
视听新媒体节目制作	周建青	45元

21世纪教育技术学精品教材（张景中 主编）

教育技术学导论（第二版）	李芒 金林 编著	33元
远程教育原理与技术	王继新 张屹 编著	41元
教学系统设计理论与实践	杨九民 梁林梅 编著	29元
信息技术教学论	雷体南 叶良明 主编	29元
网络教育资源设计与开发	刘清堂 主编	30元
学与教的理论与方式	刘雍潜	32元
信息技术与课程整合（第二版）	赵呈领 杨琳 刘清堂	39元
教育技术研究方法	张屹 黄磊	38元
教育技术项目实践	潘克明	32元

21世纪信息传播实验系列教材（徐福荫 黄慕雄 主编）

多媒体软件设计与开发	32元
电视照明·电视音乐音响	26元
播音主持	26元
广告策划与创意	26元

21世纪教师教育系列教材·专业养成系列（赵国栋主编）

微课与慕课设计初级教程	40元
微课与慕课设计高级教程	48元
微课、翻转课堂与慕课实操教程	188元
网络调查研究方法概论（第二版）	49元